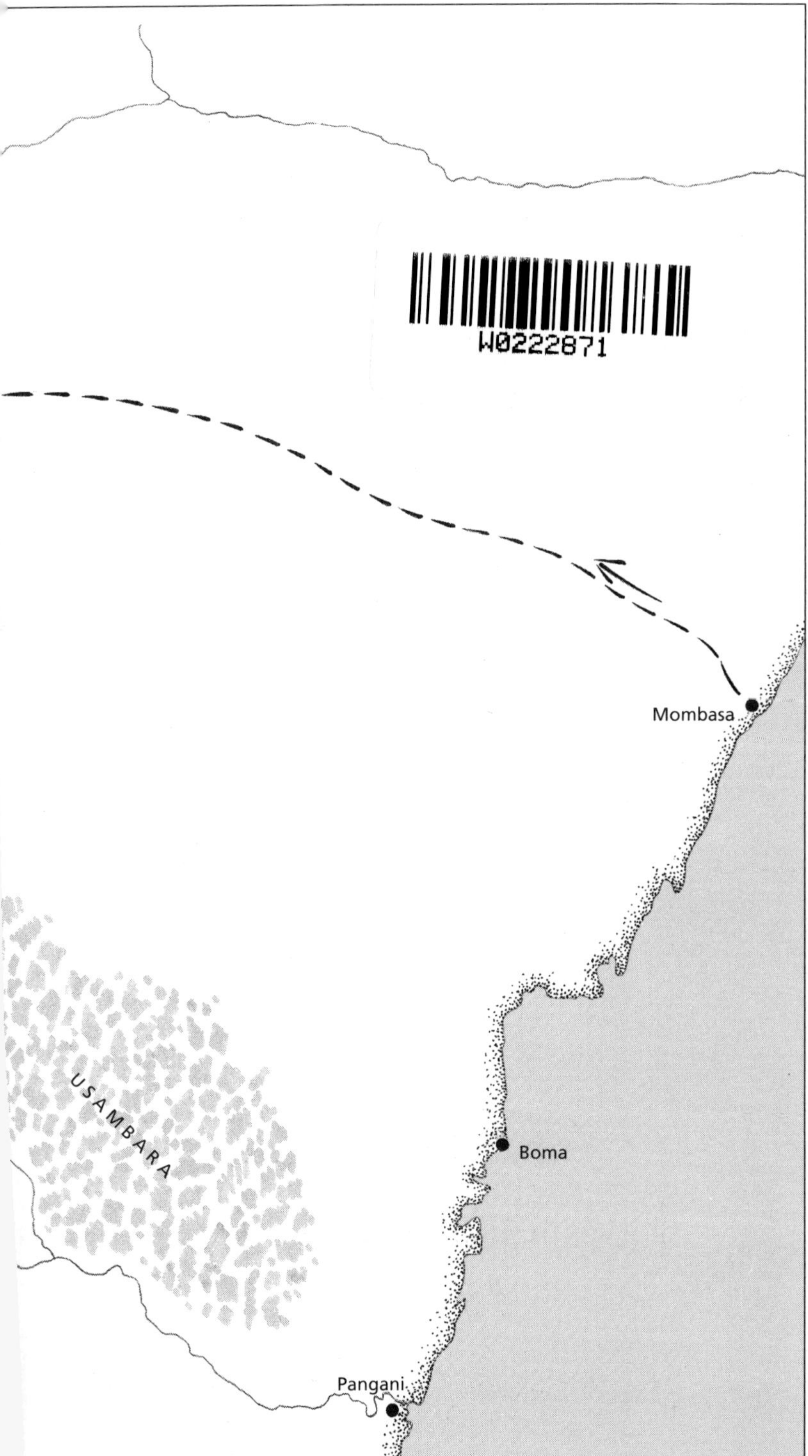
Mombasa
USAMBARA
Boma
Pangani

ALTE ABENTEUERLICHE REISEBERICHTE

*Hans Meyer*
*(1858–1929)*

# Hans Meyer
# Die Erstbesteigung des Kilimandscharo

Herausgegeben von

Heinrich Pleticha

EDITION ERDMANN

# Inhalt

# Vorwort des Herausgebers

*Am höchsten Punkt des Kontinents –*
*Hans Meyer und die Erstbesteigung des Kilimandscharo*

Die Geschichte des Kilimandscharo und seiner Erforschung bzw. Erschließung beginnt mit geheimnisvollen Mythen und endet im Massentourismus. Jahrtausendelang blieb der höchste Berg Afrikas ebenso wie die anderen äquatorialen Schneeberge fast völlig unbekannt und dementsprechend natürlich auch unerforscht. Nur von den »Mondbergen« war schon seit der Antike die Rede, die irgendwo in Zentralafrika liegen sollten. Aber die wurden von den Gelehrten in das Reich der Fabel verwiesen. Erste deutliche Hinweise auf den Kilimandscharo kamen 1519 von dem spanischen Reisenden Enciso, aber dabei blieb es auch, und es sollten noch einmal mehr als dreihundert Jahre vergehen, bis 1848 und 1849 die drei württembergischen Missionare J. L. Krapf, J. Rebmann und J. Erhard den gewaltigen Schneedom erblickten und genauere Nachrichten davon nach Europa brachten.

Hans Meyer hat im Einleitungskapitel dieses Buches die Entdeckung ausführlich beschrieben, sodass sie hier nicht wiederholt zu werden braucht. Er schildert auch den Rattenschwanz bornierter Besserwisserei und der Angriffe, die ihr folgten, und geht dann ausführlich auf die Versuche einer näheren Erkundung und einer Erstbesteigung des Berges ein.

Hans Meyer selbst begann mit seinen Forschungsreisen 1887. Damals war er gerade 29 Jahre alt. Geboren wurde er am 22. März 1858 im thüringischen Hildburghausen. Dort hatte sein Großvater Joseph Meyer (1796–1856) 1826 unter dem Namen »Bibliographisches Institut« einen Verlag gegründet, der sich trotz mancher wirtschaftlicher Schwierigkeiten rasch zunehmender Beliebtheit und damit auch Bekanntheit erfreute. Das Unternehmen wurde 1856 von seinem Sohn Hermann Julius Meyer (1826–1909) übernommen und von Grund auf umgestaltet. Es erlangte vor allem durch seine Lexika und Nachschlagewerke, darunter den »Duden«, Weltruhm. Hans Meyer sollte in der dritten Generation das Werk des Großvaters und des Vaters fortführen. Diesem Ziel entsprach auch seine Ausbildung, indem er Literatur, Geschichte, Staats- und Naturwissenschaften in Leipzig und Berlin studierte und schließlich mit einer Arbeit über die Geschichte der Goldschmiedezunft in Straßburg promovierte. Der zukünftigen Verlegerlaufbahn sollte auch eine 1881/82 an das Studium anschließende Weltreise dienen. Diese schärfte zugleich aber auch sein Interesse für geografische und koloniale Fragen. Als Ergebnis veröffentlichte er schon 1884 das Buch »Eine Weltreise«. Man kann wohl kaum sagen, dass sich der Sechsundzwanzigjährige damit unterschätzte! Im gleichen Jahr wurde er Teilhaber des Verlages. In dieser Eigenschaft lernte er so berühmte Wissenschaftler wie den Chinaforscher Ferdinand von Richthofen (1833–1905) und Friedrich Ratzel (1844–1904) näher kennen. Letzterer bereitete gerade in dieser Zeit den Afrika-Band seiner großen »Völkerkunde« vor, der dann 1886 im »Bibliographischen Institut« erschien.

Es mochte der Umgang mit diesen Männern sein, der ihn zu einer erneuten großen Reise veranlasste. Diesmal ging er im Herbst 1886 nach Südafrika, das er auf der ersten Reise ausgespart hatte. Er durchstreifte die Kapkolonie, besuchte die Diamantenfelder vom Kimberley, die Goldfelder von Transvaal und die Drakenesberge und reiste schließlich an der Mosambikküste entlang nordwärts nach Sansibar, das er im April 1887 erreichte. Er gibt nicht an, was ihn zur Wahl dieser Route veranlasste, doch sicher hängt sie mit seinem Interesse für koloniale Fragen zusammen.

Gerade im Gebiet des Sultans von Sansibar hatten schon Mitte des 19. Jahrhunderts deutsche Handelshäuser ihre ersten Niederlassungen in Ostafrika errichtet. Dem Forschungsreisenden

Carl Peters (1856–1918) war es gelungen, mit Unterstützung der von ihm gegründeten Deutsch-Ostafrikanischen Gesellschaft (DOG) Schutzverträge mit den Häuptlingen des Hinterlandes abzuschließen und dafür 1885 vom Deutschen Reich einen kaiserlichen Schutzbrief zu erhalten, der dieser Gesellschaft den Status einer Art Chartered Company oder einer Handelskompanie mit staatlicher Unterstützung und politischen Rechten verschaffte. Meyer gehörte zu den grundsätzlichen Befürwortern der hier begonnenen deutschen Kolonialpolitik, ohne jedoch in einen blinden patriotischen Eifer zu verfallen, wie es damals häufig vorkam.

Sein großes Ziel in Ostafrika war von Anfang an die Besteigung des Kilimandscharo, der ja in dem nun von Deutschland beanspruchten Gebiet lag. Er wusste, dass dieses Unternehmen keinen Spaziergang bedeutete. Der aus dem deutschen Mittelgebirge stammende, körperlich gut durchtrainierte Mann hatte in den Alpen und im Himalaja bergsteigerische Erfahrungen gesammelt, als Expeditionsleiter war er dagegen ein Neuling. Mit rund 100 Leuten zog er in Begleitung des Freiherrn E. A. von Eberstein, der als Beamter des DOG im Dschaggaland einen Stützpunkt gründen sollte, ins Landesinnere bis an den Fuß des Kilimandscharo, wo er den eben vom Berg zurückgekehrten ungarischen Grafen S. Teleki traf, der ihm seine Erfahrungen mitteilte und riet, eine Besteigung vom kleinen Dschaggastaat Marangu aus und von da über das 4400 Meter hohe Sattelplateau zwischen den beiden Kilimandscharo-Gipfeln Kibo und Mawensi anzugehen. Tatsächlich schafften es die beiden Europäer und versuchten von dort aus, die rund 1600 Meter bis zum Gipfel des Kibo zu überwinden. Aber offensichtlich verfielen sie dabei in den gleichen Fehler, wie manche zu ungeduldigen Touristen heute, indem sie sich nicht lange genug an die extreme Höhe anpassten; denn bei etwa 5000 Metern brach Eberstein erschöpft zusammen. Meyer stieg noch rund 500 Meter allein bis zum Eismantel des Kibo, doch zwang ihn dann immer dichter werdender Schneefall zur Umkehr. Trotzdem hatte er damit den bis dahin höchsten Punkt am Berg erreicht. Nach der Rückkehr ins Basislager trennten sich die beiden Männer und Meyer kehrte nach einigen kleineren Kreuz- und Querzügen an die Küste und von da nach Deutschland zurück, wo er 1888 als Frucht der Reise das Buch »Zum Schneedom des Kilimandscharo« veröffentlichte.

Lange hielt es ihn aber nicht in der Heimat; denn schon 1888 brach er zu einer zweiten Ostafrika-Expedition auf, die zwei Jahre dauern und ihn erneut von der Küste zum Kilimandscharo führen sollte, den er nun mit besserer Ausrüstung zu bezwingen hoffte. Danach beabsichtigte er westwärts zum südlichen Victoriasee und zum Edwardsee vorzudringen. Als Begleiter schloss sich ihm der erst 24-jährige Österreicher Oskar Baumann (1864–1899) an.

Die beiden Forscher begannen ihre Reise im August 1888 von Sansibar aus. Einen Teil ihrer Trägerkarawane schickten sie dabei mit den meisten Vorräten nach Gondja am Parahgebirge voraus. Sie selbst durchquerten in einer dreiwöchigen Reise erstmals die Usambaraberge von Süden nach Norden und gingen dann ebenfalls nach Gondja, wo sie eine böse Überraschung erwartete; denn ihre Karawane war mit dem gesamten Gepäck angeblich auf Befehl des Sultans wegen ausgebrochener Unruhen im Lande an die Küste zurückgerufen worden.

Dieser »Araberaufstand«, wie er später genannt wurde, war die Folge eines Pachtvertrags zwischen dem Sultan und der DOG, demzufolge Letztere gegen Zahlung einer Pachtsumme die bisher an den Sultan geleisteten Zölle übernahm. Die Araber, in deren Händen vor allem der Sklavenhandel lag, befürchteten zu Recht eine starke Beeinträchtigung und schließlich das völlige Verbot ihrer menschenverachtenden Geschäfte, kalkulierten durchaus richtig, dass die Gesellschaft zu diesem Zeitpunkt nicht imstande sein würde, einen allgemeinen Aufstand zu unterdrücken, und empörten sich gegen deren Herrschaft. Und genau in die gefährliche erste Phase der Auseinandersetzung, in der Beamte und Missionare umgebracht wurden und die meisten deutschen Küstenstationen bis auf Daressalam und Bagamoyo verloren gingen, geriet nun die kleine Expedition. Die beiden ihrer Hilfsmittel weitgehend beraubten Forscher erkannten die Gefahr und marschierten zur Küste zurück, wurden aber unterwegs schon von marodierenden Eingeborenen, die sich auf die Seite der Araber geschlagen hatten, immer wieder belästigt. Eine Tagesreise von der rettenden Küste entfernt, wurden sie schließlich überfallen, niedergeschlagen, misshandelt und in eine dunkle Hütte geworfen, in der sie mehrere Tage in Ungewissheit über ihr weiteres Schicksal zubringen mussten. Es scheint, dass Meyer als sehr wohlhabend galt; denn der Araber Buschiri, der Anführer des Aufstandes, erklärte sich schließlich bereit, nach Zahlung eines hohen Lösegeldes – Meyer gibt die Summe nicht an – die beiden Deutschen wieder freizulassen. Natürlich waren auch die gesamte Ausrüstung und die Lebensmittel für die 230 Expeditionsmitglieder verloren.

Die beiden kehrten in die Heimat zurück und Baumann veröffentlichte 1889 unter dem Titel »In Deutsch-Ostafrika während des Aufstandes« ein heute sehr seltenes Buch über die missglückte Expedition.

Es spricht für die Energie Meyers, dass er sich durch das Missgeschick, das ihn fast das Leben gekostet hätte, nicht abschrecken ließ und sofort an die Ausrichtung einer dritten Expedition ging. Diesmal wählte er von vornherein einen erfahrenen Alpinisten als Begleiter. Er fand ihn in dem aus Innsbruck stammenden Ludwig Purtscheller (1849–1900). Das rasche Vorgehen Meyers erscheint umso bemerkenswerter, als der Araberaufstand noch längst nicht niedergeworfen war. Die Deutsch-Ostafrikanische Gesellschaft hatte offiziell das Deutsche Reich um Hilfe bitten müssen und der Reichskanzler Fürst Bismarck berief Anfang 1889 den bekannten Afrikareisenden Major Hermann von Wißmann an die Spitze einer deutschen Militärexpedition, die erst Daressalam und Bagamoyo befreite und danach den Aufstand niederwarf. Bei der Blockade der Küste wurden die dorthin entsandten deutschen Schiffe von britischen Kriegsschiffen unterstützt.

Mitten in diese Ereignisse hinein fällt Ende August 1889 der Reisebeginn, der mit einigen durch die Blockade bedingten Schwierigkeiten verbunden war. Wenn Meyer darauf hinweist, dass zu diesem Zeitpunkt Buschiri immer noch frei und sein Aufenthalt unbekannt war, so übergeht er dabei im Nachhinein etwas lässig eine Bedrohung, die er wohl kaum unterschätzt haben dürfte. Denn tatsächlich bestand die Gefahr, dass der Araber erneut das Huhn würde fangen wollen, das ihm schon einmal goldene Eier gelegt hatte. Buschiri konnte erst im Spätherbst 1889 aufgespürt und gefangen genommen werden. Er wurde vor ein Kriegsgericht gestellt, wegen der Ermordung von Farmern und Beamten zum Tode verurteilt und am 15. Dezember hingerichtet.

Gerade das Kapitel über die Ausfahrt und die Vorbereitungsarbeiten in Sansibar ist doppelt interessant. Zum einen weil Meyer eine detaillierte Schilderung seiner aufwändigen Vorbereitungen gibt, die so eine Expedition erforderte, zum anderen, weil er auch die allgemeine Stimmung der afrikanischen Bevölkerung herausarbeitet, für die Sklaverei so eng in ihrem Gesellschaftssystem verwurzelt war, dass sie überwiegend mit den Arabern sympathisierte. Einige betont nationale Bemerkungen des Autors müssen aus der Zeit heraus verstanden werden. Meyer gehörte zu den zahlreichen Deutschen, die in einer aktiven Kolonialpolitik einen Vorteil für das Reich sahen. Er war aber objektiv und kritisch genug, um auch Auswüchse und Nachteile richtig zu erkennen.

Auf die ausführliche Beschreibung des Anmarsches von Mombasa aus folgt dann als wichtigstes Kapitel die Schilderung der erfolgreichen Erstbesteigung des Kibo am 3. Oktober, eine alpinistische Meisterleistung, durch die zugleich eines der letzten geografischen Rätsel Afrikas gelöst und der Kilimandscharo endgültig als erloschener Vulkan bestimmt werden konnte.

Am 5. Oktober erklomm Meyer dann in einem zweiten Anlauf die höchste der drei Felsspitzen am Kraterrand, die er zu Ehren des jungen deutschen Kaisers Wilhelm II. »Kaiser-Wilhelm-Spitze« taufte. Er beschreibt auch kurz seine sorgfältigen Vermessungsarbeiten. Aufgrund seiner Messungen wurde die Höhe des Kibo als des höheren der beiden Kilimandscharogipfel mit 6010 Metern berechnet. Schon kurz zuvor hatte L. v. Höhnel mithilfe trigonometrischer Messungen die Höhe mit 6130 Metern bestimmt. In der Folgezeit ermittelte dann die deutsch-englische Grenzkommission den wesentlich geringeren Wert von 5892 Metern. Meyer hielt weiterhin an seinen Werten fest, die auch für die nächsten Jahrzehnte in die Handbücher und Nachschlagewerke eingingen, während heute die Höhe des Kilimandscharo allgemein mit 5895 Metern angegeben wird.

Der Versuch der beiden Forscher, mit dem Mawensi auch den zweiten Gipfel des Kilimandscharo zu erklimmen, scheiterte allerdings. Insgesamt hielten sich Meyer und Purtscheller sechzehn Tage in einer Höhe von über 4000 Metern auf, wobei sie ihre Zeit in erster Linie mit Messarbeiten und Sammeln zubrachten. Danach zogen sie wieder in die Ebene hinunter, wo sie noch einen Streifzug durch das südlich angrenzende Ugueno-Bergland unternahmen, bevor sie an die Küste zurückkehrten.

Dass es Meyer nicht oder zumindest nicht nur um die alpinistische Leistung oder den Ruhm ging, die deutsche Flagge auf dem »höchsten Punkt des Deutschen Reiches« gehisst zu haben, lässt sich allein schon daran erkennen, dass er sich auch in der Folgezeit weiterhin intensiv mit dem Vulkanismus und dessen Problemen beschäftigte. So durchstreifte er 1894 die Kanarischen Inseln und unternahm 1898 mit dem Maler Ernst Platz eine vierte Kilimandscharo-Expedition, auf der er vor allem die Nord- und Nordwestflanke des Berges erforschte und noch zweimal den Kibo erklomm. Fünf Jahre danach studierte er den Vulkanismus in den Anden und bereiste schließlich 1911 noch einmal das Gebiet von Ruanda und Burundi im nordwestlichen Teil der Kolonie Deutsch-Ostafrikas. Danach übernahm der inzwischen Dreiundfünfzigjährige nur noch wichtige Aufgaben in der Heimat. So gehörte er dem Kolonialrat an und wurde Vorsitzender der landeskundlichen Kommission des Reichskolonialamtes. Nachdem er 1914 von der Leitung des Bibliographischen Instituts zurückgetreten war, arbeitete er von 1915 an bis ein Jahr vor seinem Tod 1929 als Professor für Kolonialgeografie an der Universität Leipzig.

Die von Meyer so erfolgreich eingeleitete intensive Erforschung des Kilimandscharo wurde auch in den folgenden Jahren und Jahrzehnten fortgesetzt. Schon 1893 errichteten die deutschen Kolonialbehörden in 1560 Meter Höhe die erste wissenschaftliche Station Marangu. Danach unternahmen deutsche, schwedische und französische Reisende eine ganze Reihe wichtiger Untersuchungen und bestiegen auch die benachbarten Vulkanberge wie den Meru. Insgesamt wurde der Kibo bis 1935 vierzigmal bestiegen. Die Bezwingung des Mawensi erwies sich als wesentlich schwieriger, sie gelang erst 1912 den deutschen Alpinisten Öhler und Fritz Klute. Im Winter 1929/30 erlebte der Kilimandscharo eine Art letzten Höhepunkt der Entdeckungsgeschichte, als ihn der Schweizer Flieger Walter Mittelholzer erstmals mit einem Flugzeug überflog und durch seine Luftaufnahmen noch einmal wesentlich zur topografischen Erschließung der Vulkane beitrug. Seine damals in dem Buch »Kilimandscharoflug« veröffentlichten Bilder haben auch heute, siebzig Jahre nach der ersten Veröffentlichung, nichts von ihrer Faszination eingebüßt.

Man darf die Entdeckung und geografische Erschließung des Kilimandscharo allerdings nicht losgelöst von den anderen afrikanischen Schneebergen sehen, gehören sie doch alle zu jenen »Mondbergen«, die – wie anfangs schon erwähnt – zu den uralten Problemen der Afrikaforschung gerechnet werden. Ihre Erforschung und bergsteigerische Eroberung erwies sich als wesentlich schwieriger. Der Kenia, der nördliche Nachbar des Kilimandscharo und mit 5194 Metern zweithöchste Berg Afrikas, wurde 1848 erstmals von Krapf gesichtet und 1887 vom Grafen Teleki und von Höhnel bis 4700 Meter Höhe erstiegen. Nach mehreren weiteren vergeblichen Versuchen gelang es erst 1899 dem Engländer H. MacKinder zusammen mit zwei Schweizer Bergsteigern, den Hauptgipfel zu bezwingen.

Am längsten unerforscht blieben die Schneeberge auf dem Zwischenseenplateau. Die ersten Nachrichten brachte hier der Angloamerikaner H. M. Stanley (1841–1904). Er erblickte den Ruwenzori, als er 1882 gemeinsam mit Emin Pascha und Gaetano Casati aus Zentralafrika an die ostafrikanische Küste marschierte, und berichtet darüber in der für ihn kennzeichnenden journalistisch-aufgelockerten Art im 2. Band seines letzten großen Reisewerkes »Im dunkelsten Afrika«: »Der obere Teil der Kette ... schien in einer Leere von wunderbarer Klarheit in den dunkelblauen, hellen und reinen Himmel wie ein Kristall aufzusteigen und ein breiter Gürtel aus milchweißem Nebel, welcher die Mitte verhüllte, gab ihm Ähnlichkeit mit einem in der Luft schwebenden geisterhaften Inselberg, eine Verwirklichung des Traumes von der Insel der Seligen ... «

Mehrfach setzten in der Folgezeit Forschungsreisende und Bergsteiger zu seiner Bezwingung an. Zwar gelang es, nach und nach verschiedene geografische Probleme zu lösen. Eine Zeit lang versuchte man sogar, in ihm, und nicht im Kilimandscharo, den höchsten Gipfel Afrikas zu sehen, erkannte auch, dass es sich bei ihm um keinen Einzelberg handelte, sondern um ein meridional streichendes Gebirge. Aber erst 1906 setzte Ludwig Amadeus Herzog der Abruzzen mit einer ganzen Gruppe erfahrener Bergsteiger zum entscheidenden Sturm auf das Massiv an und erklomm nacheinander tatsächlich alle sechzehn bedeutenden Gipfel, darunter die Margheritaspitze mit 5125 Metern als höchste. Mit diesen und einigen anderen Bergen wie beispielsweise dem Virungavulkan des zentralafrikanischen Grabens wurden in den Jahren vor dem Ersten Weltkrieg auch die letzten äquatorialen Gipfel erkundet und bezwungen.

Heute haben sich die Verhältnisse grundlegend gewandelt, wie das Beispiel des Kilimandscharo besonders drastisch zeigt. Er ist zum wohl meistbestiegenen Bergriesen Ostafrikas und als Touristenmagnet zu einer wichtigen Einnahmequelle für den Staat Tansania geworden. Alljährlich versuchen nun schon tausende geübter und leider auch ungeübter Bergsteiger in wohl organisierten Gruppen den Gipfel zu erreichen, dessen Kaiser-Wilhelm-Spitze inzwischen in Uhuru-Peak umbenannt wurde.

*Heinrich Pleticha*

*Vertrag*
*zwischen Dr. Hans Meyer und dem indischen Kaufmann Sewah Hadschi über Anwerbung einer Karawane*

1. Sewah Hadschi verpflichtet sich, für Dr. Hans Meyer eine Karawane von zwei Hauptleuten und 62 Mann zu stellen, von denen jeder eine Last von 60 engl. Pfund tragen soll. Diese Leute haben Dr. Hans Meyer oder seinem Stellvertreter nach dem Kilimandscharo-Gebiet zu folgen und seinen oder seines Stellvertreters Befehlen unter allen Umständen gehorsam zu sein.
2. Sewah Hadschi verpflichtet sich, die ganze Karawane zum Aufbruch von Sansibar an irgendeinem Tag nach dem 20. August fertig zu halten, der ihm von Dr. Hans Meyer zehn Tage vorher bezeichnet wird.
3. Dr. Hans Meyer verpflichtet sich, für jeden der genannten 64 Mann einen Monatslohn von 11 Mariatheresientalern an Sewah Hadschi zu zahlen, gerechnet vom Tag der Registrierung der Karawane in den Sultansbüchern bis zur Heimkehr nach Sansibar.
4. Dr. Hans Meyer gibt die übliche Nahrung und Medizin an die Leute und zahlt die Wegzölle *(hongo)* auf der Reise.
5. Dr. Hans Meyer gibt auf Sewah Hadschis Kosten Tauschwaren aus seinen Vorräten zu Sansibarpreisen her, falls auf der Reise Ersatzleute für Deserteure angeworben werden müssen.
6. Sewah Hadschi verpflichtet sich, die Zahl der Karawanenträger immer voll auf 62 zu halten, wenn durch Tod oder Krankheit oder Desertion Ausfälle entstehen. Zu diesem Zweck schickt Sewah Hadschi zehn Ersatzmänner mit Dr. Hans Meyers Karawane, welche als Asikari (Soldaten) zu dienen haben, solange sie nicht als Träger gebraucht werden. Dr. Hans Meyer zahlt für jeden dieser Ersatzmänner elf Mariatheresientaler Monatslohn von dem Tag an, wo der Betreffende als Träger gebraucht wird.

7. Wenn einer der Leute wegläuft und seine Last oder sein Gewehr am Weg liegen lässt, sodass die Last oder das Gewehr verloren gehen, oder wenn jemand wegläuft und seine Last oder sein Gewehr mitnimmt, so zahlt Sewah Hadschi an Dr. Hans Meyer eine durchschnittliche Entschädigung von 27 Thaler pro verlorene Last und drei Thaler pro verlorenes Gewehr. Außer den genannten Fällen ist Sewah Hadschi nicht verantwortlich für irgendwelchen Verlust, den Dr. Hans Meyer an seinen Gütern durch irgendeine andere Ursache erleiden mag.
8. Wenn ein Karawanenmann auf der Reise stirbt, wenn einer wegen Krankheit zurückgelassen werden muss oder wenn einer davonläuft, so hat Dr. Hans Meyer die Monatslöhne bis zum Tag der bezüglichen Geschehnisse zu bezahlen.
9. Dr. Hans Meyer zahlt an Sewah Hadschi einen dreimonatigen Vorschuss auf die Karawanenlöhne. Sewah Hadschi hat seinerseits die Leute gemäß seiner mit denselben getroffenen Vereinbarungen abzulohnen.
10. Die Überführung der Karawane von Sansibar zur Küste und von der Küste nach Sansibar zahlt Dr. Hans Meyer.
11. Dr. Hans Meyer besorgt die Einwilligung Seiner Hoheit des Sultans zur Bildung der Karawane.
12. Der Zeitraum, für den Dr. Hans Meyer die Karawane engagiert, beträgt mindestens drei Monate.

Sansibar, den 20. August 1889

Gez: Dr. Hans Meyer. Sewah Hadschi. (Visum des deutschen und des englischen Konsulats.)

NB. Der Schwerpunkt des obigen Vertrages lag für mich darin, dass mir Sewah Hadschi die Sicherheit meiner Karawane vor Desertionen garantierte (§ 6), für Sewah Hadschi darin, dass ich ihm pro Mann 11 Thaler Monatslohn zahlte (§ 3), während er jedem Träger und Soldaten nur den landesüblichen Lohn von 6 Thalern gab (§ 9).

Hans Meyer

# Hans Meyer
# Die Erstbesteigung des Kilimandscharo

# Geschichte der Kilimandscharo-Forschung

In der Geschichte der afrikanischen Reisen und Entdeckungen bildet die Erforschung des Kilimandscharo, so weit sie bis heute gediehen ist, eines der interessantesten Kapitel. Zu seiner Skizzierung sei im Nachstehenden der Versuch gemacht.

Es ist allgemein bekannt, dass schon das klassische Altertum von Bergen und Seen berichtet, in denen der »Neilos«, der Nil, seinen Ursprung nehme, und dass dieses Gebirge der Nilquellen von Ptoleamäos den Namen σελήνης ὄρος (»Mondberg«) erhalten und nebst den Quellseen des Nils südlich vom Äquator auf der Karte festgelegt worden ist. Auf welches Gebirge und auf welche Seen beziehen sich aber die ptolemäischen Nachrichten und die Nachrichten all derer, die auf der ptolemäischen Erdkenntnis aufbauen?

Wenn wir einer weit verbreiteten Ansicht folgen, die Stanley in einem besonderen Kapitel seines Buches »Im dunkelsten Afrika« vertritt und durch zahlreiche Zitate zu stützen sucht, so müssen wir annehmen, dass sich die Nachrichten der Alten und der frühen Araber von den Bergen der Nilquellen und den Quellseen des Nils auf den südlich vom Äquator liegenden, von Stanley umgangenen Kuwensori und auf die östlich und westlich von demselben gelegenen großen Nilseen beziehen, von deren Existenz das Altertum und Mittelalter eine unser mangelhaftes geografisches Wissen von Afrika beschämende Kenntnis gehabt hätten. Wenn wir dagegen der Ansicht anderer Geografen folgen, denen sich auch E. G. Ravenstein anschließt, so gelangen wir zu einem anderen, viel wahrscheinlicheren Resultat und wahren nebenbei die Priorität der Kuwensori-Entdeckung – nicht Stanleys, der sich derselben ohne großen Schmerz zu entschlagen scheint, sondern Casatis, der schon im Jahr 1887

Emin Pascha auf jene schneebedeckten Berge aufmerksam gemacht hat.

Vor Ptolemäos glaubte man, wie auch die Karte des Eratosthenes zeigt, dass der Nil seine Quelle in Seen habe, die dem Indischen Ozean nahe lägen, wenn nicht gar im Indischen Meer selbst entsprängen. Diesem letzteren Unsinn trat Ptolemäos entgegen und ließ auf seiner Karte den Nil in einem Gebirge, das er Mondgebirge nennt, aus mehreren Quellen entspringen, die sich in zwei Seen zum Abfluss nach Norden sammeln. Woher hat Ptolemäos dieses Wissen? Von Nordafrika her gewiss nicht, denn dass von dort aus ein Reisender, ein Händler, ein Eroberer bis in jene ungeheuer fernen Länder jenseits vom Äquator vorgedrungen sei, ist unwahrscheinlich und findet sich nirgends berichtet; auch hätte dann Ptolemäos nicht von dem viel näheren Nilzusammenfluss in Meroe eine so falsche Zeichnung liefern können. Die Nachricht kann ihm nur von Osten her gekommen sein, wie ja schon nach A. von Humboldts Untersuchungen gerade seine Nomenklatur ein geschichtliches Denkmal für die Handelsbezeichnungen des Okzidents zur afrikanischen Ostküste ist. Ins Innere ist von der Ostküste aus gewiss niemand in die Zentral-Äquatorialregion gereist, ohne dass Ptolemäos von einem solch außerordentlichen Unternehmen entweder auf seiner Karte ein Itinerar gegeben hätte, wie er es in anderen Fällen getan, oder in einem einleitenden Buch darauf hingewiesen hätte, wie es gleichfalls sonst seine Gewohnt war. Wir können also nur annehmen, dass seine Angaben ausschließlich auf Erzählungen von Küstenfahrern beruhen und damit erklärt sich manches.

Werfen wir nämlich einen Blick auf die ptolemäische Karte, so sehen wir, dass auf ihr die Stromvereinigung in Meroe sich zusammensetzt aus dem Fluss, welcher Axum passiert, aus dem Astapus, der vom äquatorialen Koloesee kommt, und aus dem Nil, den die beiden südlich vom Äquator liegenden Seen speisen. Von den Küsten nahen Gebieten Abessiniens, vom Hawashfluss und seinen Seen, die schon Strabon kannte, und anderen Punkten, die damaligen Reisenden nicht unbekannt waren, erwähnt Ptolemäos nichts; sein Abessinien ist ein Zerrbild, gezeichnet nach den Berichten der Küstenfahrer. Dass trotz alledem Ptolemäos Kenntnis von den so sehr viel weiter im Innern des Kontinents gelegenen Nilseen und Quellbergen gehabt haben soll, ist nicht anzunehmen.

Mit Bezug aber auf seine Nilzeichnung finden wir in dem anonymen Periplus des Roten Meeres, dass Koloe drei Tagesreisen von dem an der Küste gelegenen Abdule entfernt ist, dass man von dort in fünf Tagen nach Axum gelangt, bei weiterer Reise den Nilus kreuzt und dann wohl die Pylaeen (Pässe) in Samen erreicht. Das Koloe des Ptolemäos kann also nicht da liegen, wo es die ptolemäische Karte am Äquator zeigt, sondern wir haben es in Abessinien zu suchen und können es dort auch mit dem Kole der abessinischen Chroniken und dem heutigen Halai (Kalai) am Plateaurand identifizieren. Ferner nennt Ptolemäos die Katadupi an seinem von Süden kommenden Nil. Diese Katadupi liegen aber nicht am Weißen, sondern am Blauen Nil, d. h. der ptolemäische Nil, der den Seen entspringt, ist nicht der Weiße, sondern der Blaue. Unter solchen Verschiebungen bekommt die ptolemäische Karte eine ganz andere Deutung. Wir sehen nun in dem Fluss, welcher Axum passiert, den heutigen Mareb, im Astapus, der dem Koloesee entfließt, den heutigen Tagase, und im Nilus, der aus den beiden Quellseen hervorgeht, den Blauen Nil, welchen Ptolemäos, getreu der alten Überlieferung, in entfernten Seen entspringen lässt. Den Koloesee des Ptolemäos haben wir aber als den Tanasee zu deuten, wo die eigentümliche Figuration der Abflussrichtungen eine Verwechslung des Tagase-Atbara mit dem Blauen Nil nahe legte. Haben doch auch die ersten Portugiesen, die am Tanasee gewesen waren, geglaubt, im oberen Blauen Nil den oberen Atbara zu sehen.

Wenn aber der Nil des Ptolemäos der Blaue Nil ist, so haben wir unter den »Mondbergen« nicht den Kuwensori, sondern die abessinischen Quellgebirge zu verstehen und auch diese Verschiebung harmoniert mit der Beschreibung der Mondberge, denn auch in Abessinien wird der Nil zeitweilig von Schneebergen gespeist. Dass man die Mondberge mit dem Land Unjamwesi in Verbindung brachte, weil Unjamwesi »Mondland« heiße, ist nicht berechtigt, denn das Wort Unjamwesi hat offenbar mit dem Wort *mwesi* (Mond) gar nichts zu tun, sondern steht sehr wahrscheinlich mit seiner Silbe *»njam«* in näherer Beziehung zu den Namen Unjamjembe, Unjambungu, Unjammanga, Unjambewa,

Unjamwenda und anderen. Nach Bantuform müsste »Mondland« »*U-mwesi*« heißen.

Die Erben der klassischen Geografie, die Araber, blieben in der Hauptsache ihrem großen Vorbild Ptolemäos treu. Auch sie versetzen die Nilseen und die »Mondberge«, die sie im gleichen Sinn »*djebl quamr*« nennen, ins Herz von Afrika, sie lassen aber die ihnen entströmenden Flüsse den unter dem Äquator gelegenen See Kura oder Kawar bilden, aus dem wiederum der Fluss von Ghana (Niger), der eigentliche Nil und der Nil von Makadosho oder von Sendsch (der Webbi Schabeela oder Haines Fluss) entströmen soll. Sie scheinen in der Tat einen schlecht gelungenen Versuch gemacht zu haben, die bereits von Ptolemäos verworfenen Ansichten des Marinus abermals zur Geltung zu bringen. Wenn wir nun von ihnen belehrt werden, dass »dem *djebl quamr* das Land Serendib (Ceylon) gegenüberliegt«, dass »die Quellen des Flusses Sindh (Indus) und des Nil an einer Stelle gelegen seien« und dergleichen mehr, so liegt es doch klar zutage, dass ihre Kenntnis der Seeregion eine ungemein dürftige gewesen sein muss. Sollten sie wirklich von der Ostküste aus ins Innere vorgedrungen sein, wie sie es ja bestimmt von der Nordküste aus in die Gebiete des Niger und Tsadsees waren, so finden wir in ihren Schriften keine Spur davon. Ob ihr Kura-Kawarsee mit dem Tanasee, d. h. dem Koloe des Ptolemäos, oder mit dem südlich von Kawar gelegenen Tsadsee zu identifizieren ist, mag dahingestellt sein. Weit ins Innere haben sie ihre Handelszüge bestimmt nicht vor den dreißiger Jahren unseres Jahrhunderts ausgedehnt und erst dann sichere Nachrichten über Schneeberge und große Seen an die Küste gebracht. Auf vielen anderen Karten des Mittelalters beweist endlich die ganze Nomenklatur, dass es sich bei den auf ihnen dargestellten mittelafrikanischen Seen und Bergen nur um Abessinien handelt.

Nach alledem ist es sehr wahrscheinlich, dass die »Mondberge« des Altertums und des Mittelalters mit keinem äquatorialen Schneeberg, weder mit dem Ruwensori noch mit dem Kilimandscharo etwas zu tun haben. Die erste bestimmte Erwähnung des Kilimandscharo finden wir daher erst im 16. Jahrhundert bei einem spanischen Schriftsteller. Fernandez de Encisco war auf einer ostafrikanischen Küstenreise in Mombasa gewesen, wo seit 1507 die portugiesische Flagge wehte, und hatte dort wohl von den einheimischen Karawanen Nachrichten über das Binnenland gesammelt. 1519 schreibt er in seiner »Summa de Geographia«: »Westlich von diesem Hafen (Mombasa) liegt der äthiopische Olympos, der sehr hoch ist, und weiterhin liegen die Mondberge, von denen der Nil entspringt.« Letzteres sicherlich eine ptolemäische Reminiszenz. Auf den Karten der nächsten Jahrhunderte verschwindet und erscheint aber dieser Olympos in anmutigem Wechsel je nach Wissenschaft und Auffassung des betreffenden Geografen, bis er endlich im Jahr 1848 in Permanenz erklärt werden musste.

Es war einem deutschen Missionar vorbehalten, eines der größten Wunder Afrikas, den Schneeberg, der den Äquator verhöhnt, zum ersten Mal leibhaftig zu erschauen. Johann Rebmann hatte gemeinsam mit Dr. Ludwig Krapf im Jahr 1846 bei dem Küstenplatz Mombasa im Auftrag der Church Missionary Society die Missionsstation Rabai mpia (Neu-Rabai) gegründet, wo noch heute das von ihnen errichtete Häuschen als Missionarwohnung dient. Von dort unternahm Rebmann im April 1848 seine erste größere Missionsreise nach dem Innern, um dem Land Dschagga, das ihnen so oft genannt worden war, das Evangelium zu bringen. Am 11. Mai, eine Tagereise vor Taweta, schreibt er in sein Tagebuch die schlichten Worte: »Wir sahen diesen Morgen die Berge von Dschagga immer deutlicher, bis ich gegen 10 Uhr den Gipfel von einem derselben mit einer auffallend weißen Wolke bedeckt zu sehen glaubte. Mein Führer hieß das Weiße, das ich sah, schlechtweg ›Kälte‹; es wurde mir aber ebenso klar als gewiss, dass das nichts anderes sein könne als Schnee ... Alle die sonderbaren Geschichten von einem unzugänglichen, weil von bösen Geistern bewohnten Gold- und Silberberg im Innern, die ich mit Dr. Krapf seit meiner Ankunft an der Küste oftmals gehört hatte, waren mir nun auf einmal klar geworden.« Rebmann zog nach der Dschaggalandschaft Kilema weiter, wo er »den scheinbar nur wenige Stunden, in Wirklichkeit aber ein bis zwei Tagesreisen entfernten, mit ewigem Schnee und Eis bedeckten Kilimandscharo erblickte, sooft er die Augen aufhob«, und kehrte im Juni mit der Kunde seiner wunderbaren Entdeckung nach Rabai zurück. Aber im November desselben

Jahres war der unermüdliche Glaubensbote schon wieder auf dem Weg nach Dschagga. Von Kilema nach Madschame vordringend, kam er »dem Kilimandscharo so nahe, dass er sein herrliches Schneehaupt sogar bei Nacht im Mondschein ganz deutlich sehen konnte«, und glaubte sich in Madschame selbst vom Fuß des Kibo »nur eine Stunde entfernt«. »Es sind zwei Hauptgipfel«, lautet sein Tagebuch, »die sich auf der gemeinsamen, etwa zehn Stunden langen und ebenso breiten Basis so lagern, dass zwischen denselben ein Sattel gelassen ist, der sich von Osten nach Westen drei bis vier Stunden ausdehnt. Der östliche Berggipfel ist niedriger und von spitzigen Formen, während der westliche, höhere eine prächtige Kuppe darstellt, die auch in der heißen Jahreszeit, wo der östliche Nachbar seine weiße Decke nicht mehr halten kann, mit einer Masse von Schnee bedeckt ist.« »Die Suaheli an der Küste heißen den Schneeberg Kilima-Ndscharo (Berg der Größe), die Dschagga aber nennen ihn Kibo, was zugleich den Schnee selbst bezeichnet.« Rebmann hatte richtig beobachtet bis auf die irrigen Größenangaben und die Deutung des Namens Kilimandscharo als »Berg der Größe«. Beide Irrtümer werden wir später richtig stellen können.

Im Februar 1849 nach Rabai zurückgekehrt, plante der wackere Missionar eine dritte, weitgehende Expedition »bis in die Mitte Afrikas« und brach zwei Monate später im April, trotz der Regenzeit und ohne irgendeinen anderen Schutz als einen Regenschirm mit 30 Trägern nach Dschagga auf. Wieder wanderte er dort von Kilema durch Uru nach Madschame zur Südwestseite des Kilimandscharo und kam da seiner Ansicht nach »der Schneeregion so nahe, dass, wären keine Abgründe dazwischen gelegen, sie nach drei bis vier Stunden den Schnee erreicht hätten«. Krankheit und Entbehrungen zwangen leider Rebmann im Juni zur Heimkehr, aber sein Plan, möglichst »bis in die Mitte Afrikas« vorzudringen, wurde von seinem Mitarbeiter Dr. Krapf aufgenommen und auf anderen Wegen wenigstens teilweise zur Ausführung gebracht.

Noch im November desselben Jahres (1849) unternahm Krapf eine Reise nach Ukamba nordöstlich vom Kilimandscharo und hatte am 10. November von Maungu aus »eine schöne Aussicht auf den Schneeberg Kilimandscharo in Dschagga, der über

Ndara und Bura hervorragte. ... Sogar in dieser weiten Entfernung konnte ich wahrnehmen, dass die weiße Materie, die ich sah, Schnee sein müsse.« Noch dreimal wurde Krapf auf seiner Ukambareise von nah und fern des »Schneehauptes« des Kilimandscharo ansichtig und erhob damit Rebmanns Nachrichten über allen Zweifel. Die Höhe des Berges schätzte Krapf auf 12.500 englische Fuß.

Trotz dieser positiven Erfolge stellte der Londoner Geograf Desborough Cooley nicht nur die Angaben beider Missionare plattweg in Abrede, sondern griff auch die bescheidenen Männer mit maßloser Heftigkeit an. Durch diese Angriffe wie durch seine späteren Ausfälle gegen den Reisenden von der Decken ist dieser im Übrigen verdienstvolle Gelehrte zu einer eigentümlichen Art von Berühmtheit gelangt und seine Polemik sei hier registriert, weil sie durch das interessante Problem der Schneeberge Äquatorialafrikas veranlasst worden ist. Rebmanns Entdeckung, so eiferte Cooley, beruhe lediglich auf Sinnestäuschung, denn der ewige Schnee könne nicht vorhanden sein. Krapf aber sei von einem ungerechtfertigten Ehrgeiz besessen, hänge blind an großen Problemen und scheine gänzlich jener geistigen Schärfe bar zu sein, ohne welche ein tätiger Verstand eine gefährliche Eigenschaft werde. Die Entdeckung des ewigen Schnees, an welche Rebmann und Krapf ihr Herz gehängt, trage geradezu einen gespenstischen Charakter. Damit glaubte Cooley, und viele Andere mit ihm, die äquatorialafrikanischen Schneeberge für immer abgetan zu haben. Allein die Sache kam anders.

Ende Juli 1861 war der hannoversche Baron Klaus von der Decken, der im Jahr vorher vergeblich versucht hatte, zum Nyassasee vorzudringen, mit dem englischen Geologen Thornton, dem früheren Begleiter Livingstones, in Dschagga angekommen und hatte im August die Besteigung des Kilimandscharo, dessen Schneekuppe ihnen längst vor Augen gestanden, von Kilema aus in Angriff genommen. Drei Tage stiegen sie im Urwald hinan, aber die Ungunst der Witterung zwang sie bei ca. 8000 Fuß Höhe zur Umkehr. Wie früher Rebmann, so wandte sich auch von der Decken von Kilema der Westseite des Kilimandscharo zu und sah dort den Kibo in vollster Klarheit. »Prächtig leuchtete die glänzende Kappe seines stolzen Hauptes, bei Sonnenuntergang mit zartem rosigen Licht übergossen. ... Weit jenseits erhebt der zackige Ostgipfel, eine raue, fast waagerechte Plattform bildend, sich jäh aus einer von Osten her in geringem Winkel ansteigenden Fläche; ein 3000 Fuß niedrigerer Sattel, gleichsam ein Tal zwischen zwei ungeheuren Wellen, trennt ihn von dem erhabeneren westlichen Dome.« Nach Europa zurückgekehrt, berichtete von der Decken: »Der Berg (Kibo), dessen Gipfel eine Kuppel bildet, ist etwa 20.000 Fuß hoch und in der Höhe über 17.000 Fuß mit Schnee bedeckt« und stellte damit die Richtigkeit der Angaben Rebmanns und Krapfs außer allen Zweifel.

Von der Decken ließ sich aber an seinem ersten Erfolg nicht genug sein. Im folgenden Jahr verband er sich mit Dr. Otto Kersten zu einem zweiten Besuch des Kilimandscharo und erreichte im Dezember von Modschi aus eine Höhe von 13.000 Fuß. »Nachts schneite es tüchtig«, heißt es in seinem Bericht, »und am anderen Morgen sahen wir den Schnee zur Rechten und Linken unterhalb unseres Standpunktes liegen. Somit wird die Schneenatur dieses Berges wohl nicht mehr von dem obstinaten Cooley in Zweifel gezogen werden.« Heimgekehrt, fügte Decken die Beobachtungen hinzu, dass die Westspitze des Kilimandscharo 20.065 Fuß Höhe habe, die Ostspitze dagegen 17.340. Die Schneegrenze liege auf der Westspitze bei 16.400 Fuß; bei 9000 Fuß gebe es kein Wasser, bei 12.000 Fuß keine Vegetation mehr. Und vom Kibo äußerte Thornton die Ansicht, dass »der nordöstliche Teil noch den alten Kraterrand repräsentiere, während der südwestliche Teil, der einige tausend Fuß niedriger sei, zerstört zu sein scheine«. Das ganze Gebirge bestehe aus Lava, welche an der Luft erstarrt sei.

Der »obstinate Cooley« gab jedoch seine Sache nicht verloren und trat mit einem wahren Ingrimm gegen von der Decken auf. »Der Baron sagt, es habe bei Nacht stark geschneit; im Dezember, als die Sonne vertikal stand! Ich kann dem Baron nur Glück wünschen zu einem Schneefall, der so gelegen kam. Aber ich glaube eher an die Exzentrizitäten eines Reisenden als an solche der Natur. Der nächtliche Schneefall in der heißesten Jahreszeit unter dem Äquator, in 13.000 Fuß Höhe, ist offenbar herbeigeholt, um Krapfs wunderliche Behauptung, dass auf dem Kilimandscharo ewiger Schnee in 12.500 Fuß Höhe und tiefer liege, zu bestätigen.« Durch solche böswillige Auslegungen der deckenschen Berichte verurteilte sich Cooley selbst. Es hätte Heinrich Barths Eintreten für Decken nicht bedurft, um dem Letzteren für seine und seiner Begleiter Aufnahmen des ostafrikanischen Bergriesen die volle Anerkennung der geografischen Welt zuteil werden zu lassen. Auch die Londoner Geografische Gesellschaft verlieh ihm ihre große goldene Medaille. Der Inhalt der von Dr. Kersten herausgegebenen Bearbeitung der deckenschen Reisen ist von den nachfolgenden Reisenden nur durch wenige erheblich erweitert worden und wenn H. H. Johnston angibt, die deckenschen Expeditionen hätten an naturwissenschaftlichem Material nur »einige Käfer und eine oder zwei Pflanzen« mitgebracht, so lehrt ein Blick in Kerstens Reisewerk, dass sich Johnston schlecht unterrichtet hat. Auch die deckensche Karte des Kilimandscharo-Gebietes hat bis auf Höhnels und meine Aufnahmen keine wesentlichen Berichtigungen und Vervollständigungen erfahren.

Neun Jahre lang blieb der Kilimandscharo unbehelligt von reisenden Forschern und forschenden Missionaren. Erst im Jahr 1871 finden wir wieder zwei Missionare, Charles New und R. Bushell, in Modschi und kurz nachher den Ersteren von beiden auf dem Weg nach den oberen Gebirgsregionen. Durch stürmisches Wetter zurückgetrieben, unternahm New im August eine zweite Besteigung und gelangte diesmal im Südosten des Kibo, wo die eisige Haube bis auf die Basis des Bergkegels herabreicht, bis an den Schnee, von dessen Wirklichkeit er sich als erster Europäer handgreiflich überzeugen konnte. Seiner ziemlich unklaren Schilderung zufolge liegt dieser Punkt etwa in 4000 m Höhe. Wichtiger aber als dieser Besteigungsversuch ist seine Beobachtung von sechs verschiedenen Vegetationsregionen, die er vom Fuß des Gebirges bis zur Schneegrenze durchkreuzte. Auf der Rückkehr entdeckte New am Südostfluss des Kilimandscharo den kleinen Kratersee Dschala und ward durch diese Erfolge wie durch die Schönheit des Dschaggalandes so erfüllt von wissenschaftlichem Eifer für den Kilimandscharo, dass er zwei Jahre später noch einmal dorthin zurückkehrte, diesmal leider, um von dem habgierigen Häuptling Mandara bis aufs nackte Leben ausgeplündert zu werden. Er starb, krank an Geist und Körper, bevor er die Küste wiedergewann.

Das bittere Los News scheint die Europäer auf längere Zeit vom Besuch des Kilimandscharo-Gebietes abgeschreckt zu haben. Wieder vergingen zehn Jahre ohne Nachrichten von den ostafrikanischen Schneebergen, bis Dr. G. A. Fischer im Jahr 1883 auf seiner Reise zum Naiwaschasee an der Südseite des Kilimandscharo entlangzog und die vorgelagerten Aruschaberge sowie den großen Nachbar des Kilimandscharo, den Meru, besuchte und kartografisch festlegte. Den Kilimandscharo selbst aber betrat kurze Zeit darauf der schottische Geologe Joseph Thomson, der ehemalige Begleiter von Keith Jonston, auf seiner Reise ins Massailand. Obwohl Thomson vom Gebiet Modschi des »abgefeimten Diebes Mandara« nur bis in die Urwaldzone zu 2700 m Höhe aufzusteigen vermochte, hat er doch durch den Vormarsch zu der im Westen des Kilimandscharo jenseits Madschame auslaufenden Schirakette und durch die Umgebung der Nordostseite des Gebirges neue Bahnen betreten, einen umfassenden Überblick über das ganze Bergsystem gewonnen und mit seinem offenen, viel geübten Blick den geologischen Bau des Kilimandscharo erkannt. Dass die ganze Nordseite des Gebirges eine »ungewöhnlich steile Einöde ohne vortretende Hochflächen« sei und dass von der Nordseite nicht ein einziger nennenswerter Bach abfließe, hat vor Thomson niemand beobachten können, aber auch indem er mit vollendeter Anschaulichkeit den Mawensi als den ursprünglichen Eruptionsherd, den Kibo, aus dessen Gestalt er auf das Vorhandensein eines Kraters schließt, als die Bildung späterer Ausbrüche, die Hügel in Dschagga und am Fuß des Gebirges als die jüngsten vulkanischen Erzeugnisse darstellt, tut Thomson einen weiten Schritt in der Runde des Kilimandscharo vorwärts.

Weniger Frucht bringend für die geografische Kenntnis des Kilimandscharo ist der auf Thomsons kurzen Besuch folgende sechsmonatige Aufenthalt seines Landsmannes H. H. Johnston gewesen. Diesem vom Kongo her mit afrikanischen Verhältnissen bekannten Reisenden war von der British Association und der Royal Geographical Society der Auftrag zuteil geworden, Afrikas höchsten Berg nach seiner Flora und Fauna hin zu erforschen, und Johnston hat dieser Aufgabe durch ein sechsmonatiges Sammeln an der Südseite des Gebirges gerecht zu werden gesucht. Wenn auch der Umfang seines gewonnenen Materials der langen Sammelzeit nicht ganz entspricht, hat doch Johnston daneben mit gewandter Feder ein Reisebuch geschrieben, das reich an anschaulichen und reizvollen Natur- und Menschenschilderungen ist und eine große Zahl sehr geschickter Zeichnungen enthält. Aber ebenso reich ist das Buch auch an phantastischen Übertreibungen, wo es sich um die Schwierigkeiten des Reisens, um eingebildete Gefahren, um Plänkeleien der Eingeborenen, um Zeit- und Größenmaße und Ähnliches handelt. Seine auf die englische Annexion des Kilimandscharo-Gebietes hinzielende, der Wirklichkeit nicht entsprechende Darstellung der Handelsaussichten für diese Landstriche wäre geradezu eine Mystifikation, wenn sie nicht jeder unbefangene Leser durchschauen könnte. Unser topografisches Wissen vom Kilimandscharo ging ganz leer aus, denn Johnstons Karte ist eitel Phantasie.

Während seiner Sammelexkursionen in den oberen Waldregionen machte Johnston im Oktober zwei Versuche zur Gipfelbesteigung. Der Erste führte ihn von Modschi zu einer Höhe von 2700 m im Urwald, wo (zu Beginn der heißen Jahreszeit) »am Abend weißer Reif das Gras bedeckt« haben soll, wurde aber durch das Erscheinen von Eingeborenen abgebrochen. Die zweite Besteigung unternahm Johnston vom Dschaggastaat Marangu, von dessen harmlosem Häuptling Mareale und der noch harmloseren Häuptlingsmutter er afrikanische Ammenmärchen auftischt, er verfolgte dieselbe Route, die ich nachher mehrmals gewandert bin, und richtete sich oberhalb des Urwaldes in 2800 m ein Hüttenlager ein. Nachdem der Mawensi, dessen Fuß wir von hier erst in zwei Tagesmärschen erreichen konnten, mit einem einzigen Tagesausflug und der Bemerkung, dass »möglicherweise die Erreichung des Gipfels gar nicht ausführbar sei, weil man fast gar keinen festen Fuß fassen könne«, abgefertigt worden war, nahm Johnston den Kibo in Angriff. In viereinhalb Stunden (9–1½ Uhr) stieg er mit seinen drei Begleitern von 3000 bis 4306 m unterhalb des weithin sichtbaren Mittelhügels am vorderen Plateaurand, wo nach dem »bequemen Aufstieg« gefrühstückt wurde. Indem er etwa 100 m über diesen 4306 m hohen Platz, wo seine Begleiter zurückblieben, hinausklomm, kam er in einer Höhe von 4620 m zu jenem Hügel, »war nun oben auf dem mittleren Verbindungsrücken des Kilimandscharo und konnte ein wenig nach beiden Seiten aussehen.«

Ich gestehe, dass mir diese Schilderung nicht ganz klar ist. Von Johnstons Lagerplatz (2800 m) aus behält man beim Aufstieg immer den Südrand der vom Kibo zum Mawensi hinüberlaufenden Plateaustufe im Auge, ohne das dahinter liegende Terrain selbst sehen zu können. Auf diesem Südrand steht die kleine Spitze, welche Johnston, wie später auch uns, »während des ganzen Tages zum Zielpunkt gedient hat«; andere Hügel sind nicht markant. Dieser Hügel liegt aber nicht »4620 m hoch (Johnston rechnet 4306 + 100 = 4620) oben auf dem mittleren Verbindungsrücken«, wie es von unten gesehen erscheint, sondern ca. 4200 m hoch, und von hier hebt sich das Terrain noch weit zum Sattel zwischen Kibo und Mawensi hin, sodass von »ein wenig nach beiden Seiten ausschauen«, wie man wiederum von unten aus glaubt, nicht die Rede sein kann. Johnston jedoch steigt in dieser »Höhe gleich dem Montblanc« (4200 m!) einen Grat hinan, bis ihm »ob seiner Einsamkeit der Mut zu vergehen droht«, macht um 4 Uhr in 4973 m Höhe Halt und ruft »mit etwas Kognak und Wasser den Mut zurück«, um im Eilschritt zum Hügel am Plateaurand zurückkehren zu können, wo er »im scheidenden Tageslicht« anlangt. Auch diesen Teil der Besteigungsgeschichte verstehe ich nicht. Wenn Johnston am ostgenannten Hügel, wo seine Leute zurückblieben, nur eine halbe Stunde gerastet und gefrühstückt hat, ist er um 2 Uhr allein fortgestiegen und kann dann in Anbetracht der Entfernungen um 4 Uhr unmöglich bis über den Fuß des Kibo hinausgekommen sein. Damit wird auch erst seine Bemerkung verständlich, dass der Kilimandscharo »ein Berg sei, der ohne einen Alpenstock erklettert werden kann und auf welchem die größten Hindernisse von Nebel und Kälte herrühren«. Johnston ist nie dahin gekommen, wo der Alpenstock notwendig wird, geschweige denn 4973 m hoch, und seine alpine Leistung geht nicht über die des Missionars New hinaus.

Mit dem Jahresschluss 1884 war Johnston nach England zurückgekehrt. Wohl auf seine glühenden Schilderungen hin beschloss die außerordentlich tätige Church Missionary Society die

Gründung einer Missionsstation in Modschi und veranlasste den Bischof Hannington, den nachmaligen Märtyrer von Uganda, Dschagga zu besuchen. Hannington kam im März 1885 nach Modschi und Marangu und sammelte bei dieser Gelegenheit unter anderem interessante Moose und Flechten, denen bis zu jener Zeit noch niemand Aufmerksamkeit geschenkt hatte, obwohl sie doch für die Pflanzengeografie des Hochgebirges mit am wichtigsten sind. Nach Hannington walteten mehrere Missionare auf der neu gegründeten Station Modschi ihres Amtes. Ihre Anbahnung britischer Interessen wurde aber unterbrochen durch den Zug der Emissäre Dr. Jühlke und Leutnant Weiß von der Deutsch-Ostafrikanischen Gesellschaft, welche kurz nach Mandaras Abkommen mit dem englischen Sultansgeneral Mr Matthews über Anerkennung der Oberhoheit des Sansibarsultans noch einen Vertrag mit Mandara über Anerkennung der Oberhoheit der Ostafrikanischen Gesellschaft schlossen, der später zur Abtretung des Kilimandscharo an Deutschland geführt hat.

Thomsons und Johnstons Reiseschilderungen gaben aber auch den Anstoß zu den nun beginnenden Jagdzügen vorwiegend englischer und amerikanischer Sportsmen ins Kilimandscharo-Gebiet. Unter ihnen hat die Jagdgesellschaft der Herren Willoughby und Harvey, die von ihrem Standquartier Taweta aus 1886 und 1887 den Berg nach verschiedenen Richtungen hin besuchten und bis zum Sattelplateau hinanstiegen, für die zoologische Kenntnis des Kilimandscharo umfangreiches Material gesammelt. Ihr System des Jagens jedoch, welches mit seinem Erstreben einer möglichst großen »Kopfzahl« eine verteufelte Ähnlichkeit mit Massenmord hat, verdient die allerschärfste Verurteilung. Andere Sportsmen sind ihnen gefolgt und wenn es so fortgeht, wird in absehbarer Zeit der reiche ostafrikanische Wildstand das Schicksal der südafrikanischen und nordamerikanischen Jagdgründe teilen: ausgelöscht zu sein aus dem Buch der Lebendigen.

Den größten Fortschritt seit den Zeiten von der Deckens machte unser Wissen vom Kilimandscharo durch die Expedition des ungarischen Grafen Teleki und seines Reisegefährten Leutnant von Höhnel. Nachdem die beiden Reisenden in der Südebene von Taweta nach Kahe und zum Berg Meru neue Bahnen gewandelt, stiegen sie auf Johnstons Route von Marangu zum Sattelplateau auf, von wo es Teleki gelang, als erster Mensch am Kibokegel selbst bis ca. 4800 m emporzuklimmen, während wir Höhnel reiche Sammlungen und eine große Reihe wertvoller Ortsbestimmungen, Höhenmessungen und Peilungen verdanken, die sich auch auf die von der Expedition später umgangene Nordseite des Gebirges erstrecken.

Mit den vom Kilimandscharo gerade zurückgekehrten Herren Teleki und Höhnel traf meine erste Kilimandscharo-Expedition im August 1887 in Taweta zusammen. Von ihnen beraten, drang ich mit Herrn von Eberstein über Marangu zum Sattelplateau vor und von dort an der Ostseite des Kibokegels über Schneefelder bis zum Eisabsturz der oberen Kibohaube in ca. 5500 m Höhe, wie im Vorwort dieses Buches näher ausgeführt ist. Bei Taweta begegneten wir danach einer Expedition der Deutsch-Ostafrikanischen Gesellschaft, die späterhin in Modschi und in Klein-Aruscha Stationen gründete und manches zur Kenntnis der Südebene beigetragen hat.

Einigen englischen Besuchern folgte im Frühjahr 1888 der amerikanische Naturforscher Dr. Abbott. Er hat in eineinhalbjährigem Durchstreifen des Landes ganz Dschagga und den Berg bis zum Sattelplateau hinauf untersucht und abgesammelt und die Botanik und Zoologie des Kilimandscharo mit großem Erfolg studiert. Mit ihm verband sich, während ich mit Dr. Baumann Usambara bereiste, im Herbst 1888 der für die Deutsch-Ostafrikanische Gesellschaft auf der Kilimandscharo-Station weilende Herr Otto Ehlers zu einer Besteigung des Kibo und veröffentlichte darüber einige lehrreiche Berichte, die etwas ausführlicher wiedergegeben zu werden verdienen. Beide Reisende bezogen ihr erstes Lager in 3000 m Höhe, von wo Herr Ehlers ohne Dr. Abbott an einem einzigen Vormittag bis zu einer Höhe von 5000 m am Mawensi, also 2000 m hinauf und wieder hinab gestiegen ist! Darauf verlegten sie das Lager eineinhalb Stunden östlich vom Kibofluss entfernt. Am nächsten Morgen brachen sie von ihrem 4400 m hohen Standort zur Besteigung der nördlichen Kiboabhänge auf, hatten bereits um 7 Uhr eine Höhe von 5200 m, also 800 m erklettert, erhielten aber dadurch einen Aufenthalt, dass Dr. Abbott unwohl wurde und zurückblieb. Ehlers klomm allein weiter und erzählt darüber in »Petermanns Mitteilungen«, er sei, »teils über Sand und Asche, teils über Gerölle bergan gestiegen, wobei ihm der frisch gefallene, lose Schnee mehr hinderlich war, da er häufig mehrere Meter weit zurückrutschte«. In 5500 m Höhe entfiel ihm der Bergstock, den er »rutschend und auf allen vieren kriechend« aus 50 m Tiefe wiederholen musste, was einen halbstündigen Aufenthalt verursacht haben mag. Trotzdem erreichte er »nach öfterem Ausruhen« schon gegen 10 Uhr »die Schneeeiswand, die sich um die ganze Bergkuppe zieht«. Nachdem er eine Zeit lang vergeblich an der Mauer entlanggegangen, um eine Aufstiegsstelle zu suchen, stieg er wieder bergab und »nach recht mühevollem Klettern« gelang es ihm, »die Nordwestseite des ›Gipfels‹ (!) zu erreichen und hier von einem Punkt der Eisauflagerung aus einen verhältnismäßig weiten Überblick über die Kuppe zu erlangen. Von einem Krater konnte er nichts entdecken, und die Eis- resp. Schneemasse lag in einigen ruhigen Wellenlinien mit viel frischem Schnee vor ihm.« Die Höhe seines Standpunktes habe »jedenfalls über 6000 m« betragen.

Den Bericht des Herrn Ehlers unterzog Dr. D. Baumann in den »Mitteilungen des Deutsch-Österreichischen Alpenvereins« einer Prüfung, welche die Widersprüche zwischen den Zeit- und Höhenangaben bloßlegt, die Existenz eines Kraters verteidigt und feststellt, dass Ehlers den Gipfel des Kibo nicht erstiegen hat. Herr Ehlers wurde dadurch zu einer Erwiderung veranlasst, in der er sich etwas klarer als in seinem Hauptbericht folgendermaßen ausdrückt: »In dem Bericht an ›Petermanns Mitteilungen‹ habe ich mit den Worten ›von einem Krater konnte ich nichts entdecken‹ sagen wollen, dass ich von einem ›offenen‹ Krater nichts bemerken konnte; für die Oberfläche des geschlossenen Kraters glaubte ich damals schon die vor mir liegenden Schneeflächen ansehen zu dürfen, doch war mir die Sache ungewiss.« »Wenn ich es unterlassen habe, zu dem ca. 2½ km entfernten und nach meiner Schätzung etwa 200 Fuß höher gelegenen Punkt am Südrand zu gelangen, so geschah das, weil Wolken sich zusammenzogen« usw.

Die Beobachtungen, welche in dem darauf folgenden Jahr

Herr L. Purtscheller an den Nordflanken des Kibo machte, ließen auch in ihm starke Zweifel gegen die ehlerschen Angaben entstehen, sodass er sich nach der Rückkehr zu folgender Kritik in den »Mitteilungen des Deutsch-Österreichischen Alpenvereins« veranlasst fühlte: »Wie es Herrn D. E. Ehlers, dessen Ausrüstung nur aus einem Stocke bestand, möglich war, über diese Eiswand hinaufzukommen, ist unbegreiflich. Auch die Höhen- und Zeitangaben Ehlers' bergen mancherlei Widersprüche. Nach Angabe des Herrn Dr. Abbott, des Reisegenossen Ehlers', verließen dieselben ihr Lager an der Nordseite der auf dem Plateau östlich vom Kibo gelegenen Aschenhügel etwas vor 7 Uhr morgens. Um diese Stunde will Herr Ehlers bereits die Höhe von 5200 m erreicht haben, was in Rücksicht auf die Höhe des Lagerplatzes (ca. 4400 m) nicht angeht. Nach 8 Uhr blieb Dr. Abbott wegen Unwohlseins zurück und Ehlers setzte die Besteigung allein fort. Jedoch schon um 2 Uhr fanden sich beide Herren wieder im Zeltlager auf der Plateaumitte ein. Hätte Ehlers, seiner Behauptung gemäß, den Nord- oder Nordwestgipfel des Kibo, eine Höhe von ca. 5900 m, wirklich erreicht, so könnte sich die ganze Ersteigung, abgesehen von den bei Neuschnee eintretenden größeren Schwierigkeiten, nicht in 7 Stunden vollzogen haben.« »Dass Herr Ehlers unter diesen Umständen von einem Krater ›nichts‹ entdecken konnte, ist sehr glaubwürdig.«

Noch bevor Herr Ehlers diese Kritik zu Gesicht bekam, schrieb er aus Ostafrika an die »Kölnische Zeitung«, er habe südöstlich vom Kilimandscharo von 1800 m Höhe des Meruberges aus den Kibo gesehen: »Es wurde mir von meinem Standorte leicht, den Punkt festzustellen, den ich am 18. November 1888 erreicht und den ich damals für die zweithöchste Erhebung des Kibokraters gehalten. Schwer wird es mir jedoch, jetzt eingestehen zu müssen, dass ich mich geirrt, und zu sehen, dass sich hinter dem von mir für den höchsten Punkt angesehenen Gipfel noch eine andere, damals für mich unsichtbare Schneekuppe erhebt.« Den höchsten Kibogipfel, die zackige Kaiser-Wilhelm-Spitze, hat Herr Ehlers also auch da noch nicht einmal gesehen, weil sein Standpunkt zu tief war.

Nach Ehlers, der irgendwelches wissenschaftliches Material von Belang nicht heimgebracht, aber hübsche humoristische

Volksbilder aus Dschagga entworfen hat und dem Zug kolonialer und anthropologischer Ausstellungen durch Vorführung einiger Dschaggaleute in Deutschland gerecht geworden ist, haben wieder mehrere Missionare und Jäger die Dschaggalandschaften besucht, unter denen sich der Amerikaner Mr Chanler durch die wenn auch nur zu Jagdzwecken ausgeführte Umgehung des ganzen Gebirgsstockes ausgezeichnet hat. Ihnen folgte im September 1889 meine dritte ostafrikanische Expedition und was sie zur Vermehrung unseres Wissens vom Kilimandscharo beigetragen hat, nachdem im Lauf der Jahrzehnte 49 Europäer das Gebirge zu den mannigfachsten Zwecken bereist und erkundet haben, das sollen die folgenden Blätter zu schildern versuchen.

# Von Deutschland zur Suaheliküste

Wie für alle Gebiete menschlicher Tätigkeit, so gilt auch für das Reisen das Sprichwort: »Übung macht den Meister«. Und zwar kommt zuvörderst die Übung in der Wahl der Reisemittel, der Ausrüstung in Betracht, denn ihre Zweckdienlichkeit ist die erste Bedingung für den Erfolg der Reise. Wer ohne weitere Erfahrung zum ersten Mal kulturferne Länder bereist, wird je nach Gewöhnung und Grundsätzen entweder unzulänglich ausgerüstet sein oder – und dies in den meisten Fällen – allzu viel Ballast mit sich schleppen. Wem es aber vergönnt ist, wie mir es war, ein auf früheren Fahrten lieb gewonnenes Reisegebiet zum dritten Mal zu betreten, der weiß, worauf es ankommt und wird dementsprechend seine Ausrüstung einrichten.

Alle jene patentierten »praktischen Reiseeffekten«, wie sie in den europäischen Ausrüstungsmagazinen ausgestellt und angepriesen werden, alle die Offiziersmenagen zum Ineinanderschachteln, die Lampen und Laternen zum Zusammenfalten, die Gummibetten und Kissen zum Aufblasen und dergleichen mehr, lässt der erfahrene Reisende beiseite, denn er weiß, dass derartige komplizierte Mechanismen wohl brauchbar in Kulturländern sein mögen, wo sie jederzeit ausgebessert werden können, falls sie in Unordnung geraten, teilweise auch in den Küstenstrichen kulturloser Länder verwendbar sind, wo für sie, wie an der Ostküste Afrikas, Ersatz geschafft werden kann, dass sie aber gänzlich unbrauchbar auf Reisen im Inneren der kulturlosen Kontinente werden, wo sie weder ausgebessert noch ersetzt werden können.

Einfachster Mechanismus, sorgfältigste Arbeit und bestes Material sind besonders für Reisen im Innern von Afrika die drei Normen, nach welchen jedes Ausrüstungsstück zu beschaffen ist.

Das Teuerste ist auch da in vieler Beziehung am billigsten. Leider ist es bei strenger Beobachtung der vorgenannten Gesichtspunkte immer noch nicht möglich, sich durchweg in Deutschland auszurüsten. In einigen hier in Betracht kommenden Zweigen ist die deutsche Fabrikation der fremden voraus, so z. B. in wissenschaftlichen Instrumenten und in Waffen, in vielen anderen Dingen hingegen ist der Reisende namentlich auf England angewiesen, dessen koloniale Erfahrung und dessen Vertiefung in alles, was Sport heißt, dem Bedürfnis des Reisenden im weitesten Maße entgegenkommt.

Es wird nicht ohne praktisches Interesse sein, wenn ich im Folgenden einige dahin gehende Winke gebe. Zunächst die Kleidung. In der noch nicht entschiedenen und sicherlich auch nie für jedermann in gleicher Geltung zu entscheidenden Streitfrage, ob Wolle, Baumwolle oder Seide als Unterkleid in heißen Ländern zu bevorzugen sei, habe ich mich, nachdem ich jedes versucht, für Baumwolle entschieden, und zwar für Baumwolle in Trikotgewebe, welches den Vorteil bietet, dass es nicht filzt, den Schweiß ebenso leicht aufnimmt wie verdunsten lässt, gründlich mit kaltem oder warmem Wasser gereinigt werden kann, ohne einzugehen, und einen dauerhaften Faden besitzt, wenn man die allerwärts als »Lahmanns-Normalbaumwolle« käuflichen Hemden und Unterhosen gebraucht.

Auf dem Marsch trägt man dazu am besten ein langes Beinkleid, wie es in Sansibar von dem dort üblichen gelbbraunen, dauerhaften Baumwollstoff billig angefertigt wird, und im Lager oder bei kühler Witterung eine Jacke aus ebensolchem Stoff. Die Füße werden mit dicken, starkfädigen Wollsocken, in welchen man am bequemsten marschiert, und mit rindsledernen, über die Knöchel reichenden und gut vernagelten Schnürstiefeln bekleidet. Ein Paar starke, nicht zu tief ausgeschnittene Pantoffeln sind im Lager und bei Fußkrankheiten unentbehrlich. Den Kopf bedeckt in Sonne und Regen am zweckmäßigsten ein englischer Sonnenhelm, wie ihn Silver & Comp. in London liefert, im Schatten ein weiches Fes oder eine schirmlose Mütze, die man sich in kalten Nächten auch über die Ohren ziehen kann.

Von größter Wichtigkeit ist die Beschaffenheit der Zelte und Feldbetten. Sie sind von Benjamin Edgington in London in so vorzüglicher Qualität zu beziehen, dass sie nichts zu wünschen übrig lassen. Edgingtons *»double-roof ridge tent«* aus grünem, imprägniertem Segelleinen mit Eschenstäben und einem Sonnensegel, und Edgingtons *»portable camp bedstead«* mit Eschenstäben und einer dünnen Korkmatratze haben Stanley, Wissmann, François, Kund, Johnston und andere auf ihren Reisen mitgeführt und sie ebenso bewährt gefunden wie ich. Ein Rosshaarkissen, eine dünne Decke aus Florettseide für warme Nächte, dicke Kamelhaardecken für kühle Nächte vervollständigen die Bettausrüstung. Einfache Klapptische und Klappstühle liefern sehr gut Silver & Comp. in London. Eiserne Koffer dagegen, welche in Gestalt und Gewicht für den Transport auf den Rücken und Köpfen der Träger geeignet sein müssen, werden neuerdings nach meinem Modell in trefflicher Haltbarkeit von F. A. Schulze in Berlin, Fehrbelliner Straße, angefertigt. Ebendaher kann man solide Zeltlaternen mit vierseitig ausstrahlendem Licht, blecherne Ölflaschen und blecherne Wassereimer beziehen, in welch Letztere alles Tisch- und Küchengeräte das man natürlich am besten aus emailliertem Eisen wählt, einfach hineingelegt und mit einem Einsatzdeckel verschlossen wird. Dass die Küchengerätschaften ohne weiteres Packen und Schachteln nur in die Eimer gelegt zu werden brauchen, ist wichtig, weil andernfalls auf dem Marsch bei den eiligen Aufbrüchen in der Frühe vom Koch oder dem ungeduldigen Träger der Küchenlast das widerspenstige Gerät sicherlich liegen gelassen oder »verloren« wird.

Für die Reiseapotheke empfiehlt sich die in der Berliner Simons-Apotheke käufliche Einrichtung, welche nach Dr. Falkensteins Angabe für Tropenreisen hergestellt ist. Nur muss man darauf achten, dass die Medikamente, so weit wie immer möglich, in komprimierter und dosierter Pastillenform den Blechfläschchen eingefüllt werden und das Ganze in einem starken Blechköfferchen untergebracht wird, denn Schutz gegen Bruch und Nässe ist für die Einrichtung einer Tropenapotheke in erster Linie bestimmend.

Die Waffen für uns Europäer und für die Soldaten hat wiederholt Immanuel Messert in Suhl geliefert. In keinem andern Teil der Ausrüstung ist der persönlichen Liebhaberei so viel Spielraum gelassen wie in der Bewaffnung, denn es kommt vielmehr darauf an, wie der Schütze und wie die Büchse schießt, als was für ein Geschoss und Kaliber geschossen wird. Doch wird durch die Eigenart der afrikanischen Jagd, die Größe und Zähigkeit des afrikanischen Wildes, durch die Notwendigkeit auf weite Entfernungen zu schießen usw., eine gewisse Beschränkung bedingt, welche mich und andere Reisende zu dem Schluss geführt hat, dass man mit zwei Waffen allen Vorkommnissen gerecht werden kann. Dies sind eine Expressbüchse 450 oder 500 (Zentralfeuer-Doppelbüchse oder einläufige Mauser-Büchse), mit welcher alles große Wild vom Rhinozeros bis herab zum Springbock geschossen werden kann, und eine Zentralfeuer-Doppelflinte Kaliber 12, welche, mit Mittelschrot geladen, das Rebhuhn, mit Posten geladen die Gazelle und den Leoparden zur Strecke bringt. Zur Verteidigung gegen menschlichen Angriff bleibt der Schrotschuss immer der beste; doch ist daneben das Mitführen eines Revolvers als Drohmittel in ernsten Lagen ratsam. Wer entfernte Gegenden zu erreichen gedenkt, wo Elefanten noch zahlreich sind, mag eine kurze Doppelbüchse Kal. 8 mitführen, aber notwendig ist diese schwere Waffe nicht, da der Elefant auch von der Expressbüchse 500 fällt. Ich selbst habe meine Elefantenbüchse nie benutzt. Für ornithologische Sammlungen ist dagegen ein kleines Vogelflintchen unentbehrlich.

Was ich diesmal im Gegensatz zu früheren Expeditionen in Menge anschaffte, war geladene Munition anstatt leerer. Das Bedenken, dass geladene Munition unterwegs explodieren könne, wird durch die heutige Art der Verpackung gegenstandslos und das Geschäft des Patronenladens im Inneren ist so lästig, dass einem leicht die ganze Jagd verleidet wird, abgesehen von der peinlichen Situation, in welche man bei Mangel an fertiger Munition durch einen feindlichen Angriff versetzt werden kann. Drum empfiehlt sich die Mitnahme von fertigen Patronen, und zwar nur in Messinghülsen, weil Papierhülsen durch Nässe und Hantieren sehr bald aufgeblättert und unbrauchbar werden.

Während die bisher genannten Ausrüstungsstücke jedem Reisenden unentbehrlich sind, einerlei ob er sich mit wissenschaftlichen Beobachtungen abgibt oder nicht, lasse ich eine Reihe von Instrumenten folgen, deren nur der Forschungsreisende bedarf.

Für die Anstellung von geografischen Breitenbestimmungen

sind die kleinen kompendiösen Reisetheodolite von Hildebrand u. Schramm zu Freiberg in Sachsen vollkommen ausreichend. Dieselben lassen auf dem Höhenkreis 30 Sekunden direkt, 15 Sekunden schätzungsweise ablesen und haben jede für den tropischen Sonnenstand notwendige Einrichtung. Taschenchronometer aus der Uhrenfabrik von Lange u. Söhne in Glashütte bei Dresden ermöglichen dazu die Bestimmung von geografischen Längen innerhalb nicht zu eng gezogener Grenzen. Weiß man daneben noch eine »Reiß'sche Messstange«, wie sie ebenfalls von Hildebrand u. Schramm in Freiberg angefertigt wird, geschickt zu gebrauchen, was ebenso wie das Theodolitarbeiten unschwer zu erlernen ist, so besitzt man die sichersten Mittel für direkte Basis- und indirekte Distanz- und Höhenmessungen.

Direkten Höhenmessungen dient das Barometer. Solange dem Quecksilberbarometer noch nicht eine transportfähigere Gestalt gegeben werden kann, bleibt man auf großen afrikanischen Inlandreisen auf die Aneroidbarometer und Siedethermometer (zur Kontrolle der Aneroide) angewiesen. Ich habe im Jahr 1888 auf der Expedition durch das Usambaragebirge ein Quecksilberbarometer mitgeschleppt, bin aber aus der ängstlichen Sorge um das zarte Instrument nicht herausgekommen und habe am Schluss der Reise doch noch seine Beschädigung erleben müssen. Es ist widersinnig, auf solchen Reisen einen Grad von Präzision in den Instrumentarbeiten erreichen zu wollen, wie er in Europa möglich ist. Ich beschränkte mich deshalb diesmal auf Aneroide, die von Bohne in Berlin vorzüglich gearbeitet werden, und auf die kontrollierenden Siedethermometer, welche nebst dem zugehörigen Kochapparat am besten Fueß in Berlin herstellt. Von Fueß bezog ich auch die unentbehrlichen Schleuderthermometer, Psychrometer und Maximum-Minimum-Thermometer. Die Stockkompasse für Peilungen dagegen lieferte Casella in London und die vierkantigen Bussolen für die Routenaufnahmen E. Schneider in Wien. Die Berliner Firma A. Stegemann endlich hat mir wie schon früher einmal so auch diesmal wieder einen ganz vortrefflichen fotografischen Apparat angefertigt, der mit einem Steinbeil'schen Gruppenaplanaten, einem Weitwinkelaplanaten, sechs Doppelkassetten und Monkhoven'schen Trockenplatten, wohl den bewährtesten in Tropenländern, außerordentlich gute Dienste geleistet hat.

So weit die wissenschaftliche Instrumentenausrüstung. Sie wird ergänzt durch das für zoologische, botanische und geologische Sammlungen erforderliche Werkzeug und durch die einschlägigen Karten und die Literatur, der im Anhang eine besondere Übersicht gewidmet ist. An sie reiht sich noch die für unsere tropischen Hochgebirgsfahrten unentbehrliche Ausrüstung an dickwollenen Anzügen, Bergschuhen, Rucksäcken, Gletscherseil, Eispickeln, Schneebrillen usw., welche aus Münchener Magazinen zusammengestellt wurde, und schließlich ein von Edington in London bezogenes kleines warmes Zeltchen und einige in Leipzig verfertigte Schlafsäcke aus Schafspelz für den beabsichtigten längeren Aufenthalt an der Schnee- und Eisgrenze.

Die Beschaffung dieses Reiseapparates, der durch hunderte von Kleinigkeiten noch zu vervollständigen war, dauerte drei volle Monate. Gleichzeitig setzte ich mich, durch unser Auswärtiges Amt in bereitwilligster Weise an die englische Regierung empfohlen, mit der Englisch-Ostafrikanischen Gesellschaft in Verbindung, weil ich die Absicht hatte, auf dem kürzesten Weg zum Kilimandscharo vorzugehen, nämlich von Mombasa aus durch die englische Interessensphäre. In London fand ich freundliches Entgegenkommen. Die Imperial British East Africa Company verlangte nur die bündige Versicherung, dass ich in ihrer Sphäre keine politischen Ziele verfolge, sondern lediglich für wissenschaftliche Zwecke zu reisen beabsichtige, und versah mich daraufhin mit Empfehlungsbriefen an ihre Agenten im englischen Schutzgebiet zur nachdrücklichen Förderung meiner Reiseinteressen.

Nun fehlte noch eins, fast das Wichtigste: die Anwerbung eines Reisegefährten. Dass ohne einen bergfesten Genossen die Ersteigung des obersten Kilimandscharo und ein längeres Ausharren in den hohen Bergesregionen unmöglich sei, hatten die früheren Erfahrungen genügend gelehrt. Anerbietungen zur Reisebegleitung waren mir freilich in großer Fülle zugegangen, aber kein einziger der Petenten schien mir die Eigenschaften zu besitzen, welche mein Reiseziel erforderte. Ist die Wahl eines Reisegenossen für das Innere Afrikas schon an sich ein höchst schwieriges und sehr zu überlegendes Unternehmen, weil ohne geistige und gemütliche Harmonie der beiden Reisegenossen oder ohne widerspruchsloses Unterordnen des einen unter den andern das durch die Gemeinsamkeit aller Interessen und Erlebnisse bedingte eheartig enge Verhältnis unerträglich wird, so verlangte mein Reiseziel noch die Berücksichtigung ganz besonderer alpiner Eigenschaften obendrein. Ich hatte bereits mit mehreren Tiroler und Schweizer Bergführern Verhandlungen angeknüpft, ohne zu einem Abschluss zu kommen, und begann schon mich in andern Ländern umzusehen, als ich unerwartet ein Anerbieten erhielt, welches die Frage mit einem Schlage löste. Der k. u. k. Turnlehrer Herr Ludwig Purtscheller aus Salzburg, der langjährige Reisegefährte der beiden Zsigmondy und des Professor Schulz-Leipzig, schrieb mir, es werde ihm ein sehnlicher Wunsch erfüllt, wenn er in meiner tropisch-alpinen Expedition Aufnahme finden könne. Da ich in ihm den rechten Mann für das Unternehmen sah, ging ich sofort auf sein Ansuchen ein und habe meinen raschen Entschluss nie zu bereuen gehabt.

In Kisten und Ballen seetüchtig verpackt war die Ausrüstung inzwischen von Bremen nach Sansibar verschifft worden und Ende Juni entführte mich und Herrn Purtscheller der Gotthardzug nach Genua, wo wir in dem unvergleichlich reizvollen Hôtel du Parc, ich nun schon zum fünften Mal, die Abfahrt unseres Dampfers erwarteten. Wir sollten aber die friedlichen Gestade Europas nicht verlassen, ohne empfindlich daran erinnert zu werden, dass sich das Land, dem wir zustrebten, im Kriegszustand befand. Die Blockade war immer noch über Ostafrika verhängt, die Einfuhr von Waffen und Munition verboten. Von Bremen telegrafierte man mir deshalb, dass der Lloyd meine Waffenkisten zurückgelassen habe, weil er keine Durchkonnossemente auf Sansibar aufnehmen könne. Ich gab sofort Auftrag, sie mit dem 14 Tage später abgehenden Schiff bis Aden mitzunehmen, sah nun aber keine Möglichkeit, die Waffen in Aden persönlich auf das englische oder französische Schiff zu bugsieren, weil ich aus mehreren zwingenden Gründen nicht so lange in Aden warten konnte. Hätte mir die Regierung erlaubt meine Waffen auf ein deutsches Kriegsschiff in Aden zu verweisen, so wäre alles glatt gegangen, aber derartige Ausnahmemaßregeln schienen damals unzulässig zu sein. Die Waffenkisten gerieten später auf einen englischen Dampfer und ich habe seitdem nichts wieder von ihnen gehört noch gesehen.

Diese unerquicklichen Betrachtungen vermochten indes unseren Mut nicht lange zu bedrücken. War doch auch das Leben an Bord des Norddeutschen Lloyddampfers »Preußen« gar nicht danach angetan, missmutig zu machen. Die »Preußen« hatte mich im Frühjahr 1888 schon einmal von Genua nach Aden getragen und das inzwischen verflossene Jahr hatte der Schönheit und Behaglichkeit des Schiffes keinen Abbruch getan. Nur durch die Anwesenheit eines größeren Marinetransports, des Ablösungskommandos für die deutsche Korvette »Carola«, entstand einige Unbequemlichkeit. Welche andere Marinetruppe hätte sich aber so musterhaft ruhig und gesittet betragen wie diese jungen deutschen Mannschaften? Mein Soldatenherz freute sich, wenn auf der Fahrt durch das Rote Meer trotz 34° C im Schatten Freiübungen gemacht und Gewehrexerzitien ausgeführt wurden, als läge man auf der kühlen Reede von Kiel oder Wilhelmshaven. Problematische Naturen, junge Leute, die in Abenteuerlust und mit unglaublich phantastischen Vorstellungen von Land und Leuten aufs Geratewohl nach Ostafrika fuhren, um bei Wissmann eine Anstellung zu suchen oder sich als Kolonisten anzusiedeln, gab es in der zweiten und dritten Klasse genug; sie sind sehr bald wieder heimgekehrt. Im Laderaum des Schiffes lagerten aber tausende von Granaten und Schrapnells für das Blockadegeschwader. Leider waren meine Waffen nicht darunter.

Nach der planmäßigen Fahrtzeit von fünf Tagen landeten wir an den vegetationslosen Lavaküsten von Aden auf Arabiens Südspitze. Drei Tage später sollte der Dampfer der Messageries Maritimes direkt nach Sansibar gehen. Aden, dieses glühend heiße und wasserlose, von Kohlenstaub und englischer Langeweile durchwehte Felsennest, ist mir stets ein höchst unsympathischer Aufenthaltsort gewesen. Und diesmal geschah nichts, was mir eine freundlichere Erinnerung an Aden bewahrt hätte. Im Gegenteil; als die »Preußen« nach Colombo in Ceylon abgedampft war, bemerkte der Lloydagent, dass er aus Versehen die für Sansibar bestimmte Ladung nicht ganz gelöscht hatte, und unter dieser nach Colombo weitergefahrenen Sansibarladung befanden sich auch unsere sämtlichen Zelte, Feldbetten, Tische,

Stühle, die Reiß'sche Messstange und anderes mehr. Fünf Wochen war der früheste Zeitraum, in welchem sie auf meine telegrafische Zurückforderung hin nach Sansibar gelangen konnten.

Keine Waffen und keine Zelte! Das waren böse Aussichten für die Inlandreise. Immerhin hoffte ich, im Notfall einigen Ersatz in Sansibar auftreiben zu können, und machte mich an das wichtigste Geschäft meines Adener Aufenthaltes, an die Anwerbung von acht Somalisoldaten. Und darin war ich glücklicher. Schon bei der Heimkehr nach Europa im Winter 1888 hatte ich meinen damaligen beiden getreuen Somali Ali und Achmed den Auftrag gegeben, sich für den kommenden Sommer mit sechs guten Kameraden zu einer neuen Reise bereitzuhalten, und als ich nun nachzuforschen begann, fand ich sehr bald Achmed mit sechs seiner Landsleute zum Aufbruch fertig, während Ali, an meinem Eintreffen zweifelnd, einige Wochen vorher mit einer anderen Expedition nach Sansibar gegangen war.

Das Mitnehmen von Somali geht aus dem Bedürfnis hervor, in der Karawane ein landesfremdes Element zu haben, welches mit der Menge der Suaheliträger nicht gemeinsame Sache macht, sondern, durch seine isolierte Lage gezwungen, die Interessen des Herrn vertritt und von des Herrn Wohlergehen das eigene Wohlbefinden abhängen sieht. Die Somali, welche durch langjährige Berührung mit den Engländern in Aden mit europäischem Wesen vertrauter sind als andere Ostafrikaner und sich durch hohen persönlichen Mut auszeichnen, entsprechen jenem Bedürfnis am besten. Entgegen anders lautenden Beurteilungen habe ich mit meinen Somali als persönlichen Dienern, Soldaten und Vertrauensmännern die allerbesten Erfahrungen gemacht. Freilich wollen die Leute mit Verständnis für ihre Eigenart behandelt sein, was nicht jedermanns Sache ist. Und wenn sie unter dem tropischen Klima etwas mehr zu leiden scheinen als die Bantuneger, so wird doch diese Schwäche durch ihre starken Charaktereigenschaften hundertfach aufgewogen.

Auf dem deutschen Konsulat schloss ich mit den Leuten einen schriftlichen Vertrag ab, dann ruderten wir an Bord des französischen Dampfers und fuhren hinaus in den vom schweren Juli-Monsun hochwogenden Indischen Ozean. An Bord der »Mendoza« sah es wunderlich aus. Noch mehr als auf dem Lloyddampfer »Preußen« hatte die Schiffsgesellschaft eine deutsche Kolonialphysiognomie. Die Deutschen waren unter den Passagieren bei weitem in der Überzahl. Da waren einige junge Kaufleute, welche nach einer europäischen Erholungsreise wieder auf ihren Posten zurückkehrten; da waren Offiziere der Schutztruppe, welche teils neu hinauszogen, teils schon in anderen Stellungen draußen gewesen waren; da waren Beamte der Ostafrikanischen und Plantagen-Gesellschaft; eine Abteilung freiwilliger Krankenpfleger für die Schutztruppe, welche mit ihrem roten Kreuz am linken Arm überall paradierten; einige Handwerker, die in Sansibar ihr Glück versuchen wollten; zwei Barmherzige Schwestern, die für das Sansibar-Krankenhaus delegiert waren, usw. Welch feurige Begeisterung für alles Ostafrikanische, welch ein Aufwand an schönen Gefühlen und noch schöneren Reden und welche bodenlose Unkenntnis in ostafrikanischen Dingen herrschte hier vor! Es ist gewiss eine nicht geringe Versündigung, die von manchen unserer ersten ostafrikanischen Kolonialagitatoren an den Kolonien selbst begangen worden ist, dass sie, teils aus idealer Begeisterung, teils um Propaganda für Ostafrika zu machen und die Mittel für koloniale Unternehmungen zusammenzubringen, das Land als Ganzes so geschildert haben, wie es nicht ist. Es wird noch viel ernste Arbeit kosten und manche bittere Erfahrung gemacht werden müssen, bis nicht sowohl in Ostafrika selbst als vielmehr in Deutschland über Ostafrika an Stelle der optimistischen und pessimistischen Extreme eine sachliche Beurteilung allgemein wird, welche das Land durch ungefärbte Gläser anschaut, das Schlechte vom Guten trennt, Aussichtsloses liegen lässt und Vielversprechendes würdigt und aufnimmt.

Nach sechstägiger Fahrt näherten wir uns der einförmigen Palmenküste der Insel Pemba. Am nächsten frühen Morgen hob sich vor uns, wie ein Gedankenstrich mit einem Ausrufungszeichen, ein langer dunkler Streifen aus dem Wasser, der durch einen vertikalen Eckpfeiler begrenzt war: die Insel Sansibar mit dem Leuchtturm der Nordwestspitze. Auf unserm Mast steigt der Postwimpel lustig flatternd in die Höhe und wird, wie wir durchs Glas erkennen, vom Leuchtturm weiter signalisiert, nach der noch unsichtbaren Stadt Sansibar, wo das Hissen der Postflagge auf dem Sultansturm der Stadt das Nahen der sehnsüchtig erwarteten Europapost verkündet. Drei Stunden lang fahren wir an der niedrigen Küste entlang, nur ein paar hundert Meter von den dunklen Palmwäldern entfernt und vorbei an Booten, Hütten, Dörfchen und arabischen Würfelhäusern. Die Meeresströmung wirkt uns hier in der Sansibarstraße stark entgegen, aber die See ist spiegelglatt. Die mächtigen Monsunwogen des Indischen Ozeans hatten sich schon in den letzten Tagen mit Annäherung an den Äquator mehr und mehr geglättet, der frische, freie Atem der hohen See war schwächer geworden und kräuselte gestern nur noch die Oberfläche der Dünung; und heute breitet sich das glatte graue Meer in schwüler, vom nahen Land geheizter Atmosphäre unter einem tropischgrauen Himmel aus.

Fern im Osten schimmern graublaue Bergkonturen; Afrika, die Berge von Usambara, mein Forschungs- und Leidensgebiet vom vergangenen Jahr. An Deck unseres Dampfers wird seit Morgengrauen gelaufen, gerufen und gepackt, der Dampfkran rasselt und hebt Koffer und Kisten aus dem Laderaum, Taue werden gezogen und Boote klargemacht und landfertig im Tropenwichs stehen die Passagiere, halten mit den Ferngläsern Auslug und begrüßen Bekanntes mit Freuden, Neues mit Interesse. Endlich tauchen vor uns am flimmernden Lufthorizont Masten und Schiffskörper, groß und klein, aus den Fluten und links von ihnen auf dem Land erscheinen blendend weiße Punkte und Streifen in großer Zahl; es ist die Stadt Sansibar. Der hohe, bizarre Sultansturm und der weite Palast erheben sich jetzt stolz über die Häusermasse. Vor ihnen auf offener Reede die Sultans- und Handelsdampfer, die deutschen, englischen, italienischen, portugiesischen Kriegsfahrzeuge, das plumpe Telegrafenschiff, die kleinen Segler und arabischen Dhaus lassen erkennen, dass wir uns dem wichtigsten Platz des äquatorialen Ostafrika nähern. Zwischen den Schiffen ziehen wir langsam zu einer roten Boje hindurch, wo wir mit Tauen festgelegt werden. Von allen Seiten rudern und segeln die Boote der Neger, der Inder, der europäischen Kaufhäuser und Konsulate heran und freudige Begrüßungsrufe hinab und herauf werden laut. Sowie das Fallreep rasselnd hinuntergelassen ist, drängen sich die Ungeduldigen hastig über die Treppe herauf und nun gibt es ein Händeschütteln und Fragen ohne Unterlass.

*Sansibar*

Mein lieber Freund Steifensand, der deutsche Vizekonsul, war einer der Ersten an Deck. Mit Freuden folgte ich seiner Einladung, bei ihm im deutschen Konsulat zu wohnen, wo er in Abwesenheit des Generalkonsuls die Geschäfte der Reichsvertretung wahrnahm. Eine halbe Stunde später saß ich in einem behaglichen luftigen Zimmer des großen arabischen Gebäudes und gedachte mit meinem Gastfreund unserer wechselvollen Vergangenheit. Am Abend aber hatte ich die angenehme Überraschung, dass sich zwei Schwarze wieder zum Dienst bei mir meldeten, die auf der unglücklichen Expedition des vorigen Jahres treu bei mir ausgehalten hatten: der Somali Ali und der Panganineger Muini Amani. Von beiden wird in den folgenden Blättern noch oft die Rede sein.

Neun Monate waren verflossen, seit ich Sansibar zum letzten Mal gesehen. Das ist ein Zeitraum, der auf die Physiognomie einer normalen Stadt, zumal einer orientalischen, kaum von merklichem Einfluss sein kann. Aber die außergewöhnlichen Verhältnisse der letzten Monate waren doch nicht spurlos geblieben. Die weiß getünchten, nüchternen Häuserwürfel mit den glaslosen Fensterläden und flachen Dächern, die engen und schattigen, kotigen und stinkenden Gassen, die vielen in sich zerfallenden Häuserruinen und riesigen Schutthaufen, das Gewirr von lehmgebauten Inder- und Negerhütten und was sonst noch alles die Stadt Sansibar baulich zusammensetzt, waren durchweg unverändert geblieben. Auch in dem Getriebe der Straßen war kein wesentlicher Wechsel eingetreten. Die Araber wanderten immer noch mit so viel Stolz und Würde einher, als seien sie die unbestrittenen Herren Afrikas; die je nach ihrem mohammedanischen, buddhistischen oder brahmanistischen Bekenntnis verschieden gekleideten Inder bildeten nach wie vor den Hauptbestandteil der Straßenbevölkerung neben den Negern; und in der Erscheinung der behäbigen Parsen, der langhaarigen Belutschen, der fahlen, scheu blickenden Goanesen war ebenfalls kein Wandel zu bemerken. Aber die Mehrzahl der Bevölkerung, die männlichen Suaheli in ihren langen, weißen Hemden und die Weiber in ihrem bunten Aufputz und mit ihrem kecken, lauten Gebaren, trugen ein merklich anderes Wesen zur Schau als vor drei viertel Jahren.

Auf den Straßen machten sie mit offener Absichtlichkeit viel mehr Lärm als vordem. Keinem Neger fiel es mehr ein, dem begegnenden Europäer auszuweichen oder ihm ein begrüßendes »*Jambo*« entgegenzurufen, und tat er es doch, so geschah es in spöttischem Ton, worauf gewöhnlich noch, falls in dem Europäer ein Deutscher vermutet wurde, eine höhnische Bemerkung, wie »Bagamoyo bum bum«, in Anspielung auf die Beschießung Bagamoyos, oder dergleichen folgte. Es lag ein Zug von Unverschämtheit und Geringschätzung im Wesen der Neger, der ihnen früher fremd gewesen. Die schlechten europäischen Elemente, welche in den ersten Monaten des Küstenkrieges in Sansibar viel Anlass zu Krakeel und ernstem Streit gaben, die vielen betrunkenen Matrosen der damals zahlreich versammelten Kriegsschiffe mehrerer Nationen, das zusammengelaufene Gesindel, welches im Anfang des Krieges in Sansibar sein Glück zu machen suchte oder sich zu der Wissmann'schen Truppe drängte und mit biertollem Schreien und Schießen allerlei nächtlichen Unfug trieb, war nun aus der Stadt verschwunden. Aber die Wirkung ihrer Anwesenheit war so schnell nicht zu tilgen und wurde bei den wachsenden Erfolgen der Deutschen an der Küste von der deutschfeindlichen Partei in Sansibar geschickt benutzt, um die Gärung in der Bevölkerung gegen die Deutschen zu nähren. Täglich ereigneten sich grobe Ruhestörungen in irgendeinem Teil der Stadt und in jeder Nacht erwarteten wir einen offenen Aufstand unter dem damaligen Prinzen, jetzigen Sultan Seyid Ali gegen uns und den angeblich mit uns verbündeten, nunmehr verstorbenen Sultan Seyid Khalifa. Es waren unbehagliche Wochen.

In erfreulicher Ruhe breitete sich dagegen deutsche soldatische Zucht einerseits und milde Hilfsbereitschaft andrerseits in Sansibar aus. Von der Plantagengesellschaft war kein Beamter, von der Ostafrikanischen Gesellschaft waren nur drei oder vier zur Fortführung der Zölle in Sansibar geblieben. Dagegen waren in der Konsulatsstraße zwei große arabische Häuser von den Verwaltungsbeamten und nach Sansibar kommandierten Offizieren der Schutztruppe bewohnt, ein drittes Haus als Krankenhaus der Schutztruppe unter der Leitung mehrerer Barmherziger Schwestern eingerichtet und als zweites Krankenhaus das schon früher bestehende in der Konsulatsstraße nach mancherlei An- und Ausbau für die Kranken der Marine und der deutschen Fremdenkolonie vorbehalten. Hier wie dort Mühe, Mut und bester Wille, dem wahrlich zu wünschen war, dass er vor allem auf Sansibar selbst den verdienten Erfolg haben würde.

Ohne Waffen und Zelte waren wir in Sansibar angekommen. Meine nächste Sorge richtete sich selbstverständlich auf Ersatz des Fehlenden und da die Blockadevorschriften jeglichen Waffenhandel bei strengster Ahndung verboten, musste ich mich um Erlaubnis zum Waffenkauf an den Kommandierenden der Blockadegeschwader, den englischen Rear-Admiral Fremantle, wenden. Zum zweiten Mal trat hier die von der englischen Regierung mir ausgestellte Empfehlung in Wirksamkeit. Der Admiral, der noch kurz vorher der Peters'schen Expedition, in Mutmaßung politischer Absichten, ernstliche Schwierigkeiten in den Weg gelegt hatte, gestattete mir nicht allein bereitwilligst den Ankauf von Waffen und Munition für mich und meine Leute sowie die Einführung meiner Karawane in das englische Schutzgebiet, sondern versprach mir auch, meine sämtlichen Leute und Waren auf dem britischen Kriegsfahrzeug »Somali« an die Küste nach Mombasa befördern zu wollen.

Ich ging nun sofort an die Arbeit. Fünfzig Vorderlader nebst Munition für meine Leute, acht leichte Hinterlader für die Somali und ein Paar handliche Doppelflinten mit Patronen für uns Europäer waren bald beschafft. Dazu gelangte noch zu meiner freudigen Überraschung eine Mauser-Repetierbüchse in meine Hände zurück, welche ich schon im Jahr 1887 am Kilimandscharo geführt und zum zweiten Mal im Jahr 1888 ins Innere mitgenommen hatte, wo sie mir jedoch geraubt wurde, als wir in Buschiris Gefangenschaft gerieten. Während des ganzen Aufstandes hat Buschiri, nach Aussage der französischen Patres in Bagamoyo, mit diesem Gewehr geschossen, nachdem aber sein befestigtes Lager bei Bagamoyo von den Unsrigen genommen war, wurde auch das Repetiergewehr aufgefunden, als das meinige erkannt und mir nach meiner Ankunft in Sansibar freundlichst wieder zur Verfügung gestellt. So ist es auch auf der dritten Expedition mitgewandert und hat wiederum auf der Jagd vortreffliche Dienste geleistet.

Nachdem ich bei einem goanesischen Segelmacher die Anfertigung einiger Zelte angeordnet hatte und mit meinem alten Karawanenkontraktor, dem viel genannten Inder Sewah Hadschi, einen Vertrag über die Anwerbung von 60 Suaheliträgern, Hauptleuten, Ersatzmännern usw. abgeschlossen hatte, fuhr ich mit dem kleinen Dampfer »Harmonie« der Schutztruppe hinüber nach Bagamoyo, um mit dem Herrn Reichskommissar über mehrere Punkte Rücksprache zu nehmen.

An Bord des Dampferchens befanden sich 100 Sudanesen der Schutztruppe, welche in Tanga gefochten hatten und nun in ihre Quartiere nach Bagamoyo heimkehrten. Die Kerle gehörten noch zu den ersten schlecht uniformierten Anwerbungen und sahen nun nach den Gefechten äußerlich höchst heruntergekommen aus. Ihre eskimogesichtigen kleinen Weiber schleppten das Lagergerät und wohl auch die Kriegsbeute in großen Bündeln mit sich. Alle aber verhielten sich anerkennenswert ruhig und gesittet. Nach vierstündiger Fahrt über den sonnenglühenden Sansibarkanal konnte ich auf dem flachen Sandstrand von Bagamoyo meinen verehrten Freunden Herrn von Wissmann und Herrn von Zelewski die Hand drücken und später im Fort auch Herrn von Gravenreuth und Herrn Bohndorff, den einstigen Gefährten Dr. Junkers, begrüßen. Die meisten übrigen Herren waren mir fremd. Sie sahen alle vorzüglich frisch und wohl aus.

Als ich vor zwei Jahren Bagamoyo besucht hatte, war es die verkehrs- und volkreichste Stadt an der ganzen Suaheliküste gewesen, mit Scharen von Seglern auf der Reede und lebhaftestem Handelsbetrieb in den Straßen. Jetzt lag eine einzige Dhau an der Küste vor Anker und auf einem Spaziergang durch die Straßen, wo die meisten Häuser noch von den Granaten zerschossen in Trümmern lagen, fand ich bloß einige wenige Inder in ihren baufälligen Kramläden, während die geflohene heimische Negerbevölkerung nur spärlich durch fremde Wanyamwesi ersetzt wurde, die bei Beginn des Aufstandes mit Elfenbein aus dem Innern nach Bagamoyo gekommen waren, sich dann unter den Schutz unserer Truppen gestellt hatten und allmählich so militärfromm geworden waren, dass sie vor jedem Europäer in den Straßen soldatisch Stellung nahmen und mit der Hand salutierten. Gefangene Araber und Waseguha arbeiteten an vielen Orten in Ketten. Rings um Bagamoyo aber waren Schützengräben ausgeworfen und ein Zaun aus Stacheldraht gezogen, an dessen vier offenen Ecken Mannschaften der so genannten Zulutruppe in Wachhütten auf Posten standen.

Diese im Hinterland von Quelimane und Inhambane angeworbenen Watuta sind der beste Bestandteil der Schutztruppe. Bei jeder Gelegenheit haben sie sich brav geschlagen. So weit sie uniformiert waren, sahen sie zwar ziemlich schmierig aus, aber ihre Mauser-Büchsen hielten sie in tadellosem Stand. Jedermann erhielt 20 Rupien Monatssold. Auch an dem Pfade, der zur Kinganifähre führt, war in einer höchst originellen improvisierten Wellblechschanze eine Watutawache postiert, während im Stationsgebäude, dem früheren Walihaus, das durch Mauern und Wälle in ein Fort verwandelt worden und dem Reichskommissar mit seinen Offizieren als Wohnung diente, eine größere Schar Sudanesen mit Weibern und Kindern untergebracht war. Schon der Umstand, dass die Watuta ohne Weib und Kind sind, gibt ihnen vor den Sudanesen einen erheblichen Vorzug. Die Umgebung des Forts war durch Umhauen der Kokospalmen in halber Mannshöhe auf 300 m Umkreis sturmfrei gemacht; vier mit deutschen Feldgeschützen armierte Eckbastionen beherrschten das Terrain allseitig.

Ganz unbefestigt ist die auf der Nordseite der Stadt gelegene französische Mission geblieben, wo ich Père Etienne und Bruder Oskar als liebe alte Bekannte begrüßen konnte. Die Missionare haben während des ganzen Aufstandes unbehelligt in ihrer Station ausgehalten und wiesen mit Stolz auf die ringsumher liegenden Trümmer der Hütten und des Hausrates von 6000 Menschen, welche sich während der Kämpfe und Beschießung zur schützenden Mission geflüchtet hatten. Es ist Buschiri gewiss hoch anzurechnen, dass er die wehrlose französische Mission geschont hat, während er die Missionare der beiden Blockademächte als Feinde behandelte.

Nachdem mir der Herr Reichskommissar leihweise mit einem für die Truppe gerade entbehrlichen starken Zelt und verschiedenen Lagergerätschaften freundlichst ausgeholfen hatte, fuhr ich nach Daressalam, wo ich neben dem für afrikanische Verhältnisse stark befestigten Fort in den völlig zerstörten Straßen nur wenige Inder und ein paar Griechen bemerkte, die zerschossene deutsche Mission besuchte und auf den unter großen Mangobäumen liegenden Gräbern der Marineoffiziere A. Wolf und Landsermann einen Lorbeerzweig niederlegte, und kehrte am folgenden Tag nach Sansibar zurück. Über Buschiri hatte ich weiter nichts in Erfahrung bringen können, als dass er nach dem Überfall von Mpuapua nordwärts gezogen sei, vermutlich in der Absicht, sich mit dem Usambara-Häuptling Sembodja in Masinde zu vereinigen. Das sah allerdings aus, als habe er es zum zweiten Mal auf mich abgesehen; denn Masinde liegt auf der Panganiroute zum Kilimandscharo. Mein Lösegeld vom Jahr 1888 muss ihm doch wohl gute Dienste geleistet haben.

Indessen konnten mich solche Möglichkeiten in der Hauptsache nicht irremachen. Da alle ersten Schwierigkeiten, welche die Expedition zu verzögern gedroht hatten, nunmehr überwunden waren, ging ich an die Beschaffung und Verpackung der Tauschwaren und kam auch damit rasch zurande. Jedes Reisegebiet in Ostafrika hat bekanntlich sein kursierendes Geld, ohne welches der Reisende nichts auszurichten vermag. Wer zum Kilimandscharo wandert, braucht als große Münze vor allem weißes, mittelstarkes Baumwollzeug (Bombay-Amerikani), ferner dunkelblaues Baumwollzeug (Kaniki) und zinnoberrotes Baumwollzeug (Bandera) und als Scheidemünze mittelgroße dunkelrote, dunkelblaue und weiße Perlen für das Dschaggaland und dunkelblaue Ringperlen für Ugueno, Kahe und die Massaigebiete. Eisen- und Messingdraht von Telegrafendrahtstärke ist daneben erwünscht, aber nicht durchaus notwendig. Wollte man in Taweta die Nahrungsmittel für sich und seine Karawane mit kleinen gelben Perlen oder grünem Wolltuch einkaufen, so würde man damit ebenso wenig Erfolg haben wie ein Käufer, der in Deutschland die dortige Ware mit portugiesischem Geld bezahlen wollte. Das geprägte Geld, welches an der Küste Kurs hat, der Mariatheresientaler, die indische Rupie und der Kupferpesa, wird auf der Mombasaroute schon nach dreitägigem Inlandmarsch nicht mehr genommen, während es auf der Panganiroute erst jenseits Masinde wertlos wird.

Dass neben jenen »gängigen« Tauschwaren auch noch allerlei hübsche Geschenkartikel gern als Zugabe genommen werden, versteht sich von selbst; kaufen kann man jedoch nichts dafür. So hatte ich diesmal besonders für die Häuptlinge in Dschagga eine ganze Auslese von Uhren, Spieldosen, kleinen Telefonen, Maschinenmodellchen, Masken, vielklingigen Taschenmessern, Uniformstücken usw. mitgenommen, die als Geschenke ihre erhoffte Wirkung selten verfehlten.

Bald war die gesamte Ausrüstung in Mattensäcke und Blechkoffer zu Lasten von je 60 engl. Pfund verteilt und verpackt, auch wurde noch ein Dutzend Lasten Reis zugefügt, weil in den bis Taita zu durchziehenden Landschaften wegen dortiger Missernten keine genügende Verproviantierung der Karawane zu erwarten stand und da inzwischen der Inder Sewah Hadschi die kontraktliche Zahl der Leute zusammengebracht hatte, konnte ich schon Ende August, vier Wochen nach unserer Ankunft in Sansibar, die Karawane beim Sultan der Vorschrift gemäß registrieren lassen, damit nicht etwa ein Sklave ohne Wissen seines Herrn mit mir das Land verlasse. Zwei Tage später ging die Expedition an Bord des englischen Dampfers »Somali«, dessen Benutzung mir vom Admiral Fremantle zuvorkommend angeboten worden war, und segelte am Nachmittag des 3. September unter fröhlichem Abschiedshurra vom gastlichen Sansibar ab.

Bei der Insel Pemba lieferten wir am frühen Morgen an ein dort zur Beobachtung des Sklavenhandels stationiertes englisches Kriegsschiff die Post aus und liefen nach einem heißen Tag mit Sonnenuntergang in die palmenumhegte, durch hohe Ufer geschützte Bucht von Mombasa, unserem nächsten Ziel, ein. Noch am Abend kam Mr Buchanan, der dortige Generalvertreter der British East Africa Company, welchem ich von Sansibar unsere Ankunft vorher gemeldet hatte, an Bord und teilte mir mit, dass einige große Boote bereit seien, um mit Sonnenaufgang die ganze Karawane aufzunehmen und ohne Zeitverlust flussaufwärts nach Bandarin, dem Landungsplatz für die an unserer Route liegende Missionsstation Rabai, zu befördern. Und so geschah es. Die Karawane ruderte am Morgen in vier Booten, von den Somali bewacht, ab, und wir folgten einige Stunden später, nach einem kräftigenden Frühstück im Haus des Mr Buchanan, wo ich in der Unterhaltung mit den liebenswürdigen Herren den lebhaften Eindruck gewann, dass auch in Englisch-Ostafrika gearbeitet wird mit starker Energie, klarem Zielbewusstsein und – sehr großen Mitteln.

*Eine Straße in Mombasa*

Am Nachmittag schlugen wir am einsamen Landungsplatz Bandarin wie vor zwei Jahren unser erstes Zeltlager auf afrikanischer Erde auf. Um die Zelte verteilten sich in kleinen Kochgemeinschaften *(campi)* von fünf oder sechs Mann die Träger und Asikari, entzündeten ihre Feuer und setzten die Kupferkessel an. Die Aristokraten der Karawane, die Somali, hockten seitwärts bei den aufgehäuften Lasten an ihrem Zelt und putzten ihre Gewehre. Das war wieder Afrika! Das waren wieder der rote Lateritboden, die dürren Dornenbüsche, das dürftige graugrüne Gras, die reine, trockene Luft, das Taubengirren und Zikadenzirpen des afrikanischen Festlandes, das waren wieder die Laute und die Stimmung des freien Karawanenlebens, wieder das aus spezifischem Negergeruch, Erdausdünstung, Holzfeuerrauch, Blütenduft und Steppenluft gemischte *»bouquet d'Afrique«*. Jedem unvergesslich, der einmal in dieser Atmosphäre gelebt, gearbeitet und sie lieb gewonnen hat.

Glück auf zu weiterem Tun!

# Von Mombasa nach Taweta

Die ersten Tage einer ostafrikanischen Festlandsreise sind regelmäßig die lästigsten der ganzen Expedition. Die Freude an der freien, großen Natur, der Genuss der ungebundenen, selbstbestimmenden Lebensweise, die frohe Hingabe an das intensive wissenschaftliche Arbeiten werden geschmälert und getrübt, die Frische der Eindrücke wird geschwächt durch die beständige Sorge vor dem böswilligen Davonlaufen der Träger und durch die noch ungebändigte Zügellosigkeit der Leute. Sie toben sich in Schreien und wüsten Tänzen aus, solange es ihnen noch danach zumute ist.

Wenn erst die Mühen des Tagewerkes ihren Einfluss ausüben und die wasserlosen Märsche begonnen haben, legt sich der Übermut von selbst. Anfangs besitzt man aber durchaus keine Handhabe zur Zügelung der widerspenstigen Geister; man kennt die verschiedenen Charaktere noch nicht und hat die besseren Elemente noch nicht herausgefunden, auf die man sich stützen könnte. Lässt man von vornherein Strenge walten, so graut es den Leuten vor der Zukunft und sie halten es für das Geratenste, sich ihr durch die Flucht zu entziehen, solange es noch Zeit und Gelegenheit ist. Und gerade die lähmenden Desertierungen waren jetzt bei den herrschenden Kriegszuständen in größerem Umfang zu befürchten als früher. Ist man hingegen zu mild und lau, so verliert man alle Autorität von Anfang an und die Ausreißer sehen erst recht keinen Grund ein, warum sie dem verhassten Lastenschleppen nicht rechtzeitig mit ihren Vorschüssen entrinnen sollten.

Die Einhaltung des rechten Mittelweges in der Behandlung der Leute ist deshalb im Beginn der Reise ganz besonders schwer. Manches habe ich in den ersten Tagen hingehen lassen, mit der inneren Vertröstung auf spätere Abrechnung, und während ich anfänglich für *»mema sana«* (sehr gut) galt, zog ich später die Zügel straff und ward häufig sehr *»mkali«* (scharf). Doch scheine ich den richtigen Ton getroffen zu haben, denn zur selben Zeit, da anderen Reisenden Dutzende von Leuten davonliefen, hatte ich bei der Ankunft in Taweta nur drei Ausreißer zu verzeichnen, die mir schon im Mombasa als unsichere Kantonisten bezeichnet worden waren. Halbwegs zum Kilimandscharo waren die Träger und Soldaten bereits vortrefflich gehorsam, die Marschordnung musterhaft, der Ausgang der Expedition in dieser Hinsicht gesichert.

Lassen wir die Karawane bei ihrem Aufbruch Revue passieren und sehen wir uns die jungen Männer genauer an, von deren Tun und Lassen die Erreichung des Zieles wesentlich abhängt.

Die Hauptpersonen sind nach uns Europäern die beiden Suaheli-Niampara (Hauptleute) und die Leibgarde der Somali. Letztere seien zuerst vorgeführt, weil sie an Tüchtigkeit den Suaheli weit überlegen sind. Ihr Führer ist der 26-jährige Ali, der im Jahr 1888 meine Usambara-Expedition mitgemacht hat und beim Überfall bei Pangani von Buschiris Sklaven mit uns gefangen, dann aber nackt ausgeplündert und davongejagt worden war. Er hat großen Einfluss auf seine Somalikameraden, ist in seltenem Maße einsichtig und energisch und hat sich bei vielen Gelegenheiten so ehrlich erwiesen, dass ich ihm die Führung der Kasse und die Verwaltung der Vorräte, freilich immer unter Kontrolle, anvertraut habe. Sein offenes, frohes Gesicht nimmt sofort für ihn ein. Von heiterem Temperament, redet er im Kreise seiner Genossen etwas zu viel, vertritt aber stets das Interesse seines Herrn und wird deshalb von den Karawanenleuten als *»bwana Ali«* gefürchtet. Sehr wertvoll ist sein großes Sprachtalent, mit dem er Englisch, Arabisch, Hindostanisch, Kisuaheli neben seiner Somalimundart gleich gut beherrscht.

Nach Ali ist Achmed, der Brave, zu nennen. Auch er steht in der Mitte der zwanziger Jahre, hat ebenfalls den Überfall bei Pangani mit mir durchgemacht und ist mir wegen seiner guten Charaktereigenschaften vor allen andern ans Herz gewachsen. Ein Muster von Gutwilligkeit und unverdrossener Pflichterfüllung, vollführt Achmed alles, was ihm aufgetragen wird, gründlich und gut. Ja, selbst was ihm nicht direkt befohlen wird, verrichtet er gewissenhaft, sobald es ihm erforderlich erscheint und das will für einen Neger außerordentlich viel heißen. Er ist der einzige Mensch in der Karawane, der mir während der ganzen Reise nicht ein einziges Mal Anlass zur Rüge gegeben hat. Immer war Achmed meine rechte Hand – den rechten Arm brauchte ich selbst –, und da er leidlich Englisch, auch ein wenig Kisuaheli versteht, so ist er stets von allen Seiten in Anspruch genommen. »Achmed, wo ist dies? Achmed, wo ist jenes?«, hört man von früh bis spät. Auf dem Marsch wandert er, mein Gewehr tragend, unmittelbar hinter mir, im Lager besorgt er mein Zelt, Bett, Wäsche und dergleichen und beim Essen fungiert er als Oberkellner. Während sein Busenfreund Ali laut vergnügt ist, ist Achmed still vergnügt; jedermann in der Karawane hat ihn gern.

Der dritte in der Reihe der Somali ist Mohammed Ali oder Arali. Er ist ein kleiner, sehr ruhiger Mann von 30 Jahren, unscheinbar und schmächtig, aber zäh und kühn, wo es gilt. Da er die zweijährige Samburu-Expedition des Grafen Teleki als »Boy« mitgemacht hat, ist er ein großer Reisender und hat reiche Erfahrungen im Verkehr mit den Eingeborenen gesammelt. Ich habe ihm darum auch das Geschäft der wöchentlichen Verteilung von Warenrationen (Poscho) an die Träger für die Beschaffung ihres Unterhaltes übertragen und ihm den schwierigen Einkauf von Lebensmitteln für uns Europäer und die Somali gänzlich überlassen und bin dabei sehr gut gefahren.

Von den übrigen Somali ist der hagere, fast nervöse, flinke Mohammed der Beste, der langsame und verschlossene Bulhan der Schlechteste. Der Koch Jama Seif schließlich hat bei den Rotröcken in Aden gedient und ist ein mutiger Kämpe, wo Gefahr ist, aber über Hühnerragout und Tomatensuppe erhebt sich sein gastronomisches Wissen und Können nicht.

An die Somali schließt sich als einziger Ebenbürtiger aus der großen Zahl der Suaheli der 28-jährige Panganineger Muini Amani an. Auch er hat an den Freuden und Leiden meiner Expedition von 1888 teilgenommen und sich schon damals als sehr brauchbar erwiesen. Mit Dr. Fischer und mit arabischen Karawanen hat er ganz Ostafrika bis nach Uganda bereist, Dutzende der ostafrikanischen Dialekte erlernt und besitzt überall eingeborene Freunde. Als Wegkenner trägt er in der Marschkolonne stets die Flagge voraus. Seine stahlharte Konstitution und zähe Willenskraft haben ihn allein unter all seinen Kameraden befähigt, mit uns beiden Europäern auf dem Kilimandscharo drei Wochen lang über 4000 m hoch auszuhalten; seine beste Eigenschaft aber ist die gutmütige Unverdrossenheit, mit der er jeden Auftrag, welcher Art er auch sein möge, übernimmt und erledigt. Doch will er als freier Mann, wie die Somali, vor allen Dingen als »black gentleman« behandelt werden, eine Zartfühligkeit, durch welche die Suahelineger sich sonst nicht auszeichnen.

Im Rang weit über ihm, aber an Tüchtigkeit noch weiter hinter ihm steht der erste Niampara der Suaheli, der Sansibarmann Abedi. Als Sklave des einflussreichen Sultanssklaven Wadi Nasibu hat er großen Einfluss unter dem Sansibarvolk, aber nur wenig äußere Autorität. Aber ich brauche ihn, weil er mir dem Inder Sewah Hadschi gegenüber mit seiner Person für den Bestand der Karawane haftbar ist. Besser als er, wenn auch nicht viel, ist der zweite Niampara Hailallah, ein Arabersklave aus Sansibar, großer Schwätzer, Intrigant, Augendiener und Trinker. Nur der Umstand, dass sie in ihrer großen Personenkenntnis in Sansibar die Anwerbung der Karawanenträger schnell besorgen konnten, befähigt sie zu Hauptleuten. Auf der Reise machten sie gewöhnlich mit den Suaheliträgern gemeinsame Sache gegen ihren Herrn, sodass ich mich auch gegen sie auf die Somali stützen musste.

Aus dem Tross der Asikari und Wapagasi (Soldaten und Träger) sind nur Ben Juma, ein kleines, fleißiges Männchen; Ben Nura, der unermüdliche Vorsänger auf dem Marsch; Mbassa, der Witzbold, und die ruhigen, immer genügsamen Wanyamwesi nennenswert. Alles Übrige ist charakterloses Volk, das beständig in Erwartung der Peitsche leben muss, um nicht unverschämt und widerspenstig zu werden. Ihre körperlichen Leistungen sind freilich erstaunlich, wie bei den meisten gesunden Packeseln und Zugstieren. *»Pagasi like donkey: much food, much go«*, sagt Achmed in seinem drolligen Englisch und er hat Recht; denn wenn der Träger sich einmal am Tag an Reis oder Hirse oder Bohnen gründlich satt essen kann, so ist er leiblich zufrieden und fähig, seine Last von 60–65 Pfund Gewicht, ein Gewehr mit

Munition, einen Kochkessel, eine Schlafmatte, Wasserkalebasse und verschiedene Kleinigkeiten 5–6 Stunden lang durch die Sonnenglut zu schleppen. Namentlich um mit ihnen fertig zu werden, ist die Kenntnis der Suahelisprache fast eine Notwendigkeit. Wer sich einige Mühe gibt, kann dieses leichte Idiom in zwei Monaten so gut erlernen, dass er sich in dem engen Ideenkreis des Karawanenlebens bequem verständlich machen kann. Nach den Misshelligkeiten der ersten Reise dankte ich meinem Schöpfer, resp. meiner Übung, dass ich zur zweiten Reise keines Dolmetschers mehr bedurfte.

Auf dem Marsch wiederholt sich Woche für Woche das gleiche Tagewerk. Kaum graut der Morgen, so wecke ich vom Zelt aus mit lautem Ruf Ali, den ersten der Somali. Sofort wird es im Lager lebendig. »*Ondoka, funga mkeka*« (»Steh auf, schnür die Schlafmatte«), tönt es wiederholt von den Lippen der beiden Niampara. Gähnend kriechen die Leute aus ihren Schlafmatten hervor, in denen sie an der Erde gelegen, wickeln sich ihr Gewand leibbindenartig um die Hüften und holen schlaftrunken ihre Lasten aus dem Zelt, in dem diese während der Nacht zusammengehäuft waren. Während die Somali und Zeltträger die Zelte umlegen und mit rhythmischem Gesang diese sowie die Feldbetten, Tische, Geräte usw. verpacken, hat der Koch eine Schale dampfenden Kakao fertig gebracht, den wir stehend mit etwas kaltem Fleisch verzehren. In weniger als einer halben Stunde vom Weckruf an ist die Karawane fertig zum Aufbruch. Sobald auf meine Frage: »*tayari?*« (fertig) vom Niampara »*tayari!*« geantwortet wird, nehme ich den Kompass zur Hand, lese Barometer- und Thermometerstand ab, notiere die Uhrzeit und gebe mit lautem »*haya!*« (vorwärts) das Kommando zum Aufbruch.

Vor mir schreiten Muini Amani mit der eingerollten deutschen Flagge und der eingeborene Führer, falls ein solcher vorhanden ist, und mit dem ersten Schritt beginnt die mühevolle Arbeit der Routenaufnahme. Bei jeder geringsten Richtungsänderung des Pfades werden der Kompass und die Uhr abgelesen und beide Werte flüchtig im Itinerar notiert; bei jeder merkbaren Niveauänderung wird der Aneroidstand beobachtet und ebenfalls im Itinerar vermerkt. Sobald aber ein hervorragender Hügel oder Berg sichtbar wird, wird er mit dem Prismenkompass angepeilt und die abgelesene Gradzahl im Itinerar notiert. Auf diese Weise findet alle zwei bis drei Minuten eine Beobachtung statt, abgesehen von den Ablesungen ohne Stehenbleiben, und die Instrumente lege ich erst aus der Hand, wenn wir wieder im Lager angelangt sind.

Auf dem Fuß folgt mir Achmed, der Somali, mit meinem Jagdgewehr; denn an der Spitze des Zuges findet sich des Öfteren Gelegenheit, vom Pfad aus ein Reb- oder Perlhuhn zu schießen oder einer fliehenden Antilope eine Kugel nachzusenden, falls die Karawane frisches Fleisch braucht. Nur eigentliches Jagen erlaubt die Marschdisziplin und die Routenaufnahme nicht. Hinter Achmed wandern, voran die bedächtigen Wanyamwesi, in möglichst geschlossener Linie die Träger, danach die Somali und zum Schluss die Niampara und Herr Purtscheller. Einer geht hinter dem andern, denn der gossenartig ausgetretene Pfad, die »große Karawanenstraße«, ist zu schmal für ein Nebeneinandermarschieren. Auf den früheren Expeditionen hatte ich einige Maskatesel mittreiben lassen, um im Fall ernstlicher Erkrankung Reittiere zu haben, habe aber für meine Person niemals davon Gebrauch gemacht. Diesmal hatte ich gar keine Esel mitgenommen und schreibe es gerade dem Umstand, dass ich jeden Kilometer meiner Reisen zu Fuß zurücklegte, also der starken Bewegung und dem lebhaften Stoffwechsel, zu, dass ich im Inneren des Landes niemals einen schweren Krankheitsanfall gehabt habe.

Unter Lachen, Plaudern und Zurufen vergehen die ersten zwei Stunden ohne Unterbrechung. Dann gebietet das allmähliche Längerwerden der Kette die erste Rast. Unter einem am Pfad stehenden Schattenbaum wird Halt gemacht und während sich die Karawane sammelt, von den Somali Bericht über Marschvorkommnisse erstattet wird und die Leute ihre Lasten von neuem schnüren und ordnen, peile ich terrestrische Objekte an und mache bei günstigen Gelegenheiten fotografische Aufnahmen. Nach 20–30 Minuten geht es weiter. Die Sonne brennt und die Karawane wird schweigsam. Nur die sich immer wiederholenden Warnrufe *»shimo«*, *»mawe«*, *»miti«*, *»miba«*, *»siafu«*, *»nyoka«* unterbrechen die Stille, wenn auf dem Pfad ein Loch, Steine, Holzstücke, Dornen, Ameisen oder eine Schlange die Füße der wandernden Träger bedrohen. Nach 1½-stündigem

Marsch wird die zweite Rast gehalten und in dem Maß, in welchem die Träger müder werden, folgt nun etwa stündlich eine kurze Ruhepause.

Vor Mittag treffen wir gewöhnlich am Lagerplatz ein, wo von alters her die diese Route wandernden Karawanen an den vorhandenen Wasserlöchern oder Rinnsalen ihre Zelte aufzustellen pflegen. Auch wir schlagen die unsrigen auf, die Somali häufen die Lasten auf untergelegte Baumäste und Steine gegen Nässe und Termiten und bedecken sie mit einem regendichten Segeltuch, die Leute errichten sich aus Gras und Zweigen Schutzdächer für die Nacht und ich mache mich bei größter Sonnenglut mit dem Theodoliten an die Mittagsobservation, wobei mich Herr Purtscheller durch Ablesen der Uhrzeiten unterstützt. Wenn die Beobachtung beendet ist, hat auch der Koch einen kleinen Imbiss fertig, der uns nach getaner Arbeit vorzüglich mundet. Mit innigem Behagen stecke ich mir daraufhin mein Pfeifchen an und setze mich zur Rohkonstruktion der am Vormittag aufgenommenen Route nieder, während Herr Purtscheller die Umgebung zu botanischem und geologischem Sammeln durchstreift. Die Leute kochen ihre Tagesnahrung, flicken ihre zerrissenen Gewänder, essen, lachen und schlafen. Einige unter ihnen, vor allem ein scheeläugiger Bursche mit Namen Hassani, spielen sich auf die rigorosen Mohammedaner hinaus und beten *coram publico*, sooft sich Zeit und Gelegenheit bieten.

Ist meine Kartenzeichnung beendet, so hänge ich das Gewehr auf die Schulter, lasse einen Somali den fotografischen Apparat mittragen und suche in der Nähe weniger Wild als Bilder. Der Gefahr, vom Jagdeifer zu weit abgetrieben zu werden, bin ich nicht ausgesetzt, denn, zu meiner weidmännischen Schande sei es gesagt, die Jagd ist mir nur Mittel zum Zweck der Naturbetrachtung und ohne das Bedürfnis nach frischer Fleischnahrung sowie ohne die absolute Sicherheit, des geschossenen Tieres habhaft werden zu können, lege ich vor dem Wild die Büchse nieder und beobachte die Tiere in ihrem freien Gebaren. Heimgekehrt zum Zelt, walte ich im Notfall des Amtes eines Strafrichters, indem ich Schuldigen, die im Lauf des Tages irgendwie straffällig geworden sind, durch die Somali zehn bis zwanzig Hiebe aufzählen lasse, und Herr Purtscheller des Amtes eines Arztes, indem er den herbeigerufenen Kranken Arzneien für ihre Fußwunden, Dornenstiche, Geschwüre, Brandblasen u. dergl. verabreicht.

Inzwischen ist die Sonne tief gesunken, Achmed und Mohammed haben den Speisetisch hergerichtet und nachdem wir in unseren Gummiwannen ein frisches Bad genommen, setzen wir uns zur Hauptmahlzeit an den mit einem weißen Tuch nett gedeckten Tisch und entwickeln einen Appetit, wie man ihn eben nur bei solcher Lebensweise haben kann. Ich habe in Europa über weniges verkehrtere Anschauungen gefunden als über das, was man auf afrikanischen Reisen zu essen pflegt. In außergewöhnlichen Verhältnissen ist natürlich öfters Schmalhans Küchenmeister, aber in den meisten Fällen des gewöhnlichen Reiselebens trägt nur das Ungeschick und die Unkenntnis des Reisenden die Schuld, wenn er schlecht isst oder gar darbt. Die Mannigfaltigkeit der afrikanischen Nahrungsmittel ist allerdings keine große und in den verschiedenen Landstrichen von sehr verschiedener Beschaffenheit, aber mit einiger Phantasie und gutem Willen lässt sich viel nachhelfen und wenn man sich die Mühe nicht verdrießen lässt, dem Koch immer wieder Anleitung in der europäischen Zubereitung des einheimischen Materials zu geben und mitunter selbst Hand anzulegen, kann man es ziemlich weit bringen. Ich habe grundsätzlich von Europa und Sansibar nur Kakao, Tee, Salz und Reis in größeren Mengen, konzentrierte Essigessenz, Pfeffer und Saccharin (anstatt Zucker) in kleiner Quantität mitgenommen, sonst gar keine Konserven bis auf drei Büchsen Corned Beef für äußerste Notfälle. In europäischen Getränken führte die Expedition nur zwei Flaschen Rotwein, zwei Flaschen Kognak und zwei Flaschen Portwein mit, von denen wir die Ersteren im Anfang der Reise, den Kognak auf den kalten Höhen des Kilimandscharo und eine Flasche Portwein in Krankheitsfällen ausgetrunken haben, die zweite Flasche Portwein aber zum größten Erstaunen unserer Freunde wieder nach Sansibar zurückbrachten. Wasser mit einigen Tropfen Essigessenz oder Zitronensäure und während des Marschierens Wasser mit ein wenig Tee bildete unser tägliches Getränk. Dass unsere Speisezettel trotzdem der Reichhaltigkeit nicht entbehrten, mögen nachstehende Beispiele zeigen. In menschenleeren Gegenden: Wildsuppe, Perlhuhn mit Reis, Tee; oder Reissuppe, Antilopenrücken mit wildem Spinat, Tee; oder Suppe von wilden Tomaten, Zebrakeule mit Reis, Tee usw.; in bewohnten Gegenden: Fleischbrühe mit Ochsenzunge, Rinderbraten mit frischem Gemüse, geröstete Bananen mit Honig, Tee; oder Milchsuppe, Hammelkoteletten mit Tomaten, Reis mit Bananen, geröstete Maiskolben, Tee; oder Eiersuppe, Hühnerragout mit gebratenen Bataten, Ziegenkeule mit Bohnen,Tee usw.

Nach der Mahlzeit wird das Pfeifchen angesteckt und bei Laternenschein das Tagebuch mit Tinte und Feder geführt. Dann folgt noch ein behagliches Plauderstündchen und um 8 Uhr liegt das Lager schon im tiefen Schlaf. In wollenen Decken auf das Feldbett gestreckt genießen wir schlummernd die erfrischende Nachtkühle, während bisweilen von der weiten Steppe her das ferne Brüllen des jagenden Löwen, das heisere Bellen des Leoparden, das klagende Heulen der Hyäne unser Ohr trifft, bis mit dem ersten Morgengrauen das Zwitschern der Dämmerungssänger zum neuen Tagewerk weckt.

Am Morgen des 6. September ließen wir die Küstenlande hinter uns. Nachdem an jedermann ein Gewehr ausgeteilt worden war, schlängelte sich die lange Kolonne über die aufsteigenden Bodenwellen hinauf zum Rande des Hochplateaus nach der Missionsstation Rabai. Auf dieser Terrainstufe ist die Vegetation noch unter dem Einfluss der feuchten Seewinde; der Regenwald überzieht Hänge und Mulden. Kurz unterhalb Rabai tritt noch einmal die Kokospalme in ausgedehnten Beständen auf, an deren Rand wir eine kleine Station der Britisch-Ostafrikanischen Gesellschaft passierten, die Station I auf der langen Linie zum Victoria-Nyanza hin, welche durch die Punkte Taita, Ukamba, Baringosee, Kavirondo festgelegt ist.

Mit großer Liebenswürdigkeit kamen uns in Rabai Mr und Mrs Burness von der Church Missionary Society entgegen, sodass wir schon nach Verlauf einer Stunde mit zwei Rabaiführern und zehn Reisträgern diesen letzten Punkt europäischer Kultur verlassen konnten, um unsern Marsch in die Baumwildnis des Hochplateaus zu beginnen. Die heftigen Regengüsse der letzten Tage, die ersten Vorboten der Regenzeit, hatten sich, wie man uns sagen konnte, weit ins Land hinein erstreckt und am Pfade die Felslöcher wieder mit Wasser gefüllt. Unter ihrem Einfluss begann aber auch die Vegetation aus ihrem Schlaf der regenlosen Monate zu erwachen, sich zu regen und zu strecken.

Die weite Baumwildnis trägt den starren Charakter des Trockenwaldes, in welchem immergrüne Arten mit blattwechselnden gemischt sind. Harte Gräser und niedrige Stauden bedecken den lehmigen Boden. In der Nähe der Küstenlande stehen die Bäume ziemlich dicht, aber auch da ist ihr Wuchs nicht schlank und hoch wie in den Uferwäldern der Wasserläufe und im Gebirge, sondern ihre Stämme sind ärmlich und rissig, ihre Äste sind knorrig und voll abgestorbener Zweige. Inseln und Bänder von undurchdringlichen Sukkulentendickichten durchsetzen die Baumbestände nach allen Richtungen. Je weiter der Reisende nach dem Innern eindringt, je weiter er aus dem befeuchtenden Bereich des Meeres kommt, desto mehr findet er in der Organisation der Pflanzenwelt Schutz gegen Verdunstung ausgesprochen. Schon in der Nähe der drei Tagesreisen von der Küste entfernten Tarohügel verschwinden die immergrünen Formen und überwiegen die Dornengewächse über andere Bestandteile. Gegen die Maunguberge zu geht der Trockenwald in einen nur drei Arten enthaltenden »Weißdornbusch« über, an welchen sich jenseits der schmalen Scheidewand der Maunguberge unvermittelt die Baumsteppe anschließt, anfangs mit einzelnen Dornbusch- und Buschwaldparzellen untermischt, später, jenseits der Taitaberge, in ihrer ganzen trostlosen Offenheit.

*Die ostafrikanische Steppe*

So teilt sich dieser Landstrich zwischen der Küste und dem Kilimandscharo im Wechsel der klimatisch-geognostischen Bedingungen in vier pflanzengeografische Regionen, welchen auch die sie mit bedingende größere oder geringere Wasserhäufigkeit entspricht. Bis Taro hin findet sich während der trockenen Jahreszeit doch an mehreren Stellen Regenwasser in Felslöchern und Sümpfen, zwischen Taro und Maungu fehlt es gänzlich, ebenso zwischen Maungu und Ndara-Taita sowie zwischen Taita und Taweta, während auf der Höhe von Maungu und am westlichen Ndara-Abfall Regenlochwasser zu finden ist und in Taita sogar zwei fließende Bächlein vorkommen. Wenn es regnet, findet sich außerdem noch vor Maungu und zwischen Taita und Taweta Wasser in kleinen Sümpfen.

Dass in Ländern wie im mittleren Ostafrika, wo die Ebene sich über ungeheure Räume erstreckt und nur selten eine Bergform den Blick fesselt, die Physiognomie der Landschaft fast ausschließlich durch die Vegetation bestimmt wird, ist natürlich. Die Vegetation selbst aber erhält ihren individuellen Charakter überall viel mehr durch die Gestalt und Anordnung der Pflanzenteile, welche der Ernährung und Erhaltung der Pflanzen dienen, also der Blatt- und Holzteile, als durch die Form der Fortpflanzungsorgane, der Blüten und Früchte. Das war gerade jetzt zu Beginn der Vegetationsperiode recht auffällig. Mochten die Blüten an dieser Stelle ganz fehlen, an jener in zahlloser Menge prangen, groß oder klein, weiß oder farbig sein, so beeinflusste doch ihre Erscheinung das Charakterbild der Landschaft nur in geringem Maße.

Die blattlosen Holzgerüste dagegen bilden in ihrer Gesamtheit die Grundzeichnung des Bildes. Sie tragen deutlich den Stempel der klimatisch-geognostischen Extreme, durch welche die vielen verschiedenen, den Wald zusammensetzenden Arten einander so ähnlich gestaltet werden, dass der Eindruck hervorgerufen wird, als habe man nur einige wenige Arten vor sich, wie sie in gemäßigten Klimaten die einheitlichen Bestände der Buchen- oder Eichenwälder repräsentieren.

Während so die Stämme und Äste das Skelett der Flora bilden, bekommt diese erst Körper durch die Blätter. Und zwar ist das den Verdunstungseinflüssen wenig Fläche bietende doppelfiederige Blatt und das durch seine dichtzellige Oberhaut vor zu starker Transpiration geschützte starre Glanzblatt in diesen Trockenwäldern vorherrschend. Immergrüne Wipfelbäume von der Mimosen-, Tamarinden- und Olivenform, regengrüne Wipfelbäume von der Banyanen-, Sykomoren- und Weidenform, Zweigsträucher von der Oschur- und Sodadaform setzen im Großen den Wald zusammen; Zwergpalmen, Schlingepiphyten, Rohr- und Savannengräser, Zwiebel- und Knollengewächse bilden die bodennahen Nebenbestandteile, die sich an baumlosen Stellen mit Stamm- und Schlingeuphorbien, den mehlsackartigen Knollenstämmen der *testudinaria*, mit Kukurbitaceen und Aloes zu Dickichten von filzartiger Undurchdringlichkeit vereinigen.

Schutz vor Verdunstung ist das oberste Prinzip, nach welchem die sorgliche Natur diese Pflanzen organisiert hat; denn es gilt, sie vor der Wirkung einer vielmonatigen Trockenzeit zu bewahren. Einigen Mimosen, den Banyanen und Sykomoren schenkt sie, wie erwähnt, fiederige oder glänzende, starre Blätter und nimmt ihnen bald nach der Regenzeit die krankenden Organe wieder ab, nachdem diese ihre Ernährungsfunktionen erfüllt haben, anderen gibt sie widerstandsfähigere Blattgebilde von mehrjähriger Dauer, die meisten Bäume und Sträucher versieht sie an Ästen und Zweigen, einige sogar auch an den Stämmen mit Stacheln und Dornen, welche die Rinde verdicken oder die Blattbildung beschränken, die Sukkulenten bekleidet sie mit einer der Verdunstung des aufgesammelten Saftes hemmenden Panzerhaut, die Gräser und Zwiebelgewächse schützt sie durch das Verlegen des perennierenden safthaltenden Organes unter die Decke des Erdbodens und dergleichen mehr. Überall Einrichtungen und Vorkehrungen gegen das Trockenklima.

Als ich vor zwei Jahren im Juli, also in der Trockenzeit, diese Wälder durchwanderte, war das Bild braun und grau. Jetzt war es auch keineswegs grün, denn auch die jungen Blätter haben einen grauen oder bläulichen Schimmer und die abgestorbenen Gräser, Äste und Stämme machen sich breit, wo sie nicht durch Feuer oder durch die Termiten verzehrt werden. Aber trotzdem ging jetzt vor dem Eintritt der Regenmonate ein Frühlingswehen durch die ganze Vegetation. Viele Arten setzten die ersten Blättchen an, andere trieben vor dem Blattansatz erst ihre Blüten, wie die Erlen, Haselnüsse, Weiden und Obstbäume in den gemäßigten Zonen. An unseren Obstbäumen, auf deren empfindlichere Blütenknospen die Strahlen der Frühlingssonne stärker einwirken als auf die unempfindlicheren Blattknopsen, ist dieses Frühblühen, wie schon Grisebach hervorhebt, weniger wunderbar als an den früh blühenden Pflanzen der afrikanischen Äquatoriallander, wo doch der äußere Wärme- und Lichtreiz das ganze Jahr hindurch derselbe bleibt. Die Bewegung scheint demnach hier innerlich geregelt zu werden im Hinblick darauf, dass die Befruchtung der betreffenden Arten vollendet werden muss, bevor die Pollen durch die folgenden heftigen Regengüsse zerstört werden können.

Dem gleichen Trieb folgen die Erdorchideen und Liliaceen, während die Gräser zuerst Blattsprosse und die Sukkulenten neue Astfortsätze hervorbringen. Sie haben ihr Feuchtigkeitsbedürfnis während der Trockenzeit teils aus unterirdischen, teils aus oberirdischen Sammelbecken befriedigt und beginnen mit der ersten Ankündigung der Regenzeit ihre Vegetationstätigkeit von neuem.

Nahe am Rande der Küstenterrasse ragen noch einige stolze Borassuspalmen über die niedrigen Waldbäume zum Himmel, gleichsam als äußerste Marksteine einer besseren Natur. Dann verschwindet die Palme, um erst wieder in den Taitabergen und am Kilimandscharo in anderen Arten aufzutreten.

Am Mittag unseres ersten Reisetages schlugen wir unser Lager an dem bis auf einige Wasserlöcher ausgetrockneten Moadjebächlein auf, wo ich auch vor zwei Jahren mit Herrn von Eberstein mein erstes Lager gehabt hatte. Ein paar große, dicht belaubte Mangobäume, die wahrscheinlich aus den weggeworfenen Kernen von Früchten, welche Karawanenträger von der Küste gebracht, entsprossen sind und am Wasser, nicht zu fern vom Meer, noch ein ausreichendes Fortkommen gefunden haben, beschatteten unsere Zelte. An den Lasten gab es nach dem ersten Marschtag erklärlicherweise vielerlei neu zu ordnen und zu ändern. Die Träger fanden sich aber schnell darein, ebenso wie in die Maßregel, dass ich ihnen bei der Ankunft am Lagerplatz alle Gewehre zur Verhütung von Desertionen wegnehmen ließ und sie tanzten und sangen abends bei Vollmondschein wie besessen bis tief in die Nacht hinein.

Als ich nach köstlich kühler Nacht aus dem Zelt in den taufrischen Morgen hinaustrat, bemerkte ich zwei der gestern gemieteten Rabaileute, die sich in aller Stille aus dem Lager zu entfernen suchten. Obwohl ihre Reislasten schon aufgezehrt waren, ließ ich sie des Prinzips halber von drei Somali ebenso still wieder einfangen und fernerhin in alten Petroleumkannen, die ich zum Zweck des Wassertransports in Mombasa gekauft hatte, schon jetzt Wasser für den Gebrauch auf dem Marsch mitschleppen. Aus den Büschen am Bachrand gluckten die wilden Perlhühner (Ranga), als wir uns in Bewegung setzten und bald brachte Ali zwei fette Hennen für die Küche. Die ebene graugrüne Waldwildnis der Landschaft Duruma mit ihrem gänzlichen Mangel an Ausblicken auf das Umland verschlang uns wieder für einige Stunden. Außer unserem Pfädchen und gelegentlich einem Fetzen Baumwollzeug an einem Dornenast weist hier nichts auf die vorübergehende Anwesenheit von Menschen hin. Tiere des Waldes, wie in unseren nordischen Ländern, gibt es hier scheinbar gar nicht. Das große Wild scheut die Dickichte, wo sich ihm das Raubzeug ungesehen nähern kann, und sucht die offenen Baumsteppen auf; die Vögel aber werden erst bemerkbar, wenn sie nach Eintritt der regelmäßigen Regenzeit zur Paarung schreiten und ihre Stimmen erschallen lassen. Erst dann werden auch die Kerbtiere lebendig, die jetzt, außer großen Tausendfüßlern, gänzlich zu fehlen scheinen. So weit ist aber die Jahreszeit noch nicht. Die Vorregen sind unregelmäßig, waren vor einigen Tagen morgens um 4 Uhr gefallen, dann ausgeblieben und setzten nun um 11 Uhr vormittags ein, um eine Stunde lang in einzelnen kurzen und heftigen Güssen anzuhalten.

Mit triefenden Gewändern erreichten wir den aus aneinander gereihten Löchern bestehenden Magungabach und lagerten an seinen stark alaunig schmeckenden Wassern unter einer Sykomore. Vor zwei Jahren waren mir hier fünf Mann auf Nimmerwiedersehen davongelaufen mit Koffern, die unsere wertvollsten Ausrüstungsgegenstände, wie Karten, Ferngläser, Wollkleidung und anderes, enthalten hatten. Diesmal schien es ebenfalls zu einer kritischen Wendung kommen zu wollen, denn wie am Tag vorher, so ließ ich den Leuten auch diesmal wieder ihre Gewehre abnehmen und erregte damit einen Sturm von Unwillen unter denjenigen, welche sich mit Fluchtgedanken getragen hatten. Ein Hauptrédelsführer veranstaltete eine große Deputation, um mich zur Herausgabe von Gewehren und Munition in diesem »gefährlichen Feindesland« zu bewegen. Ich machte mich jedoch in wohlgesetzter Rede lustig über die angeblich Furchtsamen, bekam dadurch die Lacher auf meine Seite und hatte das Spiel gewonnen. Immerhin ließ ich die Somali in der Nacht scharf Wache halten und kontrollierte sie mehrfach bis zum Morgen.

Je weiter wir landeinwärts dringen, desto dürrer wird die Landschaft. Die Vorregen haben hier noch nicht viel von sich spüren lassen. Streckenweise haben frühere Grasbrände dem Boden eine tiefschwarze Färbung gegeben, sodass man mitunter an Humusbildung glauben könnte; wo aber ein Termitenhügel aufgehäuft ist, kommt die wahre rote oder gelbbraune Farbe des porösen Lateritgrundes verräterisch zum Vorschein. An anderen Stellen besteht der Boden aus einem gelblichen Sande, an dritten aus breccienartigen, rötlich grauen Sandsteinen, die erkennen lassen, dass wir die Region der Schiefertone hinter uns haben und in die der Sandsteine, der schmalen Kohlenregion Ostafrikas eingetreten sind. Gleichzeitig hebt sich das Land merklich.

Der Tag war sehr heiß und die Träger ächzten; aber die an der Spitze marschierenden Wanyamwesi sangen aufmunternde kurze Strophen und im Mitsingen des Refrains kamen die Suaheli vom Fleck, ohne es selbst recht zu wissen. Nach Passierung der trockenen Wasserlöcher von Goreh trafen wir in Samburu reichlich schlammiges Wasser in großen Felsenbecken. Ins Lager kamen aus den im dichten Busch der Umgebung versteckten Waduruma-Dörfchen Eingeborene mit Ziegen und Rindern zum Verkauf, und froh, einen solchen Magnet für meine Leute gefunden zu haben, erhandelte ich einen Ochsen, um ihn bis zum nächsten Lagerplatz mittreiben zu lassen.

Obgleich wir Europäer in der Nacht gemeinsam mit den Somali auf Posten standen, gelang es doch drei Suaheliträgern, sich unbemerkt, vermutlich kriechend, wegzustehlen und ohne Waffen und Waren davonzulaufen. Es waren die unsicheren Burschen, deren Verlust mich wenig schmerzte, weil ich nun der übrigen umso sicherer war; denn wer an dieser letzten bewohnten Stelle vor dem Eintritt in die Taitawildnis nicht weggelaufen war, durfte mit Recht als williger Gefolgsmann angesehen werden. Und zunächst fesselte sie ja auch noch die Aussicht auf saftiges Ochsenfleisch.

Das störrische Tier durch die Dickichte zu treiben, in welchen der Pfad oft kaum Raum für einen belasteten Träger bot, war eine schwere Aufgabe; sie wurde indes von Muini Amani und dem Somali Arali prompt gelöst, obgleich die beiden Nomaden dabei über irgendeine Frage in Streit gerieten und sich die Köpfe blutig schlugen. In einstündigem Marsch durchzogen wir die im Wald gerodeten Felder der Samburuleute, die mit fleißigen Händen beschäftigt waren den Boden zu klären, um ihn bei der beginnenden Regenzeit von neuem mit Mais und Bohnen zu bestellen. An den mehrfach zutage tretenden Sandsteinkuppen ist Regenwasser in Felslöchern (Ngurungas) vorhanden. Das Terrain wird weiterhin etwas welliger und hebt sich schließlich zu den runden Hügeln von Taro an, wo die letzten Ngurungas vor Maungu den Karawanen das nötige Nass bieten. Gegen Mittag bezogen wir auf den Tarohügeln Lager, gerade rechtzeitig, um auch diesen Punkt astronomisch zu bestimmen.

Während sich am Nachmittag die Träger mit großem Behagen der Vertilgung des mitgetriebenen Ochsen widmeten, streifte ich auf dem Tarorücken umher und unterzog die zahlreichen Ngurungas einer näheren Untersuchung. Frühere Reisende haben die Ansicht geäußert, dass die Felslöcher, welche in ganz Mittelostafrika als Sammelbecken des Regenwassers von größter Wichtigkeit für Mensch und Tier sind, vorwiegend durch die den Schlamm und das Wasser ausschöpfende Menschenhand gebildet seien. Ich bin jedoch auf den Felsen von Taro anderer Meinung geworden. Der Sandstein liegt hier in runden Kuppen und Rücken bloß und besteht oberflächlich aus schaligen Schichten, die von den atmosphärischen Kräften zernagt sind und überall, oben und an den Seiten, runde Aushöhlungen in allen Größen zeigen, sodass der Fels wie blatternarbig aussieht. Von 1 cm Breite bis zu 2½ m Durchmesser und 2 m Tiefe sind die runden Löcher in allen Größen auf einem Fels vereint, doch überwiegen die kleinen sehr erheblich. Weist nun schon das Vorkommen von Rundlöchern an den Steilseiten der Felsen, also in vertikaler Richtung, auf ihre nichtkünstliche Bildung hin, weil sich ja in diesen kein Wasser sammeln kann, das herausgeschöpft werden könnte, so geht die natürliche Entstehung der meisten Ngurungas eben aus jener schaligen Struktur des Gesteins hervor, welche eine muldenförmige Verwitterung in hohem Grad begünstigen muss. Das Dasein von kleinen, vertikal gestellten, 2 cm weiten Löchern in Felsmulden, die sich, wie man mit dem eingeführten Finger fühlt, nach unten trichterförmig erweitern und in dieser Erweiterung voll Wasser sind, welches dort unter dem Schutz der kleinen Öffnung nur langsam verdampfen kann, zeigt aber auch, dass an Stellen, wo Wasser stehen bleiben kann, das stehende Wasser es ist, welches die tiefen Löcher aushöhlt. Wo die schalige Beschaffenheit des Gesteins die stehen bleibenden Niederschläge vor schneller Verdunstung schützt, wird das säurereiche Regenwasser immer wieder seine lösende Tätigkeit ausüben, bis es an den günstigsten Stellen sich ein Behältnis zur Überdauerung längerer Trockenperioden geschaffen hat. Bald siedeln sich da kleine Pflanzen und Tiere an und nun kommen ihm die Säuren von vegetabilischen und animalischen Zersetzungsresten zu Hilfe, bis die Höhlung einen Umfang erhält, der den Menschen das gelegentliche Ausräumen des Schlammes zur vermehrten Wassergewinnung lohnend erscheinen lässt. So entsteht schließlich das Ngurunga, welches ganze Karawanen zu tränken vermag.

Die Beschaffenheit des Wassers ist allerdings, wenn es nicht gerade geregnet hat, gewöhnlich derartig, dass man in einem Glas die grünliche, schlammige Flüssigkeit kaum für Wasser halten möchte; aber glücklicherweise trinkt man nicht aus durchsichtigen Gläsern und ein paar Tropfen Essigessenz oder Zitronensäure machen das begehrte Nass wohl genießbar. Schädliche Folgen habe ich bei so vorübergehendem Genuss davon weder bei mir noch bei meinen Leuten beobachtet.

Mit so viel Wasser, wie nur jeder in seinen Kalebassen fassen konnte, und dazu mit fünf in die alten Petroleumtins gefüllten Wasserlasten begannen wir am nächsten Morgen unseren zweitägigen Gewaltmarsch durch die wasserlosen Dornenwildnisse nach Maungu. An den eine halbe Stunde jenseits Taro in flachen Sandsteinplatten liegenden Makanga-Ngurungas erwartete uns ein Dutzend Wataita-Männer, die sich uns bis nach Taita anschließen wollten und sich zum Teil von unseren Karawanenleuten zum Tragen der Lasten mieten ließen. Natürlich geschieht das Mieten auf Kosten des betreffenden Trägers. Es ist dies ein bei den Suaheli sehr beliebtes Geschäft, solange sie noch ein Stück Zeug und ein paar Perlen besitzen, und ich habe Träger gehabt, die sich von ihrem wöchentlichen Poscho (Verpflegungswaren) so viel abzusparen wussten, dass sie sich fast immer einen eingeborenen Träger für ihre Last mieten konnten und selbst als »große Herren« hinter ihren Ersatzmännern herschlenderten. Zu essen fanden sie in einer Freundesschüssel dann immer noch genug.

Ruhepausen wurden auf diesem Marsch nur alle zwei bis drei Stunden gemacht und doch blieb die Karawane geschlossen bis zum Abend. Schweigsam und rastlos wanderte der Zug durch die Büsche und Dickichte. Um Mittag ruhten wir eine Stunde am ausgetrockneten kleinen Sumpf Siwa la Madjume. Und als wir zum heißen Gang wieder aufbrachen, traten uns von der anderen Seite aus den Bäumen einige dreißig fremde Träger entgegen, die uns nach kurzem *»Jambo, jambo sana«* und *»Habari gani?«* (»Was gibt's Neues?«) erzählten, dass sie vom Kilimandscharo kämen, wo sie von dem jetzt in Dschagga wohnenden amerikanischen Naturforscher Dr. Abbott entlassen worden seien, und zur Küste heimkehren wollten. Die Gesellschaft, welche ein paar Esel mitführte und bis auf zwei Halbblutaraber höchst sonderbar zusammengewürfelt aussah, kam mir aber ziemlich verdächtig vor und später in Taita stellte es sich dann auch heraus, dass die Sprecher Sklavenhändler gewesen waren, welche zwanzig Dschaggasklaven zur Küste brachten. Doch erhielten wir von ihnen allerlei wünschenswerte Aufschlüsse über den Zustand unseres ferneren Weges, Wasserverhältnisse, Massaigefahr und anderes und trennten uns mit wohl gemeintem *»Kuaheri«* (»Lebt wohl«).

Allmählich wird bei unserer raschen Fortbewegung nach Westen eine Veränderung im Aussehen des Bodens und der uns umgebenden Vegetation bemerkbar. Der Sandstein ist verschwunden und hat kristallinischen Schiefern, Gneisen, metamorphischen Gesteinen Platz gemacht, die, durch die mächtigen klimatischen Faktoren in unfruchtbaren roten Laterit zersetzt, einander sehr ähneln. Der Baumwuchs wird niedriger, die Bestände werden offener, die Sträucher spärlicher und der mit vereinzelten Grasbüscheln bestandene Lateritboden entschleiert zwischen den grauen Bäumen und Büschen sein rotes Antlitz immer mehr. Aber gerade darum gibt vielfach das Rot der Erde mit dem Hellgrau der flechtenbewachsenen Stämme und Äste und dem Blaugrün der ersten Blättchen ein farbenfreundliches Bild.

Die Routenaufnahme verlangt in diesen Wildnissen, wo kein Ausblick auf irgendwelche Peilpunkte geboten ist, doppelte Genauigkeit und ist mir an diesen Tagen herzlich sauer geworden. Deshalb begrüßte ich es am Spätnachmittag freudig, als im Süden für einen Augenblick die schroffe Pyramide des Kisigaoberges sichtbar wurde. Aber die Träger murrten über den kurzen Aufenthalt. Die Wasserlasten hatte ich schon vorher vorausgeschickt, damit sie an einer fernen Biwakstelle im Walde den Nachkommenden ein begehrenswertes Ziel sein sollten. Und so strebten die Durstigen und Müden gegen Abend und nach Sonnenuntergang im rasch eintretenden Dunkel, unter beständigem *»Selemá, selemá. Selemáa!«* (»Lauft, lauft, lauft«) der Wanyamwesi und *»Peleka msungu«* (»Fördert den Europäer«) der Suaheli, durch den immer dorniger werdenden Baumwuchs stolpernd dem Nachtlager zu, bis endlich die Biwakfeuer der Wasserträger durch die Bäume leuchteten. Mit Gier schlürfte nun jeder seine Wasserportion, die Ali sparsam austeilte, denn den eigenen Wasservorrat hatten sie längst auf dem Marsch getrunken. Dann kaute jeder eine Hand voll Reis oder Mais, der von der letzten Mahlzeit übrig gelassen war, wir selbst verzehrten eine am schnell lodernden Feuer erhitzte Erbsensuppe und folgten dem Beispiel der anderen, indem wir uns in unseren Decken neben die ordnungslos zerstreuten Lasten streckten und schliefen. Dieses *»Kualala mpolini«*, das Nächtigen an einem Orte, der nicht ein altgewohnter Karawanenplatz ist, ist dem konservativen Sinn der Träger ein wahrer Gräuel, besonders wenn der Ort offen, ohne Busch oder Baum ist, denn da kann der Mann nicht unterkriechen, sich nicht anlehnen, seinen Kram nicht aufhängen; er hat gewissermaßen »Platzfurcht«. Hier gab es jedoch Büsche in Fülle und die übergroße Müdigkeit ließ alle anderen Gefühle schweigen.

Vom starken Taufall durchnässt und fröstelnd erwachte ich

um 2 Uhr morgens. Der volle Mond stand im Zenit. Die helle Nacht konnte vorzüglich zum Marsch benutzt werden und ohne Zögern weckte ich die schnarchenden Schläfer. Die Karawane war rasch auf den Beinen. Die beiden Wasserlasten, welche uns von gestern Abend übrig geblieben waren, schickte ich mit zuverlässigen Leuten wieder voraus, damit sie halbwegs zu dem Maunguberge uns noch einmal Trank spenden sollten, und setzte, an der Spitze des Trägerzuges marschierend, die Kompass- und Aneroidarbeit des Vortages beim Schein eines Blendlaternchens fort. Fast lautlos winden wir uns zwischen den langdornigen, im Mondlicht wahrhaft gespenstisch grauen Bäumen fort. Durch den Dornenwuchs zu stetem Ausweichen gezwungen, schlängelt sich der Pfad in weiten Bogenlinien dahin und verlängert dadurch die Marschentfernung um mehr als das Doppelte der Luftlinie. Der Mond sinkt langsam unter den Horizont und nach kurzem Dämmerlicht steigt am flammenden Osthimmel die Glutsonne empor, um uns von neuem zu peinigen.

Wir sind in der letzten Stunde schnell aus der bisherigen Trockenwaldregion herausgekommen und wandern nun mitten in der Weißdornwildnis. Das Landschaftsbild ist meilenweit vollkommen das einer im freien gerodeten Feld angelegten Obstbaumpflanzung. Durch die Nährbedingungen der Luft und des Bodens sind die 2–4 m hohen pyramidenförmigen Bäume in regelmäßigen Abständen von 3–4 m über die Ebene verteilt und haben in ihrer kurz über dem Boden beginnenden Verzweigung, ihren hellgrauen, vielfach mit Flechten bezogenen Stämmen und Ästen, ihrer starren Zweigbildung und ihrer starken Dornentwicklung auffallende Ähnlichkeit mit winterkahlen Holzbirnbäumen. Der zinnoberrote Lateritboden trägt nur noch an einzelnen Stellen ein wenig Graswuchs; Sträucher und Stauden fehlen. Eine dünne Schlingpflanze mit ½–1 m hohem sackförmigem Knollenstamm ist der einzige stete, wenn auch nicht häufige Begleiter der Dornenbäume auf dem ganzen Landstrich.

Die große Mehrzahl der Bäume hatte ihre ersten Blattspitzen getrieben, an wenigen waren gleichzeitig kleine weiße oder gelbe Blütentrauben ausgeschlagen. Trotz ihres einander ungemein gleichenden äußeren Habitus war nun zu sehen, dass hier drei verschiedene Arten vorhanden sind, von denen ein dreilappblätteriger und ein fein fiederblätteriger Dorn auch in dem Trockenwald nach Taro hin vertreten sind, hier aber die vorwiegenden Leitpflanzen bilden, während die dritte Art, die noch blattlos stand, als neue Erscheinung auftritt.

Der stärkste Ausdruck der klimatischen Extreme ist an dieser Vegetation die geradezu fürchterliche Dornenbildung. In dem Dornenreichtum hat man hier weniger eine Wehr gegen die Tiere zu sehen – denn in dieser geschlossenen Wildnis würden sich die großen, die offene Landschaft liebenden Pflanzenfresser der Steppe ohnehin nicht wohl fühlen –, als vielmehr ein Schutzmittel der Pflanze gegen die Dürre der Trockenheit, die in diesem Gebiet ganz besonders groß zu sein scheint. Die Natur erfüllt, wie Grisebach in seiner klassischen »Vegetation der Erde« hervorhebt, überall im Reich der organischen Wesen die verschiedensten Lebenszwecke mit denselben Hilfsmitteln, indem sie je nach den äußeren Erfordernissen die Organe nach der einen oder nach der anderen Aufgabe hin in geringfügiger Änderung von innen heraus entwickelt. So hilft sie sich hier nach zwei Seiten hin, gegen Tiere und gegen Dürre, indem sie die Blattbildung teilweise unterdrückt und anstelle des Blattes aus der Zweigachse die Gewebe der Gefäßbündel zu holzigen Dornen von 5–6 cm Länge verdickt, die später selbst wieder zu Zweigen auswachsen. Die Dornen umstehen abwechselnd mit den Blättchen den Zweig im Sinn der Spirale und auch das Zweigende läuft anstatt in ein Blatt in einen spitzen Dorn aus. Es ist offenbar, dass durch solche Verminderung der Blätterzahl die Transpiration der Pflanze gehemmt wird und dass der Dornbaum desto länger seinen Saft erhalten kann, wenn nach der Regenzeit die Wurzeln aus dem vertrockneten Boden kein Wasser mehr aufzunehmen vermögen. Die Dornen stehen von den Zweigen, die Zweige von den Ästen, die Äste vom Stamm fast rechtwinklig ab. Es ist ein Pflanzenbild von wunderlich eckigem Aussehen und trotzigem Charakter.

Endlich ward links vor uns, im Nordwesten, der wolkenschwere Maunguberg sichtbar. Die gänzlich ermatteten Träger, die 20 Stunden lang Lasten von 70–80 Pfund geschleppt, wenig getrunken, noch weniger gegessen und kaum geschlafen hatten, fassten wieder Mut und unter erneutem Zuruf und Antrieb ging es bis zu der Stelle, wo die vorausgeschickten letzten beiden Wasserlasten meiner Weisung gemäß uns erwarteten. Wie köstlich mundete den Durstgequälten die graue, in den Blechgefäßen mehr als lauwarm gewordene Flüssigkeit; kein Tropfen ging verloren. Nun strebte jeder nach besten Kräften dem Lagerplatz am Berg zu, von dem uns noch ein lang gestreckter Gneisrücken trennte. Die Ordnung löste sich zum Schluss auf, aber bis Mittag war die Karawane vollzählig unter den Sykomoren des Maungulagers versammelt und labte sich an dem Regenwasser, das freilich erst von halber Bergeshöhe aus den dortigen Ngurungas herabgeholt werden musste.

Von unserem über die Ebene erhöhten Standpunkt aus genoss man nun endlich einmal einen freien Rundblick auf die nahe und ferne Umgegend, was uns im Wald bisher versagt gewesen war. Hinter uns türmt sich der mit Baumeuphorbien bewachsene Maunguberg steil 200 m hoch auf, östlich von ihm dehnt sich ins Unabsehbare die ebene Baumwildnis, der wir entronnen sind, westlich von ihm und durch ihn scharf von den östlichen Vegetationsformationen getrennt, erstreckt sich die buschige Baumsteppe bis zu den Ndara- und Taitabergen, die als dunstige, lang gestreckte Mauer nach Norden verlaufen. Freilich ist wenig Relief in diesem Bild, aber man ist auch für weniges dankbar in diesem Teil von Ostafrika. Im Übrigen suchte und fand ich in ausgiebigen Instrumentarbeiten Befriedigung.

Das einsame Maungulager ist kein fesselnder Aufenthalt für eine Küstenkarawane. Ich fertigte deshalb am Abend die aus Rabai mitgenommenen Reisträger ab, da ihre Lasten aufgezehrt waren, und schickte sie mit Briefen für Sansibar und Europa zur Küste zurück. Dass mit ihnen von meinen Leuten jetzt noch einer davonlaufen würde, war nicht mehr zu befürchten, nachdem sie die böse Strecke Taro–Maungu hinter sich hatten. Doch war nach den vorausgegangenen Beschwerden auch die achtstündige Wanderung nach Ndara am folgenden Tag recht mühsam.

Kaum waren wir in die Baumsteppe der westlichen Ebene hinabgestiegen, als wir ein starkes Rudel Hartebeest-Antilopen *(Alcelaphus Caama)* aufscheuchten, das erste große Wild auf dieser Reise. Dabei blieb es aber vorläufig, denn die offene Baumsteppe geht allmählich in dichteren Buschwald über und diesen scheut das große Wild. Während der rote Lateritboden jenseits

Maungu fest und lehmig war, ist er hier mehr oder weniger locker und feinsandig. Der Graswuchs gewinnt überall wieder Terrain in den Mimosenhainen, in welchen jetzt ein von gelben Blüten fast erdrückter Dornstrauch weithin einen entzückenden Veilchenduft verbreitete und tausende von wilden Bienen zum geschäftigen Eintragen angelockt hatte. Auch hier geht dem Blattausschlag die Blüte und der Fruchtansatz voraus. Wo sich der Boden etwas hebt, gibt es wieder Dickichte mit Euphorbien, Liliaceen, Schlingpflanzen usw. Hier wie vorher und nachher waren weite Flächen des Grases durch Brandlegung zu schwarzer Kohle versengt, ein gewöhnlicher Anblick in dieser Jahreszeit. Der scharfe Brandgeruch mischte sich in den Frühlingsduft der Blüten und stellenweise züngelte der schmale Feuersaum weiter in die unversehrten dürren Grasfluren hinein mit jener afrikanischen Langsamkeit, die all den sensationellen Geschichten von jagendem Steppenbrand, gehetzten Tieren und fliehenden Menschen widerspricht.

Als Richtungszeichen bleibt auf dem ganzen Marsch der schroffe Südfels der Ndarakette in Sicht, den wir südlich umgehen müssen, um an der Westseite der Ndaraberge wieder Wasser anzutreffen. Langsam nähern wir uns den Manyanihügeln, welche südlich Ndara vorgelagert sind. In der Einsenkung vor ihnen nimmt der Laterit jene nach Humus aussehende dunkelbraune Färbung an, welche stets mit der allerdürftigsten Vegetation, mit Knollendornmimosen und Aloes, zusammengeht. Die außerordentlich rissige Bodenbeschaffenheit deutet auf ungenügenden Wasserabfluss in der Regenzeit, das Haupthindernis des Baumwuchses, und auf starke Auslaugung durch Schwemmwasser hin.

Zu den Hügeln aufsteigend, passieren wir mehrere trockene Bachrinnen, weiterhin den im Dorngestrüpp gelegenen Lagerplatz Marago ya Kanga, wo ich im Juli 1887 genächtigt hatte, und winden uns, während zu unserer Rechten oben auf waldiger Bergeshöhe ein Gewitter niedergeht, in der trockenen Glut der Ebene um den mit riesigen blattlosen Baobabs oder Affenbrotbäumen bestandenen Südfuß des Ndarafelsens herum zur Westseite der Bergmauer. An der gewaltigen kahlen Gneiswand, welche den größten Teil dieser Gebirgsseite bildet, schlenderten wir am Nachmittag in weit auseinander gezogener Kolonne entlang, bis endlich am oberen Bergesrand die Hütten der Missionsstation Sagala und unten neben einigen alten Sykomoren ein kleiner Wassertümpel sichtbar wurden: letzterer Platz war unser Ndaralager.

Als wir unsere Zelte aufstellten und durch Schüsse der Missionsstation unsere Ankunft anzeigten, ertönten auch von oben Schüsse zur Antwort und bald darauf konnte ich mit dem Fernglas erkennen, dass ein tropisch gekleideter Europäer mit einigen Schwarzen an der felsigen Berglehne herabzuklettern begann. Eine Stunde später begrüßte ich Mr Wray von der Church Mission am Zelt. Er hatte, ohne zu wissen, wen er besuchen kam, frische Butter, Milch und ein paar Kohlköpfe als Gastgeschenk mitgebracht und fand bei uns sehr viel Verständnis für solche seltenen Leckerbissen. Unsere Nachrichten von der Küste wurden gegen die seinigen aus dem Innern ausgetauscht, und allzu schnell zwang die sinkende Sonne den interessanten Mann zur Heimkehr in die Berge, wo ich ihm für den nächsten Tag einen Besuch versprach.

In nächster Nähe der Ndarabevölkerung, welche bei den Karawanen in keinem guten Ruf steht, war es geboten, meinen Leuten in der Nacht ihre Gewehre zu lassen und Munition dazuzugeben. Es war aber auch zu erwarten, dass die Kerle trotz strengen Verbots im Schutz der dunklen Nacht wie unartige Kinder sich an überflüssigem Knallen belustigten; und dies dauerte so lange, bis einer eine volle Pulverladung auf den Rücken bekommen hatte. Dann war Ruhe. Beim stillen Glanz des Zodiakallichtes hörte ich noch lange dem gemütlichen Quaken eines im nahen Pfuhl sitzenden Frosches zu und ließ die bisherigen Reisebilder noch einmal vor dem inneren Auge vorüberziehen, bis mir die Lider zusanken.

Die Anstrengung der letzten Marschtage erforderte die Einschaltung eines Ruhetages, denn die meisten Träger hatten Fußwunden und hinkten. Mir kam die Rast der Karawane sehr gelegen zu einer umfangreicheren astronomischen Breiten- und Zeitbestimmung. Den Vormittag aber benutzte ich zu einem Besuch der Missionsstation, deren kühle Höhe ich auf steilem Pfad in einer Stunde erkletterte. Mr Wray war gerade vor seiner Wellblechhütte beschäftigt, eine primitive Zuckerpresse zu konstruieren, denn Zuckerrohr gedeiht hier oben vorzüglich. Neben der Hütte trocknete die Haut einer Löwin, die der weidlustige Missionar 14 Tage vorher unten an unserem Lagerplatz auf dem nächtlichen Anstand geschossen hatte. In seiner Bude aber sah es so kraus aus, wie es eben nur bei einem einsamen Junggesellen im Innern Afrikas aussehen kann, der acht Jahre lang nicht von seiner Station weggekommen ist. Am merkwürdigsten war mir ein in der Ecke stehender eiserner Ofen, dessen Notwendigkeit während der kühlen Juni- und Julinächte für das Klima dieser nur 200 m über der Ebene liegenden Höhenzone bezeichnend ist.

An dem die Wellblechhütte umlagernden Haufen von Bienenkorbhütten der Ndaraleute ist nichts Bemerkenswertes, ebenso wenig an den ohnehin viel beschriebenen wenigen Bewohnern selbst, jenseits aber senkt sich ein liebliches, bachdurchflossenes Hochtal ab, in welchem Zuckerrohr und Bananen neben europäischen Gemüsen üppig gedeihen. Schmuckes Rindvieh weidet an den grasigen Tallehnen. Das Gestein ist, wie am äußeren Gebirgsabhang so auch hier oben, ein so derber, quarziger Gneis, dass man ihn mitunter für Granit halten könnte.

Lange schauten wir dem mannigfaltigen Spiel der Wolken zu. Die vom Meer herüberwehenden Passate treffen nach ihrem weiten Zug über die östlichen Ebenen zum ersten Mal in Ndara auf Widerstand und verdichten auf den kühlen Bergeshöhen ihren Gehalt an Wasserdampf zu Wolken, die sich teilweise niederschlagen, teilweise westwärts zu den Taitabergen weiterziehen, um auch diesem Gebirge Regen zu bringen. Dann ist ihr Feuchtigkeitsgehalt erschöpft; die Baumsteppen jenseits Taita liegen im »Regenschatten« der Berge.

Aus der Ebene herauf wehen aber auf allen Seiten des Gebirgsrandes mit dem Aufsteigen der erhitzten Luft tagtäglich Steigungswinde und unter ihrem Einfluss wallen und wogen die Wolkenmassen über den Bergen durcheinander, dass keine Hauptrichtung mehr zu erkennen ist, bis sich gegen Abend nach Abkühlung der Ebene die Steigungswinde in Fallwinde umsetzen und der Wolkenzug, sofern ein solcher noch in der abgekühlten Luft vorhanden ist, wieder ungehindert der Ost-West-Richtung des Passates folgen kann.

Der Blick reicht von der Höhe nach Süden zum einsam ragenden Kisigaoberg und darüber hinaus bis zu den graudunstigen Usambarabergen, nach Südwesten zum Parehgebirge und nach Westen zur Taitakette, die in parallelem Verlauf mit den Ndarabergen sich von Süden nach Norden erstreckt. Wie Inseln mit steilen Ufern erheben sie sich alle aus dem bewegungslosen grauen Ozean der Baum- und Steppenebenen. Während aber der klare Meeresspiegel im Spiel der leicht beweglichen Wellen ein Bild des Lebens ist, liegt die unabsehbare Baum- und Grassteppe starr und tot und erfüllt darum in ihrer Unbeweglichkeit das Gemüt viel mehr mit dem Gefühl der Unendlichkeit, regt den Geist weit mehr zu Reflexionen höherer Ordnung an als der Anblick des Ozeans.

Nach herzlichem Abschied von dem Einsiedler auf Sagala kehrte ich zur Mittagsobservation hinab ins Lager zurück. Im Lauf des Nachmittags erkrankte daselbst einer der besten Träger so heftig an blatternverdächtigen Erscheinungen, dass ich ihn notgedrungen unter der Obhut des wohlwollenden Mr Wray zurücklassen musste, als sich am folgenden Morgen die Karawane wieder in Gang setzte. Keiner anderen Ansteckungsgefahr ist der Neger so sehr ausgesetzt wie den Blattern; ganze Expeditionen sind durch diese Seuche bis auf den letzten Mann dahingerafft worden. Ich hatte mich deshalb für alle meine Leute reichlich mit Lymphe zur eventuellen Impfung versehen. Allein es blieb bei dem einen Fall und auch diesen Kranken konnte ich zwei Monate später, auf dem Rückweg, genesen zur Küste zurückführen. Nach Verlassen des Ndaralagers traten wir in einen Teil der Strauchsteppe ein, welche, im Regenschatten der Nadaraberge gelegen, einen entsetzlich vermoderten Eindruck machte. Nicht braungrau, wie früher, sondern aschgrau ist die Grundfarbe der Landschaft. Trotz dieser Beschaffenheit wechseln aber große Antilopen und Löwen durch diese trostlose Gegend, wie wir mehrfach an den Spuren erkennen konnten. Nach zweistündigem Marsch überschritten wir den Gogolonirücken, welcher mit scharfem Quarzgeröll die Ebene zwischen Ndara und Taita durchsetzt, und wanderten auf den trotzigen Dschaviafels, die Südspitze von Taita los, der, wie früher der Ndarafels, eine hochragende Landmarke bildet. Gegen Mittag sahen wir das breite, tief eingesenkte Tal des Matatebaches unter uns und lagerten eine halbe Stunde später nach Durchwaten des schlammigen Gewässers am Fuß des Dschaviaberges auf unserem alten Lagerplatz von 1887, dessen grünfrische Umgebung wieder wie vor zwei Jahren elektrisierend auf die Leute wirkte.

Bald entfaltete sich auf unser Schießen hin ein reges Marktleben um unser Lager her, und Träger wie Herren schwelgten in Zuckerrohr- und anderen Fruchtgenüssen. Auch zu Zank und Streit kam es in kurzer Zeit, denn die Wataita von Matate stehen mit Recht in dem bösen Ruf, die gewandtesten Diebe und Betrüger dieser Gebiete zu sein, während von ihren Weibern die Erfahrung weit Schlimmeres verzeichnet. Auch unter meinen Karawanenleuten trugen sich nicht wenige noch Monate nachher mit Denkzetteln an ihre Matate-Schäferstündchen. Dass es den Suaheli in Matate gefällt, ist begreiflich; allgemein wurde der Wunsch nach einem zweiten Rasttag laut. Jeder Tag mehr in diesen Gegenden war aber von vornherein eine Beeinträchtigung unserer Unternehmungen am Kilimandscharo, da die Regenzeit nicht mehr fern war, während welcher in den Bergen voraussichtlich nichts anzufangen war.

Zur üblichen Zeit weckte ich am folgenden Morgen; aber kein Mensch rührte sich außer den Somali. Das war Verabredung. Einige lächelten sogar höhnisch. Ich schritt jedoch langsam auf eines der Lagerfeuer zu, an dem sich vier Sansibarjungens gerade einen Morgenimbiss kochen wollten, und wiederholte ruhig meinen Ruf: »*Haya, funga mkeka.*« Sie schauten mich stumpfsinnig an, als wenn sie mich nicht verstanden hätten. Da nahm ich Ali seine Nashornhautpeitsche aus der Hand und begann in aller Ruhe den längsten der Kerle mit wuchtigen Hieben zu bearbeiten, dass er jammernd um Gnade schrie. Als er sein Dutzend Prügel voll hatte, war bereits das ganze Lager auf den Beinen, jeder schnürte emsig seine Last und mit Sonnenaufgang war die Karawane, unter allgemeinem Lachen und Spotten über den Prügeljungen, unterwegs.

Der Pfad führt durch Gestrüpp steil zur Südlehne des schroffen Dschaviaberges empor. Bevor er aber die halbe Höhe erreicht hat, schlägt er horizontale Richtung ein und zieht sich unter den nackten Gneiswänden in etwa 100 m Höhe über der Ebene am Bergabfall hin, mit ununterbrochen schöner Aussicht nach links auf die Südebene. Dicke Schichten von schneeweißem kristallinischem Kalkstein durchsetzen den Fels, leicht nach Norden einfallend.

Nach drei Stunden stiegen wir in das Tal des Burabaches hinab, der, wie der Matatebach, aus den Taitabergen nach Süden fließt, und stellten am grasigen Rand seines kaum 20 m breiten, aber hochstämmigen »Wasserwaldes« unsere Zelte auf, mit dem Ausblick nach Norden auf den Oberlauf des Burabaches und auf das ihn umrahmende mächtige Amphitheater von hoch gewölbten Felskuppen der westlichen Taitaberge. Da es von hier ab bis nach Taweta hin kein Wasser mehr gibt, musste ich mich mit dem kurzen Tagesmarsch begnügen.

Aber leider kamen wir am nächsten Morgen nicht so früh weg, wie ich gewünscht hatte. Ein zweiter Kranker war zurückzubefördern und mehreres andere in Ordnung zu bringen, sodass wir erst bei hoch stehender Sonne in Bewegung kamen. In der atembeklemmenden Mittagsglut folgten wir eine Stunde lang dem ebenen Grasband am Uferwald des Burabaches abwärts. Wie europäische Forsten gegen die anstoßenden Äcker und Wiesen scharf abgegrenzt sind, so ist es hier der Uferwald gegen die Grasflur; dort ist die Hand des Menschen das regulierende Prinzip, hier die Erstreckung des Grundwassers im Boden der Bachufer. Über die südlichen Vorberge von Taita, die noch dicht mit Buschwald bewachsen sind hinweg, umkreisten wir dann den hohen Felsdom des Muria und wanderten langsam in die ausgedehnteste Baumsteppe des mittleren Ostafrika hinein.

Dieselbe nimmt sogleich von Taita ab den Charakter an, den sie gleichmäßig bis zum Kilimandscharo beibehält. Es ist der Typus der Baumsteppe, wie sie häufig in afrikanischen Reisewerken abgebildet worden ist. Vorwiegend Gras und kleine Stauden, wenige Dornsträucher und alle 100 bis 200 Schritt ein Baum oder Busch von der Mimosenform, aber keine Sykomoren, keine Euphorbien oder andere Sukkulenten, keine Schlinggewächse, wie sie in der östlichen Ebene vertreten sind: Das ist ihr Florencharakter. Wenn der Graswuchs nicht so offen und die Grasnarbe nicht so klein wäre, könnte man die Landschaft auch Baumsavanne nennen. Da aber das Gras verhältnismäßig kleinblätterig ist und keine einheitliche, geschlossene Decke bildet, sondern in einzelnen, durch freie Zwischenräume getrennten Büscheln wächst, stellenweise den roten Lateritboden auf kleineren Flächen ganz nackt liegen lässt, so ist die Benennung Baumsteppe bezeichnender. Meist stehen die Bäume so weit auseinander, dass man nach allen Richtungen kilometerweit zwischen ihnen hindurchsehen kann, seltener rücken sie näher zusammen und geben durch Aufnahme von Sträuchern der Landschaft das viel genannte »parkartige« Aussehen, das der Fruchtbarkeit des Landes immer ein böses Zeugnis ausstellt.

Mag der Baum einen Einzelstamm haben oder sich strauchartig unmittelbar über dem Boden verzweigen, in jedem Fall strebt er zuerst möglichst in die Höhe, um sich dann waagerecht wie ein Pilz oder Schirm auszubreiten. Oben ist er immer flach, wie abgeschnitten. Tausende und abertausende dieser meist graubraunen Baumschirme, zerstreut über die vom roten Boden durchleuchtete, während der längsten Jahreszeit braune Grasflur, verleihen der Landschaft ihre eigenartige Physiognomie.

Der Schatten suchende Wanderer ist erstaunt, unter den Bäumen, wenn sie belaubt sind, viel mehr Schatten von den Zweigen als von den Blättern gespendet zu sehen. Und schaut er genau hin, so bemerkt er, dass die Fiedern der Blättchen gegeneinander umgeklappt sind. So sind sie der direkten Sonnenstrahlung entzogen und vor übermäßiger Verdunstung geschützt. Zur Nachtzeit indessen, wenn der starke Taufall dieser Ebenen eintritt, breiten sich die Fiederblättchen wieder aus und das breite Schirmdach der Zweige fängt gleichzeitig so viel Tau auf, wie es eben nur dieser Gestalt möglich ist. Der wirksamste Dornenschutz gegen die Pflanzen fressenden Tiere ist ihnen allen eigen.

Wo zwischen den Mimosen einmal einer der unförmigen Baobabs oder Affenbrotbäume sichtbar wird, sieht er wirklich aus wie eine »schattenlose Ruine« zwischen leichten Hütten. Er passt aber in seiner Erscheinung so recht zu den großen Vertretern der ostafrikanischen Fauna, zum Elefanten, Nashorn, zur Giraffe und anderen. Mit ihnen ist er offenbar ein Überbleibsel aus jener früheren Erdperiode, in der die Natur auf größere Lebensformen ausging als jetzt. Ganz Mittelafrika ist ja seit jenen Perioden nicht mehr vom Ozean überflutet gewesen. Nicht allein der geologische Bau des Erdteils, sondern auch die Formen seiner Flora und Fauna erinnern uns ohne Unterlass daran, dass wir uns auf einem erdgeschichtlich uralten Kontinent bewegen.

Wunderbar ist das Ebenmaß, das sich in diesen Landstrichen zwischen der unerschöpflich großen Pflanzenwelt und dem auf sie angewiesenen Tierleben ungestört entwickelt hat. Die besonders an Gräsern überreiche und durch ihren offenen Wuchs weit übersehbare Baumsteppe ist das eigentliche Reich der nahrungs- und schutzbedürftigen großen Pflanzenfresser. Trinkwasser liefert ihnen der allnächtliche starke Tau, vielleicht kennen sie auch Ngurungas, die dem Menschen bisher noch unbekannt geblieben sind. Außer Geiern sieht man sehr wenig Vögel in der Steppe, und Kerbtiere sind nur in der Regenzeit augenfällig.

Unter den großen Säugern sind die Zweigfresser, d. h. das Nashorn und die Giraffe, exklusive Geschöpfe, denn sie weiden stets allein oder in kleinen Trupps mit ihresgleichen. Der Strauß mischt sich oft unter anderes Wild, aber große Tiergenossenschaften bilden nur die Antilopen und Zebras. Ihre kleinen Rudel stehen auf der Ebene zusammen, wo ich ihrer bis zu 230 Stück gezählt habe und misstrauisch schauen sie sämtlich mit hochgehobenem Kopf nach dem Menschenzug, der sich aus der Ferne langsam heranbewegt. Wenn die Karawane näher kommt, werden die kleinen Arten zuerst flüchtig, ihnen folgen in scheinbar unbeholfenen Galoppsprüngen die plumpgliederigen Hartebeest-Antilopen, unter welchen besonders die nachhüpfenden Jungen eine höchst drollige Rolle spielen; etwas später wenden sich die eleganteren Elen- und anderen Antilopen zur Flucht, im Sprung oft hoch ausschlagend wie spielende Kinder, und regelmäßig zuletzt entflieht das Zebra, das sich erst wiederholt, gleichsam um die Distanz zu messen, nach seinen davonjagenden Genossen umgeschaut hat, dann plötzlich mit kurzer Kehrtwendung forttrabt und schließlich, in mutwilligen Sätzen galoppierend, die Hengste hell kläffend wie jagende Hunde, die anderen pfeilschnell überholt. Die Fluchtrichtung ist natürlich immer die Windseite. Bleibt man dagegen regungslos stehen, so denkt das Wild nicht ans Fliehen, denn nicht die bloße Erscheinung des Menschen, seine gefährliche Nähe, sondern nur seine Bewegungen, seine Lebensäußerungen jagen das Wild in die Flucht.

Die Schutzähnlichkeit der meisten großen Säugetiere, d. h. die

Ähnlichkeit ihrer Fellfarbe und teilweise auch ihrer Gestalt mit der Farbe und mit Formen der Landschaft, in welcher sie sich aufzuhalten pflegen, muss jedem Reisenden überraschend auffallen. Aus einiger Entfernung ist das ruhig stehende Hartebeest wirklich nicht von einem der zahllosen rötlichen Termitenhaufen zu unterscheiden, die hochbeinige, langhalsige Giraffe nicht von einem abgestorbenen Mimosenstamm, das Zebra nicht vom braungrauen Gras- und Dorngesträuch, das Nashorn nicht von einem umgestürzten Baumstrunk. Erst wenn sie sich bewegen, fallen sie ins Auge. Aber auch auf die kleinen Kerbtiere hat die Natur dieses Schutzspiel erstreckt und vielleicht entgehen sie dem suchenden Blick namentlich darum so oft, weil die Schmetterlinge und Heuschrecken wie welke Halme oder Blätter, die Zikaden wie Blattstiele, die Spinnen wie Dornen, die Stabheuschrecken wie dürre Ästchen, die Käfer wie Erdklümpchen und Steinchen, die Motten wie Moose und Flechten aussehen. Aber nicht nur in der Farbe und in der Gestalt der Tiere ist die Schutzähnlichkeit ausgedrückt, sondern auch im Gebaren der durch Farbe oder Gestalt geschützten Tiere, in ihren Bewegungen oder ihrer Bewegungslosigkeit, im Bevorzugen gewisser Lokalitäten usw. Überall Schutz: Schutz gegen klimatische und gegen tierische Feinde, wie ihn die natürliche Zuchtwahl so reich nur in einem so alten Erdteil wie Afrika entwickeln konnte.

Unser Reiseterrain ist nun ein beständiges Auf und Ab weiter Bodenwellen, die in der Längserstreckung von Nordosten nach Südwesten von Taita zum Kilimandscharo hinzuwogen scheinen. Von der Höhe der einen aus öffnet sich immer wieder ein neues 1–1½ Stunden breites Wellental mit seiner graubraunen Grasflur und seinen graubraunen Mimosen auf rotbraunem Lateritgrund. Mit Sonnenuntergang erhob sich ein kräftiger, kalter Wind aus Südwesten, vor dem wir ein Biwak am Pfad bezogen und am lodernden Feuer bald einschliefen.

Gegen Mitternacht stieg der Mond im dritten Viertel empor. Sein Licht genügte zum Weitermarsch und so wanderten wir im Dämmerlicht fort, aus der Ferne begleitet vom Gebrüll zweier jagender Löwen. Allmählich senkte sich dichter kalter Nebel herab, aus welchem die einsamen Schirmakazien uns gespenstisch ihre langen Arme entgegenstreckten oder gelegentlich ein aufgescheuchtes Wild schattenhaft an uns vorbeihuschte. Es war Stimmung in dem mondfahlen Nachtbild. Gegen Morgen wurde kurze Rast gehalten, um die kältesteifen Hände etwas zu erwärmen, denn das Schleuderthermometer stand auf +8° C. Dann ging's weiter. Als aber die ersten Strahlen der Sonne aufglühten, teilte sich schnell der Nebelschleier und aus Nordwesten strahlte herrlich, groß und überirdisch das Schneehaupt des Kilimandscharo zu uns herüber. Von derselben Stelle hatte ich auch im Juni 1887 den ersten Ausblick auf das wundersame Bergbild, und voll von dem Eindruck schrieb ich damals am Abend in mein Tagebuch: »Man mag tage- und wochenlang das sichere Eintreten eines Ereignisses erwartet haben und noch so gefasst dem Nahenden entgegensehen, es packt uns doch mit unwiderstehlicher Gewalt, wenn es mit einem Mal zur Tatsache wird. So ergriff mich hier die plötzliche Erscheinung des sehnlich erstrebten Zieles, des Kilimandscharo. Das Auge war tagelang über die weiten graubraunen Ebenen der Steppen und Savannen geschweift, vergeblich die ersehnte Gebirgslinie am Horizont suchend, und hatte sich an der beständigen Einförmigkeit ermüdet. Da plötzlich öffnet sich vom Kamme eines Höhenzuges ein wundersames Panorama. Einige Meilen vor uns erstreckt sich der schmale, hell schimmernde Dschipe-See nach Süden, dahinter ragen die dunklen, schroffen Mauern der Uguenoberge bis in die grauen Schichtwolken empor; nach rechts hin zieht sich im Mittelgrund der dunkle Streifen der Wälder, welche den Lumifluss umsäumen und Taweta einschließen. Hinter diesen Wäldern steigt die Steppe leicht an und verläuft in dunstiger Ferne zu dem unteren Teil des mächtigen Gebirgsstockes des Kilimandscharo, der nun mit einem Mal zu der Riesenhöhe von 6000 m unvermittelt aus der Steppenebene emporwächst. Ziemlich deutlich lassen sich unterhalb der breiten Wolkenschicht, welche den mittleren Teil des Gebirges umhüllt, die waldigen Hügel der Dschaggalandschaften erkennen und über den Wolken strahlt plötzlich aus dem Himmelsblau ein wunderbar erhabenes Bergbild in schneeblendender Weiße hervor wie eine Erscheinung aus einer andern Welt. Es ist der Kibo, der Hauptgipfel des Kilimandscharo. Sein kleinerer Zwillingsbruder Mawensi verbirgt sich hinter einer hoch aufgewölbten weißen Kumuluswolke, nur der nordöstliche Abfall tritt unter den Wolken als eine weit geschwungene, geradezu architektonisch regelmäßige Linie hervor. Welche Gegensätze sind in diesem Bild harmonisch vereint! Hier unten die Glut des Äquators und tropisches Leben, neben uns der nackte Neger und vor uns Palmenhaine am Rande des Tawetawaldes; dort oben die Eisluft der Pole; die überirdische Ruhe einer gewaltigen Hochgebirgsnatur, ewiger Schnee auf erloschenen Vulkanen.«

Auch diesmal wieder war es für mich und meinen Gefährten ein Moment völligen Vergessens aller Mühen. Wir standen nur und staunten, während der Tross der Karawane an uns vorbeitrottelte. Nach der ersten Augen- und Seelenweide begannen wir die Möglichkeit der Ersteigung zu erörtern und schon von hier aus nach Angriffspunkten auszulugen. Es schien mir auch, als schaue über den schneeigen Ostrand des Kibo die dunkle Innenwand des Westkammes herüber und zweifelnd schrieb ich in mein Itinerar: »Es wäre doch prächtig, wenn wir nach diesem Anblick ausfindig machen könnten, ob der alte Kibokrater innen wirklich schneefreie Abstürze hat.«

Zu langen Beobachtungen war jedoch hier keine Zeit; wir eilten der Karawane nach. Und das nun folgende Marschstück war das schwerste der ganzen Reise. Je mehr wir uns der Senkung des Lumi und Dschipe-Sees näherten, desto sengender brannte die Sonne. Unsere letzte Wasserlast war längst ausgetrunken. Von der vorletzten Bodenwelle aus genossen wir einmal einen ermutigenden kurzen Blick auf den silberglänzenden, lang gestreckten See, aber nach Passierung der wasserlosen Felslöcher Landjoro mdogo, wo ich 1887 gelagert hatte, standen uns noch vier Stunden anstrengenden Marsches bis zum »Wasserwald« von Taweta bevor. Nun lief jeder, so gut und schnell er vermochte. Schließlich wanderte ich nur mit Herrn Purtscheller und sechs Trägern der nötigsten Lasten, die anderen blieben gänzlich marode und resigniert am Weg liegen und trafen großenteils erst am nächsten Morgen ein, nachdem ihnen Wasser entgegengebracht worden war. Auf dem wirr verschlungenen Pfade drangen wir endlich in den paradiesisch schattigen Tawetawald ein, kletterten über die vielen Verhaue, die von den Tawetanern zum Schutz gegen plündernde Massai errichtet waren, krochen durch das niedere Palisadentor der Tawetalandschaft und bezogen mit dem Sonnenuntergang des 17. September im alten englischen Lager die seit dem Jahr 1887 sehr baufällig gewordenen Strohhäuschen am still fließenden, kalten Lumifluss.

*Wataita, zum Markt kommend*

# Bei Mandara und Mareale

Wie der syrische Beduine die schattigen Quellen von Damaskus besingt als das köstliche Ziel nach sonnenheißen Wüstenmärschen, so lobpreist der Sansibar-Araber und Karawanenneger das wasserkühle, schattige Taweta als das Paradies von Inner-Ostafrika. Und fürwahr, ein größerer Gegensatz wie der zwischen den weiten, heißen Baumsteppen und der schmalen, dunklen Waldlandschaft Taweta ist nicht denkbar. Wenn Ägypten ein Geschenk des Nils ist, so ist Taweta eine Gabe des Lumiflusses, der, am Ostabfall des Mawensi entspringend, in einer langen Bodensenkung südwärts zum Dschipe-See fließt und so weit einen Waldwuchs in aller tropischen Üppigkeit aufwuchern lässt, wie an seinen beiden Ufern der Einfluss des Grundwassers und der Verdunstung reicht. Dieser Machtbereich des Wassers ist freilich im 2 km langen Mittellauf des Flusses, wo Taweta liegt, kaum 1 km breit, während er im Oberlauf infolge der wenig günstigen Bodengestalt zu einem schmalen Galeriewald zusammenschrumpft und im Unterlauf sich in ein undurchdringliches Sumpfdickicht verflacht, das schließlich in den offenen Dschipe-See übergeht; aber was ihm an Ausdehnung mangelt, sucht der Wald durch Fülle des Wachstums, Größe der Formen und Reichtum der Arten auszugleichen.

An den beiden der Steppe zu gelegenen Außengrenzen des Tawetawaldes treten die großen Mitglieder der Steppenflora, die Mimosen, Sykomoren, Tamarinden, Adansonien, Kigelien, zu einem offenen Hain gesellig zusammen. Sie stehen offenbar außerhalb der Grundwassererstreckung, finden dort noch im Verdunstungsbereich des Flusses vollauf Befriedigung ihres Feuchtigkeitsbedürfnisses. An wunderlichen Formen ist kein Mangel. Insbesondere die Kigelien mit ihren hellgrauen, täuschend wie kolossale Leberwürste aussehenden Früchten scheinen direkt aus dem Schlaraffenland hierher versetzt zu sein. Dahinter aber strebt an der Grundwassergrenze mauergleich der geschlossene Urwald mit seinen Ficus-Arten, seinen Wollbäumen, Banyanen, Palmen, Lianen usw. zu riesenhafter Höhe empor. Kerzengerade Stämme von 40 m bis zur ersten Verzweigung sind nicht selten, Raphiapalmblätter von 15–18 m Länge suchen allerwärts zum Licht hindurchzudringen. Namentlich in unmittelbarer Nähe des Flusses, der, nur 6–8 m breit, die immer kalten Berggewässer in ruhiger Strömung zur Ebene führt, scheint das Wachstum keine Grenzen zu kennen. Ein Bananenschaft genügt da vollkommen, um als Steg über den Fluss zu dienen.

Zwei Affenarten und ein Halbaffe, große und kleine Hornvögel und mehrere Tauben sind die bemerkbarsten Tierbewohner der Landschaft. Während des Tages schweigt die Tierwelt, aber in der Nacht schallt das Kreischen der Affen, das Zirpen der Zikaden, das klägliche Geheul der Hyänen laut durch die hohen Hallen des Waldes, abwechselnd mit dem dumpfen Trommelschlagen der Eingeborenen, das die Wildschweine aus den Feldern verscheuchen soll.

Diese wunderbare Vegetationsschöpfung dient dem Bakuasistamm der Wataweta zum Wohnsitz. Den Massai in Erscheinung, Sitten und Sprache ähnlicher als den Bantunegern der Küstenregion, haben sie doch auch keine nähere Ähnlichkeit mit ihren Dschagganachbarn, wiewohl sie gemeinsam mit den Letzteren durch die Bodensässigkeit und den Ackerbau scharf von den nomadischen Massai unterschieden werden. Die Zopffrisur, die langblattigen Speere und Messer, den Mangel an Blößenbedeckung, das Einschmieren des Körpers mit lateritrot gefärbtem Fett haben die Männer mit den Massaimännern, das Rasieren des Schädels, die Spiralform des an die Ohren, um Hals, Arme und Beine gewundenen Drahtschmuckes und den Lederschurz haben die Weiber mit den Massaiweibern gemein.

Nicht als geschlossenes Dorf, sondern wie in Dschagga verstreut durch den Wald liegen ihre Gehöfte im Dickichtschutz. Zwei bis vier Grashütten von Bienenkorbform umgibt ein solider Palisadenzaun mit so niedrigem Schlupfloch, dass dem Vieh

(Ziegen, Fettsteißschafe, Buckelrinder) der Ausgang unmöglich gemacht wird. Nur die Hühner spazieren auch draußen herum.

Noch vor zwei Jahren hatten wir in der ganzen Landschaft Taweta kein Stück Vieh zur Fleischkost kaufen können. Aus Furcht vor den Vieh raubenden Massai hatten die Tawetaleute ihre Viehzucht aufs Äußerste eingeschränkt. Seitdem sie aber die Massai wiederholt mit blutigen Köpfen heimgeschickt, geben sie auch der Viehzucht größere Ausdehnung, wagen es aber immer noch nicht, so wenig wie die Wadschagga, das Vieh auf die offene Weide zu treiben; es gibt bloß Stallfütterung. Rinder konnte ich für Waren im Wert von 30 Rupien, Ziegen für ein Äquivalent von 10 Rupien kaufen, also ungefähr zum nämlichen Preis wie an der Küste. Die Furcht vor Beraubung ist als ein Hemmnis der Kulturentwicklung durch ganz Ostafrika von bestimmender Bedeutung und die Viehzucht der Tawetaner ist ein sprechendes Beispiel dafür.

Dass Taweta, diese am Rande des Massaigebietes gelegene Oase in der Wüste, der Knotenpunkt fast aller von der zwischen dem Rufu und dem Sabaki gelegenen Küstenstrecke aus ins Innere führenden Karawanenrouten ist, versteht sich nach alledem von selbst. In der Richtung zur bzw. von der Küste sind die Pfade Taweta–Mombasa und Taweta-Pangani am wichtigsten, nach dem Innern die südlich am Kilimandscharo vorüberführende Route zum Victoria-Nyanza und der östlich am Kilimandscharo vorbeilaufende Pfad nach Ukamba, dem Keniagebiet und Samburu-See. Keine Karawane kommt vom Innern oder geht ins Innere, ohne in Taweta nicht wenigstens einige Tage gerastet zu haben. Aus demselben Grund ist Taweta auch das Standquartier für die in der wildreichen Kilimandscharogegend jagenden Europäer geworden, seitdem dieser systematischen Ausrottung des großen ostafrikanischen Wildes namentlich von Seiten englischer und amerikanischer Sportsmen gefrönt wird. Wie 1886 der Engländer Johnston, so hatte sich jetzt ein junger Amerikaner hier ein sehr schmuckes »Camp« mit Häuschen, Hütten und Gärtchen errichtet, in welchem ein paar kranke Aufseher den gerade abwesenden Herrn vertraten.

Jede von der Küste kommende Karawane muss in Taweta einen Durchgangszoll *(hongo)*, bestehend aus Zeug und Perlen, entrichten, bevor ihr Lebensmittel zum Verkauf gebracht werden. Früher waren zur nachdrücklichen Zollerpressung alle verfügbaren Krieger mit wildem Geheul angetanzt gekommen, als beabsichtigten sie einen Überfall; aber diesmal erschienen nur einige Greise und die Sache nahm einen ruhigen, geschäftsmäßigen Verlauf.

Während nun meine Leute sich von den Mühen des Weges durch Essen, Trinken, Schlafen, Liebeleien und Tanzen erholten und sich der einzigen Arbeit, dem Auffädeln der Perlenvorräte auf Fasern der Raphiapalme von der als Münze üblichen Perlschnurlänge, mit Eifer hingaben, weil dabei viel Gelegenheit zum »Mausen« geboten ist, ordneten wir die angerissenen Lasten aufs Neue, beobachteten und sammelten. Aus der frischen Milch, die uns täglich zweimal ein phantastisch aufgeputzter Krieger, ein rechter Taweta-Dandy, als persönliches Gastgeschenk brachte, verfertigte Herr Purtscheller abends eine köstliche Milchsuppe, dergleichen ich nie vorher und nachher genossen habe. Andere Tawetadelikatessen waren der barschartige Fisch des Lumiflusses und der gegorene Wasserauszug aus dem Mark der Raphiapalme, also Palmenpombe (Bananenbier), der nur die missliche Wirkung hatte, dass er ganz bösartig »stürmte«. Seinem übermäßigen Genuss haben einige im Zechen widerspenstig gewordene Träger eine schwere Tracht Prügel zu verdanken; selbst Ali, der mohammedanische Somali, schien mir einmal der Versuchung nicht haben widerstehen zu können, denn er gab sich eines Abends mit Tränen in den Augen tiefsinnigen Betrachtungen hin über die Schwachheit des Willens im Allgemeinen und seines Fleisches im Besonderen. Am Feuer geröstete junge Maiskolben bildeten den besten Ersatz für das fehlende Brot.

Trotz oder vielmehr gerade wegen seiner Üppigkeit ist aber Taweta leider ein recht ungesunder Platz. Nicht wenige meiner Leute litten ebenso wie wir selbst bald an Fiebern und Unterleibsbeschwerden und erinnerten mich daran, dass ich im Jahr 1887 hier sogar einen Mann am Fieber verloren hatte.

Am Tag nach unserer Ankunft hatte ich Boten in die Dschaggalandschaft *Modschi* am Südkilimandscharo gesandt, um dem dortigen Häuptling *Mandara*, in dessen Gebiet die englische Church Mission und die Deutsch-Ostafrikanische Gesellschaft

Stationen errichtet haben, meine Ankunft zu melden. Er hatte im Jahr vorher mit einigen seiner Leute einen Elefantenzahn an den Deutschen Kaiser nach Berlin geschickt und lebte nun in der Erwartung großer Gegengeschenke, die auch wirklich gleichzeitig mit mir in Sansibar angekommen waren. Da ich der erste Deutsche war, der ihn seitdem wieder besuchte, fragte ich bei ihm an, ob er mich gut aufnehmen wolle, obwohl er die großen Gegengeschenke noch nicht erhalten habe und ich ihn nur verhältnismäßig gering beschenken könne. Die Antwort ließ nicht lange auf sich warten: Ich sei willkommen, wenn ich nur überhaupt etwas mitbrächte.

Inzwischen waren die fußlahmen Träger wieder genesen, von denen die Mehrzahl von dem Marsch auf dem glühenden Steppenboden regelrechte Brandblasen an den Fußsohlen davongetragen hatte. So konnte es am Morgen des 21. September weitergehen. Der still strömende Msurrofluss (den nicht die Taswetaner, sondern die Suaheli Lumi nennen) wurde auf schwankender Bananenstammbrücke überschritten und auf seinem rechten Ufer der Urwald von neuem in Angriff genommen. In vielfachen Verzweigungen windet sich der Fluss durch das düstere Dickicht, von glatten Baumstämmen und Lianentauen überbrückt. Nach 1½-stündigem langsamem Übersetzen und Kriechen traten wir auf die westliche Baumsteppe hinaus, die sich von der großen östlichen nur dadurch unterscheidet, dass sich ihr Gestein sofort als vulkanisches offenbart, wo es der allgemeinen Lateritisierung widerstanden hat; und nun endlich gingen wir auf deutsches Gebiet über, wenn ich den Wortlaut des Londoner Vertrages richtig verstehe.

Im Norden und Nordwesten dehnt sich breit die Basis des Kilimandscharo, dessen obere Teile durch dichte Kumuluswolken dem Blick entrückt waren. Vom grünen Gürtel der Dschaggaregion war noch nichts zu sehen. Graubraun grasig wie die Ebene ist auch der Unterteil des Bergstockes an dieser Seite. Westlich vor uns, also im Südosten des Berges, durchbrechen die parasitischen Kegel der Wadschimbagruppe die Ebene und ferner im Südwesten stehen trotzig die dunstumzogenen massiven Mauern der Uguenoberge, deren schroffere Formen im Gegensatz zu den milderen des Kilimandscharo auf Gneisgebirge hindeuten.

Unser Pfad ist direkt auf die Südausläufer der Wadschimbahügel, auf den Südosten des Kilimandscharo zu, gerichtet. In kaum merklicher Hebung steigt das Terrain von der Lumimulde aus an. Je näher wir den Wadschimbahügeln kommen, desto mehr werden die Mimosen im Grasland von glanzblätterigen, niederen Laubbäumen verdrängt, das Gras wird dichter und höher, alle Vegetation ein wenig frischer, d. h. mehr gelb als braun, sodass die Landschaft das Aussehen eines riesigen, dünn bestandenen Obstgartens im Herbstkleid bekommt. Aber dazwischen lugen auch hier überall die ersten grünen Blatttriebe hervor und sprießen die jungen Grashalme im tropischen Frühling. Wo trockene Bachbetten den Boden tiefer aufgeschlossen haben, kommt geschichtete, graublaue vulkanische Asche, untermischt mit Basalttrümmern, zum Vorschein. Wild ist nirgends sichtbar; es hat sich vor den Feuerrohren der englisch-amerikanischen Jäger in abgelegenere Weidegründe zurückgezogen.

Ein dreistündiger Marsch brachte uns durch die kahle Wadschimbagruppe hindurch und nun öffnete sich nach Norden in der Höhe der Ausblick auf den weit zurückliegenden dunklen Wald- und Kulturengürtel von Dschagga. Aber immer noch blieb der obere Berg im Wolkentreiben unsichtbar. Ohne es recht bemerkt zu haben, sind wir schon ein gutes Stück am Berg hinaufgekommen. Die braune Südebene verläuft weit übersehbar links unter uns zum blauduftigen Uguenogebirge hin.

Mit Jubel wurde in der Mittagsglut das Auftauchen eines schmalen, dunkelgrünen, vom Berg in die Ebene hinabgewundenen Baumbandes begrüßt, denn ein solches kennzeichnet untrüglich einen wasserreichen Bachlauf. Bald netzten wir den trockenen Gaumen mit dem herrlich kühlen Bergwasser des Habaribaches, setzten erfrischt unsere Steppenwanderung nach Westen fort und trafen eine Stunde später am zweiten baumbestandenen Wasserlauf des Kilimandscharo, dem breiteren, 10 m tief eingeschnittenen Himobach, ein, an dessen schattigen, tief liegenden Ufern das Lager aufgeschlagen wurde. Da das Bachwasser mit 18° C gegen die 29° C warme Luft einen Temperaturunterschied von 11° C darstellte, war uns und unseren Leuten das Trinken und Baden eine köstliche Erfrischung, nachdem wir wochenlang das lauwarme Wasser aus den Ngurungas der

Steppen nur als Nahrung, nicht zur Erquickung zu uns genommen hatten.

Als wir nach dem Bad am Bachufer entlangschlenderten, um die vulkanischen Aschen und Agglomerate an den hohen Uferwänden zu untersuchen und die am steinigen Saum des Baches tändelnden prächtigen Schmetterlinge zu fangen, sah ich zu meinem Erstaunen am anderen Ufer einen mir unbekannten Europäer mit einigen Gepäck tragenden Negern erscheinen und auf dem Rücken eines Schwarzen durchs Wasser zu uns herüberreiten. Nach einem verwunderten »Hallo« herüber und hinüber schüttelten wir uns die Hand. Es war einer der in Modschi bei Mandara stationierten englischen Missionare, der für einige Tage nach Taweta gehen wollte, um sich dort einen neuen Missionszögling zu holen. Am Teetisch plauderten wir bis gegen Abend über tausenderlei, wobei ich erfuhr, dass ich in Modschi außer seinem Mitapostel noch den amerikanischen Naturforscher Dr. Abbott und in diesen Tagen jedenfalls auch den Inhaber des schönen Taweta-Camp, den amerikanischen Sportsman Mr Chanler, antreffen würde. Dann wanderte der Glaubensbote weiter zum nahen Habaribach zur Nächtigung. Dass er sich einen »Jungen« aus Taweta holen wollte, ist bezeichnend, denn so wenig wie auf anderen ostafrikanischen Missionsstationen lassen sich in Dschagga die Einheimischen herbei, Christen zu werden. In der großen Küstenstation Frèretown bei Mombasa, wo seit Rebmanns Zeiten (1847) das Evangelium gepredigt wird, sind die Missionszöglinge lauter gekaufte oder befreite Sklaven mit ihren Nachkommen, in Modschi ebenfalls einstige Sklaven oder spekulative Jungens von Taweta.

In ermüdender Einförmigkeit setzte sich unser Marsch am nächsten Vormittag durch das Busch- und Grasland am Südfuß des Berges fort. Von Letzterem verdeckten Nebel und Wolken noch mehr als am Tag vorher. Desto klarer leuchtete im Süden die Kahe-Ebene herauf, westlich begrenzt durch die lang gestreckten Aruschaberge, östlich abgeschlossen durch Ugueno. In dunklen, langen Waldbändern schlängeln sich die Flüsschen durch sie südwärts, von Zeit zu Zeit steigen hier und da dichte Staubwolken zum Himmel und zeigen an, dass dort größere Wildherden spielen oder flüchtig werden. Mitunter auch wirbelt ein riesenhafter Staubtrombus empor und zieht gespenstisch eine Strecke weit über die braungraue Fläche, um dann in nichts zu zerstieben. Immer wechselnd und immer gleich schön ist das Spiel der Wolkenschatten, die da und dort einen dunklen See in die Steppe hineinzuzaubern scheinen und vor allem anderen jene Bewegung in das Bild bringen, die den wolkenarmen großen östlichen Steppen fast gänzlich fehlt.

Unser Marschterrain steigt und fällt, je nachdem sich wieder eine neue vulkanische Rippe vom Berg herabschiebt. Auch heute wieder bewegen wir uns in der Zone der parasitischen vulkanischen »Fußhügel« (ich zählte ihrer 14 bis zum Aufstieg nach Modschi) und haben eine größere Zahl trockener, von den Hügeln ausgehender Bachrinnen zu kreuzen. Immer weiter dreht der Pfad nach Westen.

Da die Leute in Erwartung der Modschi-Genüsse anhaltend marschierten, so kamen wir schon am frühen Nachmittag auf der Südseite des Gebirgsstockes an der großen Bergrippe an, die weiter oben am Berg das Dschaggastädtchen Modschi trägt. Hier verließen wir den weiter bis zum Westende des Kilimandscharo um den Südfuß des Gebirges herumlaufenden Steppenpfad und wandten uns, auf einem ausgetretenen Weg nordwärts bergauf gehend, der Kulturzone des Kilimandscharo, den viel gepriesenen Dschaggalandschaften, zu. Bergsteigen ist nicht die Sache der an die Ebenen gewöhnten Karawanenträger; wir kamen daher von nun ab unverhältnismäßig langsam fort.

Mit zunehmender Höhe wird die Buschformation in dem Grad, in welchem die Steppenbäume verschwinden und die Laubsträucher und hohen Stauden sich mehren, kräftiger und dichter. Große Riedgräser und ein oder der andere hochstämmige Bergbaum gesellen sich dazu. Auf dem Pfad haben Ameisenigel oder Erdferkel tiefe Löcher in den harten Boden gegraben, um den Gängen der Termiten auf die Spur zu kommen. Bald werden die Bachtäler rechts und links tiefer und an den Hängen erscheinen vereinzelte Hütten und Bananenfelder. Von der Ebene herauf weht ein erfrischender Luftzug. Hier, im Bereich der Bergregen, gibt es keine vielmonatige Trockenzeit mehr; das verraten Gestalt und Farbe der Vegetation. Alles schwellt und grünt.

Im dichten Busch versperrte uns unerwartet ein verrammeltes

Tor den Weg. Die Bolzen gaben aber nach und durchschlüpfend traten wir an eine steile, tiefe Bachschlucht heraus, von deren gegenüberliegender Seite uns ein Komplex von Kegelhütten herüberwinkte: die Residenz Mandaras. Vorläufig aber zog es mich nicht dorthin, sondern höher zum Berg hinauf, wo ich auf steilen Höhen eine englische und noch weiter oben eine deutsche und amerikanische Flagge wehen sah.

Mit dem üblichen Begrüßungssalut von einem Schuss aus jeder Flinte zogen wir so im Lande Modschi ein. Von allen Seiten wurde uns geantwortet und in fünf Minuten wusste das ganze »Königreich«, dass die Karawane eines Weißen mit 65 Mann angelangt sei. Steil ging es durch einige gerodete und sorgsam bepflanzte Tälchen zur englischen Missionsstation hinan, wo uns Mr Morris mit offenen Armen empfing und aufs Liebenswürdigste bewirtete. Sogar Brot gab es! Das war uns lange nicht zuteil geworden. Inzwischen kletterten meine Leute noch 130 m höher zum Stationshaus der Deutsch-Ostafrikanischen Gesellschaft und als wir uns später ebenfalls dort einfanden, trafen wir ein lautes, bunt bewegtes Treiben an, denn kurz vorher war auch der amerikanische Jäger Mr Chanler mit Begleitung und Karawane von Westen her angelangt, sodass nun über 200 Mann in der kleinen Station lagen. Alte Freunde aus den beiden Karawanen begrüßten sich stürmisch und auch ich fand unter Mr Chanlers Leuten zwei meiner Träger von der 1887er Expedition.

Das hölzerne Stationshäuschen hat Dr. Abbott, nachdem es von der Deutsch-Ostafrikanischen Gesellschaft verlassen worden, in gutem Stand gehalten. Die Räume sind mit Handelsstoffen schwarz-weiß-rot ausgeschlagen, von der Hauptwand schaut Kaiser Wilhelm II. ernsten Blickes; und als abends am gastlichen Tisch Dr. Abbotts wir sieben Europäer beisammensaßen, während draußen der allabendliche Bergwind in den Bäumen brauste, dankte jeder von uns dem freundlichen Zufall, der diese vom Kilimandscharo noch nie gesehene Vereinigung herbeigeführt hatte.

Früh am nächsten Morgen suchte ich aus den Lasten die für Mandara mitgebrachten Geschenke heraus, legte selbst ein nagelneues Gewand an und putzte meine Somalibegleitung zu einem Besuch Mandaras hoffähig heraus. Abgesehen von den verborgen getragenen Revolvern ließ ich meine und meiner Leute Waffen im Lager, um Mandara nicht auch danach noch lüstern zu machen. Meine beiden in weiß gewaschenen Sansibarhemden einherstolzierenden Niampara waren natürlich mit von der Partie.

*Die Station Modschi der Deutsch-Ostafrikanischen Gesellschaft*

An der englischen Mission vorbei, wo ich dem in ärztlicher Tätigkeit eifrig beschäftigten Mr Morris einen Morgengruß zurief, stiegen wir an abschüssigen Bergleisten und durch mehrere hochdurchrauschte Schluchten bergab zu einer ziemlich geräumigen viereckigen Hütte, einer der im Reich verstreuten Landsitze Seiner Schwarzen Majestät. Vor der geschlossenen Tür kauerten in respektvoller Entfernung ein Dutzend Höflinge, im Flüsterton Gespräche führend, um den ruhenden Monarchen nicht zu stören. Suaheli, die sonst in größerer Zahl an Mandaras Hof zu schmarotzen pflegten und deren Künsten er den Bau mehrerer seiner im Küstenstil errichteten Wohnhütten verdankt, hielten sich zurzeit gar nicht in Modschi auf.

Unser lautes Rufen um Einlass erregte großes Entsetzen bei den in Furcht des Herrn lebenden Wächtern. Es hatte aber zur Folge, dass in kurzem ein paar hübsche junge Weiber aus der Tür schlüpften und eine Stimme aus dem Innern mit *»karibu«* (»herein«) zum Nähertreten einlud. In dem fensterlosen Raum, der nur durch die offene Tür Tageslicht empfängt, während ein in der Mitte flackerndes Feuer rote Reflexe an Decke und Wände wirft, lag Mandara halb aufgerichtet auf einer Suahelibettstelle *(kitanda)*. Neben ihm kauerten vier ältere Weiber und sein halbwüchsiger Sohn, den er aus Despoteneifersucht in knechtender Bevormundung hält. Von der Mitte ab war die Hütte durch eine grellbunte Tapetenwand geteilt, an welcher eine große Wanduhr tickte. Sonst war außer einem alten Stuhl kein Mobiliar vorhanden. Dieses ehrwürdige Möbel zog ich an Mandaras Lagerstatt heran und drückte ihm zur Begrüßung die Hand. Er blieb, sich mit heftigen Beinschmerzen entschuldigend, liegen. In seinem schmutzigen Suahelihemd sah er höchst schäbig aus, aber seinem markanten, graubraunen Gesicht ist ein Zug von einer über Negerdurchschnitt stehenden Intelligenz nicht abzusprechen, während durch die stark gebogene Nase und das funkelnde eine Auge (das andere ist erblindet) sein Ausdruck etwas Raubtierartiges erhält. Wir musterten uns gegenseitig lange und Mandara schien von dem Eindruck mehr befriedigt zu sein als ich.

Nach den üblichen Höflichkeitsformeln hin und her eröffnete ich ihm den Zweck meines Kommens, worauf er in scheinbar großer Bereitwilligkeit seine Hilfe zur Ersteigung des Gebirges zusagte. Seine Gedanken waren aber schon nicht mehr bei dieser Sache, denn er schaute sich unruhig nach den viel versprechenden Geschenkbündeln um und fragte endlich geradeheraus, was ich ihm mitgebracht hatte. Nun wurde ausgepackt: rote und blaue Stoffe, seidene Bettdecken, ein goldenes, mit Edelgestein besetztes Diadem, ein kleines Telefon, Masken mit scheußlichen Grimassen, ein europäischer Anzug, Stahlfeilen, Messer, Medizin, Pulver und anderes mehr. In schönen Worten pries mein erster Niampara die unerreichten Vorzüge jeder einzelnen Gabe und entlockte dem glücklichen Empfänger wiederholt ein wohlgefälliges Pfeifen. Als ich mit meinen Herrlichkeiten zu Ende war, bat mich Mandara, das Telefon herzurichten und als ich mit dem einen Ende draußen vor der Tür Mandara zuflüsterte, dass ich großen Appetit auf einen saftigen Rindsbraten hätte, antwortete er: »Du hast mir sehr schöne Sachen von Uleia (Europa) mitgebracht und bist mein werter Freund. Aber ich brauche noch Schnaps und eine gute Doppelbüchse und namentlich ein paar Kanonen.« Mit der Erfüllung dieser bescheidenen Nebenwünsche musste ich ihn indes auf die bevorstehenden kaiserlichen Geschenke vertrösten, was ihm offenbar auch einleuchtete, denn er entließ uns in Gnaden und schickte uns kurz nach unserer Rückkehr in die Station eine junge Kuh zur Erfrischung, freilich nicht ohne durch den Überbringer noch einmal um eine Flasche Whisky, Zigarren, Revolverpatronen, Bleistifte, Schnürschuhe, einen Hut usw. zu betteln.

In der Station kam ich zur rechten Stunde an, um den im fernen Westen aus dem Morgendunst hervortretenden, prachtvollen Kegel des Meruvulkans aufzunehmen. Im weiteren Arbeiten störte mich aber die unablässige Bettelei und unverschämte Zudringlichkeit einiger in rote Flanellfetzen gekleideter Dschaggamänner. Plötzlich streckte mir einer seine schmierige Pfote entgegen und schmunzelte die deutschen Worte »Guten Tag«. Es waren die ehemaligen Berliner Gesandten, die ihre europäische Bildung an den rechten Mann zu bringen suchten. Das Zivilisationsexperiment ist schlecht ausgefallen: Die Kerls dünken sich seit ihrer Rückkehr von Europa tausendmal besser als ihre Landsleute, behandeln als Große des Reichs die Tiefgeborenen schlecht, arbeiten absolut nichts mehr, spazieren in ihren zerlumpten Flanellgewändern umher und betteln beständig bei den Missionaren und bei Dr. Abbott.

Da sie bei mir wenig Erfolg hatten, steckte einer derselben eine auf dem Tisch liegende Zündholzschachtel Dr. Abbotts lachend zu sich. Der Doktor verstand aber den kleinen Scherz falsch, packte den Spaßmacher am Oberarm und versetzte ihm ein paar schallende Ohrfeigen. Darauf großes Geschrei und fluchend und drohend eilte die saubere Sippschaft zu Mandara. Die Wirkung erfolgte bald. Mandara war seit längerer Zeit nicht gut auf Dr. Abbott zu sprechen, weil dieser seine täglichen Betteleien nur noch mit »Nein« beantwortet hatte. Gegen Mittag erschienen also einige Asikari des Landesherrn, trieben die Markt haltenden Weiber hinweg und sperrten weit oberhalb der Station das Rinnsal ab, durch welches die Station mit Wasser versorgt wird. Mir aber ließ er sagen, dass sich die Maßregel nicht auf mich, sondern auf Dr. Abbott beziehen sollte. Das war sehr freundschaftlich gemeint, aber Wasser und Nahrungsmittel bekamen meine Leute darum ebenso wenig wie die anderen.

Als unsere Leute am Nachmittag zu murren und klagen anfingen, machte sich Dr. Abbott auf, den »Manki« (Fürsten) zu besuchen. Ich schlenderte mit Mr Chanler auf dem Rasenplatz hinter der Station umher und ließ mir vieles von seiner Jagdtour in den Nordebenen des Kilimandscharo erzählen. Dort zieht sich um den Fuß des Gebirges in der Region, welche auf der Südseite von den parasitischen Fußhügeln eingenommen wird, ein Kranz von Sümpfen und Teichen, in deren Nähe der Wildreichtum geradezu unglaublich sein soll. Karawanen kommen nie dahin, nur Massai kreuzen das Gebiet zuweilen, welche ihre Krale mit Vorliebe unter und in der sehr schmalen Urwaldzone des sonst unbewohnten nördlichen Gebirgsabfalles aufstellen, um ihr Vieh das in der Bergeshöhe immer frische Gras weiden zu lassen. Unsere späteren Beobachtungen vom oberen Kilimandscharo aus bestätigten die chanlerschen Angaben.

Gegen Abend kam Dr. Abbott von Mandara zurück; leider unverrichteter Dinge, da ihn der erzürnte Monarch nicht vorgelassen hatte. Unsere Leute mussten nun von des Doktors Stationsvorräten gefüttert werden und sich Trinkwasser aus der Tiefe der nächsten Bachschlucht holen. So konnte es noch ein paar Wochen fortgehen.

Über den ärgerlichen Vorfall setzte ich mich aber rasch hinweg, als gegen Sonnenuntergang das ganze Gebirge sich zum ersten Mal wieder entschleierte. Die Ähnlichkeit, welche der Kilimandscharo durch sein langsames und stetiges Ansteigen in der Gestalt mit dem Ätna hat (natürlich abgesehen von seinem Doppelgipfel), ist von Modschi aus weniger auffällig, weil von hier die Erhebung zu dem näher stehenden Kibo viel steiler ist als von Marangu im Osten. Der Mawensi tritt schon weit nach Nordosten zurück, der Kibofuß liegt in Luftlinie ca. 20 km von Modschi entfernt. Damit ergibt sich vom 1400 m hohen Modschi zu der in 4400 m Meereshöhe liegenden Basis des Kibokegels eine Terrainerhebung von 1 : $6^{1}/_{2}$°. Von dort bis zum Gipfel des Kibo ist die Steigung natürlich eine viel stärkere.

Die Südwestseite des Eisdomes leuchtete im Glanz der tief stehenden Sonne in rotgelben Tönen. Die höher oben am Kegel abbrechende, östliche Eisdecke lag in tiefdunkelblauem Schatten. Scharzbraune Felspartien durchbrechen den geheimnisvoll flimmernden Eismantel, wie im Hermelinmantel eines Königs die weiße Pelzfläche von schwarzen Fellspitzen unterbrochen wird. Und wo wäre ein König, dem solcher Schmuck mehr gebührte als dem König der afrikanischen Berge, dem Kilimandscharo? Seine Füße ruhen auf dem braunen Samtteppich der oberen Grasfluren und durch den dunkelgrünen Urwald steigen die Stufen seines Thrones herab zu den Menschen, die vor solcher Majestät in Ehrfurcht stehen. Vielleicht hat die Kunst Farben, um diese Herrlichkeit in einem gegebenen Augenblick darzustellen. Was aber keine Kunst vermag, das ist die Wiedergabe des fortwährenden Wechsels im Farbenspiel, das immer tiefere Purpurleuchten des Kegels wie im Alpenglühen, das immer matter werdende Grün der kleinen Kampinen im dunklen Urwald, das Vertiefen der violetten Schatten in den Schluchten und an den schwellenden Hügelzügen, das allmähliche Verblassen aller Farben nach Sonnenuntergang und das Zuziehen des grauen Wolkenvorhanges am Nachthimmel. Es ist kein Bild, sondern ein Schauspiel: Ein König geht zur Ruhe.

Die klare Aussicht auf das Gebirge hatte uns aber auch bestimmt, den Aufstieg an dieser schrofferen, schwierigen Seite gar nicht zu versuchen, sondern möglichst bald nach Marangu überzusiedeln, von wo ich im Jahr 1887 bis zum Sattelplateau hinauf auf keine nennenswerten Terrainschwierigkeiten gestoßen war.

Nach der winddurchbrausten Nacht, in welcher die Minimumtemperatur auf 6° C gefallen war, eilte ich mit Herrn Purtscheller und den Somali zu Mandara hinunter, um ihn zur Wiedereröffnung des Marktes und des Wasserlaufes zu veranlassen. Eine Flasche Whisky nahm ich ihm als ein oft begehrtes Geschenk von Dr. Abbott mit. Wir fanden den grollenden »Manki« in seiner dunklen Hütte mit zwei jungen Weibern auf seinem Lager. Die eine ging, die andere blieb. Ich erhob keinen Einspruch gegen diese Verletzung der Hofetikette, weil ich mir von der weiblichen Vermittlung guten Erfolg versprach und ich hatte mich nicht getäuscht. Als ich Mandara mit etwas Flunkerei auseinander setzte, dass und warum ich bisher stets eine hohe Meinung von ihm gehabt, grunzte er etwas vor sich hin, als ich aber in meinen Ausführungen wiederholt an die Meinung der Dame seines Herzens appellierte, die ihm darauf zusprach, wurde er sichtlich gerührt und als ich weitersprechend die Flasche Whisky hervorzog, hatte ich das Spiel gewonnen. Vom Lager aus gab er Befehl zur Eröffnung des Marktes und bedauerte nur, durch sein Beinleiden verhindert zu sein, nicht selbst nachsehen zu können, ob bei uns »alles in Ordnung« sei, worauf ich *»inschallah«*, murmelte, was eigentlich jede Art von Befriedigung ausdrücken kann.

Es war mir bei der Unterredung sehr aufgefallen, dass Mandara stark mit der Zungenspitze anstößt oder lispelt, wenn er lebhaft zu sprechen beginnt. Sein Gesichtsausdruck war heute noch verschlagener und raubtierischer als gestern. Alles in allem habe ich in diesen Tagen einen nichts weniger als günstigen Eindruck von ihm gewonnen. Und der gleichen Ansicht waren meine Begleiter sowie Dr. Abbott, Mr Chanler und die Missionare, die ihn doch am besten kennen müssen. Wenn die früheren Nachrichten über diesen Negerhäuptling nicht tendenziös, sondern wahr gewesen sind, so hat er sich seitdem sehr zu seinem Nachteil verändert. Die Anmaßung dieses Zaunkönigs wird nur durch seine Genusssucht und Habgier übertroffen und es ist keine Frage, dass diese Eigenschaften durch die Bevorzugung genährt und großgezogen wurden, welche Mandara seit Jahren durch die Europäer erfahren hat. Die Suahelikarawanen besuchten Mandara von jeher, weil sie bei ihm immer Sklaven kaufen konnten. Das ganze nordwestliche Ugueno hat er, wie wir später sahen, durch seine Raubzüge und Sklavenjagden in eine fürchterliche Einöde verwandelt und in Dschagga selbst war er stets der Störenfried. Mit den Suaheli kamen auch die Europäer zu ihm und Mandara wusste die damit sich ihm eröffnende Einnahmequelle sehr wohl offen zu halten, indem er seine europäischen Gäste möglichst lange bei sich festhielt.

Dass Mandara hierdurch für die Entdeckungsgeschichte des Kilimandscharo von Wichtigkeit gewesen ist, steht außer Zweifel. Zeitweilig jedoch, wie bei der Beraubung des wehrlosen Missionars New, brach seine wahre Natur durch. Auch der Handel, den er über die so genannte Abtretung seiner Hoheitsrechte erst mit dem Sansibargeneral Mathews und ein paar Wochen später noch einmal mit den mehr zahlenden Sendboten der Deutschen Gesellschaft abgeschlossen hat, kennzeichnet deutlich genug seine Beweggründe zum Abschluss eines europäischen »Schutzvertrages«. Der Mehrzahl anderer Schutzverträge liegen freilich ebenfalls keine lauteren Motive seitens der eingeborenen Häuptlinge zugrunde, aber umso weniger war es richtig, dass man ein paar Verwandte des Sklaven raubenden Mandara nach Deutschland brachte und sie dem Deutschen Kaiser als »Gesandtschaft des Dschaggasultans« vorstellte. Nachdem die urteilslosen Naturkinder ein paar Tage in Berlin herumgeführt worden waren, um Eindrücke von Deutschlands Größe zu erhalten, sind sie heimgekehrt und haben jetzt keine Ahnung von der Bedeutung dessen, was sie gesehen, spielen sich aber auf die erfahrenen Reisenden und großen Herren hinaus und gebärden sich so wie oben geschildert. Nicht indem man ein paar Negern Deutschland zeigt, kann man ihnen und ihrem Land eine Vorstellung von der Größe Deutschlands geben, sondern nur indem man den Eingeborenen in ihrem Land selbst die Macht Deutschlands in Formen vor Augen führt, welche ihrem Verständnis angemessen sind. Dass Mandaras Anmaßung durch die Geschenke des Deutschen Kaisers ins Ungeheuerliche gesteigert werden wird, ist zweifellos. Bei großen Negerfürsten, wie denjenigen von Uganda, Lunda und anderen, sind solche Auszeichnungen gewiss gut angebracht und haben weit tragende Bedeutung; bei einem Häuptling wie Mandara aber, dessen Reich nur etwa 1½ Quadratmeilen groß ist und kaum 3000 Bewohner zählt, sind sie es keinesfalls. Hoffentlich hat der kränkelnde, alternde »Manki« seine Rolle in Dschagga bald ausgespielt. Im Westen hat ihm die Führung der Dschaggastaaten der energische und tapfere Sinna von Kiboso aus der Hand genommen und im Osten droht ihm ein zweiter überlegener Gegner zu erwachsen in dem jungen, hochsinnigen Mareale, dem Häuptling von Marangu.

Auf dem Rückweg von Mandara zur Station schlug ich einen Umweg ein, um die Modschileute mehr bei ihrer Feldarbeit zu beobachten. Diese geschieht in derselben Weise, wie ich sie früher in Marangu oft gesehen hatte. An und auf den lang gedehnten Hügelrücken und im Grunde der Mulden und Bachtälchen waren Männer, Weiber und Kinder mit Beil und Hacke tätig, um mit der anrückenden Regenzeit Hirse, Bohnen und Mais zu stecken, Tabak auszupflanzen und Bananen- und Zuckerrohrstecklinge einzugraben. Mit rührigem Fleiß werden die alten Felder gereinigt, neue gerodet und namentlich die schadhaft gewordenen künstlichen Wassergräben ausgebessert. Wo nicht gerodet ist, wuchert namentlich die Mkindupalme (Phoenix), die einzige Palmenart des Kilimandscharo, in strotzender Üppigkeit. Da der Kilimandscharo im ganzen Jahr Wasser in Fülle hat, ist eigentlich die Bodenbestellung nicht an die tropische Regenzeit gebunden; auch in der Trockenzeit führen die künstlichen Gräben der Feldfrucht genügende Bewässerung zu und solche Kulturpflanzen, welche zu ihrer Ernte keiner trockenen Jahreszeit bedürfen, wie Bananen und Zuckerrohr, werden auch das ganze Jahr hindurch angebaut. Aber Körner- und Hülsenfrüchte und Tabak reifen und erhalten sich nur in der Trockenzeit. Ihr Anbau ist daher auf die Regenzeit beschränkt.

Die künstlichen Wassergräben, welche der jungen Saat vor Beginn der Regen das befruchtende Nass zuführen, gehören zu den erstaunlichsten Feldarbeiten, die man bei einem Volk der Wadschaggastufe sehen kann. Da die Bachtäler desto tiefer geschluchtet sind, je weiter sie am Berg herabreichen, können die über dem Bach an den Talhängen liegenden Felder nicht mehr von unten aus dem Bach bewässert werden. Deshalb ziehen die Wadschagga von dem auf gleichem Niveau mit ihren Feldern liegenden, oft stundenweit entfernten Oberlauf des Baches Gräben an den Talwänden entlang, aus welchen das Wasser in die Felder hineinrieselt. Die Schlichtung der Streitigkeiten über die Benutzung eines gemeinsamen Wassergrabens durch mehrere Felderbesitzer ist eine der Hauptobliegenheiten des Häuptlings. Da in der Trockenzeit zahllose Ableitungsgräben das Wasser der Bäche in die Felder führen, wo es versickert und verdunstet, sind viele Bachbetten gänzlich wasserlos, bevor sie in die Ebene hinaustreten und mancher durstende Reisende ist in den Steppen schon durch diese Erscheinung überrascht und enttäuscht worden, da er doch das Niedergehen von Regen in den höheren Bergregionen sah.

Die Fabel, dass dem Tropenbewohner seine Nahrung ohne

Arbeit in den Mund wächst, wird nirgends mehr hinfällig als in Dschagga. Der Dschagganeger muss hart arbeiten, vielmal härter, als es der Europäer in diesem Land vermöchte, und hat darum wie jeder ostafrikanische Neger einen Maßstab für die Erzeugnisse seiner Arbeit, an dem die törichten Märchen, dass man in Ostafrika für einen Klapphut und eine alte Husarenjacke alle Schätze Äthiopiens kaufen könne, zuschanden werden. Ostafrika ist im Gegenteil ein sehr teures Reisegebiet.

Am Nachmittag kaufte ich einige recht hübsche, aus den Fellen des Klippschliefers zusammengesetzte Pelzmäntelchen, die früher viel getragen wurden, und erwarb zwei wahre Kunstwerke von langen Speeren, welche in der modernsten schmalen Form geschmiedet waren. Auch die Dschaggaspeere haben ihre Mode, denn während 1887 lange, breite Blätter beliebt waren, sind es jetzt lange, schmale, mit abgestutzter Spitze. Übrigens ist die große Speerform, welche als ein Charakteristikum von Dschagga gilt, erst mit Einführung des europäischen Eisendrahtes aufgekommen. Vorher hatte man allgemein kleine, kurze Speere, wie sie heute noch in den abgelegenen Landschaften am Kilimandscharo (Rombo, Useri, Madschame usw.) üblich sind. Der Preis eines großen Speeres ist ein Perkussionsgewehr; für Ware ist die Waffe nur in Ausnahmefällen käuflich.

Während meines Handels kam die frohe Botschaft, dass auch das Stationsbächlein wieder laufe, gleichzeitig aber ließ Mandara dringend anfragen, ob uns das frische Wasser eine oder zwei Flaschen Kognak wert sei; er habe heftige Beinschmerzen, gegen welche ihm einzig und allein Kognak helfen könnte. Wir waren indessen der Meinung, Glasperlen seien eine ebenso wirksame Medizin, und Mandara nahm auch diese. Von den »Berliner Gesandten« ließ sich aber keiner mehr sehen, seitdem Abbott den einen rau angefasst hatte.

Am Abend des 24. September rüsteten wir zum Abmarsch nach Marangu für den nächsten Morgen. Nachts hatten wir noch ein kleines Rencontre mit einem Leoparden, der in den Hühnerstall geraten war; aber bevor die Sonne am Mawensi aufstieg, zogen wir ihr im Reihenmarsch entgegen unter dem Zuruf an Dr. Abbott, dass er uns bald in Marangu besuchen möge.

Der Pfad von Modschi nach Marangu führt in der mittleren

Bergeshöhe von 1400 m von Westen nach Osten durch die Dschaggalandschaften Kirua und Kilema. Zwischen Modschi und Kirua senkt sich ein tiefes Erosionstal ab; Kirua ist von Kilema durch den vom Mawensi zur Ebene herablaufenden Lassorücken geschieden; Kilema und Marangu trennt nur das Flüsschen Muë voneinander. Links geht es hinauf zum oberen wolkigen Kilimandscharo, rechts hinab zur braun leuchtenden Kahe-Ebene.

Zwei Stunden lang querten wir im Anfang die höheren Lagen von Modschi, wo das Terrain wellig ist und noch nicht so tief zerfurcht wie weiter unten, verließen dann die Felder und Gärten von Modschi und wanden uns auf dem engen Saumpfad an den schroffen Wänden des genannten, Modschi von Kirua trennenden Talkessels entlang, in dessen Tiefe von Nordosten her der schäumende Mangabach hineinbraust. Die aufsteigenden flatternden Nebel, die strauchige Vegetation, die steilen Bergformen Kiruas, von deren Höhen beim zeitweiligen Teilen des Nebels dunkler Wald herabblickt, das Rauschen der Wasser über schweres Geröll und eine Temperatur von 16° C gemahnen an gewisse Partien des Harzes oder Tirols.

Eine lange Reihe von Sklavinnen des Kiruahäuptlings begegnete uns mit bohnengefüllten Bananenbastsäcken auf ihrem Weg zum Markt nach Modschi. Die Stockung der Begegnung benutzte unser Führer, ein exemplarischer Vertreter des mandaraschen Idealvolkes, um im Nebel mit seinem Doti (acht Armlängen Weißzeug) Vorausbezahlung durchzubrennen und uns den Weg zu Mareale allein finden zu lassen. Da der Nebel sich in feinen Regen auflöste, wurde die Wanderung auf dem glatten Boden der steilen Wände gefährlich. Kaum einer unter den Trägern, der nicht mit seiner Last ausgleitend einmal zu Fall gekommen wäre. Endlich durchwateten wir den angeschwollenen Mangabach, aber nun ging es noch steiler, noch mühsamer auf dem halsbrecherisch schlüpfrigen Pfad aus dem Kessel hinauf nach Kirua. Ich selbst tat einen bösen Fall und zerschlug ein unersetzliches Thermometer. Die schwer bepackten Träger leisteten Unglaubliches.

Oben dauerte es lange, bis die Karawane gesammelt war. Wilde Reseda, niedere Farne, kleine Drazänen wuchern auf der Hochwiese und vor uns zeichneten sich die Gefilde von Kirua ab, die auf den höheren Rücken, wie in Modschi, dicht mit Bananen bepflanzt sind, während in den Mulden und Tälchen vorwiegend Yamswurzel und Bataten gebaut werden. Der Reichtum des Landes an Bächen dient hier ebenfalls zur Berieselung der Felder durch zahllose kleine Kanälchen. Wohlgepflegte lebende Hecken umschließen auch in Kirua die Hütten und Gärten jedes Eigentümers als ein Ganzes. Die in den Feldern arbeitende Bevölkerung begrüßte uns bei unserem Weitermarsch höflich und freundlich und ließ uns erkennen, dass wir aus dem Bereich der verwöhnten Modschileute heraus waren.

Den Hof des Kiruahäuptlings Kidungadi, der wie Mandara ziemlich weit unten am Berg wohnt, rechts liegen lassend, stiegen wir jenseits des bebauten Kirua langsam zum lang gestreckten Lassohügelzug hinan und erblickten von seiner Höhe gegen Mittag ein überraschend freundliches Landschaftsbild. Vor und unter uns breitete sich, östlich durch die Hügelkette von Msai und Rombo begrenzt, ein einziger, mehrere Quadratmeilen großer Bananengarten aus, der sich ohne erhebliche Wellen- und Muldenbildung sanft von der Region des Urwaldes zur Ebene hinabsenkt und durch die ihn durchziehenden Bäche und Flüsschen in die Dschaggastaaten Kilema, Marangu, Mamba, Mwika, Msai geteilt ist. Die einzige in die Augen springende Unterbrechung der saftgrünen Fläche bildet ein ziegelroter, einst parasitischer Kegel im Vordergrund, auf dessen Höhe der Kilemahäuptling Fumbo sein niedliches Dorf aufgestellt hat. Und weiter östlich, in Marangu, erkennt das bewaffnete Auge das große, neue Haus Mareales, über dem ein weißes Fähnchen flattert.

Nachdem wir unten den dunklen Muëbach passiert, wandern wir eine Stunde lang durch die schattigen Bananenhaine von Kilema, durchwaten darauf das kalte Ngonaflüsschen, welches kurz unterhalb des Überganges in einem wohl hörbaren, aber nicht sichtbaren Wasserfall eine tiefere Bodenstufe gewinnt, und betreten damit Mareales Gebiet Marangu.

Dem Freund würdig zu begegnen, ließ ich jedermann sein Gewehr zum Salutschießen laden und sandte zwei Somali voraus, um die Karawane anzumelden. Es hatte sich meines Gemüts eine freudige Unruhe bemächtigt, die mich fühlen ließ, wie sehr mir dieser Fleck Erde und seine freundlichen Bewohner, unter denen ich vor zwei Jahren so glückliche Tage verlebt hatte, ans Herz gewachsen waren. Hier kannte ich nun jede Hütte, jeden uns Begegnenden begrüßte ich als alten Bekannten. Bald kamen uns einige Boten Mareales entgegen, uns freudig willkommen heißend, und unter hundertfältigem Flintenknallen, wobei leider mein Leibdiener Achmed von einem unvorsichtigen Hintermann einen schmerzhaften Pulverschuss in die Schulter bekam, nahmen wir Besitz von einer baumumstandenen Wiese zur Aufrichtung unseres Lagers. Mein früherer Lagerplatz war von den Hütten einer kleinen Suahelikarawane eingenommen.

Kaum waren die Zelte aufgestellt, als die lärmende Schar der Eingeborenen plötzlich verstummte und Mareale mit seinem kleinen Gefolge erschien. Dass er der Fürst des Landes ist, erkennt man an seinem stolzen Gang und seiner hohen Kopfhaltung schon aus der Ferne. Leuchtenden Auges schritt er auf mich zu und *»Jambo, jambo, Dakta Maya, jambo sana: umetika sasa, uhalli gani?«* (»Willkommen, willkommen, Dr. Meyer, herzlich willkommen; nun bist du endlich da; wie geht es dir?«) klang es herzlich aus seinem lachenden Mund. Wir schüttelten uns lang und kräftig die Hände und kurz erzählte ich ihm vom bisherigen Verlauf meiner Reise und von meinen ferneren Absichten. »Das ist sehr schön; dann wirst du lange hier bleiben und wir werden uns sehr lieb haben. Nun ruhe dich aus, denn du wirst müde sein. Morgen früh komm in mein neues Haus.« Das versprach ich ihm und er ging nach wiederholtem Händeschütteln und lachendem *»Jambo sana«*.

Das war freilich ein anderer Empfang als bei Mandara. In wenigen Minuten hatte Mareale auch die Herzen meiner Begleiter und Leute gewonnen, sodass trotz der Mühen des Tages beim Verschmausen der alsbald eintreffenden Begrüßungsziegen die Stimmung allgemein eine gehobene war. Das war meinen Leuten sehr zu gönnen, denn in der Nacht wurden die ungeschützt im Freien liegenden Schläfer durch stundenlange Regengüsse schlimm durchnässt und durchkältet.

Die erste Arbeit des Morgens war darum selbstverständlich der Hüttenbau. Aus den riesigen Bananenblattbündeln, welche die Maranguweiber herbeischleppten, entstanden in kurzem vierzehn kleine Hütten über die ganze Lagerwiese hin, für jedes »campi« eine, sodass wie mit Zauberschlag ein nettes, reges Dorf aus dem Boden gewachsen war. Unter einem Baum wurde in der Mitte ein größerer Raum für den Markt offen gelassen und auf der einen Langseite, wo unsere Zelte standen, ließ ich einen Zaun stecken zur Abgrenzung für uns Europäer und die Somali. In der Zwischenzeit machte ich mich mit Herrn Purtscheller an die Zurichtung der Geschenke für Mareale. Es ist beinahe komisch, was man alles verstehen, können und sein muss, um eine afrikanische wissenschaftliche Expedition gedeihlich durchzuführen und noch wunderbarer, was für schlummernde Eigenschaften und Fähigkeiten durch das Expeditionsleben geweckt und ausgebildet werden, von deren Existenz man unter normalen Verhältnissen nicht die leiseste Ahnung gehabt hätte. Dass man Geolog, Zoolog, Botaniker, Ethnolog, Meteorolog, Astronom, Fotograf, Kartograf, Maler, Jäger, Arzt, Diplomat, Strateg, Nationalökonom, Kaufmann, Büchsenmacher, Tischler, Schneider, Schuster, Blechschmied, Koch usw. sein muss, versteht sich von selbst; aber dass ich es bei dem stundenlangen Zurechtmachen der Mareale-Geschenke auch noch zum Nähmaschinenmonteur und zum Steppstichkünstler bringen würde, hatte ich mir nicht träumen lassen.

Als das Maschinchen glücklich in Ordnung war und die Stoffballen, Perlen, Taschenuhren, Revolver, Seidendecken, Armspangen, Feilen, Tees, Harmonikas, Masken, Glocken, Pulver, Schrot, Tabakspfeifen und anderes mehr dazugepackt waren, machten wir Mareale unseren Gegenbesuch. An seiner Wohnstätte waren in den verflossenen zwei Jahren große Veränderungen geschehen. Wo früher neben seiner bescheidenen Hütte ein offener Platz gelegen hatte, steht jetzt ein viereckiges, kastellartiges Steinmauerwerk von Doppelmannshöhe mit niedrigen Durchkriechlöchern, in welchem die Hütten seiner Weiber und Kinder eingereiht sind und dicht daneben ein wirkliches Sansibarhaus mit Giebeldach, in welchem mehrere Räume durch teils indisches, teils europäisches Mobiliar zu ganz behaglichen Wohn- und Schlafzimmern eingerichtet sind, die nur den einen Fehler haben, dass sie, weil fensterlos, stockdunkel sind und deshalb wie die Dschaggahütten das Unterhalten eines qualmenden Feuers auf dem Boden nötig machen. Mehrere Suaheli haben ihm das Haus gebaut und sich mit dem Vieh und den Sklaven bezahlt gemacht, die Mareale in einem Krieg mit der großen Dschaggalandschaft Rombo erbeutet hatte.

Mit der ihm eigenen Liebenswürdigkeit empfing uns Mareale vor seinem neuen Haus. Er trug einen schönen arabischen Burnus über einem Suahelihemd und um die Stirn eine dunkelrote Baumwollbinde. Sofort wurde Bananenbier herbeigeschleppt und nach mehrfachem Rundtrinken aus einer gemeinsamen Kürbisschale wurden die Geschenke vorgeführt und nach Gebühr bewundert. Das Entzücken war natürlich am lautesten, als ich meine Steppstichkünste auf der Nähmaschine produzierte. »Diese Nadeltrommel *(ngoma ma shindano)* ist mir lieber als mein ganzes Haus, denn ich allein habe eine solche in ganz Dschagga, ein Suahelihaus hat aber auch Mandara«, rief Mareale begeistert und um diese Versicherung wenigstens teilweise zu bekräftigen, ließ er mir sofort eine fette Kuh ins Lager abführen.

Seinen neugierig umherstehenden Weibern und Sklavinnen *(surias)* gefielen, wie überall, die Schmucksachen am besten. Während im Jahr 1887 eine Tochter Mandaras, die Mareale für 100 Rinder gekauft hatte, das Regiment im Haushalt führte, mehr vermöge ihrer Abstammung als um ihrer Schönheit willen, ist jetzt ein sehr hübsches 16-jähriges Weib seine erklärte Favoritin. Aber auch die früheren Jahrgänge sind noch vorhanden und freuten sich, als ich sie wieder erkannte. Eine vor zwei Jahren aufgenommene Fotografie derselben suchte ich ihnen allerdings vergeblich verständlich zu machen. Nur Mareale erkannte sich auf einer Sonderaufnahme sofort mit dem hellen Jubelruf *»Mimi menyewe«* (»ich selbst«) und bewies dadurch wiederum seine für einen Bantuneger ganz ungewöhnliche Intelligenz, denn außer an ihm habe ich noch an keinem anderen Neger die Fähigkeit gefunden, die auf einer Fotografie dargestellten Personen oder Dinge plastisch zu sehen.

An der Ordnung im Hof und in den Feldern erkennt man den sorglichen Sinn und die selbst regelnde Hand des Hausherrn, an der furchtlosen Ehrerbietung, mit der ihm jedermann begegnet, die feste und gerechte Amtsführung des Landesherrn. All das wird in Modschi vermisst.

Vor dem Hof hocken, liegen und stehen einige zwanzig bewaffnete Männer auf einem kleinen Rasenplatz umher. Es sind teils Soldaten Mareales, die ihren Wachtdienst verrichten, teils ältere Massai *(el morua)*, die Vieh verkauft und Eisendraht gekauft haben, teils Leute aus den Dschaggastaaten Useri und Rombo, die Mareale Freundschaftsgeschenke gebracht haben. Die Soldaten Mareales sind nur in »kleiner Uniform«, ohne Federkopfputz, Fellmantel und Beinbehang, aber mit ihren prachtvollen Speeren und frisch geordneten Haarfrisuren, die in mehreren nach vorn und hinten fallenden, kurz geflochtenen Zöpfen bestehen, überglänzen sie die anderen dennoch. Die großen runden Holzpflöcke in den Ohrläppchen und die fingerlangen Holzstäbchen in der oberen Ohrmuschel tragen die Useri- und Romboleute in gleicher Weise, die Spitzfeilung der oberen Schneidezähne und das Ausbrechen der beiden mittleren unteren Schneidezähne geht durch ganz Dschagga. Die Unterhaltung ist nach Dschagga-Art mehr polternd als fließend. Jeweilig spricht nur einer, allein stehend im Kreis der Hockenden, mit erhobener Stimme wie in einem Vortrag, indem er mit seiner kurzen Holzkeule gleichsam den Takt schlägt; die anderen hören zu. Oder es streiten sich zwei; die anderen hören wiederum zu. In jeder Rede kommt als bündigste Versicherung und stärkste Bekräftigung der Ausruf *»Somiriali!« (So* = Fürst; »Beim Fürsten Mareale!«) dutzendmal vor. Redner von Talent in Wort und Geste sind sie fast alle und wer kein Talent hat, bekommt in Dschagga bei dieser Art der öffentlichen Gesprächführung wenigstens Routine. Daneben kauert ein Trupp anderer männlicher Müßiggänger in der für die Wadschagga charakteristischen Hockstellung, in welcher die Kauernden, die sich dann regelmäßig zur größeren Erwärmung in ihre Gewänder bis an die Nasenwurzel einwickeln, fast würfelförmig wie ebenso viele nebeneinander gesetzte altperuanische Mumien aussehen. Da die Arme und Hände mit in dem Zeugwürfel stecken und zum Gestikulieren beim Sprechen nicht dienen können, wächst die Lebhaftigkeit des Mienenspiels in der Unterhaltung ins Unglaubliche. Denselben Grund hat die Gewohnheit, zum Hinweis auf einen Anwesenden die Zunge lang und gerade auf ihn hin auszustrecken. Am lebendigsten sind die Maranguleute selbst, am ruhigsten die Gäste aus Rombo und Useri, die ja in viel bedrängteren Verhältnissen aufwachsen und leben als Mareales Volk.

Wie zu Useri, so unterhält Mareale freundschaftliche Beziehungen zu den größeren westlichen Dschaggastaaten Modschi (Mandara ist sein Schwager und Schwiegervater), Uru-Salika und Madschame, ohne doch an dem Bündnis beteiligt zu sein, welches die Häuptlinge dieser Staaten, Mandara, Salika und Ngamine, mit ihrem kleineren Anhang gegen Sinna von Kiboso geschlossen haben. Gegenseitige Freundschaft oder Feindschaft der kleinen Despotien hängt einzig von der Gesinnung und dem Interesse ihrer Häuptlinge ab. Und da es der Städtchen über zwanzig in Dschagga gibt, d. h. also in der zwischen 1000 und 2000 m Bergeshöhe den Süden und Osten des Kilimandscharo umlagernden, bewohnten und bebauten Zone, so nimmt die Unruhe im Lande, das Bündnisschließen an der einen Stelle zum Kriegführen an einer anderen kein Ende. Unter Kriegführen sind natürlich keine offenen Gefechte und Massenkämpfe zu verstehen. Die Angreifer fallen möglichst unerwartet mit großem Geschrei über die Grenzbezirke des Feindes her und schleppen die Bewohner, die nicht rechtzeitig flüchtig werden konnten, als Sklaven davon. Die Hütten werden geplündert und niedergebrannt und als wertvollste Beute das Vieh weggetrieben, die Pflanzungen aber nicht absichtlich geschädigt. Da der Wachtdienst überall gut eingerichtet ist und die meisten Landesgrenzen da, wo ihr Übergang am leichtesten ist, durch tiefe Gräben gesichert werden, sind unerwartete Überfälle eine Seltenheit. Meist bleibt dem Bekriegten Zeit, entweder seine Bewaffneten in überlegener Zahl auf die Beine zu bringen und dadurch den kundschaftenden Feind zum stillen Rückzug zu veranlassen oder sich mit einem Teil seiner Habe in den Schutz des Waldes zu flüchten, sodass Blutvergießen nur ausnahmsweise vorkommt. Nach jubelnder Heimkehr erwartet der Sieger den Rachezug des Besiegten. Wenn dieser aber ausbleibt, wiederholt er seine Überfälle, bis im Land nichts mehr zu holen ist oder bis der Unterlegene sich den Frieden mit regelmäßigen Tributen erkauft. Im ersteren Verhältnis scheint Mareale als Sieger zu Rombo, im zweiten zu Mamba zu stehen.

Wenn zwei benachbarte Städtchen miteinander Krieg führen, ist der Verkehr zwischen entfernteren Landschaften durch ihr Gebiet hindurch unterbrochen. Dann benutzen die friedlich Verkehrenden entweder jenen Pfad, der unten am Fuß des Berges um den Ost- und Südkilimandscharo herumläuft, oder den schwierigeren Bergpfad, der oberhalb des Urwaldes sich in den Grasfluren von Osten über Süden nach Westen entlangzieht und hinunter durch den Urwald nach jedem Dschaggastaat einen Seitenpfad abzweigt. Beide bin ich mit den Meinigen des Öfteren gewandert.

Das ca. 800 qkm große Dschaggagebiet zerfällt, von Osten nach Westen gerechnet, in folgende Städtchen und annähernde Bevölkerungsmengen:

| | | | | | |
|---|---|---|---|---|---|
| Useri ........ | 6000 | Kirua ...... | 1000 | Kombo ..... | 500 |
| Nombo ...... | 5000 | Modschi .... | 3000 | Kindi u. Moika | 500 |
| Mwika ...... | 500 | Pokomo .... | 1000 | Naruma ..... | 500 |
| Msai ........ | 500 | Uru-Salika .. | 3000 | Madschame .. | 8000 |
| Mamba ...... | 500 | Uru-Salue ... | 2000 | Schira ...... | 1000 |
| Marangu ..... | 3000 | Kiboso (Lambungu) ..... | 6000 | Kibonoto .... | 1000 |
| Kilema ....... | 2000 | | | Wroni ...... | 1000 |

Zusammen: 46.000 Bewohner.

Die bienenkorbförmigen Hütten stehen meist zu zweien oder dreien nebst einer kleinen Vorratshütte innerhalb eines Palisadenzaunes auf einem Hof zusammen inmitten der Bananenpflanzung des Hofbesitzers. Ein dorfartiger Hüttenhaufe findet sich nur an Mareales eigenem Wohnplatz. Da die verheirateten Söhne meist so lange in der Elternhütte wohnen bleiben, wie es der Raum gestattet, so kann man einschließlich Großeltern und Sklaven zehn Bewohner auf eine Hütte rechnen, wonach Dschagga etwa 4600 Wohnhütten außer den Vorrats- und Viehhütten haben würde.

Die obige Zusammenstellung ergibt aber eine durchschnittliche Bevölkerungsdichtigkeit von 60 Bewohnern pro Quadratkilometer, während doch die Ertragsfähigkeit des Bodens ganz bequem die doppelte und dreifache Zahl zulassen würde, sobald ganz Dschagga unter einer energischen Hand vereint sein würde. Wenn auch nicht dies, so scheint es ja, als ob der tatkräftige, umsichtige Sinna von Kiboso der zersetzenden Kleinstaaterei im Westen ein Ende machen wolle, worauf vielleicht Mareale im Osten seinem Beispiel nacheifern wird.

Mareales bisherige Lebensgeschichte lässt erwarten, dass er nicht auf dem Status quo stehen bleiben wird. Als sein Vater als Häuptling von Marangu starb, war er 1½-jährig und wurde von seinem Oheim, der die Herrschaft usurpiert hatte, mit seiner Mutter des Landes verwiesen. Jahrelang hielt sich das Kind und der Jüngling in Modschi bei Mandara und bei Sinnas Vater in Kiboso auf, bis er, kaum 20-jährig, einen Raubzug der Wakiboso nach Marangu führen konnte. Seines Oheims konnte er dabei zwar nicht habhaft werden, er trieb aber alles Vieh weg und hatte seinen Stammesgenossen gezeigt, dass er ein »ganzer Kerl« war. So gelang es seinem in Marangu geduldeten jüngeren Bruder, heimlich zahlreiche Anhänger in Marangu selbst für Mareale zu gewinnen, eines Tages durch eine Revolte den Oheim zu vertreiben und Mareale in die Heimat zurückzuführen, wo dieser seine Stellung sofort durch eine Verschwägerung mit Mandara, durch Beutezüge nach Rombo und Heranziehen von Suahelikarawanen zu befestigen wusste. Der Bruder aber ließ später sein Leben, weil er auch gegen Mareale sein revolutionäres Tun fortsetzte; Mareale hat ihn wahrscheinlich erstechen lassen. Es liegt nicht außer dem Bereich der Möglichkeit, dass Mareale in Zukunft noch ein oder das andere Mal vor seinem lieben Schwiegervater oder einer Vereinigung seiner Widersacher das Feld räumen muss. Das ist so Brauch in Dschagga und auch Mandara hat wiederholt Land und Leute dem Feind lassen müssen, bis dieser nach der Plünderung wieder abzog. Aber Mareale ist nicht der Mann, der sich dauernd in die Rolle eines Besiegten findet und seinem »Thron« entsagt, solange ihm das Leben bleibt.

In unserem Lager pulsiert das Leben am frühen Morgen, bevor die Wadschagga zur Feldarbeit gehen, und am späten Nachmittag, wenn die Tagesarbeit in den Feldern beendet ist, besonders rege. Mit hoch gefüllten Bastkörben und dicken Bündeln kommen die Weiber und Mädchen zu Markt und halten unter dem Schattenbaum feil. Die Weiber sitzen mit lang ausgestreckten Beinen auf dem flachen Boden oder stehen einzeln und immer schwatzend umher; die Mädchen neugierig und kichernd zu zweien oder dreien dicht hintereinander, indem das vorstehende die Arme über dem offenen Busen kreuzt, die hinten stehenden ihre Freundin eng um die Taille oder die Schultern fassen, um sich gegenseitig zu bedecken und zu erwärmen. Zu kaufen gibt es vier verschiedene Arten Bananen: in reifem Zustand zum Roh-Essen, in unreifem Zustand zum Kochen und Braten, in Mehl zerstoßen zum Backen; da gibt es drei Arten von Bohnen und kleine Straucherbsen; Mais ausgekörnt und grün in Kolben; Hirse in Körnern oder als Mehl; Bataten groß und klein; angesäuerte Milch und Butter, Tabaksblätter, Honig, Hühner. Das größere Vieh kommt nie zum Verkauf, denn es gehört alles Mareale zu Eigen, welcher den Besitzern nur die Nutznießung der Milch und Butter überlässt. Geschlachtet wird darum auch nur im Haushalt Mareales; nur von ihm kann man Fleisch kaufen. Das Angebot von Feldfrüchten ist aber sehr groß und die Karawanenleute verstehen das Kaufen und Feilschen nicht minder gut als die Maranguweiber. Der Begrüßungsruf *»mbuia«* (»Freund«), der einem durch ganz Dschagga entgegentönt, leitet den Handel ein. Der Suaheli bietet weit unter dem Wert und erntet ein entrüstetes, kurz hervorgestoßenes *»tschá«* (»nein«). Er geht und kommt wieder, 10-mal, 20-mal, immer ein klein wenig mehr bietend und seine begehrten Perlen oder Zeugfetzen anpreisend, bis sich beide Teile auf dem goldenen Mittelweg finden. Nun wird erst genau geprüft und nachgemessen und nachgezählt, und endlich unter Zuspruch von beiderseitigen Freunden der Kauf abgeschlossen.

Seit Jahren ist, wie überall in Mittelafrika, das *»nguo«*, das breit laufende weiße Baumwollzeug (Gamti), die beliebteste Großmünze in Dschagga. Während es aber anderwärts in Doti zu acht Mikono (Armlängen) abgemessen wird, rechnen die Wadschagga das Doti zu zehn Armlängen, d. h. so lang, dass sie in ihrem kühlen Klima den ganzen Körper wie in eine Toga darein hüllen können. Hier wie im ganzen übrigen äquatorialen Afrika ruft der Verkäufer, wenn es ans Abmessen geht, regelmäßig den längsten Mann aus der Schar der Umstehenden herbei, damit dieser für ihn messe, und immer macht diese freundliche Mittelsperson den Versuch, der Länge des vereinbarten Stoffmaßes durch ein Ziehen von der Fingerspitze über den Ellbogen hinaus noch einen unrechtmäßigen Zuwachs zuteil werden zu lassen. Bandera, das rote Baumwollzeug, ist namentlich als Festgewand der Großen beliebt. Die gangbarste Scheidemünze sind aber die ganz kleinen, rubinroten und himmelblauen Glasperlen, welche von den Weibern auf dicke, runde Bänder genäht und so um Hals und Gelenke getragen werden. Sie sind von den venezianischen Fabriken (alle Glasperlen Ostafrikas kommen aus Venedig) in kleine Bündel zu zehn Strängen zu zehn Fäden zu hundert Perlen geordnet und werden nur in dieser Aufreihung von den Eingeborenen in Tausch genommen.

Nach diesen beiden Hauptgeldsorten (Weißzeug und kleine Perlen) geschätzt, haben die Landeserzeugnisse auf unserem Marangumarkt die nachstehenden Preise:

| | | | |
|---|---|---|---|
| 1 | Kuh | = | 12 Doti zu 10 Armlängen |
| 1 | Ziege | = | 3 Doti |
| 1 | Schaf | = | 4 Doti |
| 1 | kleines Huhn | = | 2 Armlängen = 3 Stränge Perlen zu 10 Fäden |
| 20 | Bananen, unreif | | |
| 10 | Bananen, reif | | |
| 1 | Liter Hirse | = | 1 Armlänge = 1 Strang Perlen |
| 1½ | Liter Bohnen | | |
| 2 | Liter Mais | | |
| 19 | Bataten, mittelgroß | = | 1 Strang Perlen |
| 1 | Liter Milch | = | 1 Strang Perlen |
| 1 | Kilo Butter | = | 5 Armlängen |
| 1 | Last Brennholz | = | 1 Strang Perlen |
| 1 | Bündel Tabak (3 kg) | = | 8 Armlängen |
| 1 | Liter Honig | = | 1½ Doti |

Brombeeren, Tomaten, Spinat und dergleichen werden von den Kindern im Busch gesucht und mit Kinderpreisen bezahlt. Einen Liebhaberpreis aber hatte ich für unseren Bedarf an Milch und Butter zu entrichten, die ich nach Vorschrift in meine eigenen Gefäße melken und eindrücken ließ, weil ich vorher wegen der Sitte der Eingeborenen, ihre Milch- und Buttergefäße mit Kuhurin auszuspülen, diesen landwirtschaftlichen Erzeugnissen keinen rechten Geschmack abzugewinnen vermocht hatte.

Die Milch entstammt vorwiegend den kleinen, kurzbeinigen Buckelrindern, seltener werden auch die mit langer Wamme behängten raummasigen Fettschwanzschafe und die Ziegen gemolken. (Siehe Schlussbild.) Weder die Ziegenmilch noch das Ziegenfleisch schmecken »bockig« wie in Europa. Auch in ganz Dschagga ist wie in Taweta die Furcht vor Viehraub der Grund zur Stallfütterung.

Zu den vielseitigen Dschagga-Genüssen kam hier noch einer, dessen Grundlagen der Koch bei Dr. Abbott in Modschi gelernt hatte, nämlich das Backen von dünnen, aus Mais- und Hirsemehl gemischten Fladen in Butter. Sie schmeckten recht herzhaft und knusprig und waren fortan unsere Zuspeise zu jedem Gericht.

Mareale kommt täglich einmal morgens, einmal nachmittags ins Lager und verplaudert, in meinem Lehnstuhl ausgestreckt, eine halbe Stunde mit mir über Dschagga, Sansibar und Europa, von dem er eine etwas verworrene Vorstellung hat. Tritt ein Neukömmling zu uns, so begrüßt derselbe, bevor er sich zu den Kameraden niederkauert, durch Zuruf zuerst seine Freunde, dann Mareales Umgebung, zuletzt den Häuptling selbst. Mareale verlässt mich selten, ohne dass ich ihm irgendeine Kleinigkeit, einen Bleistift, ein paar Nadeln und dergleichen, zugesteckt habe; dann lächelt er glücklich wie ein Kind und eilt ohne Abschied in langen Schritten nach Haus.

Wenn gegen Abend aus dem benachbarten Lager der Sklavenhändler einige Suaheli und Somali herüberkommen, um mit meinen Leuten, unter denen sie viele alte Bekannte haben, zu plaudern, schleiche ich still davon und streife mit einem meiner Jungen in der Umgegend umher. Einmal allein zu sein im Genießen und Beobachten der Natur, wenn auch nur für eine kurze Stunde, frei vom Fragen und Verlangen der eigenen Leute, das vom Morgen bis zum Abend nicht aufhört, frei von der Neugier und den Wünschen der Eingeborenen, die namentlich bei den Instrumentarbeiten sich herandrängen, lachen und hindern, das ist eine Sehnsucht, welche im afrikanischen Karawanenleben nur zu selten gestillt wird. Und in den späten Nachmittagsstunden ist der obere Kilimandscharo, dessen beide Gipfel, der runde weiße Kibo und der zackige dunkle Mawensi, dann klar und kühn über eine den ganzen mittleren Berg umlagernde graue Schichtwolke sich zum lichtschwachen Abendhimmel aufbäumen, immer am schönsten. Aber nach rückwärts hinabblickend trifft das Auge auf die Felseninsel des Uguenogebirges, dessen Wände und Kuppen, von der Abendsonne vergoldet, aus der farbengedämpften Südebene aufragen.

Die Zurichtungen und Vorbereitungen für einen längeren Aufenthalt der Karawane im Lager wurden rasch zu Ende geführt. Seitwärts von den Hüttenhaufen der Träger und Führer erhoben sich innerhalb eines die Eingeborenen zurückhaltenden Stangenzaunes zwei größere Basthütten als Warenlager und Wohnung des Aufsehers, eine kleinere Hütte für die Somali und ein Schutzdach für die Küche und dahinter war ein kleiner Gemüsegarten angelegt, in welchem die von Sansibar mitgebrachte Saat von Kresse, Salat, Spinat und Radieschen schnell zu sprießen begann.

So waren wir nach fünftägiger Arbeit im Marangulager so weit, dass ich an die Rüstung einer kleinen Schar zum Aufbruch in höhere Bergesregionen gehen konnte. Ich wählte dazu die willigsten und zähesten Träger aus, verteilte an sie Zeug zum Nähen eines wärmeren Kittels und schilderte ihnen möglichst drastisch das, was sie dort oben zu erwarten hatten. Da glücklicherweise zwei Träger darunter waren, die schon im Jahr 1887 bis zum oberen Urwaldrand mit aufgestiegen waren, hatten meine Worte genügende Beweiskraft. Die Tatendurstigen wurden von ihren Kameraden bereits als angehende Helden betrachtet und fühlten sich in dieser Rolle sehr stolz und glücklich.

Am Tag vor unserem Aufbruch stellte sich noch mehrfacher Besuch im Lager ein. In aller Frühe erschien Mareale mit seinem freundnachbarlichen Kollegen aus dem Städtchen Mamba. Da selbiger aber ohne Gastgeschenk zu Besuch kam, ließ auch ich ihn mit leeren Händen wieder ziehen, zu sichtlicher Belustigung seines Freundes Mareale. Dann machte die Mutter Mareales, eine große, würdig dreinschauende, aber gewöhnlich etwas angeheiterte Matrone, mit einem Schwarm nicht übler junger Begleiterinnen ihre Staatsvisite und ergatterte eine Tabakspfeife und ein großes Stück Bandera (rotes Baumwollzeug) für sich und ihren weiblichen Anhang. Später führte Mareale seine kleine Handelskarawane vor, die soeben von der Küste eingetroffen war und Eisendraht, Stoffe, Salz sowie ein schönes Fernrohr als Geschenk seiner europäischen Freunde in Mombasa mitgebracht hatte (gewiss ein großer Fortschritt, dass Mareale selbst Karawanen zur Küste zu schicken beginnt) und am Nachmittag erhob sich im Westen des Lagers lautes Freudengeschrei und Willkommenschießen und aus den Büschen trat der amerikanische Jäger Mr Chanler mit seiner Karawane, der von Modschi über Marangu nach Taweta in sein Camp zurückkehrte. Er blieb die Nacht über bei uns und erfreute mich durch die jugendfrische Schilderung seiner Erlebnisse und Pläne und durch sein treffendes Urteil in afrikanischen Dingen. Wie vielen weisen deutschen »Kolonialmenschen« wäre nur die Hälfte des Geistes zu wünschen, der diesen 23-jährigen Amerikaner mit seinem 20-jährigen Begleiter befähigte, eine 180 Mann starke Küstenkarawane ohne Kampf durch Massaigebiete zu führen, in denen noch nie zuvor eine Expedition gewesen ist.

*Dschaggaziegen und -schafe*

Als auch Mr Chanler am nächsten Morgen von dannen zog, hielt uns nichts mehr im Lager. Die Jahreszeit drängte zu rascher Arbeit. Nachts hatten wir in den letzten Tagen regelmäßig starke Regengüsse gehabt, aber die Tagesgewitter der Regenzeit waren noch nicht herangerückt. Doch standen sie nahe bevor. Bis zu ihrem Eintritt mussten die Besteigungen in der Höhe ausgeführt sein. Darum vorwärts, aufwärts, *»excelsior!«*

## Zum Gipfel des Kibo

Die größte Schwierigkeit bei früheren Besteigungen des oberen Kilimandscharo und das Haupthindernis für einen längeren Aufenthalt in der Höhe, ohne welchen die Bewältigung der großen vulkanischen Massen und Maße unmöglich ist, war nicht so sehr die für solche alpine Touren unzulängliche Ausrüstung der Besucher gewesen als vielmehr der in jenen entlegenen Regionen allzu schnell eintretende Mangel an Lebensmitteln für die Reisenden und ihre Begleiter.

Die Erfahrungen des Jahres 1887 hatten mich belehrt. Mein Plan ging dahin, die Besteigungen des Kibo und Mawensi von dem zwischen beiden Gipfeln in 4400 m Höhe liegenden kleinen Plateau aus zu unternehmen und dort in einem zweckmäßigen Standquartier so lange auszuhalten, bis die Erforschung des oberen Kilimandscharo abgeschlossen sein würde. Für dieses Standquartier hatte ich in Sansibar anstatt des in Aden verlorenen *tent d'abri* ein niedriges, gut schließendes Zeltchen anfertigen lassen, in welchem wir zwei Europäer, nötigenfalls noch mit einem schwarzen Gefährten, Raum hatten. Zur inneren Ausstattung des Zeltes dienten eine wasserdichte Unterlage aus Kautschuk, mehrere Kamelhaardecken und namentlich zwei große, aus Schaffellen genähte Schlafsäcke, welche den ganzen Körper bis auf das Gesicht wärmend umschlossen.

Unsere alpine Ausrüstung bestand aus warmer Wollkleidung, Wollhandschuhen und starken, genagelten Bergschuhen, aus Rucksäcken, Eispickeln, Gletscherseilen, Schneebrillen und Schneeschleiern. Herr Purtscheller war dazu noch glücklicher Besitzer von Steigeisen, während die meinigen in Aden mit den Zelten nach Ceylon gewandert waren. Von den Instrumenten begleiteten uns der Theodolit, der fotografische Apparat, die

Hypsometer, Aneroide, Maximum-Minimum-Thermometer, Peil- und Routenkompasse und das geologische und botanische Sammelwerkzeug.

Für unsere Verpflegung und für sonstige Vorfälle erschien es mir am zweckmäßigsten, zwischen unserm beabsichtigten hohen Standquartier und dem Marangulager eine Zwischenstation an der oberen Grenze des Urwaldes zu errichten, wo das große Zelt und unsere wenigen Träger bis auf einen zurückbleiben sollten. Demgemäß ordnete ich an, dass jeden dritten Tag aus dem Marangulager vier Mann mit frischen Lebensmitteln zum Mittellager am oberen Urwaldrand hinaufkommen sollten, von wo aus zwei der dortigen Leute den erforderlichen Proviant an Fleisch, Bohnen, Bananen, Butter, Brot zu uns ins obere Lager hinaufzutragen hatten. Die Proviantträger aber sollten immer sogleich in ihr Ausgangslager zurückkehren. Auf diese Weise waren wir regelmäßig verpflegt und in den Stand gesetzt, ähnlich wie von einer Klubhütte unserer Alpen aus die Ersteigung, Aufnahme und Erkundung des oberen Kilimandscharo nach einem festen Plan in fast dreiwöchiger Arbeit durchzuführen.

Unserem Aufbruch zum oberen Berg ging eine Gewitternacht mit wolkenbruchartigen Regengüssen voraus, welche alle Hütten und Zelte, mit Ausnahme des großen Zeltes, durchdrangen, sodass wir die Vormittagsstunden des Abmarschtages notgedrungen mit dem Trocknen der durchnässten Stoffe und Lebensmittel hinbringen mussten. Leider hatte auch der Vorrat an Fleisch, das ich einige Tage vorher hatte in Streifen schneiden und am Feuer dörren lassen, ein Regenbad abbekommen, aus dem es keineswegs schmackhafter hervorging. Immerhin leistete es uns, nachdem es wieder ausgetrocknet war, später sehr gute Dienste.

Endlich, am Mittag des 28. September, konnte sich die kleine Bergexpedition, bestehend aus dem zweiten, gewandteren Niampara, neun Trägern, dem findigen Panganineger Muini Amani und den Somali Achmed, Mohammed und Abdallah, von denen Achmed auch den Koch spielen sollte, in langsame Bewegung setzen. Das große Zelt wurde bis zum Lager am oberen Urwaldrand mitgeschleppt. Die Zurückbleibenden hatten strenge Verhaltensmaßregeln erhalten und waren dem Befehl Alis, des treuen ersten Somali, unterstellt und der wohlwollenden Obhut Mareales empfohlen worden, der sein Bestes zu tun versprach. Trotzdem schied ich mit schwerem Herzen, denn sooft ich auch bei früheren Gelegenheiten in die Notwendigkeit versetzt gewesen war, mich zeitweilig vom Gros meiner Karawanen zu trennen, jedes Mal waren in der herrenlosen Gemeinde grobe Unordnungen vorgekommen, die den Bestand der ganzen Expedition gefährdet hatten. Die Folge zeigte, dass es auch diesmal keine Ausnahme von der Regel gab.

Mareale hatte uns zwei Führer versprochen. Als wir aufbrachen, war aber nur einer zur Stelle; der andere, so hieß es, werde am Abend nachkommen.

Auf dem sanft ansteigenden Terrain, auf welchem schattige, kühle Bananenhaine mit kleinen offenen Grasflecken und murmelnde Bäche mit künstlichen Bewässerungsgräben abwechseln, stiegen wir in gemessenem Schritt bergauf. Wo der Mondjobach im offenen Gelände über eine kleine Basaltstufe herabschäumt, öffnet sich der Ausblick bachaufwärts auf eine am hohen Uferrand gelegene Hüttengruppe, die im Jahr vorher dem amerikanischen Naturforscher Dr. Abbott mit seiner Karawane monatelang als Behausung gedient hat und jetzt, verlassen, von Wind und Wetter zerzaust wird. Weiter oben gewannen wir von einer Hügelgruppe Umschau über das ganze Land. Da sind nirgends schroffe Formen, überall leichte Wellenlinien und so weit der Blick nach unten und nach den Seiten reicht, allerorts saftig grüne Bananenhaine und kleine, blumige, buschige Grasmatten. Fern aus der dunstigen Ebene schillert silbern der schmale Dschipesee herauf, überragt von der bläulichen Silhouette der Uguenoberge, an die sich östlich die ferneren duftigen Parehberge anschließen, während im Westen der Blick in die Steppen durch den lang gestreckten, waldigen Lassohügelzug beschränkt wird, von dessen Höhe aus wir, von Modschi kommend, der ersten Überschau über dieses gelobte Land teilhaftig geworden waren. Bergauf zum oberen Kilimandscharo folgt den Lassohügeln das Auge, bis es im nebeldurchwehten Urwald und der darüberliegenden dunkelgrauen Wolkenhülle auch dort eine Grenze findet.

Der Zeiger des Aneroidbarometers senkte sich zu immer tieferen Luftdruckzahlen und wies auf ca. 1700 m, als wir nach dreistündiger Wanderung die letzten Bananenpflanzungen hinter uns ließen, um in das nun beginnende Dickicht von Farnen und Sträuchern einzudringen, welches weiter oben allmählich in den Urwald überführt.

Wie im Jahr 1887, so versuchte auch diesmal wieder der Maranguführer uns zum Lagern an diesem für die Verpflegung der Leute sehr bequem gelegenen Platz zu bestimmen, obwohl es noch ziemlich früh am Tage war; aber wie damals, so trieb ich nach kurzer Rast auch diesmal wieder zum Weitermarsch, um das erste Lager am Unterrand des Urwaldes aufzuschlagen. Nach großem Geschrei und vergeblichem Herumtanzen folgte uns der Führer.

Der Pfad war von nun ab vollständig verwachsen und verursachte den müden Trägern schwere Mühe. Mehrere splitternackte Maranguleute begegneten uns, keuchend unter riesengroßen Bunden von gesammeltem Brennholz, und erzählten uns erregt, dass sie in nächster Nähe eine Begegnung mit vier Elefanten gehabt hätten. Wir wurden der Tiere jedoch nicht ansichtig, weil wir unsere schärfste Aufmerksamkeit dem Erdboden zu widmen hatten, wo uns die zahlreichen, unter einer Farnendecke versteckten und bis zu 6 m tiefen Fanggruben für Elefanten ernstlich gefährdeten. Ich selbst entging nur mit knapper Not dem verderblichen Sturz in die morastige Tiefe.

Die Busch- und Farnenzone unterhalb des Urwaldes hat schwerlich etwas mit den klimatischen Verhältnissen dieser Bergregion zu tun. Diese Vegetationsformation scheint vielmehr das Ergebnis der periodischen Brände zu sein, durch welche die Wadschagga offenes Land für ihre sich ausdehnenden Kulturen zu gewinnen suchen. Es spricht für diese Annahme, dass da, wo solche Kulturbrände nicht angelegt werden, der Urwald bergabwärts mit abnehmender Feuchtigkeit allmählich lichter wird und mehr und mehr Vertreter der Steppenflora in sich aufnimmt, bis er von der reinen Baumsteppe ganz verdrängt ist. Auch in der Farnenzone ist echte Urwaldflora mit Steppenflora vielfach vergesellschaftet. So weit die Farnenzone in die Höhe reicht, so weit wird auch die breitere Bananenkultur möglich sein; darüber hinaus setzt die große und beständige Feuchtigkeit des Waldes, der ja gerade den reichen und andauernden Niederschlägen dieser

Höhenzone sein Dasein verdankt, der Feuerwirkung und damit der Anlage tropischer Kulturen eine Grenze, wenn eine solche nicht schon durch das Klima dieser Höhe gezogen wäre, was sehr wahrscheinlich ist.

Unsere Aufstiegsroute vom Jahr 1887 lag ein gutes Stück westlicher als die jetzige. Aber auch diesmal traten wir bei 1960 m in den unteren Urwald ein, der uns seine Vorläufer in Gestalt vereinzelter moos- und flechtenbehangener und verwitterter Baumgreise schon weithin entgegengesandt hatte. Hier wurde unser Pfädchen, sobald das Farnendickicht aufhörte, offener und führte uns in kurzem zwischen den triefenden, graugrünen Baumriesen hindurch auf eine kleine hochgrasige Kampine am Rande des plätschernden, von Kraut und Stauden überwucherten Ruabächleins, wo ich unser erstes Berglager aufschlagen ließ.

Als Achmed später am prasselnden Feuer eine beruhigende Probe seiner Kochkunst lieferte, wurde es uns in unserer Einsamkeit trotz Nebel und Nässe ganz gemütlich, obwohl ich vorher den Führer unter Muini Amanis Aufsicht nach Marangu zurückgesandt hatte mit dem Befehl, am nächsten Morgen unter allen Umständen mit dem ausgebliebenen zweiten Führer zurückzukehren. Nach einer kühlen Nacht, in der wir mehrmals durch Elefantengetöse erweckt wurden, hatten wir in der Frühe vollauf Zeit, unsere orchideenreiche Waldwiese abzusammeln, bis die beiden Führer, mit Lebensmitteln beladen, eintrafen und der Einstieg in den Urwald begann.

Wie gestern, so heute, wie Anfang Juli 1887, so jetzt Ende September 1889, jahrein jahraus ist diese Region der mittleren Wolkenhöhe die Zone größter Feuchtigkeit. Wo stete Befeuchtung und doch regelmäßiger Abfluss des Wassers gegeben ist, da entwickelt sich überall in der Welt der Urwald innerhalb seiner Wärmegrenzen zur großartigsten Üppigkeit. Beide Bedingungen sind am mittleren Kilimandscharo in hohem Maße erfüllt, denn die Niederschläge erfahren in dieser Höhe keine nennenswerte Unterbrechung und die sanften Formen des vulkanischen Bergkörpers sorgen für die gleichmäßigste Entwässerung des Bodens. Warum die Nordseite des Gebirges in dieser Beziehung weniger begünstigt ist, werden wir später zu erörtern haben.

Da es für den Kilimandscharowald keinen ausgesprochenen Wechsel der Jahreszeiten, keine regenlose Periode gibt, müssen seine Bäume, um nicht in den Niederschlägen zu ersticken, in ihren Blättern so organisiert sein, dass sie fortwährend transpirieren können. Der Kilimandscharowald hat deshalb nur immergrüne Baumformen; periodische Belaubung ist allein der kleinen Stauden- und Krautvegetation eigen. Wenn in den trockenen Steppenebenen Schutz gegen übermäßige Transpiration das Organisationsprinzip der Bäume war, so ist es hier Schutz gegen Beschränkung der Transpiration. Durch Glätte und Wachsüberzug der Blattoberfläche halten die Pandanus-, die Drazänen- und ähnliche Formen die Spaltöffnungen für die Verdunstung frei, durch ihren Haarbezug die Clavijaformen, Essigbäume und andere mehr. An den Stellen größter Nässe, wie in den Bachläufen, streben die nach Luft ringenden Pflanzen, die Farne und andere, nach möglichst ausgedehnten Verdunstungsflächen durch möglichst große Blattentwicklung. Formen und Arten, die an trockenen Plätzen ziemlich kleinblätterig sind, treiben hier Blätter von erstaunlichem Umfang.

Die triefende staudige Untervegetation schlägt uns anfänglich auf unserm Marsch über dem Kopf zusammen und durchnässt uns bis auf die Haut. Weiterhin werden die Baumbestände noch dichter, Lianen winden sich in unendlichen Verschlingungen von Stamm zu Stamm und den Boden überzieht ein dichter, sattgrüner Polsterteppich von niedlichen Farnen, auf den das braune Band unseres morastigen Pfades das einzige Ornament zeichnet. Stämme, Äste und Lianen sind überzogen mit tausendfältigen Schmarotzern und Scheinschmarotzern, unter welchen ein langes, gelbbraunes Hängemoos alle anderen in Zahl und Größe überwiegt. Vom Regen sind sie voll gesogen wie Badeschwämme und setzen unbarmherzig das Geschäft der Durchnässung an uns fort. Die Träger haben obendrein sehr schwere Arbeit bei dem unaufhörlichen Wenden, Bücken, Kriechen und Steigen zwischen den Wurzeln und über die stehenden und gestürzten Stämme. Glücklicherweise ist das Terrain nirgends steil.

Von Zeit zu Zeit treten wir aus dem Waldesdunkel auf eine lichte Kampine hinaus, wo wieder mit vollen Lungen Luft geschöpft werden kann. Es ist seltsam, wie scharf diese dem Wald eingesprengten kleinen Grasfluren gegen den Wald hin abgegrenzt sind. Der Übergang von ihrem Gras zum hohen Baumwuchs ist ebenso schroff wie jener der Steppe gegen den Wasserwald eines Flusses und doch scheinen sie mehr durch künstliche Rodung als durch natürliche Bedingungen entstanden zu sein und weiter zu bestehen. Essig- und Erikazeenbäume bilden vorwiegend die äußere Waldmauer und auf den Kampinen selbst unterbrechen zwei grüne und eine rote Erdorchideenart, in höheren Berglagen eine rote Iris, rote und gelbe Strohblumen die graugrüne Grasfläche.

Überall im Wald sind die Spuren und Losung von Elefanten außerordentlich zahlreich. In dem lehmigen Morastboden hinterlässt jeder der Riesenstapfen einen fußtiefen Pfuhl, den wir vorsichtig umgehen müssen, und die geknickten Stämme und aufgerissenen Wurzeln versperren uns häufig den Weg. Auch Büffelfährten sind nicht selten. Dann und wann erklingt einmal das Schnalzen eines Affen oder das klägliche Geschrei eines Hornvogels, aber im Ganzen ist vom Tierleben auffallend wenig in diesen Regenwäldern zu bemerken. Nie bietet sich ein weiterer Ausblick hinab in die Ebene oder hinauf zur Bergeshöhe.

So wanderten wir langsam bergan, stumm im stillen Urwald, bis wir am Nachmittag auf eine Graszunge hinaustraten, die aus der oberhalb des Urwaldes sich ausdehnenden Grasflur sich hier bis tief in den Wald hinab erstreckt und durch allmähliches Vordringen von Grasbränden aus der oberen Grasflur entstanden sein mag. Auf ihr führte uns der Pfad steiler bergauf, rechts und links begleitet uns der Wald, in dem mit zunehmender Bergeshöhe die Erikazeen alle anderen Formen überwiegen. Bei 2600 m Höhe wird eine Terrainstufe erreicht, wo die Bodenneigung viel geringer wird und dort erweiterte sich unsere Graszunge zu einer offenen Grasflur, in der noch einzelne größere Waldparzellen höher zum Berg hinanziehen; aber der geschlossene Urwald liegt nun hinter uns.

Wir stehen an der Südostseite des Mawensi, von dem aus ferner Höhe zeitweilig ein dunkler Felszacken durch die wogenden Wolken herabschaut. Eine größere Anzahl ansehnlicher Parasitenkegel zieht sich von seinen Südostflanken zu uns herunter und zwischen ihnen hindurch schlängelt sich der Pfad, dem wir bisher gefolgt, zur Nordostseite des Berges hinüber, am oberen Urwaldrand entlang, nach den Dschaggalandschaften Rombo und Useri. Wir aber verließen nun den Pfad und schlugen westliche Richtung ein, uns in der Grasflur immer in derselben Bergeshöhe oberhalb des Urwaldes am Südabhang des Mawensi hinbewegend, bis wir mit fallendem Nebel am Fuß des westlichsten der vulkanischen Mawensiparasiten auf den kleinen kalten Kisinikabach trafen und dort wieder am oberen Waldesrand in 2655 m Höhe uns für die Nacht einrichten konnten.

Gespenstisch wehte der Abendwind die langen grauen Flechten an den Ästen im Nebel hin und her. Die Leute kauerten aneinander gedrängt um die vor Nässe schlecht brennenden Feuer und froren und als auch mir bei 5° C die Finger den Dienst versagten, kroch ich in meinen Pelzsack und segnete die Seelen der braven Wiederkäuer, welche mir ihr warmes Fell geliefert hatten.

Bei Reif und nur +2° C war es den Leuten nicht zu verdenken, wenn sie nicht, wie bisher, bald nach Tagesanbruch unter ihren Grasschutzdächern hervorwollten. Als sich aber nach 8 Uhr die Luft klärte, stampften sie wohlgemut den Führern nach in den Urwald hinein, der sich hier wieder höher am Berg hinauf erstreckt. Einen Pfad müssen wir uns erst in dem dichten Unterkraut treten, ein schwieriges Beginnen, obschon die Bäume in diesen hoch gelegenen Waldesteilen nicht mehr dicht stehen und uns keine Lianen mehr am Vordringen hindern. Kolossale Rhododendren, Drazänen und Erikazeen herrschen im Wald vor, nicht mehr von braunen Moosen überzogen, sondern nur mit grauen Bartflechten behangen und in der Bodenvegetation sind halbmannshohe Doldenblütler und Schilfgräser die Leitformen. Der Boden selbst, der im unteren Urwald rotbraun und lehmig gewesen, ist in diesen oberen Waldpartien ein schwarzer Humus. Das anstehende Lavagestein hat nicht mehr die dicht basaltische Struktur wie unten, sondern ist gröber kristallisiert. Unsere Träger marschieren vorzüglich; da bedarf es keines Antreibens mehr; es ist die Creme unserer Karawane. Nachdem sie beim Gehen wieder warm geworden, scherzen sie über das Elend ihres verlassenen Nachtlagers und als dann einer der Führer ein kleines ahnungsloses Nagetier, das an einem Baumstamm zu schlafen schien, am Kragen erwischte und es trotz allen Sträubens zum Transport in eine Astgabel band, dass es jammervoll quiekte, war die alte Fröhlichkeit wieder in vollem Schwange.

Eine Stunde lang waren wir im Wald langsam westwärts bergan gestiegen, als wir an ein offenes Bächlein, Ngona mdogo, heraustraten, das in seinem muldenförmig ausgewaschenen Lavabett vom Mawensi herabrieselt. Von hier war uns 1887 der erste Anblick des im Neuschnee damals so nahe scheinenden Mawensi zuteil geworden. Heute waren seine Felsen in Nebel gehüllt. Nachdem wir bald darauf auch durch die steile und von seltsamen Vegetationsformen überwucherte Bachschlucht des Ngona mkubwa hindurchgeklettert waren, den wir früher, von Modschi kommend, in seinem Unterlauf als Grenzbach zwischen Marangu und Kilema überschritten hatten, trafen wir in der Grasflur auf den neutralen Pfad des oberen Kilimandscharo, der, von Useri herüber, am oberen Urwaldrand entlang in fast immer gleicher Bergeshöhe bis nach Madschame im Westen des Berges hinführt und folgten ihm einige Stunden lang. Gelegentlich passierten wir noch eine Waldzunge, die, einem Bachlauf oder anderen günstigen Terrainverhältnissen folgend, von unten in die obere Grasflur hineinreicht.

Im Mittel liegt die obere Grenze des geschlossenen Urwaldes ungefähr bei 2900 m Höhe, die obere Grenze des Baumwuchses überhaupt, d. h. die untere Höhengrenze der den Baumwuchs vernichtenden thermischen Minimalextreme, ist aber noch 200 m höher zu ziehen. Diese Region ist recht eigentlich das Reich der Erikazeen. Von baumhohem Wuchs, zerzaust und geknickt durch den Bergwind und mit wehenden grauen Flechtenmänteln behangen, trotzen sie als äußerste Grenzmauer des Urwaldes dem Wetter des Hochgebirges. In niederer Strauchform aber sind sie über die ganze Grasflur hin verstreut und dringen weit über die Baumgrenze vor bis hinauf zum Rand des Sattelplateaus bei 4000 m. Solche Zähigkeit ist vor allem begründet in der Bildung ihrer Blätter, deren Oberseite glatt und lückenlos geschlossen ist, während ihre Unterseite stark eingerollt und durch zahllose Spaltöffnungen gelockert ist, sodass hier der Weg für den Wasserdampf und die auszuscheidenden Gase immer freigehalten wird, wie lange und dicht auch die Nebel um sie wehen mögen, und dass die für die Pflanze so wichtige Ausdünstung stattfinden kann, sobald nur für kurze Minuten ein trockener Luftzug oder Sonnenschein die Blättchen trifft.

Gemeinsam mit den Eriken bewohnen mehrere Proteazeen, Adlerfarne, Rauten, Strohblumen, niedere Heidelbeerformen die Grasflur. Viele von ihnen standen in voller Blüte und waren beflogen von wilden Bienen, für deren Honig von den Wadschagga hier und da an den Bäumen die in Ostafrika allgemein üblichen kanonenrohrartigen hölzernen Sammelröhren aufgehängt waren. Gegen Mittag ließ uns die Sonne fühlen, dass sie es hier oben ebenso gut meinen kann wie unten in Dschagga, wenn sie will. Aber die von den Höhen herabwehenden Winde kühlten uns Brust und Stirn und weckten mit ihrem Hauch fast heimatliche freundliche Empfindungen und heitere Gedanken inmitten dieser den gemäßigten Zonen so ähnlichen Vegetationsformen.

Aus dem Wolkenmeer, das, die Ebene verbergend, auf dem Urwald lag, wogten jedoch bald wieder die Nebel herauf und ließen uns nicht mehr frei. Nach Überspringen des klaren Muëbächleins, das wir als Muëbach ebenfalls früher in einem Unterlauf zwischen Kilema und Kirua überschritten hatten, zweigten wir vom Pfad bergwärts ab und standen nach wenigen Minuten an jener Stelle der Grasflur, wo ich 1887 mit Herrn von Eberstein nach dem Vorgang des Engländers Johnston mein Standquartier für die Kibobesteigung errichtet hatte. Diesmal folgten wir dem Lauf des Muëbaches, den ich damals wegen der ersten hier vorkommenden Senecio Johnstoni »Seneciobach« benannt hatte, aufwärts, ließen auch die Grashütten, die 1889 Dr. Abbott und Ehlers gebaut, hinter uns und schlugen in einem windgeschützten Kessel am Rand des Muëbächleins, dessen steile Uferwände noch dichtes Strauchwerk von Eriken und Essigbäumen tragen, unser großes Zelt auf. Die Eisfelder des Kibo funkelten lockend über den Bachrand herüber. Da wir mehr horizontal westwärts als bergauf gewandert waren, waren wir nur wenig über den Urwaldrand hinausgekommen. Unsere Meereshöhe betrug 2890 m. Hier am Muëbach sollte das beabsichtigte Mittellager zwischen Marangu und dem Sattelplateau mit dem großen Zelt für Wochen eingerichtet werden.

*Die obere Waldgrenze (2890 m) des Kilimandscharo mit Senecio Johnstoni*

Die Leute gingen sofort an die Arbeit. Aus Gras und Reisig wurden zwei regendichte Hütten erbaut, Laub zur Polsterung gesammelt, Brennholz geschlagen und aufgestapelt, Feuerlöcher gegraben und dergleichen mehr. Noch ehe die Sonne sank, war das Lager fertig. Für den folgenden Tag des Aufstiegs zum Sattelplateau packte ich die allernötigsten Ausrüstungsstücke für uns beide Europäer in eine Blechkiste, eine zweite Last gaben die Schlafsäcke mit Decken ab, eine dritte das kleine Kampierzelt, eine vierte das Kochzeug mit Proviant, eine fünfte der fotografische Apparat und die sechste der Theodolit, der wie immer Muini Amani anvertraut wurde.

So waren wir eine Bergkarawane von acht Mann, als wir am anderen Tag beim wärmenden Schein der Morgensonne das Mittellager verließen. Die übrigen Leute gaben uns noch eine Strecke das Geleit, bis ich sie mit Scherzworten in ihr einsames Camp zurückschickte; in zwei Tagen sollten sie ihre Gefährten wieder sehen. Jeden meiner Begleiter hatte ich mit wollenem Unterzeug und, so weit es anging, mit Schuhwerk ausgestattet. Mancher von ihnen hatte sich von den Somali eine Jacke oder ein Beinkleid geborgt und alle hatten sich in Erwartung baldiger Kälte bis zum

Ersticken in wärmende Hüllen eingepackt, die sie aber schon nach einviertelstündigem Steigen eine nach der anderen wieder abstreiften.

Stundenlang konnten wir von unserm Anstiegrücken aus noch rechts und links die ausgedehnte Grasflur überschauen, die von der langen, dunklen Urwaldlinie aus breit und dachförmig sich zum Vorderrand des Sattelplateaus hinanhebt. Dieser Plateaurand läuft ziemlich horizontal vom Mawensi zum Kibo hinüber und erscheint von hier aus als der Sattel zwischen beiden Bergen, während er doch das hinter ihm liegende höhere Plateau unseren Augen entzieht. Vom Kibo blickte nur die weiße Eishaube, vom Mawensi nur die obere Zackenkrone hinter dem Plateaurand hervor und dies nur auf kurze Zeit; aber es genügte, um uns zu orientieren und zu leiten. Ich nahm die Führung und folgte derselben Richtung auf die Mitte des Plateaurandes zu wie im Jahr 1887; sie war durch den Verlauf eines leicht gewölbten Lavarückens zwischen zwei tief erodierten Bachschluchten fast von selbst gegeben.

In dem taufeuchten Gras scheuchten wir wiederholt eine kleine graue, mir unbekannte Antilope auf. Zierliche Sommervögelchen schwirrten von Strauch zu Strauch und pickten an den großen, blassgelben Sternblumen der niedrigen Proteazeen. Zwei Stunden stiegen wir über die mäßig geneigten Lavadecken, die anfänglich von einer dichten Grasdecke, weiter oben von einem Staudenteppich blühender Eriken und Strohblumen überzogen sind, bergan. Sobald wir aus dem Gras heraus waren, ging es schneller vorwärts; das blockige Geröll hinderte uns weniger. Zur Linken, im Westen, wurde nun aber unser Vordringen durch eine der Bachschluchten begrenzt, welche 50–60 m tief und 25–30 m breit in das weiche Material dieser weiten Lavafelder eingeschnitten sind und so scharfe Ränder und steile Wände haben wie die Spalten eines Gletschers. Es ist derselbe Bach, den wir im Jahr 1887 Schneequellbach getauft hatten, weil wir damals im Juli oben an seiner Quelle den ersten Schnee angetroffen hatten. Damals war es ein lustig plätscherndes Gewässer, jetzt in der Trockenzeit hielt es nur Sickerwasser in kleinen Lachen und Becken; und staunend sieht man, wie geringe Kraft erforderlich ist, um dieses weiche, vulkanische Gestein im Lauf der Jahrtausende zu solcher Tiefe zu zernagen. Die furchtbaren Zerstörungen, welche Wetter, Wind und Sonne am Mawensi angerichtet haben, werden uns danach erst recht verständlich.

In der Tiefe der Schlucht stehen an den Wasserlachen einzelne verwitterte Senecio Johnstoni, fremdartig wie Pflanzenformen vergangener Erdperioden. Aus einiger Entfernung glaubt man in den mannshohen, von einem grauen Mantel abgestorbener Blätter umhüllten Stämmen lauter menschliche Gestalten zu sehen und wenn wehender Nebel ihre Umrisse halb verschleiert, dann versteht man, warum ihre nächsten Artverwandten in den tropischen Anden, wo ihre Vegetationszone auch zwischen 2800 und 4400 m liegt, »*Frailejones*«, Mönchskutten genannt werden. Dort wie hier wachsen sie nur in sumpfigem Boden. Die schroffen Talwände unseres Baches aber sind fast kahl und offenbaren im Durchschnitt ein ganzes System in phantastischen Wellenlinien übereinander liegender Lavaschichten von verschiedener Farbe und Beschaffenheit. Wir folgten dem Schluchtrand aufwärts, passierten einen westlichen Einfluss, der jetzt ebenfalls nahezu wasserlos war, und näherten uns im immer massiger werdenden Geröll dem Plateaurand, der bisher als Sattelhöhe erschienen war. Hier erweitert sich das Bachtal, sodass wir in den Grund hinabsteigen und die andere Seite gewinnen konnten und dort kletterten wir mühsam über die trümmerbedeckte Terrainstufe hinauf und hatten nunmehr den leicht abfallenden Südteil des Plateaus vor uns, das sich noch stundenlang bis zu der Sattelhöhe hin erstreckt.

Wir wanderten fort, in der Richtung auf den wieder emporsteigenden Kibo zu, bis uns am Rand eines anderen Steilbaches die allgemeine Ermattung zum Lagerschlagen zwang. Auch hier stehen im Grunde der Schlucht einige Wasserlachen, genügend, um uns im Notfall wochenlang zu tränken, und hierher kehrte später Muini Amani jedes Mal zurück, wenn er für unser oberes Lager Wasser holte. Ich hatte gehofft, an diesem Tag noch ein gutes Stück höher hinauf und näher dem Kibo gelangen zu können, aber die Erschöpfung der Leute war so groß, dass sie sich platt auf die Steinblöcke warfen und trotz Nebel und Kälte schliefen bis gegen Abend, da sie dann ihre Bohnenmahlzeit kochten und zur Nachtruhe unter die Felsen und in die Lavahöhlungen krochen.

Kibo und Mawensi blieben den ganzen Nachmittag unsichtbar; Nebel ringsum. Es ist eine fast melancholisch-ernste Landschaft, in die wir eingedrungen sind. So weit der Blick reicht, weite Flächen mit großen, schwarzgrauen Lavablöcken auf sandigem und kiesigem Grund. Kein höheres Gras und kein Strauch unterbricht mehr die steinige Öde, keines Tieres Laut trifft mehr das Ohr. Nur der von unten heraufwehende Luftstrom flüstert in den Felsen und kleinen Stauden und zieht hellgraue Nebelschleier über die dunkelgrauen Flächen. Die Verschiedenheit des Bodens gegen den nur ca. 200 m tiefer liegenden jenseits des Plateaurandes ist groß. Dort unten sind die Lavadecken von einem Grasteppich, noch weiter unten von Busch und Wald bezogen, die eine gleichmäßige Humusverwitterung begünstigen. Hier oben gestattet der klimatisch bedingte Mangel geschlossener Vegetation den großen Temperaturdifferenzen zwischen Tag und Nacht ein Zersprengen der Lavadecken und -wälle in Blöcke von durchschnittlich ½ cbm Größe. Wo an den Lavarücken die Zersprengung noch nicht vollendet ist oder wo die Flächenneigung zu gering ist, um die abgesprengten Blöcke durch ihre eigene Schwere fallen zu lassen, bleibt die zerrissene Gesteinsdecke lose auf dem Kern liegen und gibt dadurch diesen Felskuppen jenes Aussehen von Schildkrötenschalen, über welches sich seinerzeit Johnston so sehr gewundert hat. Zwischen den großen Trümmern verwittern die kleinen zu Sand und Staub, welcher haltlos von Wind und Wetter umhergeführt wird und nur an günstigen Stellen einzelnen Stauden und Blumenbüscheln ein kümmerliches Dasein ermöglicht.

In dieser ernsten Umgebung fehlte aber auch ein heiterer Vorfall nicht. Als ich nämlich botanisierend umherschlenderte, stieß ich mit dem Fuß an einen laut klappernden Gegenstand und entdeckte beim Aufheben eine alte, leere Konservenblechbüchse mit der mich wehmütig anheimelnden Aufschrift *»Irish Stew«*, ein paar Schritte daneben aber ein ziemlich zerfallenes Blatt der Heilsarmeezeitung *»En avant«*. Kein Zweifel, wir hatten zufällig dieselbe Lagerstelle getroffen, wo Dr. Abbott und Ehlers ein Jahr vorher gelagert hatten, denn im Stationshaus zu Modschi war das genannte Heilsarmeeblatt als belustigende Lektüre gelesen worden. Unter allen Umständen ließ ich mir das Motto *»En avant«* eine gute Vorbedeutung sein.

Vor dem frostigkalten, vom Kibo herabblasenden Abendwind flüchteten wir uns nach Sonnenuntergang in unser Zeltchen und in die Pelzsäcke und fühlten durchaus kein Verlangen, während der nächsten zwölf Stunden herauszukriechen. Als aber die Frühsonne die Eiskrone des Kibo vergoldete und lange Schatten auf die Westseite des Mawensi warf, waren wir schon jenseits der Bachschlucht, annähernd in der Mitte zwischen Kibo und Mawensi, und eilten der Mitte des Kibo zu. In seiner ganzen Größe war jetzt der Kibokegel zu überschauen. Seine Basis auf dem Plateau war durch keine Terrainstufe mehr verdeckt; in gleichmäßiger Erstreckung hebt sich langsam die schiefe Ebene von uns aus zu seinem Fuß hinan. Rechts von ihm wird auf dem Sattel die dortige Hügelreihe sichtbar und auch die breite, schneelose Zackenmauer des Mawensi, der wegen seiner schroffen Formen fast höher erscheint als der minder schroffe Kibo, verbirgt dem Blick nichts mehr.

Die trockene, dünne Luft war so klar und durchsichtig, dass die fernen Höhen in täuschende Nähe gerückt schienen. Die Leute liefen brav, aber die Lavafelder schienen endlos zu sein. In einer Mulde rasteten wir an einem kleinen grünen Grasinselchen, unter dessen elastischem Boden sich Sickerwasser verbarg, eine halbe Stunde; hier kam mehr Farbe in die formengewaltige Landschaft. Das Aschenfeld, das wir nun betraten, ist ziegelrot mit mattgelben Bändern; ziegelrot sind auch die Hügel im Sattel, von denen das Aschenfeld ausgeht, graubraun sind die Trümmerfelder am Fuß des Kibo, dunkelblaugrau die Wände und Hänge des Kibo selbst, blendend weiß und lichtblau umrändert ist seine Eishaube und tief dunkelblau das alles überspannende Firmament. Aber keine Farbe ist grell, ihre Abtönungen im Einzelnen und im Ganzen sind edel und harmonieren mit der Schönheit und Größe der Bergformen.

Jenseits des Aschenfeldes, das, fest wie eine Tenne, schnell überschritten wurde, fiel mir sofort eine Stelle in die Augen, die für einen Lagerplatz wie geschaffen schien. Unterhalb vier weithin sichtbarer hoher Felsblöcke, denen wir später den Namen

»Viermännerstein« beilegten, ist ein Wall von kleineren Blöcken aufgetürmt, welcher sicheren Schutz gegen die vom Kibo herabkommenden Schneewinde gewährt. In einer Einbuchtung dieses Walles war bald ein Plätzchen gefunden, wo unser kleines Zelt auf dem porösen Aschenboden liegen konnte wie in Abrahams Schoß. Daneben bot sich eine windstille Feuerstätte, im Geklüft der Felsmauer eine kleine Schlafhöhle für Muini Amani, die mit Büscheln von Gnaphalium und Raute und mit Wolldecken in ein weiches Nest umgewandelt wurde; und geeignete Löcher und Kammern für unsere Vorräte und Geräte waren in großer Auswahl da. Die holzigen Stauden zweier schuppenblätteriger Euryops-Arten, die an dieser geschützten Stelle noch ein leidliches Fortkommen finden, lieferten uns Brennmaterial in beliebiger Fülle. Auf der Spitze des »Viermännersteins« ließ ich das kleine schwarz-weiß-rote Zeltfähnchen durch eine Steinpyramide feststellen, wo es später den uns suchenden Proviantträgern als Wegweiser diente. Die fünf Träger aber, welche uns bis hierher begleitet hatten, schickte ich nach kurzer Rast auf dem von uns im Aschenboden getretenen Pfädchen zurück, damit sie noch, solange die Sonne wärmte, zum Mittellager am Muëbach absteigen konnten. Langsam sahen wir sie hinter den Lavarücken verschwinden.

Nun waren wir allein im Kibolager, wir beiden Europäer und der Neger Muini Amani. Während sich der Letztere sogleich zum Feuermachen und Suppenkochen anschickte, machte ich, da es gerade Mittag war, eine Breitenbestimmung unseres Lagerplatzes und gewann damit den ersten festen Punkt für alle folgenden Peil- und Itinerararbeiten. Nach dem erwärmenden Mahl wanderte ich über die asphaltharte, vulkanische Schlammebene nordwärts zu den drei am Ostfuß des Kibo gelegenen Aschenhügeln, den »Drillingen«, hinüber, an deren Südseite 1887 unser Zeltchen gestanden hatte, und fand dort noch die Splitter eines Siedethermometers, das uns damals beim Höhenmessen zu unserem großen Leidwesen zersprungen war.

In dem Sattel zwischen den »Drillingen« und dem in der Mitte des Plateaus gelegenen »Roten Mittelhügel« waren wie überall, wo auf dem Plateau an geschützten Stellen noch Kräuter wachsen, die Spuren eines großen Spalthufers zahlreich. Im Jahr 1887 war ich der Tiere selbst nicht ansichtig geworden, diesmal aber bemerkte ich nördlich vom »Roten Mittelhügel« drei getrennte, je 6–8 Stück zählende Rudel von Elenantilopen, die langsam umherspazierten und die vereinzelten Gras- und Krautbüschel pflückten. Dass sie hierher nur vorübergehend als Gäste während der wärmeren Tagesstunden von unten heraufkommen, ist wohl sicher anzunehmen. Dauernd aber hält sich ein kleiner Steinschmätzer in diesen unwirtlichen Höhen auf, von dem uns später am Zelt ein Pärchen durch seine unglaubliche Zutraulichkeit überraschte, indem die Tierchen die ihnen vorgelegten Fleischstückchen unmittelbar vor unseren Füßen wegpickten. Das gefährliche Raubtier Mensch war ihnen gänzlich unbekannt.

Der spätere Nachmittag wurde durch die Vorbereitungen zur ersten Kibobesteigung in Anspruch genommen, zu der wir uns in früher Morgenstunde aufmachen wollten. Der Kibokegel lag etwa 2½ km von unserm Lager entfernt, auf seiner ca. 6 km breiten Basis 1680 m hoch über unserm 4330 m hohen Standpunkt aufgetürmt. Auf seiner rechten Hälfte liegt nur ein schmaler, blau geränderter Eiskranz oben auf seinem horizontalen Oberrand, die steilen Felswände und Lavarücken sind dort ganz schnee- und eisfrei, auf der linken Hälfte aber reicht der Eismantel in einzelnen Zungen fast bis zur Kegelbasis herab, unten überall zerrissen und steil abstürzend, und in der Mitte, uns zugekehrt, streckt sich eine breite Eiszunge zwischen zwei hohen, weit auslaufenden Felsmauern in das von diesen eingefasste Tal hinein, deren Zerrissenheit ebenfalls wenig einladend aussah. Wo aber der linke Felsrücken in zwei Drittel der Bergeshöhe an das Eis ansetzt, schien die Neigung des Eismantels weniger schroff, das Eis weniger zerrissen zu sein als andernwärts und von dort war allem Anschein nach die höchste Schneekuppe auf dem Südrand des Berges auf dem kürzesten Weg zu erreichen.

Unsere Absicht ging infolgedessen dahin, auf der genannten nach Südosten auslaufenden Bergrippe zur Schneelinie aufzusteigen und von ihrer Grenze aus das Klettern auf dem Eismantel zu beginnen. Der Weg war weit, die Arbeit voraussichtlich sehr schwer. Und die bange Ungewissheit, was der nächste Tag bringen werde, ließ uns beide in der Nacht nur wenig zu der doch so nötigen Ruhe kommen.

Von 1 Uhr ab schauten wir alle Viertelstunden bei Streichholzflackern nach der Uhr; um ½3 Uhr krochen wir aus dem Zelt. Die Nacht war kalt und stockfinster, von dem erhofften Mondlicht keine Spur. Rasch waren die Rucksäcke übergeworfen, die Eispickel erfasst und die Laterne angezündet. *»Kuaheri«* (»Lebwohl«), rief ich unserm in seinem Felsspalt schlafenden Muini zu; *»Kuaheri, bwana, na rudi salama«* (»Lebwohl, Herr, und kehre heil zurück«), klang es aus dem Loch zurück. *»Inschallah«* (»So Gott will«), bestätigte ich meinerseits und fort ging es in die kalte Nacht hinein.

Solange wir uns auf flachem Terrain bewegten, hatten wir nur die herumliegenden Trümmer zu meiden. Bald aber kamen wir an einen tief eingeschnittenen Kessel am Fuß des Berges, an dessen schroffer Innenwand wir mit größter Vorsicht entlanggingen, bis wir die Trümmerhalde im Grund des Kessels betraten, die uns langsam über ein Chaos von Blöcken bergan führte. Es war eine verzweifelte Kletterei in dunkler Nacht. Mehrmals kamen wir zu Fall und rissen uns die Glieder wund, aber das Marienglaslaternchen nahm keinen Schaden, wenn es auch jedes Mal verlöschte und das Wiederanstecken im Nachtwind unsere Geduld auf eine harte Probe stellte. Purtscheller, welcher die Führung hatte, hielt sich meines Erachtens zu weit rechts, nach Norden, ich drang auf mehr westliche Richtung, weiter bergauf zur Mitte des Kibo; als aber der Morgen des 3. Oktober dämmerte, öffnete sich plötzlich in schwindelnder Tiefe zu unseren Füßen das Tal, dessen südlicher Begrenzungswall unser Ziel gewesen war. Es blieb nichts anderes übrig, als an den schroffen Wänden hinabzuklettern in die schuttbedeckte Mulde und jenseits an den Felsklippen wieder emporzusteigen. Das unerwartete Hindernis kostete uns fast eine Stunde der besten Tageszeit.

Nach kurzer Rast traversierten wir die steilen Schutthalden des Tales, ließen dabei die letzten Spuren von Blütenvegetation in etwa 4700 m Höhe hinter uns, passierten um ½7 Uhr einen massigen Lavaquerriegel in der Talmitte und trafen an der erstrebten südlichen Talwand gegen 7 Uhr auf die ersten Schneeflecken unter dem Schutz der Felsen in 5000 m Höhe. An der nördlichen Talwand ziehen sich im Leeschutz des Antipassates gesellige Schneefelder von hier ab bis zu der von oben drohend ins Tal herabhängenden Eiszunge (5360 m) hinauf. Dort fließt das Schmelzwasser in zwei kleinen Bächen ab, die schnell im Geröll verrinnen. Der Blick über die von mächtigen Blöcken übersäten Schuttkegel zur Eiswand hinauf und hinab ins Tal, das weit unten nach Süden abbiegt, und an den jäh sich hebenden Talwänden entlang, an denen die Erosion wunderliche Lavawindungen und Höhlenformen hat zutage treten lassen und stellenweise Schrammen und Glätten auf Gletscherschliff hindeuten, während von Zeit zu Zeit das Rauschen des Windes und das Prasseln von rutschendem Schutt die nimmer ruhende Tätigkeit der Naturkräfte verrät, ist von ganz eigenartigem Reiz.

7 Uhr 20 Minuten standen wir endlich auf dem Rücken der Bergrippe, die wir uns gestern als geeignete Aufstiegroute ausersehen hatten, und begannen nun keuchend über festen Fels und losen Schutt hinweg der steilen Erhebung des Kammes zum Eis hinan zu folgen. Alle 10 Minuten mussten wir jedoch ein paar Augenblicke stehen bleiben, um den Lungen und dem Herzschlag eine kurze Beruhigung zu gönnen, denn wir befanden uns längst über Montblanc-Höhe und die zunehmende Luftdünne machte sich allmählich fühlbar. 8 Uhr 15 Minuten hatten wir über Schotter und Blöcke hinweg eine Höhe von 5200 m erreicht und ruhten sitzend eine halbe Stunde lang.

Ein Schluck des mit Zitronensäure versetzten Schneewassers netzte den in der überaus trockenen Luft schmerzhaft gewordenen Gaumen; Appetit hatte ich nicht im Mindesten. Den Blick zurückwendend erkannten wir, dass wir die Höhe des im vollen Sonnenlicht rotbraun herüberleuchtenden Mawensi bereits überstiegen hatten. Wie Maulwurfshaufen lagen die zentralen Hügel des Sattelplateaus unter uns in der Tiefe, zu welcher von Süden her langsam Nebel wallten. Über der Zone des Urwaldes drängte sich eine dichte, silbergraue Wolkenmasse, während weit draußen über der Ebene einzelne Kumuluswolken in der dunstigen Atmosphäre schwammen, vom Widerschein des ziegelroten Steppenbodens an der Unterseite rötlich gefärbt. Das Unterland selbst aber war im Schleier der aufsteigenden Wasserdämpfe nur in undeutlichen Konturen erkennbar. Dagegen blinkte und blitzte über uns der Eishelm des Kibo in scheinbar greifbarer Nähe.

Weiter kletternd trafen wir kurz vor 9 Uhr an einen Absturz

zur Linken, der uns einen großartigen Niederblick in das benachbarte, an 900 m tiefe Felstal eröffnete, und folgten seinem Rand, bis wir endlich um 9 Uhr 50 Minuten an der unteren Grenze des geschlossenen Kibo-Eises in 5480 m Höhe anlangten.

Der Fels setzt an dieser Stelle nicht in die sonst fast allerwärts an der Eisgrenze sichtbaren hellblauen Mauern und Wände von 20 bis 30 m Höhe an, sondern geht in etwa 20 m Breite ganz allmählich zur Eiskuppe über. Diese aber steigt sofort unter 35° Neigung empor, sodass ihr ohne Eispickel absolut nicht beizukommen ist. Dass die Besteigung des Kibo von hier aus unternommen werden könne, war nun keine Frage mehr; dass aber weiter oben kein unbezwingliches Hindernis auftreten würde und dass unsere Kräfte ausdauern würden, war keineswegs fraglos. Es ist ein großer Unterschied, ob man zu einer solchen Hochgebirgstour von einem Alpenhotel auszieht oder von einem kleinen Zelt ausgeht, nachdem man vorher einen zweiwöchigen Gewaltmarsch durch ostafrikanische Steppenwildnisse gemacht hat; ob man mit Brot, Schinken, Eiern und Wein verproviantiert ist oder ob man nur schlechtes Dörrfleisch, kalten Reis und Zitronensäure mit sich führen kann. Von letzterer Proviantart versuchten wir mehrmals etwas zu uns zu nehmen, aber die Appetitlosigkeit gebot rasch Einhalt.

So suchten wir bald die Schneebrillen hervor, zogen den Schleier über das Gesicht und banden uns das Gletscherseil um den Leib. Herr Purtscheller schnürte sich außerdem noch seine Steigeisen an die Füße, während ich mich auf meine gut vernagelten und verklammerten Schuhe verlassen musste. Um ½11 Uhr begann mit einem ermunternden »Los!« die schwierige Arbeit des Stufenhauens. In dem glasharten, im Bruch wasserhell glänzenden Eis erforderte jede Stufe an die zwanzig Pickelhiebe. Langsam ging es an der glatten Wand aufwärts, anfänglich wegen ihrer fürchterlichen Steilheit schräg nach rechts hinauf, dann gerade auf den Gipfel zu. Hier aber senkt sich das Eis in eine breite Mulde ein, welche weiter bergab in jenes Steiltal ausläuft, das wir am Morgen traversiert hatten, und legte sich eine so bedrohliche Reihe von Schründen und Klüften vor unseren Weg, dass wir befürchteten, von unserm Ziel abgeschnitten zu sein. Purtscheller versuchte die alten Schneebrücken und Eisstege mit dem Pickel; sie hielten und nach vorsichtigem Darübergleiten standen wir 12 Uhr 20 Minuten unter der letzten steileren Erhebung des Eishanges in 5700 m Höhe. Hier benannte ich in dankbarer Erinnerung an einen verehrten Freund den überschrittenen ersten Gletscher des Kilimandscharo »Ratzel-Gletscher«. Dann wurde sitzend gerastet und wieder ein Essversuch gemacht, der diesmal besser gelang.

Die Wölbung der Eiskuppe, welche vom Plateau aus als die höchste erscheint, hatten wir nun unter uns; vom Tiefland mit seinem Wolkenmeer war nichts mehr zu sehen. Ich spreche immer nur von »Eis«, weil der Kibo in diesen Tagen gar keinen Schnee hatte. Was von unten als eine weiß glänzende Schneedecke erschienen war, ist die von Wind und Sonne zersetzte Oberfläche des Eismantels, der, durchschnittlich 60–70 m dick, als eine kompakte Masse den Felshängen des alten Vulkans aufliegt und überall echten Gletschercharakter annimmt, wo er in Bodensenkungen sich zungenförmig talwärts erstreckt. Obwohl die Temperatur nur wenig über 0° C schwankte, wirkte doch der Sonnenreflex, der in dem geringen Wasserdampf der dünnen Luftschichten nur wenig abgeschwächt wird, vom Eis durch Brille und Schleier so schmerzhaft intensiv hindurch, dass sich uns später die Haut von Hals und Gesicht ablöste und meine Augen tagelang der dunkelblauen Schutzbrille bedurften.

Das Erscheinen einiger kleiner Nebelwölkchen in unserer Höhe schreckte uns auf. Beim Weitersteigen empfanden wir aber die Atemnot so stark, dass wir alle 50 Schritt ein paar Sekunden stehen bleiben mussten, um weit vornübergebeugt nach Luft zu röcheln. Der Sauerstoffgehalt der Luft beträgt nach den Beobachtungen anderer in 5800 m Höhe nur 48 Prozent, der Feuchtigkeitsgehalt sogar nur 15 Prozent von jenem im Meeresniveau. Kein Wunder, dass unsere Lungen so schwer arbeiteten; Sauerstoff- und Feuchtigkeitsmangel, übergroße körperliche Anstrengung und namentlich die hochgradige psychische Spannung vereinigten sich, um den Organismus zu erschöpfen.

Die Eisoberfläche wird nun zusehends zerfressener. Mehr und mehr nimmt sie jene Beschaffenheit an, wie sie Dr. Güßfeldt vom Aconcagua in Chile als *»nieve penitente«* beschreibt. In Rillen und Furchen, in Schneiden und Spitzen bis zu 2 m Tiefe verwittert, bietet das Eisfeld dem steigenden Fuß Hindernisse dar wie ein Karrenfeld. Da wir oft bis an die Brust einbrachen, nahmen unsere Kräfte in Besorgnis erregender Schnelligkeit ab. Und immer noch dehnte sich die Wand unabsehbar und der oberste Eisgrat wollte nicht näher kommen. »Vorwärts!«, rief ich zur Selbstaneiferung aus. »Der Berg muss doch einmal ein Ende haben!«

Endlich, gegen 2 Uhr, näherten wir uns dem höchsten Rand. Noch ein halbes Hundert mühevoller Schritte in äußerst gespannter Erwartung, da tat sich vor uns die Erde auf, das Geheimnis des Kibo lag entschleiert vor uns; den ganzen oberen Kibo einnehmend öffnete sich in jähem Abstürzen ein riesiger Krater.

Diese längst erhoffte und mit allen Kräften erstrebte Entdeckung war mit so elementarer Plötzlichkeit eingetreten, dass sie tief erschütternd auf mich wirkte. Ich bedurfte der Sammlung. Wir setzten uns am Rand des Ringwalles auf das Eis nieder und ließen den Blick über den Kraterkessel, seine Eismassen, seinen Auswurfkegel, seine Umwallung schweifen. Da war es aber auch sofort klar, dass unser Punkt (5870 m) nicht der höchste war, sondern dass die höchste Erhebung des Kibo links von uns, auf der Südseite des Kraterrandes lag, wo drei Felsspitzen aus dem nach Süden abfallenden Eismantel noch einige Meter hoch hervorragen. Die Marschentfernung bis dorthin schätzten wir auf 1½ Stunden. Dazu aber reichten unsere Kräfte nicht mehr hin; wir hätten denn riskieren wollen, am Endziel ohne jeglichen Schutz gegen die Nachtkälte zu biwakieren, was uns sehr wahrscheinlich verhängnisvoll gewesen wäre. Wir hatten eine elfstündige, außerordentlich anstrengende Steigarbeit auf unbekanntem Terrain zwischen rund 4400 und 5900 m hinter uns und mussten für den Abstieg noch mit dem Nebel rechnen, der nun über die Eiswände heraufzuwallen begann.

In der Frage »umkehren oder biwakieren« war schließlich der Entschluss entscheidend, die Besteigung in drei Tagen zu wiederholen und dann die höchste Spitze zu forcieren. Vorläufig durften wir uns mit den Erfolgen der ersten Besteigung zufrieden geben: Die von vielen Seiten angezweifelte Existenz eines Kraters auf dem Kibogipfel war nachgewiesen; über seine räumlichen

Verhältnisse, seine Eis- und Felsbildungen, seinen Auswurfkegel hatten wir Aufschluss gewonnen; das Wesen des Kibo-Eismantels war erkannt; der Weg zum Oberrand des Berges war gefunden, die Höhe von 5870 m erklommen.

Mit diesem Rückblick traten wir 2 Uhr 20 Minuten den Rückweg an. Im Nebelwehen auf dem steilen Eis abwärts, ich ohne Steigeisen, und wir beide so erschöpft, dass Herr Purtscheller einmal eine Ohnmachtsanwandlung hatte, kamen wir nur sehr langsam vorwärts. In den unteren Partien hatte inzwischen die Sonne so stark geschmolzen, dass wir unsere Stufen großenteils erneuern mussten, eine böse Aufgabe für unsere matten Glieder an einer Stelle, wo ein Fehltritt des einen unfehlbar auch den anderen mit in die grausige Tiefe gerissen haben würde. Doch der Wille siegte auch diesmal über den Körper. Erleichtert aufatmend fühlten wir gegen 4 Uhr wieder den festen Fels unter den Füßen und gönnten uns eine halbe Stunde Ruhe, indem wir stumm dem wechselvollen Spiel der Wolken, der einzigen beweglichen Elemente in dieser gewaltigen starren Natur, zuschauten.

Dann rutschten und glitten wir direkt hinab auf die abschüssigen Schotterhalden des Erosionstales und auf ihnen weiter in schnellem Tempo abwärts in den Talgrund. Große Mühe verursachte uns schließlich das Übersteigen der beiden uns noch von unserm Lagerfeld trennenden schroffen Lavamauern, aber auch sie wurden überwunden. Mit der den Schritt beflügelnden Vorstellung eines warmen Nachtmahles und eines weichen Ruhelagers stolperten wir in der Dämmerung zwischen den Blöcken und Trümmern rastlos weiter, bis wir kurz vor 7 Uhr, zuletzt im Dunkel geleitet vom weithin leuchtenden Lagerfeuer unseres braven Muini, am gastlichen Zeltchen wieder eintrafen. Muini hatte Reis am Feuer, der uns mit gebratenem Dörrfleisch und einem tüchtigen Schluck Kognak prächtig schmeckte, aber die Anstrengungen des Tages waren doch zu enorm gewesen, als dass wir darauf in der Nacht hätten Ruhe finden können. Zum Brennen der Haut und der Augen gesellte sich stechender Kopfschmerz, die Nerven waren fieberhaft erregt, jeder Muskel schmerzte. Erst gegen Morgen trat Abspannung ein und damit ein gesegneter Schlaf, der bis gegen Mittag anhielt.

Am Nachmittag wurden notwendige Instrumentarbeiten vorgenommen, die Aneroidstände mit dem Siedethermometer kontrolliert, Luft- und Bodentemperaturen, Feuchtigkeit, terrestrische Winkel usw. gemessen, botanisch und geologisch gesammelt, fotografische Aufnahmen gemacht und anderes mehr.

Es liegt im Wesen der Instrumentarbeiten, dass sie den in besonders hohem Grad vergnügen und befriedigen, der sie ohne Schwierigkeit auszuführen versteht. Und dazu gehört keineswegs eine tiefe Kenntnis der Theorie, sondern weit mehr die Beherrschung der Praxis in der Handhabung guter Instrumente nach einem bestimmten Schema. Zu einer Berechnung seiner Instrumentbeobachtungen soll ein gewissenhafter Reisender eigentlich niemals Zeit haben, er soll Material in möglichst reichem Umfang sammeln, nicht schon auf der Reise an die Verarbeitung gehen. Bei der Ausführung dieser Hauptaufgabe kommt dann über den Reisenden die befriedigende Vorstellung, dass er es immer zu sicheren Zahlenwerten bringen werde, wie viel oder wie wenig auch sonst bei seiner Reise herauskomme. Und derselbe Grundsatz gilt für das geologische, botanische, zoologische Sammeln, indem man auch nur mit Eifer ein erprobtes Schema zu verfolgen hat, um seine Ausdauer durch gute Resultate belohnt zu sehen, die sich zu einem physischen Charakterbild des bereisten Gebietes vereinigen.

Etwas anders steht es mit fotografischen Aufnahmen. Die Eigenschaft der Fotografie, das Unwesentliche ebenso scharf wie das Wesentliche zur Anschauung zu bringen, ist ein unschätzbarer Vorzug da, wo es auf absolute Naturtreue ankommt, ein ebenso großer Nachteil hingegen meist dort, wo das Charakteristische eines Objektes dargestellt werden soll. Wenn aber, wie im Hochgebirge des Kilimandscharo, die Landschaft durch so große Formen und so einfache Linien bestimmt ist, dass selbst ein Künstler nichts daran zu ändern braucht, um ein Charakterbild zu erhalten, dann ist die Fotografie mit ihrer richtigen perspektivischen Zeichnung trotz ihrer Farblosigkeit das beste Hilfsmittel für die Schilderung des Reisenden, falls dieser nur das Angeschaute auch geistig recht erfasst hat und ihm eine erträgliche künstlerische Darstellung zu geben vermag.

Und welch zauberhafter Reiz liegt darin, die Fülle von heterogenen Erscheinungen in diesem äquatorialen vulkanischen

Hochgebirge zu begreifen zu suchen; richtig zu deuten und auseinander zu halten, was aus tellurischen und was aus atmosphärischen Kräften hervorgegangen ist; ihre Beziehungen unter sich und zu den Organismen zu verstehen und alles zu einem lebendigen Bild zu kombinieren.

Am Abend, lange nachdem die Sonne purpurn hinter dem links unter dem Kibo aufragenden Kegel des Meru hinabgesunken war, saßen wir bis spät im kalten Nebel am Feuer neben unserm Zelt und schmiedeten Pläne für den nächsten Tag. Die bei der ersten Besteigung nur zu sehr empfundene große Entfernung bis zum Eis, in deren Schätzung uns die reine Höhenluft und die einfachen vulkanischen Linien so arg getäuscht hatten, ließ die Beziehung eines Biwaks in größerer Bergeshöhe nötig erscheinen, wenn wir bei einer zweiten Besteigung den Gipfel noch zu guter Stunde erreichen wollten. Ein solches Biwak sollte am folgenden Tag aufgesucht werden.

Die Nacht hatte es bei klarem Mondlicht bis zu –9° C Minimumtemperatur gebracht, der Morgen aber war prächtig klar und wurde bald behaglich warm. Mit großer Gemächlichkeit brachen wir um Mittag des 5. Oktober auf. Muini schleppte unsere Schlafsäcke und Decken, wir selbst hatten uns mit Proviant, dem alpinen Gerät, den nötigen Instrumenten, Wasser usw. beladen. Muini sah höchst verwegen aus. Er hatte über seine dürren Beine zwei Paar wollene Unterhosen gezogen, aus deren mannigfachen Öffnungen die Zipfel eines wollenen Hemdes hervorquollen. Über dem Hemd trug er eine fürchterlich zerrissene rote Uniformjacke irgendeines schottischen Infanterieregiments, an den Füßen viellöcherige wollene Strümpfe und ein Paar gelbe Halbschuhe und den Kopf und Hals hatte er bis auf die Nase und die Augen in einen riesigen Sansibarturban eingewickelt, der im aufgewickelten Zustand auf den Steppen seine einzige Kleidung auszumachen pflegte.

Wir folgten unseren Rückwegspuren vom 3. Oktober über die beiden damals überstiegenen Lavawälle und wanderten nach mehreren Rasten und Untersuchungen von 4 Uhr ab im Grund des großen Gletschertales aufwärts, wo wir gegen 6 Uhr, in dem inzwischen gefallenen Nebel umhertappend, auf der südlichen Talseite eine hohe, weit offene Lavahöhle fanden. Brennmaterial gab es hier in 4650 m Höhe, also in der Höhe der Monte-Rosa-Spitze, gar nicht mehr, aber Büschel von Strohblumen standen am Fuß der Felsen noch hinreichend, um mithilfe von drei Wolldecken auch für Muini ein leidlich warmes Lager herzustellen. So verbrachten wir die Nacht trotz –12° C verhältnismäßig gut, da wir in der Höhe vor dem von der Gletscherzunge herabsausenden Bergwind geschützt waren, und konnten um 3 Uhr in der Frühe des 6. Oktober frisch ans schwere Werk der Gipfelersteigung gehen. Diesmal war uns Ndscharo, der eisgebietende Berggeist des Kibo, gnädig; wir erreichten unser Ziel.

Während der ersten Stunde leuchtete uns der Mond auf den schwer ersteiglichen Schutt- und Trümmerhalden. Als er untergegangen war, tasteten wir uns bei Laternenschein im felsigen Terrain talauf zwischen den gangbaren Lücken und Klüften hindurch und weiter auf der großen Lavarippe, welche uns am 3. Oktober zum Eis geführt, hinan. Je höher wir emporstiegen, je dünner die Luft wurde, desto glanzvoller erstrahlten die ewigen Lichter des Firmamentes. Nirgends habe ich vorher oder nachher die Planeten in so ruhiger Pracht leuchten sehen wie hier; aber auch das Licht der großen Sonnen Sirius und Regulus erschien hier milder, gleichmäßiger als sonst. Und der sanfte Schein der Milchstraße, der magelhaenschen Wolken und vor Anbruch der Dämmerung des bis in den Zenit züngelnden Zodiakallichtes hat nicht seinesgleichen in tieferen Regionen.

Gegen Sonnenaufgang befanden wir uns bereits in der Höhe der Zunge des »Ratzelgletschers« (5360 m) und erwarteten in seiner eisigen Nähe, mit frostzitternden Gliedern fest aneinander geschmiegt, den erwärmenden Aufgang des Tagesgestirns. Hinter des Mawensi finsterer Zackenwand hob sich kurz nach 6 Uhr der strahlende Sonnenball empor. Bald nachher waren wir am Fußpunkt unserer Eismauer vom 3. Oktober. Die damals gehauenen Stufen bedurften zu unserer freudigen Überraschung nur geringer Nachbesserung, um wieder brauchbar zu werden, sodass wir, nunmehr mit den Örtlichkeiten bekannt, bei aller Vorsicht ziemlich rasch über die gefährlichen unteren Wände und die folgenden Klüfte hinwegkamen. Vor 8 Uhr überkletterten wir schon die große Spalte in 5720 m. Wir waren beide der frohesten Zuversicht. »Heute geht's«, »Wir kommen heute hinauf«, riefen wir uns gegenseitig fröhlich zu. Langsam, aber stetig kamen wir weiter. Obwohl die Luftbeschaffenheit und die Körperanstrengung die nämlichen waren wie bei der ersten Besteigung, fühlten wir doch viel weniger Beschwerden, weil unser moralischer Zustand sehr viel besser war.

Um ¾9 Uhr beschritten wir den obersten Kraterrand an der Stelle unserer damaligen Umkehr in 5879 m Höhe; unverschleiert lag wieder der Krater zu unseren Füßen. Aber ohne langes Zaudern wanderten wir nun in Südwestrichtung auf dem dorthin leicht ansteigenden, eisbedeckten Rand des Ringwalles weiter, den Felsspitzen der südlichen Kraterwand zu, die dort über das Niveau der anderen Seiten emporragen.

Schon im September, als wir jenseits Taweta den Kilimandscharo zum ersten Mal zu Gesicht bekommen hatten, war mir ein dunkler Fels an der Südseite des oberen Bergrandes als der wahrscheinlich höchste Punkt des Kibo aufgefallen. Beim Näherkommen hatten wir denselben hinter der davor liegenden Wölbung des Eismantels verschwinden sehen und erst als wir den Kraterrand selbst betraten, war er wieder zum Vorschein gekommen.

Anderthalb Stunden Steigens durch sonnenerweichten Firn und zerfressenes Eis führte uns an einer seltsam abgebrochenen, 6 m hohen Eismauer vorbei zu dem Fußpunkt der drei höchsten, aus losen Trümmern bestehenden Felsspitzen, welche wir nun in beschaulicher Ruhe und der Reihe nach erklommen, um nach Ablesung unserer Aneroide feststellen zu können, dass die mittelste mit rund 6000 m die anderen um 10–15 m überragt. Spätere Berechnungen bestätigten diese Maße. Um ½11 Uhr betrat ich als Erster die Mittelspitze. Ich pflanzte auf dem verwitterten Lavagipfel mit dreimaligem, von Herrn Purtscheller kräftig sekundiertem »Hurra« eine kleine, im Rucksack mitgetragene deutsche Fahne auf und rief frohlockend: »Mit dem Recht des ersten Ersteigers taufe ich diese bisher unbekannte, namenlose Spitze des Kibo, den höchsten Punkt afrikanischer und deutscher Erde: ›Kaiser-Wilhelm-Spitze‹.«

Nach einem Hoch auf den kaiserlichen Taufpaten drückten wir uns die Hand. »Das ist mir ein herrliches Geburtstagsgeschenk«, sagte Purtscheller, »ich bin heute 40 Jahre alt«, und auch über mich war eine festliche, weihevolle Stimmung gekommen, deren Grundton der Gedanke war, dass der Augenblick nun da sei, den ich in den letzten Jahren täglich herbeigesehnt. Der afrikanische Riese war bezwungen, wie schwer er uns auch den Kampf gemacht hatte, und damit eine mehr als vierzigjährige Belagerung und Bestürmung des Kilimandscharo zum Abschluss gebracht. Ndscharo, der Berggeist, schien sich in seine Überwindung geduldig zu ergeben, denn kein Sturm, kein Schnee- oder Hagelwetter erschwerte uns den Aufenthalt auf der eroberten Spitze. Im vollen Sonnenlicht blitzten die Eisfelder rings um unsern dunklen Schlackenkegel, in den Klüften knisterte und knatterte es geheimnisvoll und im Grunde des vor uns gähnenden Kraterkessels zogen leichte Dünste vor dem Luftzug nach Südwesten. Nachdem der Zauber der ersten Minuten geschwunden war, setzten wir uns unterhalb der Spitze, deren obersten Stein ich in meinem Rucksack geborgen hatte, am Rand des Kraterkessels nieder, verzehrten unseren wohlverdienten Imbiss und hielten genauere Umschau. Die Sonne brannte, aber ein leichter Nordostwind fächelte Kühlung und die Temperatur des Schleuderthermometers betrug +2° C. Von Vegetation finden sich hier oben nur Spuren von Flechten.

Ich maß Peilungswinkel und zeichnete eine Skizze des ganzen Kessels in mein Taschenbuch, der von unserem Standpunkt aus vorzüglich zu übersehen war. Bei einem Durchmesser von etwa 2000 m senkt er sich bis zu ca. 200 m Tiefe hinab. In der unter uns herumlaufenden Südhälfte fallen die teils rotbraunen, teils aschgrauen Lavawände ohne Eisbedeckung fast senkrecht zu dem ziemlich ebenen, aus Schlamm und Asche gebildeten Kraterboden ab, in seiner Nordhälfte steigt das Eis vom Oberrand in blauen und weißen Galerien stufenförmig hinunter. Aus dem Nordteil des Kraterbodens erhebt sich ein flacher, aus brauner Asche und Lava bestehender Eruptionskegel etwa 150 m hoch, auf den vom Nordrand des großen Ringwalles her die dortigen besonders mächtigen Eismassen teilweise herüberragen. Im Westen aber ist der Zirkus durch eine riesige Kluft geöffnet, aus welcher die Schmelzwasser abfließen und das dem westlichen Kraterboden aufliegende Eis als Gletscher austritt. Welch eine gewaltige Vereinigung von Gegensätzen: dieser eisige Strom in seinem vormals glutflüssigen Bett und über all diesem die hehre Stille der anorganischen Natur; in seiner weltverlorenen Einsamkeit und schlichten Majestät ein Naturbild von ergreifender Größe! Doppelt glücklich der Reisende, dem es vergönnt ist, Derartiges zum ersten Mal zu erschauen, da es vor ihm noch keines Menschen Auge gesehen. Der Eindruck bleibt unauslöschlich.

*Der große Kraterzirkus des Kibo*

Inzwischen war der Vormittag weit vorgerückt und einige kleine, flatternde Nebel mahnten uns warnend, dass es Zeit zum Rückzug sei. Vor 11 Uhr wandten wir dem Gipfel den Rücken, aber je weiter wir hinabstiegen, desto dichter schlossen sich die kalten Nebel um uns zusammen. »Nur keinen Aufenthalt, sonst holt uns zu guter Letzt noch der Teufel«, zürnte Purtscheller; aber wie eilig wir auch der unteren Eisgrenze zustrebten, kostete uns die steile Passage über den »Ratzelgletscher« hinunter diesmal doch zwei volle Stunden, denn im kalten Schatten der Nebel wurden uns die Finger steif und vermochten den Eispickel nicht mehr so sicher zu handhaben wie im Sonnenschein. Einmal glitt mein der Steigeisen entbehrender Fuß aus einer Stufe, bevor der andere die nächste Stufe erfasst hatte, und im Nu hing ich mit ausgestreckten Armen an meinem eingehauenen Pickel. Derselbe hielt glücklicherweise fest und rettete uns vor dem Sturz in den nebelbedeckten Abgrund.

Um 1 Uhr standen wir endlich mit heilen Gliedern, wenn auch nicht mit heiler Haut, an der unteren Eisgrenze und entledigten uns der Schleier und Brillen, des Seiles und der Steigeisen. Zu Purtschellers sprachlosem Erstaunen zog ich nun aus meiner tiefsten Rocktasche ein paar Delikatessen, die ich seit Monaten im Koffer hatte ruhen lassen, um meinen Gefährten nach der Gipfelbesteigung damit zu überraschen. Es waren einige Zigaretten und zwei Tafeln Schokolade. Und so groß war unser Übermut und unsere Genusssucht, dass wir die seltenen Herrlichkeiten auf einmal verschwelgten, ohne an spätere Tage der Entbehrung zu denken.

In der frohesten Stimmung und im Vollgefühl des erreichten Zieles liefen wir auf den Schutthalden mehr hinab als wir wanderten. Aus weiter Entfernung kündigten wir unserem Muini am Biwakplatz nach Verabredung durch lautes, in vielfältigem Echo forthallendes Rufen unser Kommen an und als wir endlich gegen 3 Uhr die Höhe wieder vor uns auftauchen sahen, stand Muini schon mit den geschnürten Bündeln zum Abmarsch nach dem Zeltlager gerüstet. Als ich ihm dann beim Weiterwandern von unseren Erlebnissen erzählte und ihm die Schwierigkeit des letzten Abstieges schilderte, entgegnete er immer wieder: *»Haithuru; nmefika sasa ju kabisa, bassi«* (»Das macht nichts; jetzt bist du ganz hinaufgekommen, das genügt«).

Vor Sonnenuntergang saßen wir wieder einmal unter dem hoch ragenden »Viermännerstein« neben unserem Zeltchen am brodelnden Reistopf. Während die letzten Sonnenstrahlen die Ränder des fernen Meru röteten und der Kibo im milden Abendglanz so vertraut herabwinkte, als wolle er die beiden einzigen Sterblichen grüßen, dic cr in seine Geheimnisse eingeweiht hatte, zogen meine Gedanken in die Ferne, zurück in die an Hoffnungen, Opfern und Enttäuschungen so übervoll gewesenen Jahre 1887 und 1888, und die Dankbarkeit gegen ein gütiges Geschick, die Genugtuung über das nun endlich Errungene machten mich an diesem Abend so reich, dass ich mit niemand in der Welt getauscht hätte.

Die Sonne war längst hinter dem Meru hinabgesunken und

der junge Mond ließ langsam das Schneehaupt des Berges am dunklen Nachthimmel auferstehen, als wir unser Lager aufsuchten, einzig in dem Beschluss, am nächsten Tag Rast zu halten, um darauf mit neuen Kräften den Mawensi in Angriff zu nehmen.

Allein es kam anders. In der Nacht hatte es um den Mawensi gewittert und geschneit und am Morgen lag auch auf dem Plateau eine 1 cm hohe Schneeschicht, die aber den Strahlen der Morgensonne nicht lange standhielt. Während ich mich mit fotografischen Aufnahmen des Berges beschäftigte und Purtscheller Aschenproben von den Drillingshügeln sammelte, erschienen gegen Mittag die erwarteten Proviantträger vom Mittellager, aber mit der Nachricht, dass in Marangu zwischen Mareale und der Karawane ein heftiger Streit über unsere im Lager wehende Flagge ausgebrochen sei, der meine schleunige Vermittlung dringend erforderlich mache. Das war eine schlimme Botschaft. Ich vermutete sofort ein Ränkespiel der von mir gebührend schlecht behandelten sklavenhandelnden Suaheligäste Mareales und entschloss mich schnell zum Abstieg nach Marangu. Mit Purtscheller verabredete ich, dass er am nächsten Tag zum Mittellager am Urwaldrand hinabgehen solle, um dort mich oder Nachricht von mir zu erwarten.

Ich eilte ihm nach Mittag dorthin voraus und traf nach fünfstündigem eiligen Abwandern bei dem kleinen Häuflein der Bewohner ein, die sich schon ganz heimlich gemacht hatten und mich mit stürmischer Freude begrüßten. Zu meinem Erstaunen fand ich neben dem Zelt ein blökendes Öchslein vor, das uns Mareale zur Erquickung durch den Urwald hatte herauftreiben lassen und das, rasch geschlachtet und gebraten, mich zu einer milderen Auffassung seines Streites mit meiner Karawane geneigt machte. In dem nur 8° C warmen Muëbach nahm ich alsbald ein seit sechs Tagen entbehrtes Bad und in aller Frühe machte ich mich mit vier Mann auf nach Marangu.

Die Luft, die Berge, die Ebene, alles war herrlich klar. Sogar die Ndarakette konnte ich anpeilen. Was hätte da alles oben am Mawensi ausgerichtet werden können! Im Geschwindschritt eilten wir unseren Pfad entlang. Das vordem hohe, trockene Gras war inzwischen, wohl durch unsere verlassenen Lagerfeuer am Kisinikabach, weithin niedergebrannt und in der flüchtigen

Asche schwärzten wir uns bald wie Kohlenbrenner. Vor Eintritt in den Urwald begegneten wir einem Trupp von Userileuten, die, mit kleinblattigen Speeren und schmalen Lederschilden bewaffnet, ihre Ziegenherden aus ihrem zurzeit sehr wasserarmen Gebiet nach den höheren frischen Weiden der Südostseite trieben und im Urwald selbst sahen wir uns eine zweite Userikarawane entgegenkommen, die in Marangu ihr Vieh gegen Hirse und Bohnen eingetauscht hatte und schwer beladen auf dem neutralen Pfad mit Umgehung von Rombo heimkehrte.

Mit wund gelaufenen Füßen und durch den neunstündigen Eilmarsch aus der frischen Höhe in die warme Dschaggaregion recht ermüdet, humpelte ich endlich lahm in das Marangulager hinein und erregte durch mein plötzliches Erscheinen einen Begrüßungssturm von fast komischer Ausgelassenheit, den nicht einmal das Entsetzen vor meinem gletscherverbrannten Gesicht, von dem die Haut in Fetzen hing, dämpfen konnte. Das Zerwürfnis mit Mareale ward sofort haarklein berichtet. Mareale hatte, aufgereizt durch die Suaheli-Sklavenhändler, verlangt, dass entweder die deutsche Flagge von ihrem hohen Mast inmitten des Lagers entfernt werde oder dass ihm als Entgelt 1000 Dollar ausgezahlt würden; andernfalls wolle er nach fünf Tagen das ganze Lager mit seinen Kriegern zerstören. Nun wusste sich niemand zu raten, da die Somali das Herabholen der Fahne nicht zuließen, und man schickte nach mir.

Mareale kam unaufgefordert. Ich merkte sofort, dass er sich seines unfreundschaftlichen Vorgehens schämte. Als ich ihm nun auseinander setzte, dass ich absolut kein Interesse an einer Flaggenhissung hätte, da der Kilimandscharo längst nach deutsch-englischem Abkommen den Deutschen vorbehalten sei, sondern dass ich nur in Ruhe den Berg besteigen und erforschen wolle, einten wir uns schnell dahin, dass über der *»baruti-na-damu-Fahne«* (»Pulver- und Blutflagge«, weil schwarz und rot) eine zweite rote Fahne mit einem weißen Stern gehisst werde, die seine Hausflagge vorstellen solle.

Damit war die Sache abgetan. Abends brannte ich ein großes Versöhnungsfeuerwerk ab, wobei durch einen fallenden Raketenstab eine Trägerhütte in Flammen aufging. Aber in der Nacht öffnete der Himmel seine Schleusen und in meiner Hütte regnete es weiße Ameisen und Spreu auf mein mit Zinksalbe eingeschmiertes Gesicht, sodass der weckende Ali am Morgen, entsetzt vor meinem Aussehen, in ein lautes Jammergeschrei ausbrach. Einen vollen Tag saß ich nun ununterbrochen bei der Niederschrift des ersten Berichtes über unsere bisherige Reise und Besteigung, welchen die einige Tage nachher von Modschi abgehenden Missionspostläufer zum europäischen Postdampfer nach Mombasa bringen sollten. Von der Küste waren noch keine Briefe für uns eingetroffen; wir konnten sie erst in den nächsten acht Tagen erwarten und ich traf Anordnungen, dass sie uns dann sofort hinauf zum Sattelplateaulager nachgetragen werden sollten. So weit ist man, dank der englischen Mission, am Kilimandscharo, dass man dort regelmäßig alle vier Wochen seine heimatlichen Briefe und Zeitungen lesen kann, und diese Gewissheit, mit der fernen Kulturwelt immer noch in einer wenn auch losen Verbindung zu stehen, empfindet man als einen großen Segen, denn wie glücklich man sich auch in seiner afrikanischen Freiheit und in der Abwesenheit alles hohlen Formenkrams der »Gesellschaft« fühlen mag, man ist doch zu sehr Kulturmensch, als dass man jede Kenntnis von europäischen Vorgängen gleichmütig entbehren könnte, zu innig mit seiner Familie verwachsen, als dass man sich nicht nach Empfang und Ausgabe von Nachrichten aus und an die Heimat herzlich sehnte.

Nachdem zwei Mann mit dem dicken Briefpaket zur Mission nach Modschi abgesandt waren, stand unserer Rückkehr in die höheren Sphären nichts mehr im Weg. Zum zweiten Mal galt es: *»Per aspera ad astra!«*

# Zehn Tage zwischen 4000 und 6000 Meter

Zum zweiten Male *»per aspera ad astra«*. Schon der Anfang war asper in vollem Maße, denn wir bewältigten den weiten Weg durch die Bananenhaine, über die murmelnden Bergbäche, durch den moosbekranzten Urwald, über die windkühlen oberen Grasflächen bis zum Mittellager am Muëbach, einen Weg, zu dem wir beim ersten Aufstieg 2½ Tage gebraucht hatten, in einem einzigen Tag. Vor Sonnenuntergang begrüßte ich Herrn Purtscheller am Zelt und beruhigte scherzend die kleine Lagerbesatzung, welche drei Tage lang in bangen Zweifeln und Sorgen gelebt hatte. Obwohl von des Tages Mühe ermattet, ordnete ich doch für den nächsten Morgen den Weitermarsch zum Hochplateau an.

Fast aber hätten wir in der Nacht noch schweren Schaden erlitten. Eine neben unserm Zelt stehende Grashütte, in welcher die Bewohner trotz strengen Verbots ein Wärmefeuer unterhalten hatten, geriet plötzlich in Brand, sodass die vom Bergwind angefachten Flammen prasselnd zu unserem leinenen Haus herüberschlugen. Im Nu waren wir draußen und rissen das Zelt gewaltsam zu Boden, während die Leute mit Ästen und Büschen die lodernde Hütte gewaltsam niederschlugen. In fünf Minuten war alles wieder still. Die Übeltäter aber waren genug durch den Verlust ihrer geringen Habe bestraft und krochen kleinlaut zu ihren Kameraden in die beiden anderen Hütten, während wir unser Zelt ein gutes Stück aus der gefährlichen Nachbarschaft entfernten.

Als am Vormittag die müden Glieder durch eine gehörige Ration von Reis mit Honig, einem Göttermahl in Mittelafrika, gestärkt waren, brachen wir mit vier Mann und ebenso ausgerüstet wie zur ersten Besteigung vom Lager auf. Schon in einer halben Stunde hüllten uns feuchte Nebel ein, aber wir folgten beharrlich unserer früheren Richtung am Lauf des tief eingeschnittenen Schneequellbaches hinan durch Gras und Geröll und überschritten nach drei Stunden am Rand der vorderen Plateaustufe den Schneequellbach selbst mit seinen grauen, einsamen Senecien. Diesmal schwenkten wir hier nicht nach links zum Kibo ab, wie vor acht Tagen, sondern hielten uns, wie 1887, an den Verlauf des Schneequellbächleins, das auf dem wenig geneigten Terrain zwischen frischgrünen Graspolstern in einer etwa 50 m breiten Mulde daherrieselt. Einzelne große Felsblöcke liegen da und dort auf der Talsohle und rechts und links säumt ein spärlich mit niederen Stauden bewachsener, blockbedeckter Lavawall das freundliche kleine Hochtal ein. Hier war gut marschieren, aber die Träger waren doch schon von den nasskalten Nebeln so durchfroren, dass sie hörbar mit den Zähnen klapperten und mir klagend ihre erstarrten Hände entgegenstreckten: »*a bwana, leo tutakufa*« (»ach Herr, heute werden wir sterben«), seufzte einer nach dem anderen, als der Nebel wieder stärker zu wehen begann. So blieb ich denn an der Quelle des Baches, im tropischen Winter, hatten wir hier die ersten Schneeflecken unter einigen großen Lavablöcken vorgefunden und danach den Bachquell »Schneequelle« benannt. Jetzt, im Tropenfrühling, war hier natürlich kein Schnee zu sehen, aber noch vorhanden war der Steinkreis, den wir damals um unser Zeltchen herumgebaut hatten und in diesen setzten wir unser Zelt wieder hinein. Die Schwarzen suchten und fanden Schutz gegen Wind und Nebel in den Lavagrotten der einen Talwand und waren dort bei Feuer, Wasser und Bohnen bald wieder so weit, dass sie ihre eintönigen, wehmütigen Sansibarmelodien vor sich hin summten. Nur Mohammed war grimmig darüber, dass die »verd ... Bohnen auf dem Berg nie weich werden wollen«, und machte damit eine sehr richtige Beobachtung, denn die niedrige Temperatur von 88 Grad, bei welcher das Wasser in dieser luftdünnen Höhe siedet, reicht zum Bohnenkochen nicht mehr aus. Wir ließen deshalb fortan dieses vortreffliche Nahrungsmittel vom Mittellager schon in gekochtem Zustand heraufbringen.

Der Wind, der erst vom Mawensi herabgeweht hatte, kam später vom Kibo und senkte nachts die Minimaltemperatur auf –9° C. Die Steine und Stauden waren dicht bereift, als die Sonne aufging. Schnell wärmte sie aber den Boden wieder, sodass wir ohne langes Zögern in unserm Tälchen weiter hinansteigen konnten.

Während sich der linke Lavawall immer mehr verflacht, je weiter wir zum Sattel hinkommen, wird der rechte immer höher und felsiger. Aber auf der Asche und dem Staub zwischen den Felsblöcken kommen wir bequem vorwärts. Bis auf die letzte halbe Stunde halten wir dieselbe Richtung ein wie 1887, um in möglichste Nähe des Mawensi zu gelangen, wo der Lavastrom, auf dem wir uns bewegen, meiner Erinnerung nach an einem steilen Felshügel seinen Ausgang nimmt.

Mit jedem Schritt, der uns höher hebt, sehen wir zur Linken den Kibo mächtiger und stolzer emporwachsen. Ein winziger Punkt zu seinen Füßen deutet den »Viermännerstein« an, unter dem vor acht Tagen unser Lager gestanden hat. Vor uns aber taucht nun auch der Lavahügel am Mawensi auf, der unser diesmaliges Standquartier sein soll, und bald stehen wir an seinem Südostabhang, wo sich zwischen zwei großen Felsblöcken, die von der Hügelhöhe herabgestürzt zu sein scheinen, ein wettergeschütztes Plätzchen für unser kleines Zelt bietet. (Siehe Schlussbild: Mawensilager.) Die niedrige, holzige Euryopsstaude wächst hier in 4360 m Seehöhe noch in Menge, sodass wir um Brennmaterial uns nicht zu bemühen brauchen. Und Wasser muss Muini Amani, der wieder allein bei uns bleibt, von der Schneequelle holen. Die anderen Träger eilen ohne Aufenthalt auf unserm deutlichen Pfädchen zurück, um frühzeitig beim Mittellager am Muëbach anzulangen.

Das erste Tun, nachdem wir ein lustiges Feuer hinter dem Zeltfels entzündet hatten, war wieder die Breitenbestimmung unseres Standortes durch eine Mittagsobservation. Dann klommen wir die Felswände hinauf zur Höhe des Lagerhügels und fanden dort zwei durch einen schmalen zerrissenen Grat verbundene flache Gipfel, deren Beschaffenheit den Hügel als einen selbstständigen Eruptionsherd erkennen lassen, aus welchem der Lavastrom, der uns am Morgen heraufgeführt hatte, dereinst entquollen ist. Nach allen Seiten stürzen die Hügelwände schroff ab, am tiefsten auf der Westseite zu einem Kesseltal, das zu einem zweiten Lavastrom und Lavahügel hinüberführt. Hinter diesem erhebt der »Rote Mittelhügel« sein Haupt und hinter dem Letzteren werden die »Drillinge« am Fuß des sie himmelhoch überragenden Kibo sichtbar; sie alle in einer nur wenig von einer Geraden abweichenden Linie angeordnet.

Wohin man auch nach dieser Seite schaut, überall trifft das Auge auf lange, gerade oder nur leicht geschwungene Linien. Einzig die untere Eislinie des Kibohelms verläuft im Zickzack. Die von unserm und den benachbarten Lavahügeln nach Süden hinabziehenden Lavaströme sind so ebenmäßig gewölbt und lang gedehnt, dass man sie ebenso wohl für hohe Chaussee- oder Eisenbahndämme halten könnte. Nach Norden schweift der Blick frei über das aschgraue, flache Sattelplateau ohne jenseits auf die ferne Ebene zu treffen. Aber im Osten droht trotzig und finster die zackige Riesenmauer des Mawensi. Da gibt es keine geraden Linien und sanften Böschungen mehr; hier ist alles verwittert, zerrissen, ruinenhaft wie in den Dolomiten. Von Süden nach Norden wachsen die Türme und Spitzen seines Hauptkammes immer höher an. Zu uns her nach Südwesten ist eine kolossale Schutthalde geöffnet, auf der wir morgen den Versuch machen wollen, einen westlichen niedrigeren Seitenkamm zu erklettern, welcher oben in die Hauptwand nahe der höchsten Spitze überzuführen scheint. Dass es eine sehr böse Partie sein wird, lehrt der bloße Anblick.

Nach beendeter Auskundschaftung und beladen mit Steinsplittern, an welchen mannigfache Arten von Flechten, die ausschließlichen Bewohner dieser Lavagipfel, hafteten, kehrten wir »heim« und trafen die nötigen Vorkehrungen für den frühzeitigen Aufbruch zur ersten Mawensi-Besteigung (13. Oktober).

Es hatte in der Nacht scharf vom Mawensi herabgeblasen und ein bitterkalter Nordost empfing uns, als wir gegen 4 Uhr bei Vollmondschein Seil und Pickel zur Hand nahmen. Muini hatte uns in seinem Höhlenlager gehört und rief uns sein glückwünschendes »*Rudi salama*« (»Kehrt heil wieder«) zu; er tat es fortan jedes Mal, wenn wir zu einer größeren Tour aufbrachen, und ich gestehe, dass ich diesen Zuruf sehr vermisst hätte, wenn Muini ihn einmal unterlassen haben würde, denn angesichts einer Gefahr ist niemand ganz frei von leisen abergläubischen Regungen, unter welcher Form sie sich auch verstecken mögen. So stolperten wir, von Muinis Wünschen begleitet, in die östlich von unserm Hügel eingetiefte Mulde hinab und in ihr hinan zu quer liegenden Lavawällen und »Schildkrötenhügeln«, jenseits von denen im ersten Frühlicht die unteren Ausläufer der großen westlichen Mawensi-Schutthalde, unser nächstes Ziel nach der gestrigen Rekognoszierung, betreten wurden. Die dunklen Mauern und Türme des Mawensi begannen sich aufzuhellen, langsam verblich der unvergleichliche Glanz der Venus.

Der Grund ist hier in 4650 m Höhe feucht und mit schwammigen, grünen Graspolstern überzogen, in welchen der Fuß bis zum Knöchel einsinkt. Von allen Seiten führen Fährten von Elenantilopen hierher und massenhaft ist ihr Dung über die kleine Wiese verstreut. Ein halbes Hundert Meter höher oben rieselt unter einem Felsblock eine Quelle hervor, die jetzt in der Nachtkälte teilweise gefroren war, denn obwohl die Sonne inzwischen aufgegangen, dringt sie wohl nicht vor 10 Uhr über die Mawensikämme herüber und lässt die Temperatur des Schattens hier noch lange auf ihrem tiefen Stand. In einzelnen Flecken und Zungen reicht der Pflanzenteppich auf dieser Halde bis zu 4600 m hinauf, wo, gewärmt von der starken Insolation der Mittagssonne und getränkt von einer kleinen zweiten Quelle, die am höchsten stehenden Blüten tragenden Florakinder auf dem ganzen Kilimandscharo ihr Dasein fristen.

Nach Zurücklassen der Quellregion begann ein äußerst mühsames Aufwärtsrutschen im losen Schutt der Halde, der unter jedem Tritt nachgab. Alle 40–50 Schritt musste einige Sekunden zum Luftschnappen angehalten werden. Rückwärts gewendet, sahen wir in der klaren Morgenluft rechts, fern hinter dem Kibo, die einförmige Njiri-Ebene schimmern; links ragte der Meru aus den Schichtwolken der Steppe in der schönen Form empor, in welcher nur Zyklopen bauen.

Zwei Drittel der Halde legten wir zurück, dann wandten wir uns der linken ungeheuren Lavawand zu und nun begann die halsbrecherischste Felskletterei, die ich je erlebt habe. Wir legten uns das Manilaseil um den Leib und arbeiteten uns auf den schmalen Gesimsen und Köpfen der nach Norden einfallenden Lavaschichten und durch die Kamine vertikaler Spalten langsam einige 30 m hoch empor. Purtscheller, welcher voranletterte, bewies eine Meisterschaft im Überwinden scheinbar unüberwindlicher Stellen, die ich in Anbetracht seiner ziemlich starken Kurzsichtigkeit, welche ihn bei solchen Touren zum Brillentragen nötigt, nicht für möglich gehalten hätte. Als er wieder über einem Kamin meinen Blicken entschwunden war, hörte ich seinen Zuruf: »Bleiben Sie, hier geht's nicht, wenn man keine Flügel hat.« Doch einige Meter weiter rechts fand sich ein besserer Aufstieg. Erst seilte er die Eispickel nach, die uns bei diesem Felsklettern mehr hinderlich als dienlich waren, und dann folgte ich, immer wieder prüfend, ob die Vorsprünge und Ecken, an welchen sich mein leichterer Gefährte emporgezogen hatte, noch Halt für meinen schwereren Körper gewährten. Weit öfter ist der Versuch vergeblich, der Stein bricht aus und die Wahl eines festeren Standpunktes kostet viel Zeit und Kraft. Die Hände hatten genauso viel zu arbeiten wie die Füße, denn die Steilheit und Zerrissenheit dieser Lavamauern ist ohnegleichen. Dutzend Male schwebte ich, mit dem Rucksack in einer Spalte festgeklemmt oder von Purtscheller am Seil gehalten, in der Luft, da die betretenen Felsvorsprünge morsch wegbrachen und sausend in die Tiefe stürzten. Wo wir eine Passage glücklich überwunden hatten, kennzeichneten wir die Stelle durch grellrote, mit Steinen beschwerte Papierfetzen für den Fall, dass wir daselbst wieder absteigen müssten. Und der Gedanke an diese Wahrscheinlichkeit hatte offen gestanden wenig Verlockendes.

So ging es 3½ Stunden lang auf allen vieren aufwärts, bald mehr links, bald mehr rechts, bald über zwei Hände breite Simse platt auf dem Bauch, bald mit gespreizten Knien und Ellbogen in einem Kamin senkrecht hinauf. Unsere ganze, aufs Höchste gespannte Aufmerksamkeit galt nur den Lavafeldern über uns; Kibo und Plateau und Ebene waren völlig vergessen.

Gegen 11 Uhr standen wir dem Grat nahe. Etwa 10 m unter ihm sah ich plötzlich durch eine Spalte den blauen Himmel von der anderen Seite hindurchleuchten. Die ganze Mauer war hier nicht mehr als 1 m dick, sodass wir uns fragen mussten, ob der brüchige schwache Bau durch unser Gewicht nicht zusammenbrechen würde; aber es gab keine Wahl und die Ruine hielt. Die Zerrissenheit des Kammes spottet aller Beschreibung. Man begreift schlechterdings nicht, wie sich dieses morsche Gestein, diese dünnen, hinausragenden Zacken und schiefen Türme bei Wind und Wetter hier oben halten können. Obgleich es fast windstill war, sausten doch, von der ausdehnenden Sonnenwärme gelöst, nach allen Seiten Steinschläge ab.

Teils auf dem Grat, teils dicht unter ihm kletterten wir nun am Kamm entlang der Stelle zu, wo er in den zentralen Kamm des Mawensi einmündet. Da der Fortgang zur höchsten Spitze nicht unmöglich schien, waren wir recht guter Dinge. Allein plötzlich gähnte zu unseren Füßen ein Abgrund und bestürzt sahen wir, dass der Kamm, auf dem wir in 5090 m Höhe standen, durch eine tiefe Schlucht vom Hauptkamm getrennt war.

Die Enttäuschung war zuerst niederschlagend; das Ziel war trotz aller Mühen nicht zu erreichen. Aber das Bewusstsein, die gewaltige Natur doch besiegt zu haben, so weit es in menschlicher Macht steht, dieser bedeutendste ethische Inhalt alles Bergsteigens, ließ uns rasch unsere Fassung wiedergewinnen. »Hier ist unsere Kunst zu Ende«, rief ich Purtscheller zu, »wir wollen aber wenigstens unsern Querkamm traversieren.« Und dies schien leichter zu sein als der Abstieg an der Seite, auf der wir gekommen waren. In kurzem waren wir, nach Norden hinuntersteigend, in einem abschüssigen Schuttkessel und liefen gleitend auf ihm hinab, bis wir zu unserer peinlichen Überraschung vor einem an 200 m tiefen, überhängenden Absturz standen, unterhalb dessen sich die Schutthalde fortsetzte. Nach langem, beunruhigendem Suchen entdeckte ich unmittelbar unter unserm Querkamm eine schmale, vereiste Rinne (das einzige Eis, das wir am Mawensi beobachteten), in der wir uns langsam abseilen konnten. Dies war ein heikles Geschäft, denn kaum hatten wir die Hälfte des Weges hinter uns, als ein Hagel kleiner Steine über unsere Köpfe wegpfiff, dem bald mit brummendem Sausen ein großes Geschoss folgte. »Schnell, schnell hinunter«, rief Purtscheller, »der Berg schlägt uns sonst tot.« Noch ging ein prasselnder Steinschlag über uns weg, da standen wir auf dem unteren Schuttkar seitwärts außer der Schussrichtung, streckten uns unter einen Block und genossen mit Begier den ersten Bissen auf der ersten Ruherast dieses Tages.

Es war ½2 Uhr und in den höchsten Spitzen des Mawensi wogten und wirbelten die Mittagsnebel. Rings um uns her türmten sich in fürchterlicher Steilheit die Lavamauern 500–600 m hoch mit den abenteuerlichsten Gratformen auf, am imposantesten die breite, an 700 m hohe Wand, welche von der höchsten Mawensispitze gekrönt ist. Und an ihnen allen wechseln die Tausende von übereinander liegenden Lavaschichten und sie durchbrechenden Querspalten im wunderbarsten Spiele der Farben von mattem Gelb zu lichtem Rot, Graublau, Dunkelbraun, Grün und vielem anderen mehr. Hier gibt's im Überfluss zu schauen für den Geologen und Geognosten und welches Paradies für Mineralogen und Petrografen sind andererseits diese Schutthalden, wo sich alle die weit getrennten Gesteine des Berges bunt vereint zusammenfinden.

Eine fast ganz rote, zerklüftete Lavamauer, die von hier nach Westen weit vorspringt, von Norden nach Süden umgehend, streiften wir in ihrer unteren Verlängerung ein niedriges, kreisrundes Kratergebilde von 120 Schritt Durchmesser und tappten noch zwei Stunden im Nebel irrend umher, bis wir endlich auf unseren Lagerhügel trafen, wo uns Muini Amani mit einem wirklichen Huhn im Topf längst sehnsüchtig erwartet hatte.

Gegen Abend umschwirrten regelmäßig mit hellem Ruf mehrere pfeilschnelle Bergschwalben unser Lagerfeuer, die offenbar in den Wänden unseres Lagerhügels und im unteren Geklüft des Mawensi nisteten und neben unseren bisherigen kleinen gefiederten Freunden, den Steinschmätzern, nun auch unsere Einsamkeit belebten. Nach dem Dunkelwerden schweigen die gefiederten Bewohner der Luft, aber als eine neue Erscheinung leuchten von nun ab täglich tief unten in der Südebene flimmernde Grasbrände auf, die hier an Ausdehnung schnell wachsen, während sie dort schwinden und stellenweise täuschend das nächtliche Bild einer lichterglänzenden Großstadt hervorzaubern. Unendlich viel schöner ist indessen der Kegel des Zodiakallichtes, das am Horizont intensiver leuchtet als die hellsten Teile der Milchstraße und oben erst im Sternbild des Skorpions erlischt.

Bevor wir die zweite Mawensi-Besteigung (15. Oktober) unternahmen, ließen wir den Armen und Beinen, die bei der ersten Besteigung eine harte Probe zu bestehen gehabt, einen Tag Ruhe. Vom Gipfel unseres Lagerhügels gelang mir eine vollständige Theodolitaufnahme der Umgegend und später eine zweite

Mittagsobservation. Muini, welcher von der Schneequelle Wasser geholt hatte und auf dem Rückweg selbstständig auf Entdeckungen östlich unseres Lagers ausgegangen war, brachte triumphierend eine leere Mockturtelsoup-Büchse mit, die er in uns unbekannter Gegend aufgelesen hatte und die vermutlich von den englischen Jägern Jackson und Harvey herrührte, welche bis in diese Höhe gelangt sein sollen. Das Gefäß diente uns wochenlang als Wasserschöpfer. Nachmittags trat urplötzlich Graupelwetter ein und unter seinem Einfluss fiel in weniger als einer halben Stunde die Temperatur von +26° in der Sonne auf +4° im Nebel. Kurz vor Sonnenuntergang jedoch traten die Berge, wie täglich, wieder aus ihrer Wolkenhülle heraus und ließen für den nächsten Tag Gutes erwarten.

Unsere Besteigungswünsche waren darauf gerichtet, von der großen westlichen Schutthalde aus zu der in den Hauptkamm tief und breit eingeschnittenen Scharte vorzudringen und von dort aus den Hauptgipfel oder, falls dies nicht möglich sein sollte, doch eine der anderen dominierenden Spitzen zu erklettern. Es hat aber nicht viel gefehlt, so hätten wir notgedrungen einen zweiten Ruhetag einschieben müssen, denn durch den Genuss ziemlich angegangener Bananen, die wir nach unserem Grundsatz »Nichts umkommen lassen« am Abend verzehrten, zogen wir uns eine so peinvolle Kolik zu, dass wir in der Nacht keinen Schlaf fanden und nur matt um ½5 Uhr ans Tagewerk gehen konnten. Indes das Bewusstsein der Pflicht wirkte Wunder; wir führten unsere Partie dennoch aus.

Die Dämmerung graute schon im Osten, als wir, vom Mond geleitet, den Lagerhügel unter uns ließen. Wieder strahlte die Venus über dem im Nachtschatten liegenden Mawensi in wunderbarer Größe. Da jeder mit seinen Körperschmerzen zu schaffen hatte, wanderten wir schweigend auf unseren früheren Fußspuren bis hinauf zur großen Schutthalde hintereinander her. Als die ersten Sonnenstrahlen auf das Plateau unter uns und auf den Kibo hinter uns fielen, verschnauften wir ein wenig auf dem Rasenfleck inmitten der Halde (4650 m), wo trotz –3½° C Lufttemperatur die Quellen diesmal eislos unter den Felsen hervorrieselten. Nachdem wir dann im anschließlichen Reich der Lava und Flechten unseren früheren Anstieg ein gutes Stück weiterverfolgt hatten, bogen wir nach rechts zu den Lavawänden des Hauptkammes ab und traten nach 7 Uhr bei 5000 m durch eine abschüssige und enge Rinne in die zerrissenen Felsen des Hauptkammes ein. Von einer Rinne in die andere, von einer Wand zur andern dauerte die angestrengte Kletterei mit Händen, Füßen, Seil und Pickel eine gute Stunde.

Da langten wir in einem schmalen Joch des Hauptgrates an, der höchsten Spitze des Mawensi näher als die große Scharte, die wir zuerst im Auge gehabt hatten. Von hier seilten wir uns in einer halben Stunde zu dem links über uns aufragenden Turm hinauf und sahen von seiner Höhe, dass unser Standpunkt noch durch zwei Spitzen vom 400 m fernen Hauptgipfel getrennt war, dass aber ein Vordringen auf dem zersplitterten, oft nur handbreiten Grat für zwei Mann ebenso unmöglich war wie ein seitliches Umgehen der Spitzen.

Ein frischer Wind blies aus Nordosten und klare Luft begünstigte den Ausblick nach fast allen Seiten. Nur die östlichen Ebenen waren durch breit gelagerten Nebel verschleiert bis zum Horizont, den die Taita-, die Usambara- und die Parehberge begrenzten. Unmittelbar vor uns aber, auf der Ostseite der Mawensiwand, welche ungeheuren Abstürze zu einem riesenhaften zerschluchteten Kessel! Ich glaubte erst, den einstigen Schlund des alten Vulkanes vor mir zu sehen, konnte dann aber die Lage der Lavaschichten nicht damit vereinen. Immerhin bin ich meiner Sache nicht ganz sicher. Jedenfalls bleibt es ein wunderbares und nach dem Kibokrater das packendste Bild auf dem ganzen Kilimandscharo, wenn man hier von etwa 5130 m Höhe scheinbar senkrecht und unvermittelt wie aus einem Luftballon hinabschaut auf eine krause Vielheit von Schluchten, Hügeln, Bächen und Büschen, die mindestens 2000 m tiefer liegen, als wir stehen. Dort unten ist die Orientierung noch schwieriger als in dem Gewirr von Spitzen, Türmen, Nadeln, Schlöten und Zinnen, die uns hier oben umgeben.

Während dem Mawensi die außerordentliche Mannigfaltigkeit der Gesteine, der verwirrende Wechsel der verschieden gefärbten und verschieden dicken Lavaschichten, die zahllosen Durchbrüche von Vertikalspalten, die geradezu unglaubliche Verwitterung der Laven zu allen nur denkbaren schroffen Formen einen ganz einzigen Charakter verleihen, erscheint der Kibo in seiner einfachen Kegelgestalt als typischer Vulkan. Dass die Jahrtausende auch ihm ihre tiefen Spuren eingegraben haben, sieht man aus der Ferne nur wenig, ebenso wenig wie man den großen ägyptischen Pyramiden von weitem die Zertrümmerung ihrer Oberfläche ansieht. Und aus dem Felsenchaos des Mawensi heraus beobachtet, wächst der Gegensatz zwischen beiden Bergen nur noch mehr.

In der klaren Höhenluft ließ der Kibo seine höchste Spitze, wo wir vor wenigen Tagen gestanden hatten, deutlich sehen und nicht minder gut konnte der Ausbruchskegel im Kraterkessel angepeilt werden.

Um die Spitzen des Mawensi begann es jedoch zu wallen und zu wehen. Wir schritten zur Rückkehr. Die Körperarbeit des Morgens hatte unsere Bananenschmerzen längst ausgetrieben, sodass wir nach dem Abstieg von unserem Turm, dem vierthöchsten des Mawensi, übermütig das Seil ablegten und lustig durch die abschüssigen schotterbedeckten Felsrinnen und über die Schuttkegel hinabrutschten und schon um Mittag uns wieder am Lagerhügel ans Feuer streckten.

Hier gab es eine freudige Überraschung. Die Proviantträger waren da gewesen und hatten außer frischen Lebensmitteln, an denen sich unsere täglich mehr abmagernden Körper und unsere täglich materieller empfindenden Seelen laben konnten, Postsachen mitgebracht, welche über die Mission in Modschi nach Marangu gekommen waren. Und so lasen wir nun in unserm weltfremden Berglager Briefe aus der Heimat und Nachrichten von der Küste und dampften dazu eine duftende Havannazigarre, die Freund Steifensands Fürsorge in Sansibar dem Postpaket beigepackt hatte. In solcher behaglichen Stimmung ertrugen wir gleichmütig das Schneegestöber des Nachmittags, gegen das wir im dünnen Zeltchen nur geringen Schutz fanden. Beim hellen Sonnenuntergang lag eine 2½ cm dicke Schneedecke auf der Landschaft bis zur Schneequelle und zum Plateaurand hinunter, und der Nachtfrost gab ihr mit –7° C Bestand, bis sie unter der Morgensonne des nächsten Tages langsam dahinschwand.

Um von unseren drei Mawensibesteigungen nacheinander zu erzählen, lasse ich an dieser Stelle meinen Bericht einige Tage vorgreifen und reihe die dritte Mawensibesteigung an, welcher die beiden noch dazwischen liegenden Kibobesteigungen später zusammen folgen mögen.

Zur dritten Mawensi-Besteigung hatten wir uns die Nordseite des Berges ausersehen, in der Hoffnung, von dort dem höchsten Gipfel beikommen zu können oder, wenn dies nicht ausführbar sei, doch wenigstens ein Bild von der unbekannten Nordseite des ganzen Kilimandscharo zu gewinnen.

Zur üblichen Zeit, um ½ 5 Uhr früh, waren wir am 21. Oktober unterwegs. Der Mond stand im letzten Viertel und war uns nur wenig förderlich, sodass wir bei Sonnenaufgang erst an dem vom Hauptkamm des Mawensi abzweigenden Nordwestgrat standen. Dem jähen Hauptkamm war auch von hier aus nicht ohne hundertfältiges Versuchen beizukommen, wozu uns keine Zeit gegeben war. Der Morgen war im Schatten des Mawensi grimmig kalt; das Aneroid-Thermometer in meiner Rocktasche wies auf –9° C, und bald war ich trotz wollener Handschuhe nicht mehr imstande die Bleifeder zu führen. Aber beim weiteren Traversieren über Blockwälle und Schutthügel erwärmten sich die Glieder wieder und die durchdringende Klarheit, in welcher die Nordebene unter uns leuchtete, entschädigte uns reichlich.

*Der Mawensi vom Sattelplateau (4400 m) aus NW gesehen*

Ein steilwandiger Lavakamm schien uns im Norden des Berges Halt gebieten zu wollen, doch Purtschellers Berginstinkt fand einen Übergang. Von seiner Höhe (4630 m) blickten wir frei hinaus in die Ebenen und hinunter auf die nördlichen Abhänge des Kilimandscharo. Dort aber leuchten uns keine lachenden Fluren und freundlichen Dörfchen entgegen wie auf den Höhen der Alpen, sondern die unbeschränkte Wildnis dehnt sich, so weit das Auge reicht, die Jagdgründe des Löwen wochen- und monateweit.

Vor uns an den Hängen des Gebirges ist das dunkle Band der Urwaldzone oben und unten von Grasflächen gesäumt. Ein grünes Kulturland, wie das Dschaggagebiet auf der Südhälfte des Gebirges, gibt es hier nicht und der Urwaldstreif selbst wird lichter und schmäler, je weiter er nach Westen am Berg entlangzieht. In den graubraunen Grasebenen unterhalb des Urwaldes, etwa 20 km von ihm entfernt, schimmert und blinkt ein Gürtel von seeartigen Sümpfen, zu denen sich vom Mawensi zwei Flüsschen, vom Kibo anscheinlich nur ein Bach hinabschlängeln. Zahllose kleine parasitische Kegel sind über die Ebenen verstreut, bis zu den Kiulubergen am nordöstlichen Horizont hin, über denen mit wachsender Tageswärme ein Kranz von hellgrauen Haufenwolken zu erscheinen begann. Und wenn mich nicht mein Gesichtssinn und mein Fernglas schmählich getäuscht haben, so entstiegen einem größeren Spitzkegel weit am nördlichen Horizont vertikale Dampfwolken, die erst in ziemlicher Höhe wieder verschwanden. Überall vulkanische Formen oder Spuren und Bachläufe und Seen, sodass der Peilkompass nicht zur Ruhe kommt.

Wir hatten damit unseren nördlichsten Punkt am Mawensi erreicht und kletterten nun nach Osten hinab auf einen großen Schuttkegel und über ihn quer in südöstlicher Richtung hinan zu einem höher gelegenen, nach Nordosten hinausspringenden Felswall, an dessen Fuß uns inmitten der braunen Laven aus etwa 4700 m Bergeshöhe ein kleiner, grün umrahmter Weiher zuwinkte. Über uns türmte sich über 500 m hoch der gewaltige Hauptkamm des Mawensi, auch hier in unantastbarer Steilheit. Wo der Nordostgrat sich von ihm trennt, ist eine Scharte in diese Nebenmauer geschnitten, die unser Ziel war, und als wir endlich über rollende Trümmer hinweg um ½10 Uhr in diese Scharte bei 4920 m hineintraten, gähnte vor uns wieder jener unabsehbare Abgrund, an dessen Westrand wir bei der zweiten Mawensibesteigung gestanden und gestaunt hatten. Auch hier konnte ich mir nicht klar darüber werden, ob es der alte Mawensikrater ist, dessen Riesenschlund sich vor uns auftat, aber es schien mir so.

Über die finstere Tiefe und einige niedrige Nebengrate hinweg konnte der Blick in die 4000 m tieferen fernen Ost- und Südostebenen schweifen bis nach den kegelförmigen Djulubergen zur Linken, der Taitagruppe in der Mitte, den Pareh- und Uguenobergen zur Rechten. Und auch hier fesseln drei Gewässer, der längliche Dschipe-See, der kreisrunde Kratersee Dschala und das mehrarmige sumpfige Becken des Tsavosees, das Auge am meisten. An den Abhängen des Kilimandscharo selbst aber leuchten hier auf der Südostseite die hellgrünen Bananenhaine von Rombo, Msai, Mwika, Marangu von unterhalb des dunklen Urwaldes traulich herauf in unsere Felseneinöde.

Wenn uns auch die höchste Mawensispitze unnahbar blieb, hatte mir doch diese Tour mit ihren Fernsichten eine topografische Ausbeute von unerwartetem Umfang beschert und höchst zufrieden kehrte ich vor Mittag zum Lager zurück, obwohl Purtscheller sich zunächst wehmütigen Betrachtungen darüber hingab, dass der Mawensi in unserer Lage »nicht gemacht werden könne«. Es ist wahr, zum völligen touristischen Erfolg fehlt uns die Besteigung des höchsten Mawensigipfels, aber ich musste die Ausführung einer derartig gefährlichen und Zeit raubenden Partie in Anbetracht unserer ganz ungewöhnlichen Lage für unvereinbar mit den Zielen meiner Expedition ansehen, die in erster Linie geografische Erforschung anstrebte. Und geografisch zu erforschen haben wir am Mawensi nichts Wesentliches übrig gelassen. Mögen Nachkommende an seinen Steilzacken touristische Lorbeeren pflücken.

Mit dem Kibo waren wir aber noch nicht fertig. Seine noch unbekannte Nordseite zu erkunden und noch einmal von einer anderen Seite zu seinem Kraterkessel emporzusteigen, um ein vollständiges Bild von dem Letzteren zu gewinnen, das waren zwei Ziele, die der Mühe wert waren.

Zu Ersterem gingen wir am 17. Oktober ans Werk. Ein scharfer, eiskalter Kibowind blies uns entgegen, als wir in der Nacht um 3¼ Uhr unser stilles Lager verließen. Direkt auf den im schwachen Mondlicht dämmernden Nordabfall des Berges zugehend überschritten wir in 2¼ Stunden das große Schlamm- und Aschenfeld nördlich von den Sattelhügeln und erreichten vor Sonnenaufgang am nordöstlichen Fuß des Kibokegels eine ansehnliche Mulde, die mehrere breite, vom Berg abfallende Schuttrinnen vereint und sich in die Grasfluren des Nordkilimandscharo hinabsenkt. Bald vergoldete die Frühsonne hoch zu unseren Häupten den Eiskranz, der an der Nordseite des Kibo ohne nennenswerte Zungenbildung, wie sie die Südseite auszeichnet, dem Rande des Kraters aufliegt, und nun begann das Traversieren der nordöstlichen und nördlichen Lavarücken und Schuttrinnen am Massiv des Kibo schräg aufwärts nach Westen hin. Das Überklettern der teils durch Ausfluss, teils durch Denudation entstandenen Lavarippen, die hier viel steiler und enger stehen als an der Südostseite, war außerordentlich Zeit raubend und ermüdend.

Je höher wir gelangten, desto auffallender ward im Osten die scharfe Markierung unseres immer höher steigenden Horizontes, der in einer waagerechten Geraden den tiefblauen Himmel gegen ein darunter liegendes rosafarbenes Dunstband abgrenzte, welches allmählich in die hellgrauen, über der Ebene liegenden Wolkenschleier verlief. Die Wolken zogen aber noch genügend weit draußen, um unter ihnen weg fernhin die Bergabhänge verfolgen zu können. Da war denn zu sehen, dass jenseits von einem in ca. 4000 m Höhe am Berg entlanglaufenden, breiten Schutt- und Sandband die bekannten staudendurchsetzten Grasfluren sich zu einem mehrfach unterbrochenen Urwaldstreifen hinunterdehnen, welcher nach Westen hin allmählich ganz verschwindet. An mehreren Stellen wirbelten aus dem lichten Wald Rauchsäulen auf, die auf Wanderkrale der nomadischen Massai oder des Jägerstammes der Wandorobo schließen ließen. Dass bei solcher Beschaffenheit des Waldes die Elenantilopen ohne Schwierigkeit aus den Ebenen zum Sattelplateau heraufkommen können, wo wir sie äsen gesehen, ist nun verständlich, denn eine trennende Kulturzone gibt es hier, wo das befruchtende feuchte Element fehlt, auch nicht.

Wir hatten gehofft, dass sich uns an der Nordseite ein relativ leichter Anstieg auf die Eisdecke bieten würde, weil ein anderer Reisender erzählt hatte, er sei hier nur mit einem Stock bewaffnet hinaufspaziert. Ein fünfstündiges, äußerst anstrengendes Klettern über die Steilrippen und Mulden von Norden nach Nordwesten brachte uns jedoch zu der Erkenntnis, dass wir hier der Eiskrone des Kibo, die in durchschnittlich 5700 m von einer fortlaufenden, 30–35 m hohen Eiswand begrenzt ist, nur in größerer Gesellschaft mit allen alpinen Hilfsmitteln hätten beikommen können.

An einer Stelle im Nordnordwesten, wo ein zweizüngiger Gletscher seine Schmelzwasser in zwei unter Eiskrusten murmelnden Bächlein zur Tiefe sendet, rasteten wir in 5660 m Höhe. Die Sonne brannte empfindlich auf uns hernieder und in den Eiswänden knisterte und krachte es geheimnisvoll. Purtscheller beugte sich über einen Lavablock und erprobte seine beneidenswerte Fähigkeit, zu jeder Zeit und in jeder Stellung schlafen zu können. Als aber vor Mittag, wie gewöhnlich, die Nebel zu steigen begannen, legte ich den Peilkompass weg und trieb zur Rückkehr.

Eine lange Reihe von Felsrippen und Schuttkaren – 16 an der Zahl –, die wir am Vormittag höher oben überschritten hatten, überquerten wir bergabwärts und fanden in einer dieser Mulden (4850 m) einen kleinen, aus einem Eisbruch der Höhe regenerierten Gletscher, aus dessen kristallklarem Abfluss uns der lang entbehrte Genuss eines Trunkes aus fließendem Wasser erquickte. Beim Abrutschen im Geröll der Erosionsmulden gerieten wir jedoch nachher unvermerkt unter das Niveau des Sattelplateaus und hatten deshalb nach unserem zehnstündigen Felsklettern schließlich noch eine Stunde zum Plateau wieder hinaufzusteigen. Endlich konnten wir angesichts der wolkenfreien Mawensispitzen auf dem großen asphaltharten Schlammfeld des Sattels zu unserm Lagerhügel bis ¾6 Uhr hinüberschlendern, wo uns Muini schon von weitem die frohe Botschaft entgegenjubelte, dass »weich gekochte« Bohnen und gebratene Hühner angekommen seien. So hatten wir fast jedes Mal eine substanzielle Belohnung für unser Tagewerk und waren glücklicher dabei als die Pommery und Greno in irgendeinem Schweizer Luxushotel.

Die bösen Erfahrungen, die wir wiederholt mit den Entfernungen des Kibo gemacht hatten, veranlassten uns, für die noch geplante letzte Kibobesteigung wieder einmal ein Biwak am Kibokegel selbst zu beziehen. Bei der Rückkehr von der Nordseite des Berges hatten wir zu diesem Behuf ein Trümmerfeld nördlich von den »Drillingen« am Ostabhang des Kibo ausersehen, wo unter Lavablöcken mehrere Höhlen zu erkennen gewesen waren. In senkrechter Linie über ihnen klaffte am oberen Kiborand jene große Scharte im Eis, die im Jahr 1887 mein unerreichtes Ziel gewesen war, und dort wollten wir nun noch einmal unser Glück versuchen, in den Kraterzirkus hineinzuklettern.

Muini Amani machte ein saures Gesicht, als er wieder von einem Biwak hörte, aber er folgte doch willig mit den Schlafsäcken und Decken, als wir am 18. Oktober, selbst mit dem Steiggerät, Instrumenten und Proviant beladen, nach 2 Uhr unserm Zeltchen den Rücken kehrten. Auf dem flachen, harten Schlammfeld im Sattelplateau war es auch heute wieder klar und warm, während von Süden wie von Norden die Wolkenmassen bis zum Rand heraufquollen, um sich plötzlich hoch zum Himmel aufzubäumen und oben scheinbar in nichts zu zerfließen. Unser Ziel lag uns immer vor Augen. Um 3/45 Uhr traten wir in 4690 m Höhe auf die Höhlen zu. Sie sind durch den Zusammenbruch größerer Felsblöcke entstanden und eine von ihnen bot mit einem engen Eingang und einer tiefen, geräumigen Kammer ein vortreffliches, windgeschütztes Biwak.

Wer aber beschreibt unser Erstaunen, als wir am Eingang eine alte Feuerstelle mit Resten von feuergesprengten, großen Tierknochen (Elenantilopen?) und mit Fetzen von Bananenbastseilen entdeckten. Selbst Muini Amani hatte diesem seltsamen Fund gegenüber nur ein wiederholtes kurzes Zungenschnalzen der Überraschung. Robinson kann auf seiner einsamen Insel bei der Entdeckung von menschlichen Fußspuren nicht mehr verwundert gewesen sein als wir hier. Dass das Feuer nicht von Europäern stammte, ging aus der Beschaffenheit der Reste hervor. Es bleibt also, da die Wadschagga eingestandenermaßen sich nie in diese Höhe wagen, nur die Deutung übrig, dass von der Nordseite hier einmal ein Trupp der Wandorobo, des unter den Massai lebenden Jägerstammes, einen Pirschgang nach Elenantilopen hierher gemacht, in der Höhle genächtigt und ihre Jagdbeute verzehrt hatte. Unseren früheren Funden einer Heilsarmee-Zeitung in der Nähe der Schneequelle und einer leeren Mockturtlesoup-Büchse unfern von unserm Mawensilager reiht sich diese Entdeckung jedenfalls ebenbürtig an.

In den Pelzen und Decken überstanden wir die bisher noch nicht da gewesene Nachttemperatur von –14° C ganz erträglich und als der Mond in seinem letzten Viertel die Umgebung unserer Felsen zu bescheinen begann, machten wir uns auf; es war 3¼ Uhr. Auf kolossalen Schutthalden von anfänglich sanfter Neigung, bald aber von so steiler Erhebung (30–35°) und so mächtiger Ausdehnung, wie sie in den Alpen nirgends zu finden ist, klommen wir 3 Stunden lang bergauf. Links, also südlich von uns, lag hinter einem hohen Lavawall die Mulde, in der wir 1887 den Aufstieg versucht hatten. Von Zeit zu Zeit musste eine felsige Quermauer überklettert werden, aber in der Hauptsache blieben wir bei Mond- und Sternenschimmer auf den Schuttfeldern bis gegen Sonnenaufgang.

Als ein eisiger Wind aus Norden das Auftauchen des Sonnenballes ankündigte, rasteten wir in 5500 m eine halbe Stunde unter Felsenschutz und begrüßten Helios freudig, der sich von der höchsten Spitze des Mawensi sieghaft zum Himmel emporschwang. Die tiefen Ebenen waren von hellgrauen Stratusschichten überdeckt, über denen im Süden, hoch getrennt, dunklere Zirrusscharen langsam mit dem Antipassat nach Südwesten zogen. Der Kibo über uns, das Sattelplateau unter uns und der Mawensi uns gegenüber leuchteten prächtig grau, braun und rot in der Morgensonne.

Weiter kletterten wir an den Felsrippen entlang über morsche Laven und Obsidiane, die in prachtvoller Bänderung das ganze Farbenspektrum auf sich zu vereinen scheinen. Langsam kamen die oberen Eismauern näher und um ½8 Uhr ließen wir uns an ihrem Rand in 5765 m Höhe unterhalb der großen Ostscharte zum Ablegen des Gletscherwerkzeugs nieder. Links, etwa 200 m unter uns, lag die Eiswand, die meinem Vordringen 1887 Halt geboten hatte; rechts, also nördlich von uns, verlief die Eismauer, anfänglich in imposanten, teilweise überhängenden Wänden von 60–70 m Höhe, nach Norden in fast immer gleicher Höhe.

Auch von unserm günstigen Standort aus streckte sich die Eisoberfläche zuerst so glatt und buckelig hinauf, dass eine Anzahl Stufen gehauen werden musste, aber schon nach 10 Minuten traten wir in die Scharte ein, in der wieder der Fels stellenweise aus dem Eis ragte, und bekamen freien Ausblick in den großen Kraterzirkus.

»Heute geht's fix«, rief Purtscheller befriedigt, »wenn keine Überraschungen kommen, sind wir in einer Stunde drüben auf dem Kegel und um Mittag schon wieder im Biwak.« Aber das Aussehen der vor uns liegenden Nieve-penitente-Felder ließ mich zweifeln und die gefürchteten Überraschungen kamen bald genug. Das Eisfeld, welches sich bis zum Fuß des Ausbruchkegels im Grund des Kessels hin erstreckt, ist von Sonne, Wind und Schmelzwasser an seiner Oberfläche fürchterlich verwittert und zerfurcht. Ohne Zeit raubendes Zögern stiegen wir in das Chaos hinein; von Spitze zu Spitze, von Schneide zu Schneide suchte sich der Fuß einen festen Halt, aber oft trugen die Eistafeln die Körperlast nicht und ließen uns bis unter die Arme in die engen Spalten einbrechen. Die Knie und Arme wurden wund bei solcher Arbeit, die Hände trotz der Handschuhe eiskalt und gefühllos. Und je weiter wir hinabkamen, desto schlimmer wurde es.

Doch was ist das? Sieht das dunkle Ding da in einer Spalte neben uns nicht aus wie eine tote Antilope? Wahrhaftig, es ist ein Tier der kleinen Art, die wir auf den oberen Grasflächen häufig aufgescheucht haben. Das ist doch der wunderbarste Fund, den ich auf dem ganzen Kilimandscharo gemacht habe. Wie mag das Tier hierher gelangt sein? Vermutlich war es ein einsamer, unternehmungslustiger Bock, der zur Zeit des Winterschnees auf unserm heutigen Weg über die Eisgrenze wegsteigen konnte und, von einem Wetter überrascht, seine Neugierde mit dem Leben hat büßen müssen. Immerhin ist die Geschichte rätselhaft und das Vorkommen selbst eines toten Säugetieres in einem 20.000 Fuß hohen, vereisten Krater grenzt an das Fabelhafte.

Endlich nach drei Viertelstunden hatten wir den steinigen Grund des Kraterbodens in 5770 m unter unseren Füßen und gingen ans Werk, um durch das wild zerklüftete Eis noch weiter zum Eruptionskegel vorzudringen, dessen braune Aschen und Laven verlockend hinter einem Eiswall standen; aber der Versuch schlug wiederholt fehl und missmutig stand ich davon ab, als Purtscheller schließlich erklärte: »Wenn Sie weiter in das Eis hineingehen, tragen Sie allein die Verantwortung.« So gab ich den Eruptionskegel auf und musste mir an dem Grund des großen Zirkus genug sein lassen. Bis 9 Uhr verweilten wir in ihm, mit allerlei Beobachtungen beschäftigt, und klommen dann auf schmalen Eisbrüchen zu der südlich über der Ostscharte auf dem Ringwall sich wölbenden Eiskuppe empor. Auf ihrer luftigen Höhe rasteten wir in 5865 m bei +10° Sonnenwärme, aber 0° Schleudertemperatur, eine Viertelstunde, während welcher ich den Krater skizzierte und Peilwinkel maß.

Die Süd-, Ost- und Nordseite des Kraters waren nun genau zu übersehen, während ich früher von der Kaiser-Wilhelm-Spitze aus die West-, Süd- und Ostseite hatte beobachten und aufnehmen können. Der schlammige, aschige und teilweise eisbedeckte Kraterboden liegt am tiefsten im Westen, wo sich die große Spalte öffnet, am höchsten im Norden, wo ihn die vom nördlichen Kraterrand bis zum Eruptionskegel herüberreichenden riesigen Eismassen ganz verdecken. Die stufenförmig von den Rändern zum Kraterboden hinabsteigenden Eisgalerien sowie die auf dem Kraterboden liegenden, seltsam abgebrochenen Eisfelder sind in ihrem Farben- und Formenwechsel von wunderbarer Schönheit.

Nach beendeter Aufnahme winkten wir »unserm« Krater und »unserer« Kaiser-Wilhelm-Spitze ein letztes Lebewohl zu und verließen des Kibo eisige Höhen, wahrscheinlich für immer. Um 10 Uhr waren wir mit Hilfe einer größeren Stufenzahl von der Kuppe herab wieder am äußeren Eisrand unter der Scharte. Die von Norden heranziehenden schweren Nebel zwangen uns zum raschesten Abstieg, der auf den lockeren Schutthalden im erwünschten Tempo vor sich gehen konnte; wo man auf losem Schotter abrutschen kann, wird man zum Abstieg wohl nie mehr als ein Viertel der Zeit des Aufstieges brauchen. Gegen 12 Uhr nahmen wir an der Biwakhöhle Muini Amani auf, dem wir aus der Ferne zugerufen hatten, und so früh näherten wir uns unserem Zeltlager, dass wir noch, während Muini direkt »heimging«, über den 4520 m hohen »Roten Mittelhügel« auf dem Sattelplateau wegklettern konnten, um seine Höhe, seine Gesteine und Schichtenlagen kennen zu lernen.

Vor 3 Uhr warf ich Rucksack und Pickel am Lagerfeuer ab. Oben in den Eiskammern des Kibo wehte und wallte es bis gegen Abend und als sich dann das Gewölk verzog, stand der Kibo im rötlichen Abendlicht auf der Südhälfte weit herab mit Neuschnee bestreut; dies war das Geschenk der aus Norden heraneilenden Wolkenzüge des Mittags, vor denen wir rechtzeitig den Rückmarsch angetreten hatten.

Der 21. Oktober war unser letzter Tag im Lager am Sattelplateau. Vorher war mit den Proviantträgern plötzlich Ali, der Wächter des Marangulagers, erschienen und berichtete von Prügelei und Aufruhr im Marangulager, die meine Anwesenheit dringend notwendig machten. Damit war über unser ferneres Tun entschieden, unser Aufenthalt in der Höhe abgeschlossen. Und blickten wir zurück, so konnten wir mit den Ergebnissen wohl zufrieden sein. Die viertägige Unterbrechung abgerechnet, welche mich nach der Gipfelersteigung des Kibo nach Marangu rief, sind wir 16 Tage lang zwischen 15.000 und 20.000 Fuß tätig gewesen und haben in diesen zwei Wochen vier Kibobesteigungen, drei Mawensibesteigungen ausgeführt, die höchste Spitze des Kilimandscharo erstiegen, den großen Krater des Kibo entdeckt, die ersten afrikanischen Gletscher gefunden und das ganze Hochgebiet möglichst gründlich untersucht, topografisch und fotografisch aufgenommen und abgesammelt.

Der letzten Tage Last war groß, aber noch größer wäre sie gewesen, hätte nicht der getreue Muini Amani, der Kälte trotzend, alle die kleinen, Zeit raubenden Lagerarbeiten, wie Holzsammeln, Feuermachen, Wasserholen, Stiefelschmieren und anderes mehr, unverdrossen ausgeführt, wodurch uns Muße zu wichtigeren Dingen geschaffen wurde. Freilich blieben uns immer noch Widrigkeiten genug in unserm einsamen Lagerleben, und zwar waren am lästigsten nicht etwa die nächtlichen Abmärsche um ½3 oder 3 Uhr bei Sturm und Schnee, nicht das Biwakieren in eisigen Felslöchern und dergleichen, sondern die rauchige, alltägliche Kocherei, die ich Muini abnehmen musste, nachdem er einige sehr bedenkliche Proben seiner kulinarischen Künste geliefert hatte, und die lang dauernde notgedrungene Entbehrung jeglicher Körperreinigung aus Mangel an Waschwasser. Täglich entspann sich zwischen uns beiden Europäern ein edler

Wettstreit um das Tellerwaschen, weil dieses nasse Geschäft doch auch den Fingern des Wäschers zugute kam, die dabei wenigstens die dickste Schmutzkruste loswurden. Man lernt Selbstverleugnung im afrikanischen Hochgebirge.

Über diese Widerwärtigkeiten konnte nur die ästhetische Freude an Fels, Eis und Luft und die Lust an dem eigenen Schaffen hinweghelfen. Die Spannung bei der Unternehmung unserer Touren, das Vollgefühl vielseitiger Kraftentfaltung bei ihrer Ausführung, die Befriedigung nach vollbrachter Tat, sie stehen natürlich in erster Linie. Aber auch die vielen stillen Freuden an den Spielen und Äußerungen der Naturkräfte, welche uns in und an unserm Lager erblühten, machten unsere Tage dort oben reich.

Am Morgen der so genannten Rasttage, wenn das Plateau und die Berge sich im jungen Licht der Morgensonne badeten und unten auf dem Urwald sich die dicht gedrängten hellgrauen Wolkenballen dehnten und schoben, da wurde herumgestiegen und fotografiert, gemessen, botanisiert, Steine geklopft, dass es eine Lust war. Unter dem Schlag des geologischen Hammers kamen da aus all den scheinbar homogenen, rundlich abgewitterten Blöcken und Trümmern die allerverschiedensten Gesteinsarten zum Vorschein; kaum eine Ecke der anstehenden Felsen meint es mit der anderen gut, und 22 voneinander abweichende vulkanische Gesteine in einer halben Stunde, das ist gewiss nicht wenig!

Ziemlich schnell wird die Sonne wärmer und lockt auf den Höhen des Kibo und des Mawensi kleine, leichte Wölkchen hervor, die seitwärts abziehen und verschwinden, um anderen Platz zu machen. Wir kehren vom Sammeln zum Zelt zurück und benutzen den klaren Mittagshimmel zu einer Breitenbestimmung. Bald erhebt sich ein leichter Steigungswind und unter seinem wachsenden Wehen kommen von unten die schweren Nebel herauf und rücken in langen, geschlossenen Kolonnen zum Sattelplateau vor. Auf der Nordseite des Berges ist ein Gleiches geschehen. Fast gleichzeitig mit der südlichen Wolkenkolonne erscheint am Nordrand des Sattelplateaus eine nördliche und beide Schlachtlinien gehen nun zum Angriff gegeneinander vor. Plötzlich halten sie unter der geänderten Richtung des Plateauluftstroms still und wie der Pulverdampf aus zwei sich beschießenden Batterien wallt das Gewölk auf zum Himmel, wo es hoch oben vom Antipassat erfasst wird und zerflatternd sich auflöst.

Sowie die Sonne durch die Nebel verdunkelt ist, macht die Temperatur einen Riesensprung in die Tiefe. Die größte Schwankung, die wir beobachteten und schmerzlich empfanden, war ein Fallen des Quecksilbers von +28° im Sonnenschein auf +6° im Nebel innerhalb einer Viertelstunde. Und folgt dem Nebeltreiben ein Schneefall, so ist der Temperaturwechsel noch größer.

Daher rührt vor allem die ganz erstaunliche Zersplitterung und Verwitterung des Gesteins in diesen Höhen. An den porösen Laven haben die atmosphärischen Kräfte sehr leichte Arbeit; bis zu bedeutender Tiefe sind die Lavafelder schon zertrümmert und zersetzt. Schwerer sind die Gesteine dichter Struktur zu bewältigen, aber auch unter ihnen haben nur noch die dichtesten widerstanden, die jetzt einsam und mit angenagter Oberfläche auf den Aschenfeldern verstreut liegen und den Krustenflechten eine willkommene Stätte zur Ausbreitung geben, unter welcher der Fels umso schneller seiner Auflösung entgegengeht.

Die riesigen Temperatursprünge, die schnellen Wechsel zwischen größter Lufttrockenheit und übermäßiger Feuchtigkeit in Nebel, Regen und Schnee, das dringende Bestreben der Organismen, sich alle günstigen Umstände in Licht, Luft und Boden irgendwie nutzbar zu machen, geben auch der höchsten Kilimandscharoflora ihr charakteristisches Aussehen. Ein Zusammentreten einer größeren Arten- oder Individuenzahl zu geschlossenen Vegetationsformationen kommt in dieser Region der äußersten Extreme nur an besonders gut geschützten und begünstigten Örtlichkeiten vor. So an der Westhalde des Mawensi, so in den Mulden zwischen den Plateauhügeln, wo Gräser und Kräuter sich zu Rasen zusammenschließen, so im Schutz unseres Lagerhügels am Mawensi, wo die Euryopsstaude noch ein kniehohes Gestrüpp bildet. Im Übrigen ist es ein Einzelkampf, den die mutigen und zähen Pflänzchen mit dem übermächtigen Klima ausfechten.

Alle diese Gnaphalien, Artemisien, Heliochrysen, Rispengräschen usw. haben sich mit einem hellgrauen Haarpelz bewehrt, dessen luftgefüllte Oberhärchen das Blatt gegen zu starke Erwärmung und Verdunstung einerseits sowie gegen zu große Benässung und Erkaltung anderseits schirmen und die verschiedenen Arten in der äußeren Erscheinung einander sehr ähnlich machen. Zum Teil stehen die Blüten und Blätter einer Pflanze in dichte, kugelige Polster gedrängt, um sich gegenseitig sowohl gegen Frost als auch gegen übergroße Transpiration zu bewahren; zum Teil kriechen sie flach auf dem Boden hin, um von der durch die kräftige Insolation erwärmten Erde den Vorteil zu ziehen, den ihnen die mangelnde Luftwärme versagt. Neben Gelb ist Violett die Lieblingsfarbe der Blüten. Aber auch die Blättchen und Stängel mehrerer einer größeren Wärme bedürftigen Arten haben die violette Anthokyanfarbe, die ja die merkwürdige Eigenschaft besitzt, das intensive Licht der Höhe zu absorbieren und in Wärme umzuwandeln. Dunkelgrau ist dagegen die Farbe der wenigen animalischen Bewohner des oberen Kilimandscharo und durch diesen »Melanismus« wird den einsamen Bergschwalben, Steinschmätzern, Eidechsen, Käfern, Spinnen und Immen nicht nur eine größere Sonnenerwärmung zuteil als durch helle Färbung, sondern auch der unentbehrliche Schutz in dem gleichfalls dunkelfarbigen vulkanischen Gestein, auf dem sie leben.

Wenn die Sonne sich zum Niedergang anschickt und die Temperatur fällt, schläft der Wind ein, die Nebel zerfließen und Fels für Fels, Eisfeld für Eisfeld entschleiern sich Mawensi und Kibo, um der scheidenden Sonne Lebewohl zu sagen. Wenn Letztere in dem Winkel zwischen Kibo und Meru purpurn hinabsinkt, ist die Beleuchtung der Ebene mit ihren Hügeln, Bergen und Flussläufen am schönsten. Doch das Schauspiel dauert nur kurze Zeit. Schnell zündet die Nacht ihre Kerzen an; ebenso schnell beginnt mit der in diesen luftdünnen Höhen doppelt starken Ausstrahlung zum kalten Nachthimmel der Wind von oben zum Tiefland hinabzuwehen und die Temperatur oft auf –2° oder –14° zu sinken, wo sie 12 Stunden vorher auf +26° und +28° gestanden hatte.

Da endlich für die Leute die Stunde der Erlösung aus Frost und Nebel schlug, waren sie von erstaunlichem Eifer beseelt. Schon um ½10 Uhr fanden sich die Träger atemlos vom Mittellager ein, das sie vor Sonnenaufgang verlassen hatten, und in kaum 10 Minuten war unser kleines Camp abgebrochen und in Bündeln verschnürt. Noch ein halb fröhliches, halb wehmütiges Abschiedswinken zum Mawensi hinauf und zum Kibo hinüber und im Geschwindschritt ging es den Trägern nach, die auf dem im Verlauf der Wochen regelrecht ausgetretenen Pfädchen jauchzend und jubelnd vorausgeeilt waren. Die Schneequelle spendete uns einen frischen Trunk, als wir im funkelnden Sonnenschein an ihr vorüberzogen, dann ließen wir den vorderen Plateaurand mit seinen sumpfigen Graspolstern und einsamen Senecien hinter uns, schritten über den Schneequellbach in die tauigen Grasfluren hinein und trafen nach einem wahren Wettlauf in kaum 4 Stunden auf derselben Strecke, zu der wir bergauf 2 Tage gebraucht hatten, am gemütlich qualmenden Mittellager ein.

Der nächste Morgen sah mich mit Muini Amani der kleinen Karawane ein gutes Stück voraus, da ich am oberen Urwaldrand noch einige fotografische Aufnahmen zu machen hatte. Als ich dort unter dem Dunkeltuch gerade ein Bild einstellte, schreckte mich Muini mit dem Ruf »*tembo, tembo*« auf: Zwei stattliche Elefanten schlenderten langsam aus der Grasflur dem Urwald zu, in dem sie verschwanden, und als wir danach ihren Wechsel kreuzten, dampften die umherliegenden fußlangen und fußdicken Walzen ihrer Losung noch lebenswarm. Dann zogen wir ohne weiteres Geschehnis durch den stillen, dämmernden und immer wärmer werdenden Urwald in das bewohnte Marangu hinunter. Doch in der Sicht- und Hörweite des Kilemaberges ward uns der ungewohnte Anblick einer langen Menschenkolonne, die sich wie eine Schützenlinie unter anhaltendem Schießen am Kilemaberg hinaufbewegte. Schon dachte ich an einen Angriff Mareales auf den keineswegs mit ihm befreundeten Häuptling Fumba von Kilema, als uns begegnende Holzschläger riefen, es sei in Taweta eine große Suahelikarawane von Pangani angekommen, die ins Massailand ziehen wolle und durch Sendlinge in Kilema und Marangu Proviant kaufen lasse. Dass ich bei dieser Nachricht an Buschiri dachte und, noch getrennt von dem nach Alis Erzählung aufsässig gewordenen Marangulager, ein gewisses Unbehagen empfand, ist leicht erklärlich. Mit beflügeltem Schritt eilten wir dem Lager zu und überraschten die Unserigen kurz nach Mittag. Der erste Blick zeigte, dass unsere Sorge grundlos war; hier war alles in Frieden. Auch der Aufruhr, von dem Ali Schreckliches berichtet hatte, entpuppte sich als eine solche Prügelei, in welcher die übermütig gewordenen Somali den Kürzeren gezogen hatten. Mit endlosem Flintenknallen, Stierschlachten, Schwelgen in Fleisch und Hirsebier wurde der Festtag unserer Rückkehr gefeiert und mit einem Freudenfeuerwerk, bei dem es Mareale sich als eine Vergunst erbeten hatte, die Raketen höchsteigenhändig abbrennen zu dürfen, würdig beschlossen.

Meine Hoffnung, nun in Marangu ein paar Tage in Ruhe arbeiten zu können, bevor wir uns zu einer neuen Entdeckungstour in das Bergland Ugueno aufmachen wollten, ward leider zunichte. Die Abteilungen der genannten Panganikarawane, welche auch in Marangu Proviant kauften, kamen täglich in unser Lager zum Markt und fingen mit meinen Leuten und den Dschaggaverkäufern Streit um die Waren an. Eines Morgens wurde mir das Treiben zu bunt, und, gefolgt von den Somali, säuberte ich den Markt von den schreienden Gesellen. Kaum aber waren sie unter wütenden Drohungen verschwunden, als in ihrem Lager einige Schüsse fielen und eine Kugel in einen Pfosten an Purtschellers Hütte einschlug. Meine Somali ergriffen zornig ihre Gewehre, ich beruhigte sie jedoch und schickte dem arabischen Führer die Erklärung, dass ich mir schnell selbst Sicherheit verschaffen wolle, wenn er nicht dafür Sorge tragen würde, dass seine Leute vorsichtiger mit ihren Flinten umgingen. Einen Tag blieb es ruhig, niemand erschien auf dem Markt. Am dritten Tag aber pfiffen in aller Frühe wieder ein paar Kugeln herüber und zertrümmerten ein Blechgeschirr in der Küche. Zur Antwort ließ ich diesmal Mareale das Ultimatum stellen, entweder die Suaheli bis zum Mittag aus Marangu auszuweisen oder mich nach Modschi wandern zu sehen, um gemeinsam mit dem dortigen Amerikaner und mit Mandaras Soldaten, welche die Gelegenheit zweifellos freudig begrüßen würden, einen Angriff auf ihn und seine Suahelifreunde zu machen. In höchster Erregung kam er ins Lager und beschwor mich, ihm nicht zu zürnen; die Suaheli müssten bis Mittag abziehen. Er schien ernstlich unglücklich darüber zu sein, dass ich an seinem guten Willen gezweifelt hatte. Und wirklich erschien gegen Mittag der arabische Karawanenführer, meldete, dass seine Leute im Abzuge begriffen seien, und bedauerte den Vorfall mit vielen Entschuldigungen und mit der unausbleiblichen Schlussbitte um ein Geschenk an Zeug und Perlen. Dies hinderte aber nicht, dass in dem Trupp der Abziehenden doch noch ein paar Schüsse losgingen und einen Zweig über meinem Zelt abschlugen.

Ein erfreulicher Besuch des Mr Morris von der Mission in Modschi brachte uns bald über diesen Zwischenfall hinweg und beim Ordnen der Sammlungen und dem Schreiben von Berichten und Briefen nach Europa schwanden nur zu schnell die wenigen Tage bis zum festgesetzten Aufbruch nach Ugueno. Diese kleine, abgeschlossene Berglandschaft südlich vom Kilimandscharo, welche stets so verlockend und verheißend jenseits der Kahe-Ebene vor unseren Augen lag, ist nur einmal von einem Europäer, Dr. Kersten, in ihrem Ostrand besucht worden, welcher dort die Eisenschmelzen von Usangi gefunden hat. Arabische und Suahelikarawanen steigen nicht selten in dieselbe Landschaft Usangi hinauf, um dort Vieh und Sklaven einzuhandeln, aber der größere Teil Uguenos war völlige *terra incognita*. Da war es mir natürlich hoch willkommen, dass Muini Amani, der große Vagabund, auch schon in Usangi gewesen war und die Uguenosprache leidlich zu verstehen behauptete und so entstand mit Mareales Rat der Plan, mit ca. 20 Mann von der Kahe-Ebene nach West-Ugueno hinaufzusteigen, von dort das Land nach Usangi im Osten zu durchkreuzen und schließlich nach Norden vordringend auf den dem Kilimandscharo zugewandten Abhängen in die Niederung des Dschipesees und des Rufuflusses abzusteigen, um von da aus wieder Marangu zu erreichen. Die Expedition sollte 2–3 Wochen dauern.

Das Aussuchen der 20 geeigneten Leute, das Ordnen und Packen der nötigen Lasten, die Anordnungen für die Zeit unserer Abwesenheit und dergleichen dauerte einen ganzen Tag. Endlich war die kleine Karawane fertig und ich freute mich, wieder in Bewegung zu kommen, einmal um der erhofften Entdeckungen und Arbeiten willen, dann aber auch, weil der Aufenthalt in dem Marangulager, in dessen nächster Umgebung sich nun so viele Wochen lang die Exkremente von einigen 60 Vegetariern angesammelt hatten, der Fliegenschwärme und anderer Umstände halber nicht mehr zu den erquickendsten gehörte. Dass ich deshalb meine tägliche Abendwanderung etwas über die nächste

Umgebung ausdehnte, wäre mir beinahe noch schlecht bekommen. Als ich nämlich am letzten Abend in stille Betrachtungen versunken saß, hörte und sah ich plötzlich auf 20 Schritt im Mondschein einen Leoparden heranschleichen, der es offenbar auf mich abgesehen hatte. Gänzlich unbewaffnet wie ich war, konnte ich nur ein großes Geschrei erheben, um ihn zu verscheuchen, und mich eilig zurückziehen. Meine Leute glaubten entsetzt, ich hätte einen Geist gesehen, und ich hütete mich, den wahren Sachverhalt zu beichten; mein Ansehen wäre durch die urwüchsigste Heiterkeit für immer vernichtet worden.

*Das Mawensilager*

# Durch das Bergland Ugueno

Eine der häufigsten Fragen, die in Europa an den heimgekehrten Reisenden gestellt werden, lautet: »Wie finden Sie sich eigentlich in Afrika zurecht?« Antwort: »Natürlich auf den Pfaden der Eingeborenen.« Unausbleibliche zweite Frage: »Wie wissen Sie denn aber, ob Sie auf dem richtigen Weg gehen?« Stereotype zweite Antwort: »Natürlich durch die Führer, die ich mir mitnehme.« Darüber ist gewöhnlich der wissbegierige Fragesteller, der sich nach seiner, aus der modernen Afrikaliteratur stammenden lieben Gewohnheit gern von afrikanischer Wildnis etwas vorgraulen lassen möchte, höchst erstaunt und enttäuscht, dass es dort so natürlich zugeht, aber an der Wirklichkeit ändert das nichts.

Von einer bewohnten Örtlichkeit zur nächsten führt in Ostafrika, wenn nicht besondere Hinderungsgründe vorliegen, ein Pfad, der je nach der Benutzung mehr oder weniger ausgetreten ist, nie aber über die Breite einer menschlichen oder tierischen Fußspur hinausgeht, sodass selbst auf den meistbegangenen Pfaden, den so genannten »großen Karawanenstraßen«, immer nur ein Mann hinter dem andern im »Gänsemarsch« gehen kann. Für Geld (resp. Baumwollstoff) und gute Worte begleitet vom Ausgangspunkt ein wegkundiger Eingeborener – oder häufiger ihrer zwei, da sich einer allein auf dem Rückweg fürchtet – die Karawane so weit, wie die freundschaftlichen Beziehungen seines Stammes reichen. An dieser Nachbarschaftsgrenze angekommen, sucht man sich andere Führer bis zur nächsten und so fort bis zum Endziel der Reise. Oft auch finden sich Träger und Asikari in der eigenen Karawane, die, von früheren Reisen her genügend wegkundig, die Führerschaft übernehmen können. Das hat also keine nennenswerten Schwierigkeiten. Solche beginnen erst, wenn man seine Karawane nicht nur richtig führen will, womit sich freilich die meisten Reisenden begnügen, sondern auch die Route aufnehmen, topografische Aufnahmen machen will, denn dabei handelt es sich in erster Linie um das Erfragen und Feststellen der richtigen Namen aller gesehenen Örtlichkeiten und dazu bedarf man eines eingeborenen Führers, der die Namen nicht allein kennt, sondern sie auch dem Fragenden nennt.

In den seltensten Fällen ist der Führer so dumm, dass er nicht die Bäche, Berge, Dörfer usw., an denen er vielmals vorübergegangen ist, mit ihrem Namen zu nennen wüsste; und ist er wirklich so dumm, so pflegt er gemeinhin aus reiner Dienstfertigkeit Namen zu erfinden und sie als echt auszugeben. Solche Führer sind die schlimmsten. Viel häufiger hat man es mit Führern zu tun, die nach Negerart den Reisenden, dessen Tun und Wollen sie nicht verstehen, mit Misstrauen betrachten und sich, wenn sie nebenbei gutmütig sind, einfach unwissend stellen oder aber, wenn sie böswillig sind, wider ihr besseres Wissen falsche Angaben machen. Diese Kategorie ist aber im Lauf der Tage durch allerlei Kreuzfragen und rechtzeitig angebrachte Belohnungen zur besseren Einsicht zu bringen, sodass man immer noch leidlich gut mit ihr fährt. Am seltensten und wertvollsten sind freilich die von vornherein einsichtigen Führer, die verstehen oder doch ahnen, was der Reisende mit seinen unaufhörlichen Fragen will, und falls sie selbst keine Auskunft geben können, bei der nächsten Gelegenheit einen anderen Eingeborenen fragen, ohne diesen misstrauisch zu machen.

Da die Bewohner des Kilimandscharo-Gebietes, abgesehen von den Tawetanern, sehr wenig Kisuaheli verstehen, musste ich mich immer auf Kisuaheli durch Muini Amani verständigen, der die Idiome der Wadschagga und Wagueno zur Genüge sprach und seine Fragen mit Geschick und Harmlosigkeit zu stellen wusste. Bis nach Ugueno mit uns zu gehen, konnte ich jedoch keinen der Wadschagga Mareales bewegen. Ihre freundnachbarliche Grenze nach dieser Richtung liegt vor Ugueno unten in der Ebene bei Kahe. Dorthin aber brauchte ich keine Führer, da mehrere von meinen Leuten den Pfad schon des Öfteren gegangen waren, und ich selbst 1887, von Taseta nach Kahe wandernd, ein gutes Stück von ihm kennen gelernt hatte. Darum brachen wir am letzten Oktober führerlos von Marangu nach Kahe auf.

Die Uguenokarawane bestand außer uns beiden Europäern aus 17 Trägern, 2 Soldaten, dem Hauptmann Abed, dem unentbehrlichen Muini Amani und 4 Somali; im Ganzen 27 Mann. Im Moment des Abmarsches kam Mareale und brachte eine starke Ziege als Reisezehrung. Bis zum Landestor führte uns sein hübsches, munteres fünfjähriges Söhnchen, das mit großer Würde die schwarz-weiß-rote Karawanenfahne voraustrug und am liebsten bis nach Ugueno mitgewandert wäre, wenn ich es nicht mit einem freundschaftlichen Klaps heimgeschickt hätte. Aus den Bananenpflanzungen waren wir nun heraus, aber in dem von Schlingpflanzen durchwundenen Buschwald schlängelt sich der Pfad schattig bis zu 1150 m auf dem langsam abfallenden Terrain hinunter, wo der tief geschluchtete Mabungobach, der sich weiter unten mit dem von Marangu kommenden Mondjo zum Himo vereinigt, durchwatet und durchklettert werden musste. Auf dem viel begangenen Pfad liefen die Träger wie junge Hengste und scherzten über ihren rieselnden Schweiß, mit dem nun all die schöne Milch und Butter von Marangu wieder verloren gehe. Der Wald wird offener und mehr mit Steppenformen untermischt, bei 1050 m traten wir in die Region der riesigen Halmgräser, wo eine Anzahl Maranguleute mit dem Schneiden und Binden der üblichen langen Grasbündel beschäftigt war, die zu Viehfutter, Lagerstreu und zum Dachdecken verwendet werden, und bei 900 m öffnet sich rasch die weite Baumsteppe, aus welcher 3 Meilen entfernt im Süden sich das breitschulterige Uguenogebirge mit seinem weiten, nach uns, nach Norden, geöffneten Kessel emporhebt. Links von ihm schillert der silbergraue Dschipesee, rechts dunkelt der Wasserwald von Kahe in der hellen Steppe. Aber zurück zum Kilimandscharo gewendet, trifft das Auge auf zwei ungeheure, zum blauen Himmel ragende weiße Kumuluswolken, in denen Kibo und Mawensi verborgen sind.

Nach Mittag näherten wir uns dem Lagerplatz am Himofluss, wo wir vor zwei Monaten auf dem Marsch Taweta–Modschi genächtigt hatten, waren aber entrüstet über die Veränderung, die mit dem so lauschig unter großen Bäumen am kühlen Bachrand gelegenen Lager vorgegangen war. Die 600 Mann starke Suahelikarawane, mit deren Proviantkäufern wir in Marangu üble Bekanntschaft gemacht hatten, war vor ihrer Massaireise vier Tage lang hier liegen geblieben und hatte das idyllische Erdenfleckchen in eine abscheuliche Kloake verwandelt. Auf dem rechten Ufer machten wir eine bessere Stelle zum Nächtigen ausfindig und hatten später zum Ersatz für das zerstörte Idyll eine überraschend reiche Ausbeute an Schmetterlingen, die wohl, gerade durch die Exkremente angezogen, in großer Arten- und Individuenzahl am steinigen, feuchten Bachrand herumgaukelten.

Am Morgen ließen wir den Himofluss links, den Modschiweg rechts und marschierten auf einem steinigen Pfädchen in die dürre Mimosensteppe hinein, die nun breit und schwach geneigt sich zur Kahe-Ebene absenkt. Ugueno lag in schwerem Regengewölk. Je mehr wir der Kahe-Ebene, in der uns ein sehr markanter Hügel als Richtungsweiser diente, nahe kamen, desto lebendiger wurde Gras und Busch von Wild. Zebras und Tigerpferde galoppierten in übermütigen Sätzen davon, Hartebeeste und Streifengnus suchten trabend das Weite, ein männlicher Strauß stolzierte mit gemessenen Schritten in sichere Deckung und zwei Rhinozerosse standen und äugten, prustend und mit dem Stummelschwanz wedelnd, nach der verdächtigen Menschenschlange herüber.

Unter dem Ausschauen nach den Tieren hatten wir aber mit einem Mal unser dünnes Pfädchen verloren und kamen nicht wieder auf die richtige Spur, da uns die kreuz und quer laufenden Wildpfade irremachten. »Also pfadlos auf den unfehlbaren Kaheberg zu«, lautete die Parole. Eine Stunde lang mühten wir uns durch hohes schilfiges Gras, kreuzten einen Hain blattloser Baobabs, der ganz an einen winterlich kahlen Eichwald gemahnt haben würde, wenn die Sonne nicht so zentralafrikanisch gebrannt hätte, durchwateten dann das von Raphiapalmen beschattete, kühlwässerige Nassaiflüsschen trotz seiner vielen Krokodilspuren und kamen jenseits in einen gluterfüllten Palmenhain, der kein Ende nehmen wollte. Die hellbraunen apfelgroßen Früchte dieser Dumpalmen, deren faserig holzige Kernhülle sehr ähnlich dem »Johannisbrot« seligen Kinderaugengedenkens schmeckt, ließen nicht nur wir uns vortrefflich munden, sondern auch Dutzende von Pavianen saßen truppweise in den Fächerwipfeln und schmausten mit gefüllten Backen.

Noch einmal wurde das Nassaiflüsschen auf einem Baum

überritten, dann kam endlich der hochstämmige Wasserwald von *Kahe* zum Vorschein und bald standen wir am still strömenden Dehufluss, von dessen anderer Seite Bananenfelder und Kegelhütten zum Näherkommen einluden. Es war hohe Zeit, denn auf dem heißen Steppenboden hatten sich die im kühlen Marangu verwöhnten Träger ihre weich gewordenen Fußsohlen jämmerlich verbrannt, sodass mein Vorrat an Zinksalbe kaum ausreichte. 1887 waren wir nach Kahe hineingegangen, nachdem wir einen unserer Träger, der unterwegs erblindet war, mühsam über den Dehufluss geseilt hatten, und hatten von unserm im Waldesdickicht gelegenen Lagerplatz aus die beste Gelegenheit gehabt, die interessantesten Bewohner der Kahelandschaft, die prachtvollen großen Colobusaffen *(Cvolobus Guereza var. Candatus)*, zu belauschen und zu erlegen.

In dem hochstämmigen Galeriewalde von Kahe habe ich die Guerezas mehrfach in kleinen Banden angetroffen, aber in die Pflanzungen oder Felder kommt nach Angabe der Eingeborenen der Affe nie. Von weitem ist die Anwesenheit einer Guereza-Bande erkennbar an einem eintönigen singenden Summen, das in wechselndem Anwachsen und Abnehmen von den zusammensitzenden Familiengliedern ausgeht. Näher kommend, kann man die prachtvollen Gesellen in Banden von 4–8, alte und junge, in den hohen Wipfeln teils ruhig verdauend und summend, teils von den jungen Trieben und Beeren eines Wacholderbaumes naschend, in Muße beobachten. Wird der Beobachter entdeckt, so schweigt die Gesellschaft plötzlich; leise ducken sie sich hinter dicht belaubte Zweige oder Stammteile und blicken unverwandt herab, ohne aber zu fliehen. Das führende Männchen kommt jedoch behutsam näher, wendet sich unruhig nach der verdächtigen Erscheinung und stößt in kurzen Pausen einen Warnruf aus, der wie das Balzen eines Puters, gefolgt von einem mehr oder minder langen »Da«, klingt. Auf einen Schuss erfolgt allgemeiner rascher Rückzug, keine eigentliche Flucht, und prächtig sieht es aus, wenn bei den langen Sprüngen die weißen Mäntel und Schwänze wallen. Der Affe scheint dann wirklich zu fliegen. Da der Geschossene schwer getroffen sein muss, um zu fallen, jagen ihn die Eingeborenen selten, obwohl von den Massai das Fell für Kriegsmäntel sehr gesucht ist.

Diesmal blieben wir, um den »*Hongo*« (Wegzoll) zu sparen, diesseits des Grenzflusses und riefen durch Schüsse die Eingeborenen mit Bananen, Hirsemehl und Honig herbei. Die Viehzucht haben sie aus Furcht vor den Vieh raubenden Massai und vor Mandara aufgegeben; sie sind Vegetarier aus Furcht, wie es die Tawetaner in früheren Jahren gewesen sind, denen sie in Aussehen, Sitte und Sprache ungemein ähneln.

Von einigen älteren Herren, die ich mit Schnupftabak und Zündhütchen traktierte, erfuhr ich im scheinbar absichtslosen Gespräch, dass der Dehufluss, an dem wir lagerten, der Unterlauf des Muë ist, also ein alter Bekannter, dessen Wiegenlied wir oben unter dem Mawensi haben singen hören. Rechts ergießt sich in ihn der von Kirua kommende Kirerema, links nimmt er den aus einem Sumpf entspringenden Nassai auf, den wir am Morgen zweimal gekreuzt, und führt die vereinten Gewässer dem Rufu zu, dem Entwässerer des ganzen südlichen Kilimandscharo-Gebietes. In der Gabel zwischen Dehu und Kirerema breitet sich das waldige Kahe aus.

Der moskitoschwülen Nacht machte ein prasselndes Gewitter ein Ende, dessen Blitzmenge – bis 40 in der Minute – blendend war. Der Himmel flammte im wahren Sinn des Wortes, aber auch hier schienen die meisten Entladungen zwischen den Wolken stattzufinden und die Erde nicht zu treffen. Vielleicht ist es diese Erfahrung, welche den Neger, der doch sonst vor den Kraftäußerungen und Gefahren der Natur einen gewaltigen Respekt hat, die Gewitter durchaus nicht fürchten lässt. Das Unwetter war vom Kilimandscharo herabgekommen und zog nach Ugueno weiter, nachdem es in kurzem die Temperatur bei starkem Wind von 28° auf 19° erniedrigt hatte.

In der Morgenfrische war großes »*Schauri*« (Beratung) mit den Kaheleuten über die Führung nach Ugueno. Sie schienen nicht die mindeste Lust zu haben, angeblich, weil die Wagueno sich jedem Versuch von Europäern, in ihre Berge einzudringen, mit Gewalt widersetzten. Gegen hohe Versprechungen entschlossen sich endlich zwei junge Männer, bis zur Uguenogrenze mitzugehen, die 1½ Tagemärsche von Kahe entfernt liegt, und mit dem üblichen »*Haya, haya*« ging es los.

Am linken Ufer des Dehu entlang durchquerten wir in zwei

Stunden eine weiß schimmernde Salzsteppe, die von den Hufen des nach dem Salz und zum Wasser gehenden großen und kleinen Wildes buchstäblich gepflügt ist, durchwateten zum dritten Mal das Nassaiflüsschen unmittelbar vor seiner Einmündung in den Dehu und näherten uns durch schattenlose Dumpalmengruppen dem dunklen Galeriewald des Rufu, über dessen hier schon 10 m breites, steiluferiges Bett wir vorsichtig auf einem quer liegenden glatten Riesenstamm hinüberbalancierten.

Drüben hat der Menschenpfad ein Ende. Wildpfade kreuzen zu Hunderten die grasige und dornige Steppe, aber der Kaheweg geht trotz der freundschaftlichen Beziehungen zwischen den Wakahe und Wagueno nicht bis zu den Uguenobergen fort, weil beide Teile die Massai fürchten, von deren Horden die Steppe auf dem Gang zum Wasser regelmäßig passiert wird, und dieselben nicht auf die frischen Spuren eines ständigen Pfades aufmerksam machen wollen. So schlugen wir uns denn wohl oder übel querfeldein, insofern als in diesem vom Wild zerwühlten Boden von »Feld« gesprochen werden kann, benutzten aber immer die Wildpfade, so weit sie in unserer Richtung verliefen, und schreckten wiederholt Nashörner zurück, die uns auf ihren altgewohnten Bahnen im Schritt entgegenkamen, zum Wasser ziehend, und nach kurzem Schnaufen und Wittern mit plumper Seitenwendung in das Dornengestrüpp wegbrachen. Die beiden Kaheführer hatten ihre Nase fast auf dem Boden, um sich keine verdächtige Menschenspur entgehen zu lassen; bei jedem Laut standen sie still und lauschten argwöhnisch. Mir war nach den verschiedenen Begegnungen, die ich früher mit Massai gehabt, offen gestanden das Dornengestrüpp, in dem wir uns bewegten, weit fürchterlicher als die gefürchteten ostafrikanischen Nomaden und im Stillen bewunderte ich die Träger, die ihre Lasten bei solcher Glut ohne Weg durch diese Dornenwildnis hindurchbrachten. Aber ihre Massaifurcht trieb sie vorwärts, den Uguenobergen zu.

Diesen kamen wir näher, wo sie nach Südwesten in einen ziemlich spitzen Winkel vorspringen. Das nördliche große Kesseltal war längst hinter der Westmauer verschwunden und wie eine Mauer, oben horizontal verlaufend, ohne Taleinschnitte und ohne nennenswerte Vegetation, nur mit vereinzelten Baobabs,

Mimosen und Baumeuphorbien, hebt sich auch die in dunstiger Ferne verlaufende Südseite steil aus der Rufu-Ebene. Als das Terrain zum Fuß der Bergmauer leicht zu steigen begann, war sofort zu bemerken, dass wir die Grenze zwischen dem vulkanischen Gebiet des Kilimandscharo und dem archaischen Gestein des Uguenogebirges überschritten. Bisher waren wir über rundes Basalt- und Lavageröll gewandert, das teilweise von den Wassern des Rufu hierher transportiert sein mag, nunmehr stiegen wir auf teils brockigem, teils zu rotem Laterit zersetzten Gneis an und bekamen immer weiteren Ausblick auf die südliche graue Ebene des Rufu und die ferne Kette der Sogonoiberge. Der Rauch von Massaifeuern wirbelte an manchen Stellen draußen in der Steppe empor, aber uns kümmerten sie nicht mehr, wir waren aus ihrem »Wechsel« heraus.

Schon lange hatten oben auf Ugueno schwere Wolken gebraut. Jetzt brach es los mit endlosem Blitz und Donner und bis zum späten Nachmittag hatten die zähneklappernden Träger ihre Lasten im Gewitterregen weiterzuschleppen. Aber die dürstende Erde war unersättlich; kein Tropfen blieb auf dem Boden stehen. Da endlich wurde in halber Bergeshöhe an den Abhängen eine baumige Rinne sichtbar. Dort unter jenen hellgrünen Wipfeln musste es Wasser geben. Und hätten wir noch daran gezweifelt, so würden uns die immer häufiger werdenden Wildpfade eines Bessern belehrt haben, die von allen Seiten her wie zu einem Stelldichein zusammenliefen, manche von ihnen so hübsch abgetreten und breit, als hätte sie der Thüringer-Wald-Verein angelegt. Auf ihnen langten wir über steile Hänge und Felsen hinweg gegen Sonnenuntergang bei einigen im dichten Busch versteckten Felsenschalen an, die vom Regen mit einer dunkelbraunen Flüssigkeit bis an den Rand gefüllt waren, aber nur in der großen Regenzeit von einem wirklichen Bach, dem Mruschungabach, durchflossen werden. Von menschlicher Siedlung zeigte sich jedoch noch keine Spur.

Ein wenig abseits vom Wasserloch wurde das Zelt aufgestellt, die Leute machten sich unter den laubigen Büschen ihr Nachtlager zurecht und als abends die Feuer brannten und die Träger, wieder warm geworden, an ihren Kochkesseln scherzten und lachten und wir bei Lampenschein am gedeckten Tisch unser

Mahl verzehrten, während von Zeit zu Zeit aus nächster Nähe die Stimme eines erschreckten Nashorns oder einer Hyäne laut wurde, die zur Tränke hatten gehen wollen, und fern aus der mondbelichteten Ebene die Lagerfeuer der Massai heraufleuchteten, da kam einmal wieder der ganze Zauber des afrikanischen Lagerlebens über mich. In dem Improvisieren eines Stückchens europäischen Komforts im Herzen der afrikanischen Wildnis, in dem Schaffen des denkbar schroffsten Gegensatzes zwischen Kultur und Natur und in dem daraus entspringenden Vollgenuss von beidem liegt einer der größten Reize auf Forschungsreisen.

Unten am Fuß des Berges fanden wir am nächsten Morgen auf einem Pfad einige Stückchen ausgekauten Zuckerrohres, aber keine Fußspuren, folglich den Hinweis, dass vor dem Spuren tilgenden Regen ein Mensch hier gegangen war, der einem ackerbauenden Stamm angehörte. Der Pfad musste also in bewohntes Land führen. Ihm schräg bergan folgend, stieß ich plötzlich mit dem Fuß an einen metallisch glänzenden Stein und hob staunend einen Brocken gediegenen Eisenerzes auf: Der Berghang war hundert Schritt weit und aufwärts wie abwärts mit Eisenbrocken bedeckt. Zu tieferen Bodenuntersuchungen fehlte die Zeit, aber es scheint, dass das Erz aus verwitterten Quarzgängen im Gneis denudiert ist und nun an der Oberfläche liegend langsam oxidiert und zerfällt. Dass es, wie man auch vermuten könnte, von vulkanischen Herden, als welche vielleicht die am Fuß des Gebirges liegenden Rundhügel, einschließlich der Kaheberg, anzusehen sind, ausgeworfen und bis dort hinauf geschleudert worden sei, ist einmal in Anbetracht des bandförmigen Vorkommens unwahrscheinlich und ferner deshalb, weil wir später im Inneren von Ugueno, wo von jüngerem Vulkanismus nicht die Rede sein kann, und auf der Ostseite des Gebirges Ähnliches gefunden haben.

Die Sansibarleute nahmen von dem Fund keine Notiz und wunderten sich höchlichst, als sie hörten, dass das Gestein »*chuma*« sei, aus dem die Messer und Ketten gemacht werden. Jeder packte sich nun ein paar Stücken ein, in der Hoffnung sie gelegentlich verwerten zu können, und vergrößerte damit seine Last noch mehr.

Kurz darauf kletterten wir in eine enge, steile Schlucht hinauf, in deren von einem dünnen Bächlein durchflossenem Grund wir auf Bananen trafen; die erste Uguenopflanzung. Bergauf sahen wir zu gleicher Zeit mehrere Eingeborene trotz der Zurufe unserer Kaheführer entfliehen und während wir ihnen durch die pinienhainartige Euphorbienvegetation langsam folgten, erschienen auf der Höhe einzelne Trupps von bogen- und speerbewaffneten Waguenomännern, die sich rasch vermehrten und uns schreiend mit lebhaften Gesten zu verstehen gaben, wir sollten warten und einige Parlamentäre hinaufschicken, mit denen sie unterhandeln wollten. Muini Amani und Abed, der Hauptmann, gingen mit den Kaheführern, während wir anderen zurückblieben. Oben kauerte sich die ganze Gesellschaft im Halbkreise um unsere Gesandten und das *»schauri«* begann mit Einzelreden hin und wider und den Zwischenrufen des Chorus wie in jeder Volksversammlung. Die Reden dauerten zwei volle Stunden. Da bekam ich die Geschichte satt, setzte mich mit den Meinigen langsam in Bewegung und brachte dadurch die Versammlung zu einem schnellen Abschluss. Es löste sich mit Muini Amani eine Deputation ab, die uns entgegenkam und uns halb scheu, halb argwöhnisch begrüßte (in Aussehen, Benehmen und Sprache ganz ähnlich den Waschamba, wie ich sie 1889 auf dem Zug durch das Bergland Usambara kennen gelernt hatte), nachdem sie mehrmals gefragt, ob wir nicht Freunde der Massai und des Dschaggahäuptlings Mandara seien. Um unseren friedlichen Versicherungen glauben zu können, verlangte der Sprecher, der Befehlshaber der Grenzwache, dass ich mit ihm Blutsfreundschaft schließen solle, ich wies ihn aber an Muini Amani mit dem stolzen Bemerken, dass ich nur mit »Königen« Blutsfreundschaft schlösse, und so gab er sich auch mit Muini zufrieden. Unter allgemeiner Aufmerksamkeit ritzten sich beide mit einem Dorn die Herzgrube auf und leckten sich gegenseitig die hervorquellenden Blutströpfchen ab, indem sie einander aufs Fürchterlichste verwünschten, falls sie den Bund brechen würden. Der Chorus sang dazu melodisch *»hau-hau«*, bis die Zeremonie zu Ende war.

Aufspringend lief nun die ganze Gesellschaft vor uns her und wir folgten langsam durch das Lianendickicht. Von oben ging es in eine Mulde hinab, deren Hänge Mais- und Bananenfelder trugen, und dort begrüßte uns das versammelte Kriegsvolk nochmals mit einem Kriegsgesang nach Massai-Art und wies uns einen Lagerplatz unter Bäumen an, wo wir's uns bequem machten, d. h. immer die Waffe in der Hand. Noch nie ist eine Suahelikarawane, geschweige denn ein Europäer, in diesen Distrikt gekommen. Scheu und Misstrauen verließ darum unsere neuen Blutsbrüder nicht und zu essen gab es für meine hungrige Schar erst recht nichts, bis wir uns im Dunkeln an die Maiskolben machten, die in einigen Feldern noch am Stock saßen. Erst müsse uns der »*Fuma*« (Häuptling) sehen, hieß es, der eine Tagesreise weiter im Norden des Landes wohne, dann dürfe man uns Nahrungsmittel verkaufen.

Zu diesem Häuptling Jangobi nach Norden zu wandern, verspürte ich zunächst nicht die geringste Lust. Das Zentrum des Landes, wo vor unseren Augen die stolze Bergkuppe des Gamualla sich wölbte, war mein Ziel, und bald hatte ich glücklich herausgefunden, dass dort ein anderer Häuptling, Mafurra genannt, residiere, von dem aus man ostwärts in das Gebiet Usangi des Häuptlings Naguvu gelangen könne. Nach Usangi, offenbar dem »Usanga« der Karte: Das war's, was ich wollte. Also zuerst ins Zentrum zu Mafurra, dann nach Usangi und von dort quer durchs Land in den großen Nordkessel hinab, den wir in Marangu stets vor Augen gehabt hatten; damit war der Reiseplan gegeben.

Am Morgen kehrten unsere Kaheleute reich belohnt in ihre waldige Heimat zurück. Mithilfe Muinis, der die Uguenosprache wirklich leidlich verstand, führte ich die kleine Karawane talwärts, umschwärmt von zahlreichen Eingeborenen, die unsere Absicht, ihren Distrikt zu verlassen, schnell erkannt hatten und nun wenigstens noch durch den Verkauf von Mais, Mehl und Hühnern aus unserer Anwesenheit Nutzen ziehen wollten. Verschiedene Versuche uns vom richtigen Weg abzubringen, schlugen fehl, da der Pfad zu deutlich an den Abhängen des mittleren Gebirgsstockes zu erkennen war. Im Talgrund wurde der sumpfige Wangobibach durchwatet, am westlichen Fuß des Gamualla das zuckerrohrbedeckte Kisingatal gequert, dessen Bach mit dem Ersten vereint aus einem ziemlich weiten Tal nach Süden in die Rufu-Ebene fließt, um dort in Sümpfen zu verlaufen, und am Kisingabach die Grenze des Mafurragebietes überschritten.

Die Jangobileute waren schon vorher zurückgeblieben. Jetzt empfingen uns ein paar Dutzend bewaffnete Abgesandte des Häuptlings Mafurra, entboten uns den Willkomm ihres Herrn und geleiteten uns auf guten Pfaden um die kahlen, in die Rufu-Ebene hinaustretenden Bergwände herum in ein enges, an Zuckerrohr und Bananen reiches Tal, den Sitz ihres Häuptlings Mafurra. Hier wie im Wangobital ist es auffällig, dass man nirgends eine menschliche Wohnstätte erblickt, denn sie sind so gut in den Pflanzungen und im Busch versteckt, dass sie auch der Feind erst lange suchen müsste.

Da wir der Anordnung der Mafurraleute, an der Grenze der Pflanzungen fern vom Wasser zu lagern, nicht willfahrten, sondern unbekümmert um ihren Protest durch die Felder im Tal hinaufstiegen und weit oben uns zum Nachtquartier einrichteten, verursachten wir großes Geschrei und Aufruhr, aber der Sturm legte sich, als ich den Theodoliten aufstellte und ruhig an die Mittagsobservation ging. Das funkelnde dreibeinige Ding war den Schreiern nicht recht geheuer und als ich nun gar anfing mich mit der Sonne zu unterhalten, zog sich einer nach dem anderen in respektvolle Entfernung zurück, gewärtig der Dinge, die da kommen sollten.

Inzwischen hatte der Häuptling Mafurra von unserm Tun vernommen und kaum war die Mittagsobservation beendet, als er mit einem kleinen Gefolge angehinkt kam; ein alter, gebrechlicher und halb erblindeter Mann, dem der Argwohn gegen uns Fremde auf dem Gesicht geschrieben stand. Sein halbwüchsiger, blöde blickender Sohn führte ihn. Da ich in seinem Gefolge einen Fettschwanzhammel bemerkte, versicherte ich den Alten sofort meiner warmen Freundschaft, schenkte ihm und seinen Großwürdenträgern Perlen und Zeug, setzte ihm ein nagelneues Fes auf und erklärte ihm, dass mein dreibeiniges Instrument die Sonne gebeten habe, heute Gewitter und Regen zu machen. Die verheißungsvollen Wolken standen längst am Himmel. Darauf ging der schmucke Hammel in unseren Besitz über und musste mit seinem Blut, von dem wir uns einen Schluck zutranken, unseren Freundschaftsbund besiegeln. Kaum war Mafurra davongewankt, als seine Leute mit Lebensmitteln in Fülle herbeigeströmt kamen, um es zuerst mit unverschämten Preisforderungen zu versuchen (1 Huhn – 1 Doti), bis wir, lächelnd auf unseren Hammel weisend, die Preise selbst bestimmten. Auch fanden sich, nachdem ein am Nachmittag niederprasselnder Gewitterregen die Bevölkerung uns vorübergehend günstig gestimmt hatte, für mäßigen Lohn zwei Führer, die uns am anderen Morgen auf den Gamuallaberg und in die Nachbarlandschaft Usangi begleiten wollten.

War mir im Wangobital die Ähnlichkeit der Eingeborenen mit den Waschamba, den Bewohnern von Usambara, aufgefallen, so erinnerten mich die Mafurraleute mehr an den im Zentrum von Usambara sitzenden Stamm der Wambugu. Wir kommen später darauf zurück. Da die Mafurraleute wie die Wangobibevölkerung mit Fremden bisher nur in Gestalt der Massai und der Krieger Mandaras Bekanntschaft gemacht haben, die Vieh und Sklaven raubend diese Gebiete nicht selten heimsuchen, so ist ihr Misstrauen gegen alles Fremde nicht unberechtigt. Und erklärlich ist es ferner, dass sie durch ihre bitteren Erfahrungen und ihre während vieler Generationen dauernde Bedrückung schwere Einbuße an ihrem Charakter erlitten haben. Sobald sie erkannten, dass sie es mit friedfertigen Menschen zu tun hatten, wurden sie, die anfangs furchtsam gewesen waren, maßlos unverschämt; vor ihren diebischen Händen war nichts sicher.

Wir waren darum von Herzen froh, als wir am 4. November Mafurras Tal hinter uns ließen und mit Muße zu einem südlichen Ausläufer des Gamuallaberges hinanstiegen. Der Pfad windet sich durch mannshohes Dickicht von Adlerfarnen; Busch und Strauch sind selten, Baumwuchs fehlt ganz. Auf der Höhe des genannten Bergausläufers, auf der die Grenze des Mafurragebiets vom Gipfel des Gamualla zu jenem des südlicheren Dschego hinläuft, ließ ich die Karawane rasten und kletterte mit Purtscheller und den Führern über Fels und Farn zu dem runden, kahlen Gipfel des Gamuallaberges (2000 m) hinauf. Oben empfing uns kalter Nebel, aber der Wind war uns gnädig und entschleierte in kurzem das ganze uns umlagernde Ugueno, in dessen Mitte wir wie auf einer hohen Insel standen. Drei Gebirgsbilder fesselten das Auge am meisten: im Nordwesten die verschwisterten Bergkuppen Kiberenge und Lambo, im Nordosten der felsige, allein stehende Ngovi und im Süden die hohe Kette der Usangiberge, welche die Südwestfront Uguenos zur Rufu-Ebene hin bildet. Zwischen diesen drei Berggruppen grünt im Nordwesten das Wangobital bis zum Lambo hin, im Norden winken die satten Farben des Msangenitales vor den grauen Wänden des Ngovi und im Süden, entlang der Usangikette, dehnt sich das reich bebaute, vom Dschegobach durchrieselte Kirongaiatal mit den Hüttengruppen von Kiridsche, dem Sitz des Usangihäuptlings Naguvu. Dies Letztere war unser Ziel. Darüber hinaus aber reichte der Fernblick nordwärts auf den breit vorliegenden Kilimandscharo mit seinen funkelnden frisch beschneiten Spitzen, im Westen auf die unabsehbare luftflimmernde Rufu-Ebene, im Süden auf die duftigen Bergketten von Pareh und im Osten auf den silbernen Dschipe-See und die graubraunen Nikasteppen.

Vor dem stärker wehenden Bergwind waren die frierenden Führer nicht mehr zu halten. Zur Karawane zurückgekehrt, wanderten wir auf dem im roten Lateritboden tief ausgetretenen Pfad in das lockende Kirongaiatal hinunter, aus dem uns in kleinen lustigen Trupps junge und alte Weiber entgegenkamen, die auf Kopf und Rücken Lebensmittel nach Mafurras Tal zu Markte trugen. Sie beantworteten unseren *»jambo«*-Gruß mit dem landesüblichen singenden *»hm«*, was sich, von vielen auf einmal gesummt, so melodisch anhörte, dass Muini belustigt ausrief: *»wafanya kama niuki«* (»Sie machen es wie die Bienen«). Da sie nur mit einem ledernen Schurz bekleidet waren, konnte man sehen, dass viele auf dem Bauch beiderseits vom Nabel mit gitterförmigen Schnittnarben tätowiert waren; ihren Trägerinnen nach zu schließen, ein Zeichen der Mutterschaft. Um den Hals waren sie fast alle mit zweifingerdicken Messingringen geschmückt, wie ich sie auch in Dschagga gelegentlich als eine altertümliche Zierde angetroffen habe.

Mit Singen und Scherzen kamen wir unten im Kirongaiatal an. Vom hochragenden waldlosen Usangikamm zu unserer Rechten rauschten freundliche Bäche in weißen Wasserfällen zur Talsohle, um sich hier zum Dschegobach zu vereinigen, der später aus dem Lassantital in die östliche Ebene hinabfließt. Überall fesselnde Bergbilder, grüne Matten, rauchende Hütten, umhegte

Felder, rieselnde Gewässer wie in den schönsten Teilen von Usambara. Nur eine kleine Viehherde hier und da fehlte, um die Ähnlichkeit mit einem mitteleuropäischen Bergtal treffend zu machen.

Gegen Mittag zogen wir an den ersten Hütten im Talgrund vorüber, die teilweise der Usambaraform (Dach nicht ganz zur Erde), teilweise der Dschaggaform (Dach ganz zur Erde) glichen, und folgten schließlich dem Dschegobach durch eine schier ununterbrochene Folge von Zuckerrohr-, Mais-, Hirse-, Bataten–, Maniokfeldern. Die Eingeborenen, die mit Hacke und Steckpfahl ihre Äcker bestellten, riefen uns auf unser *»jambo«* ebenfalls ein fröhliches *»jambo«* zu, ein Beweis, dass eine Suahelikarawane hier keine unbekannte Erscheinung ist. Wo der Dschegobach aus seinem bisherigen westöstlichen Verlauf nach Nordosten umbiegt, steht auf kahler Hügelhöhe der nach Usambara-Art mit Palisaden umfriedete Kral des Häuptlings Naguvu. *Kiridsche* nennen die Wagueno die Örtlichkeit. Von dort kam uns eine Kriegerschar entgegen, die unsere Salutschüsse ebenfalls mit einigem Pulverknallen beantwortete. Und dann kamen die hübschen geschmeidigen Jungens heran und führten uns nach umständlicher Begrüßung unter ihres Häuptlings Hügel an einen offenen Lagerplatz, wo zu ihrem lauten Erstaunen in kurzen Augenblicken unser geräumiges Zelt emporwuchs, luftig überflattert von dem schwarz-weiß-roten Fähnchen, das ihnen als geheimnisvolle *»daua«* besonders in die Augen stach. Die geringe Scheu der Usangileute bei unserm Erscheinen und ihre angenehme Bescheidenheit bei näherer Bekanntschaft zeigen, dass sie häufigere und bessere Erfahrungen mit Fremden gemacht haben als Mafurras Untertanen, denn die Massai scheuen den Ruf von Naguvus Kriegern ebenso sehr wie die beutelustigen Horden Mandaras.

Am Abend kam im strömenden Gewitterregen der Häuptling Naguvu mit dem herkömmlichen Tross ins Lager. Er war irgendwo auswärts bei einem festlichen Gelage gewesen und erging sich, voll des süßen Zuckerrohrweines, in überschwänglichen Freundschaftsversicherungen. Sein Sohn und seine Höflinge eiferten ihm mit Hingebung nach. »Als ich ein kleiner Knabe war«, sagte er und streckte mir seine fetttriefende Tatze hin, »ist ein weißer Mann in unserm Tal gewesen (Dr. Kersten, der Gefährte von der Deckens); nun, da ich alt bin, kommst du als Zweiter. Du musst nun immer hier bleiben und wir wollen große »*Daua*« (Zauber) machen und ganz Ugueno unterwerfen und du sollst so viel Weiber und Lebensmittel haben, wie du willst.«

Das klang freilich sehr verlockend, aber ich gestand vorläufig nur einen Tag weiteren Aufenthaltes und eine große »*Daua*« zu und stellte meinen schwarzen oder vielmehr roten Freund schließlich auch damit zufrieden. Ich sage »roten« Freund, weil Naguvu sich nach Massaiart den Körper, einschließlich Haare und Schmuck, mit Fett und rotem Lateritton eingeschmiert hatte, sodass er im Lampenlicht funkelte und blitzte. Schön ist der etwa vierzigjährige Herr von Usangi nicht, seine Augen sind zu glotzig, sein Mund zu wulstig und sinnlich; aber seine Gutmütigkeit bewies er in Wort und Tat.

Einer Begrüßungsziege, die er am Abend mitgebracht hatte, ließ er am Morgen eine fette Kuh folgen und holte sich dafür Zeug, Perlen, Fese, Pulver, Zündhütchen. Beim Schlachten des Rindes kam wieder einmal die ganze bestialische Grausamkeit der Neger zum Vorschein. Das ahnungsvolle Tier war störrisch geworden und schlug und stieß nach jedem, der sich ihm näherte. Das Sträuben dauerte aber einem der blut- und fleischgierigen Burschen meiner Suahelibegleitung zu lang. Er kroch darum auf der Erde leise von hinten an das Rind heran und schnitt ihm mit einem Zug die Sehnen beider Hinterfüße durch, sodass die gequälte Kreatur unter dem Jubel der Umstehenden schmerzröchelnd zusammenbrach. Dass ich, mit dem Gewehr hinzuspringend, dem Messerhelden einen Kolbenstoß versetzte und das Tier vor die Stirn schoss, erregte nur allgemeines Erstaunen und Bedauern, hielt die Suaheli aber keineswegs ab, dem Körper noch nachträglich die Halsschlagader zu öffnen, damit dem islamitischen Ritus Genüge getan sei, ohne dessen Erfüllung diese Viertel- und Achtelmohammedaner, wie ich sehr oft auf der Jagd und im Lager beobachten konnte, allen Fleischgenuss verschmähen.

Die Ziege blieb verschont, wurde zur Erinnerung an eine Dame unserer Bekanntschaft, mit der sie eine auffallende Profilähnlichkeit hatte, »Adelheid« getauft und hat uns noch viele

Tage durch ihre Zutraulichkeit und ihr lustiges Gemecker erfreut.

Beim Gegenbesuch fand ich Naguvu in seinem Kral, dessen lebendige Drazänenpalisaden nur durch ein niedriges Kriechloch zu passieren sind. Darin stehen vier höchst verwahrloste Hütten des Usambarastils, in denen Mensch und Vieh einträchtig beieinander wohnen. Seine acht Weiber, von denen immer zwei mit ihm abwechselnd in einer Hütte nächtigen, und seine 14 Kinder wurden sämtlich vorgeführt und glotzten uns, soweit sie nicht zu alt und nicht zu jung waren, mit verlegenem Lächeln an. Es war ein herzerquickendes Familienbild, aber der Schmutz, der Gestank, das Kleinkindergeschrei riss uns doch bald los und trieb uns von diesem afrikanischen Fürstenhof in unser Lager zurück.

Beim wolkenlosen Mittagshimmel gelang eine Breitenbestimmung und am Nachmittag wurde fotografiert, gesammelt, gefragt und der viel genannten Eisengewinnung des Landes nachgegangen, über die weiter unten Ausführlicheres folgt. Stets fand ich die Leute freundlich, willig, bescheiden. Der Abend aber brachte zuerst meine große *»Daua«* zur Weihung des Landes in Gestalt von drei Raketen mit Leutkugeln und darauf die Schließung ewiger Freundschaft zwischen mir und Naguvau. Letztere Zeremonie war etwas umständlich und lang dauernd. Nachdem sich Naguvu mit seinem Kriegsvolk vor dem Zelt im Halbkreis niedergehockt hatte, brachte sein Sohn einen Topf Zuckerrohrpombe, Muini ein Stück gebratenes Fleisch und schnitt es in Streifen. Ich setzte mich mit Naguvu an den Topf, er erfasste einen Stein, klopfte an das Gefäß und begann eine unendlich lange Verbrüderungsformel abzuleiern und grausige Verwünschungen gegen seine Feinde auszustoßen und gegen mich, falls seine Feinde von jetzt ab nicht auch die meinigen sein würden. Dabei dauerte das Klopfen an das Gefäß ohne Unterbrechung fort und nach jedem wichtigen Abschnitt wurde ein Fleischstreifen in den Pombetopf geworfen. Mit Muinis Hilfe wiederholte ich nach Naguvus Vorgang den ganzen Hokuspokus mit Verfluchen, Klopfen, Wünschen und Fleischwerfen zu allgemeiner Zufriedenheit, worauf wir gleichzeitig mit der Rechten in den Topf fuhren, einen Fleischbrocken herausholten und verschlangen. Zum Schluss spuckten wir beiden Bundesbrüder kräftig in das Gefäß; die Hauptbeteiligten folgten unserm Beispiel. Der Topf aber mit seinem heiligen Inhalt wurde weggetragen zu ewiger Aufbewahrung in Naguvus Schatzkammer.

Um die Gesellschaft endlich loszuwerden, erfüllte ich Naguvu seinen Wunsch und gab ihm eine Flagge, die er als große »*Daua*« auf seine Hütte stecken wollte, wie die unsrige über dem Zelt wehte. Es ist dies eine einmalige Ausnahme von der Regel meiner Reisepraxis und dies sei betont, weil ich nicht in den Verdacht eines so genannten Flaggenhissers kommen möchte, deren Tun in Ostafrika, besonders in der schon durch internationale Vereinbarung deutschen Interessensphäre, nachgerade etwas possenhaft geworden ist.

Von unserer Verbrüderung aber war Naguvu höchst befriedigt und sein Volk pries seine Stärke. Es ist doch wunderlich, wie fest diese Naturmenschen an die Wirksamkeit einer »*Daua*« glauben und immer wieder neue »*Daua*« begehen, da sie sich doch praktisch jedes Mal von der Wirkungslosigkeit derselben überzeugen müssen. Dieser menschliche Zug geht durch alle Religionen. Oder ist es etwa mit dem christlichen Gebet, den geweihten Angebinden, den Heiligenbildern und dergleichen etwas anderes?

Zum Abschied fand sich Naguvu am Morgen zeitig ein und wies uns zwei junge Burschen als Führer zu, die uns bis zum Ngoviberg am Nordrand Uguenos begleiten sollten. Nun ging es an den buschigen Berglehnen entlang im Tal des Dschegobaches abwärts. Nach einer Stunde überschritten wir halb schwimmend den zu einem Flüsschen angewachsenen Bach, der nun nach Osten zwischen mächtigen Gneisblöcken in die Lasantischlucht hinabrauscht, wo er sich mit dem von Norden kommenden Dschunguli vereint, bevor er die Steppenebene erreicht. An den schlüpfrigen Lehmwänden des tief erodierten Dschungulitales kletterten wir weiter nach Norden, begleitet vom Tosen des Baches, der im Nebel unsichtbar rechts unter uns brauste. Ein geschluchtetes Nebental des Dschunguli folgte dem anderen, alle gut mit Zuckerrohr und Bataten bebaut und wie in Dschagga durch künstliche Gräben vom Oberlauf der kleinen Bäche aus bewässert. Die Übereinstimmung der Bevölkerung, die wir in den Feldern beobachten konnten, mit dem Wambugustamm des mittleren Usambara ist vollkommen in Sprache und Aussehen. Nennen sie sich doch sogar selbst Wambugu und den Distrikt Wambuguni.

Als der Nebelschleier einmal riss, ward uns ein kurzer Blick auf die durch die Lassantischlucht sichtbare Südspitze des Dschipe-Sees oder Ipe-Sees, wie ihn die Wagueno nennen. Als ein grünes Band schlängelt sich der Dschego-Dschunguli durch die fahle Ebene dem Seeufer zu, verbreitert sich aber, bevor er den See erreicht, zu einem ausgedehnten Sumpf, der wohl nur in der vollen Regenzeit einen Abfluss zum See gewinnt. Auch der Kibo und Mawensi erschienen einmal für einen Augenblick über den Wolken und strahlten in neuen Schneemänteln, aber Ugueno wurde erst übersichtlich, als wir den brausenden Dschunguli, die Grenze zwischen Naguvus Distrikt Usangi und Jangobis Distrikt Ugueno, durchwatet und uns auf den kahlen Sungoberg hinaufgearbeitet hatten, der, wie der Gamualla in der Südhälfte, eine isolierte und deshalb dominierende Stellung in der Nordhälfte des Berglandes einnimmt. Nach allen Seiten hin konnte gepeilt und visiert werden, während sich die Leute die Zeit damit vertrieben Eisenerze zu sammeln, die auch hier, wiewohl in kleinen Mengen, an der Oberfläche liegen.

Hatten uns bisher die Eingeborenen aus ihren Feldern mit dem Dschaggagruß *»mbuia«* (Freund) bewillkommt, so ward uns beim Abstieg in das breite Msangonital ein wenig liebenswürdiger Empfang. Von allen Seiten stürzten Bewaffnete herbei und suchten uns schreiend und springend am Weitermarsch zu hindern. Schon machten die leicht erregbaren Somali Anstalten zu Gewaltmaßregeln, als Muini mit Würde seine Freundschaftswunde auf der Brust entblößte und unser Usangiführer mit Stolz ausrief, ich hätte mit Naguvu »aus dem Freundschaftstopf gegessen«, und Naguvu wünsche, dass wir den Berg Ngovi bestiegen. Das änderte die Situation. Man begleitete uns bergauf, bergab noch eine gute Strecke mit Geschrei und Gelächter, bis wir dem Ngoviberg nahe kamen, dann verzog sich das rauflustige Gesindel und wir lagerten am Mondjabach unter den grauen Gneiswänden des Ngovi, bald im friedlichen Tauschverkehr mit den wenigen Anwohnern.

Der Besteigung des Berges stand am nächsten Vormittag

nichts im Weg. In zwei Stunden standen wir auf seinem farnbewachsenen Gipfel (1700 m), von dem aus kleine Galeriewäldchen in den Schluchten zur Ebene hinuntersteigen, und trafen es mit dem Wetter so gut, dass eine Breitenbestimmung des Ortes und eine Profilaufnahme von ganz Ugueno gelang. Im Süden überragt der breitschulterige Kindorogo in der Usangikette alle seine Genossen und ist somit die höchste Erhebung des ganzen Landes. Im Nordwesten war der große Nordkessel Uguenos leider durch eine vorspringende Bergstrebe verdeckt, aber im Osten erstreckte sich zu unseren Füßen der Dschipe-See in seiner ganzen Länge. Kein einziges von den hinabrieselnden Gewässern erreicht das Seeufer; sie alle verlaufen und verdunsten unfern vom Gebirgsfluss in grünen Sümpfen und Lachen. So bleibt als sichtbarer Zufluss des Sees nur der vom Ostkilimandscharo kommende Lumi, der bereits ein Mündungsdelta in den See vorgeschoben und nahe vor der Mündung eine kleine Insel angeschwemmt hat, auf und neben welcher sich, wie durch das Glas zu erkennen war, mehrere Flusspferdfamilien tummelten, während am Ufer Scharen blendend weißer, großer Vögel über sich sonnenden Krokodilen kreisten. Von Eisenerz war am Ngovi nichts zu entdecken.

*Der Dschipesee und das Uguenogebirge*

Im Nebel und Regen kehrten wir zum Lager zurück, im Regen gingen der Nachmittag und die Nacht hin und im Nebel begannen wir den Abstieg zur Ebene hinab auf einem dünnen Pfädchen, das Ugueno mit Taweta verbindet. Die jähen Ostwände des Gebirges waren nass und glatt und ließen dem Pfad oft nur ein fußbreites Felsband zur Benutzung, auf welchem das Wandern neben dem schwindelnden Abgrund für die Träger nichts weniger als belustigend war. Kaum waren wir einige hundert Fuß hinabgeklettert, als mit großem Lärm einige Boten des Häuptlings Jangobi hinter uns herkamen und uns aufforderten umzukehren und dem Landesherrn den schuldigen Besuch abzustatten. Selbstverständlich dachte ich nicht daran. Aber der Zwischenfall war darum peinlich, weil daraufhin unsere beiden neuen Führer streikten und mit den abgewiesenen Boten zurückkehrten. Der See jedoch leuchtete so ermutigend herauf und der einzige Pfad dieser Gegend war in der Ebene so weit hin zu übersehen, dass wir glaubten, wieder einmal einen führerlosen Marsch wagen zu können, und unverdrossen weiterzogen. Der Versuch schlug gut aus. Auf den unteren Ausläufern des Gebirges passierten wir noch einige eisenhaltigen Stellen, wo, nach verglasten Scherben und Kohlen zu schließen, gelegentlich auch das Erz geschmolzen worden war, schnell trat dann die Nika-Vegetation in ihr Recht und in der Ebene umfing sie uns mit all ihrer Dürre, ihrem trocknen Lianengewirr, Weißdorngestrüpp und ihren grauen Grasbüscheln.

Bevor wir uns aber vom Fuß der Berge weiter abwenden, werfen wir noch einen zusammenfassenden Blick über ganz Ugueno, wie wir es in unseren Streifzügen kennen gelernt haben. Ugueno ist ein Gneisgebirge. Jüngere vulkanische Vorkommnisse reichen vom Zentralherd Kilimandscharo aus im Norden Uguenos bis an den Rufufluss, im Westen bis an den Mruschungabach und im Osten bis zur Mitte des Dschipe-Sees am Fuß des Gebirges. Die höchste Bergkette des Landes bilden die Usangiberge im Südwesten, deren hervorragendste Gipfel von Norden nach Süden gerechnet der Gamualla, der Schego, Kimbale, Kindorogo, Dschomvu sind. Im Nordwesten dominiert der Kiberenge neben dem Lambo, im Nordosten der Ngovi. Wie Usambara und Pareh, so ist auch Ugueno einer Insel mit steilen Küsten vergleichbar, die zu dem weiten Ozean der umgebenden Steppenebenen ohne einschneidende Talbildung abstürzen. Die mächtigen Schichten des dichten Gneises streichen im Allgemeinen nordsüdlich und fallen an der Ostseite des Gebirges unter ca. 25° zur Ebene ein.

Der größte und längste Wasserlauf des Landes ist der Dschunguli, welcher, am östlichen Lambo entspringend, den Osten des Landes entwässert und kurz vor seinem Austritt in die Ebene die Usangikette entwässernden, vom Dschego kommenden Dschegobach aufnimmt.

Der bedeutendste Abfluss des Kiberenge und westlichen Lambo ist der zur Rufu-Ebene abfließende Wangobibach, der des südlichsten Gebirgsteiles der Boru, der des Ngoviberges der nach Osten fließende Mondja. Die Wasserscheide zwischen Norden und Süden liegt somit auf dem relativ niedrigen Hügelzug, welcher den Nordrand des Landes zwischen Lambo und Ngovi zum großen Nordkessel hin bildet.

Entsprechend der geringen Ausdehnung des Gebirges, das einen Flächeninhalt von rund 175 qkm hat, ist die Wassermenge seiner Bäche und Flüsschen nirgends groß. Den Dschunguli maß ich in der Mitte seines Laufes nur ½ m tief bei 5 m Breite und den Dschego kurz vor seinem Einfluss in den Schunguli ½ m tief bei 3 m Breite. Viel wasserreicher werden sie nach Aussage der Eingeborenen auch in der vollen Regenzeit nicht. Nur der Dschunguli erreicht in der Regenzeit den Dschipe-See, die übrigen Uguenobäche verlaufen insgesamt in Sümpfen, falls sie überhaupt bis zum Fuß des Gebirges hinabkommen, denn in Ugueno wie in Dschagga wird durch künstliche Felderberieselung den natürlichen Wasserläufen ein großer Teil ihres Inhaltes entzogen.

Die Bevölkerung von Ugueno, die Wagueno, sind im westlichen Distrikt ein den Waschamba Usambaras, im übrigen Land den Wambugu von Mittel-Usambara sehr ähnlicher Stamm. Unter dem gleichen Namen »Wambugu« haben sich die Letzteren am reinsten im mittleren Dschungulital erhalten. Früher waren sie eine selbstständige Gemeinschaft unter ihrem Häuptling Kirura, der am nordöstlichen Gamualla seinen Sitz hatte. Vor Jahren wurden sie jedoch von Naguvu bekriegt und besiegt, ihr Häuptling getötet und sie selbst auf das Dschungulital beschränkt, das sie nun in fleißiger Arbeit mit Zuckerrohr und

Bananen bestellen, um einen erheblichen Teil an Naguvu als Tribut abzuliefern.

Von Körperbau nicht über mittelgroß, sind die Wagueno doch sehnig und muskulös. Wie die Bewohner Usambaras sich ein rundes Mal in die Stirnmitte als Stammesabzeichen eintätowieren, so die Wagueno einen von der Stirnmitte zur Nasenwurzel verlaufenden schwarzen Strich. Das Spitzfeilen der oberen und das Ausbrechen der beiden mittleren Schneidezähne, wodurch dem Gebiss etwas Raubtierisches, Furchtbares verliehen werden soll, sowie das Bedecken des ganzen Oberkörpers mit hunderten von kleinen Schnittnarben als Schmuck und Medizin haben sie ebenfalls mit den Waschamba gemein. Besondere Tätowierungsmuster finden sich mitunter an den Weibern, wie früher erwähnt.

Tierfett und roter Ton, wie ihn am schönsten die Termitenhaufen liefern, sind zum Einreiben des ganzen Körpers das beliebteste, wohl den Massai nachgeahmte Schmuckmittel der unverheirateten Krieger. An ihnen erfährt auch die Haartracht die typischste Ausbildung, wenn auch mit mancherlei persönlichen Varietäten. Einige wenige haben den Schädel glatt rasiert, einige andere kurz geschoren, mehrere lassen verschiedene Lagen stilvoller grasdurchflochtener Zöpfe in den Nacken hängen, aber die große Mehrzahl trägt das Haar in lauter dünne Strähnen gedreht, die vom Wirbel ringsum lose herabhängen und über den Augen zu einer geschmackvollen »Pagenfrisur« abgeschnitten werden. Wenn dazu einer sich einige Strähnen unter dem Kinn zusammenbindet und den Zipfel mit großen Perlen behängt oder wenn ein anderer die Strähnen wie Lockenwickler aufrollt, so sind das besondere Koketterien der schwarzen Stutzer.

Die große Schild- und Speerform haben die Männer, die Messing- und Eisenspiralen um Hals, Arme und Beine haben die Weiber von den Massai angenommen. Ihnen eigen sind dagegen, wie den Wambugu Usambaras, die auffallend großen, perlenbesetzten Ohrringe, die dicken Messinghalsbänder und die eisengezierten hölzernen Ohrpflöcke, durch die das Ohrläppchen bis zu 8 cm Durchmesser ausgedehnt wird. Die Männer gehen nackt bis auf einen nur die Brust bedeckenden Zeug- und Lederschurz, die Weiber schlingen ein Fell um den Mittelkörper wie die Massaiweiber. Beschneidung ist allgemein.

Einen einheimischen Gesamtnamen für das ganze Bergland scheint es nicht zu geben. Der von den Küstenleuten und auf den Karten allgemein gebrauchte Name Ugueno ist der Name des nördlichen Teiles, den der Häuptling Jangobi innehat und der den Wadschagga, von welchen die Küstenleute wohl zuerst den Namen hörten, am geläufigsten ist, weil sie dieses ihnen benachbarte Gebiet häufig mit Krieg und Raub heimsuchen.

Dank den regelmäßigen Plünderungen durch Mandara, ist im Nordwesten das Land bis zum Wangobital gänzlich menschenleer. Im Norden sucht der Häuptling Jangobi anstatt seines im Kampf gegen Mandaras Banden gefallenen Vaters Sereki den Feind abzuwehren, während der kleine Distrikt des alten Häuptlings Mafurra für den Südwesten des Landes den Prellstein bildet. Am dichtesten bevölkert und am besten angebaut sind infolgedessen die südlichen und die östlichen Gebiete, die unter dem Häuptling Naguvu von Usangi stehen. Dort lässt der intensive Anbau der Mulden, Schluchten und Tallehnen ahnen, was Ugueno früher gewesen ist, bevor die Raubzüge Mandaras den Nordwesten entvölkert haben.

Dass die Hüttenform teils die der Wadschagga, teils die der Waschamba ist, wurde bereits erwähnt. Bananen sind die Hauptnährfrucht, daneben Bohnen, Mais, Hirse, Bataten, Maniok und zur Pombebereitung Zuckerrohr. Ziegen und Schafe werden wenig, Rindvieh nur von Naguvu selbst in sehr geringer Zahl gehalten, aus Furcht, die Begehrlichkeit Mandaras und der Massai zu reizen. Wie in Dschagga, so wird das Vieh hier durch Stallfütterung genährt, während doch die Wambugu Usambaras die schönen Usambara-Rinder für ihren Herrn auf die offene Weide treiben.

Die verschiedene Bevölkerungsdichtigkeit bringt es mit sich, dass nur die äußeren Randberge und der ganz menschenleere Nordwesten mit Wald oder Buschland bewachsen sind, dagegen Mittel-, Süd- und Ost-Ugueno da, wo es nicht durch »Kulturenbrand« entholzt und mit Feldern bezogen ist, bis auf die Bergkuppen entweder nur niedrigen Busch trägt oder ganz buschlos, d. h. gras- und farnbewachsen ist.

Von der viel genannten Eisengewinnung der Wagueno, insbesondere der Usangileute, war ich ziemlich enttäuscht. Und wenn das Schmiedeverfahren auch gegen uns geheim gehalten wurde, so tat man das gewiss nicht, weil an dem Verfahren selbst etwas zu verheimlichen wäre. Die Gewinnung des Roherzes geschieht ohne Heimlichkeit. Auf meine Frage nach der Erzgewinnung wurde ich bereitwillig an den Dschegobach geführt, an dessen Ufer der schwarze, stark eisenhaltige Sand über der Wasserlinie mit der Hand so lange in Löchern ausgespült wird, bis fast nur die schweren Eisenteilchen übrig geblieben sind. Der Dschegobach erodiert das Eisen sehr wahrscheinlich aus den die Gneisfelsen durchsetzenden Quarzgängen, in welchen wir es des Öfteren beobachteten. Wo oberflächliche Verwitterung das Erz in größeren Stücken aus dem Gneis bloßgelegt hat, wie wir es am äußeren Westabhang des Gebirges, am Sungoberg und an den unteren östlichen Ausläufern Uguenos fanden und wie es auch in der Usangikette vorzukommen scheint, wird es meist an Ort und Stelle verarbeitet.

Das Erzsuchen ist Frauenarbeit. Das gesammelte Material wird mit Holzkohlen vermengt in Erdgruben einem mehrtägigen Feuer ausgesetzt, bis sich das geschmolzene Erz auf dem Grund der Grube angesetzt hat. Das Schmelzen, Schmieden und alle weitere Bearbeitung ist Sache der Männer, besonderer »*Fundi*« (Meister), die sich diesem Geschäft widmen, sooft das Bedürfnis vorhanden ist. Die erforderliche Holzkohle wird in kegelförmigen Weilern gebrannt und in langen, grasgeflochtenen Bunden aufbewahrt. Das Schmiedegebläse stellen zwei sackförmige, oben und unten offene Ziegenfelle dar, die sich beim Ausziehen durch die obere Öffnung voll Luft blähen, beim Zusammendrücken und Zuhalten der oberen Öffnung aber die Luft durch die untere Öffnung in eine Tonröhre einblasen, welche zu den brennenden Kohlen leitet. Der Apparat ist also der nämliche wie in Dschagga, aber die Erzeugnisse (Speere, Beile, Spaten, Hals- und Armringe, Messer) stehen weit hinter denen der Wadschagga zurück, weil die Letzteren fast nur noch europäischen Eisendraht verarbeiten, während die Wagueno das einheimische Erz erst durch langwieriges Hämmern und Glühen in leidlich brauchbares Schmiedeeisen verwandeln müssen. Die Produktion ist sehr gering, woran außer der schwierigen Herstellung auch die Furcht vor der Raublust Mandaras und der Massai schuld ist. »Wir dürfen schon keine Rinder halten, wenn wir in Ruhe bleiben wollen«, antwortete mir Naguvu, als ich ihn darum befragte, »was sollen wir Mandara auch noch durch viel Eisengerät anlocken.«

Dass das Land bei seiner mittleren Höhe von 1400 m, bei seiner Bodenbeschaffenheit und der Arbeitsamkeit der Bewohner nicht viel hinter Usambara zurückstehen würde, wenn Mandara nicht so nahe wäre, ist sehr wahrscheinlich. Dass es aber auch bei einer allseitig friedlichen Entwicklung dem gesegneten Dschaggaland jemals gleichkommen könnte, ist kaum anzunehmen.

Nichtsdestoweniger gehört Ugueno zu den wertvollen Gebieten in der deutsch-ostafrikanischen Interessensphäre und darf einer aussichtsreichen Zukunft entgegensehen, wenn es erst durch einen gesicherten Verkehrsweg der Küste des Indischen Ozeans näher gerückt sein wird.

Wir setzten unsere Wanderung vom Ostfuß Uguenos durch die Nika-Ebene nach Dschagga fort. Zwei Stunden waren wir nach Norden durch die dornige Baumsteppe marschiert und hatten allmählich den dunklen Galeriewald, welcher den Abfluss des Dschipesees, den Rufu, säumt, von rechts heranziehen sehen, als vor uns ein paar Eingeborene auftauchten, die durch ihr furchtloses Entgegenkommen sich sofort als Tawetaleute kennzeichneten. Sie hatten Honig gesammelt und waren auf der Heimkehr. Das war ein wahres Glück für uns, denn ohne ihre Führung wären wir nie über den großen, vor uns liegenden Papyrussumpf, zu dem sich der Rufu im Norden Uguenos verbreitert, hinweggekommen.

Ich habe manchen Fluss- und Sumpfübergang mitgemacht, in Java und in den Philippinen, in Japan und in Transvaal, aber gegen den Rufusumpf bei Ugueno sind sie alle Kinderspiel. Die Tawetamänner waren vor zwei Tagen herübergekommen und folgten ihren noch frischen Spuren. Unmittelbar hinter dem schmalen Streifen hoher Laubbäume zwängten wir uns vom Ufer aus in einen scheinbar undurchdringlichen Wald kolossaler Papyrusstauden hinein und sanken sofort bis an die Knie in den schwarzgrauen Schlamm. Ein Stück weiter waren die Papyri durch Flusspferde niedergetreten und dort hatte die Sonne den Schlamm so hart getrocknet, dass wir über die tiefen Spuren der Flusspferde von Rand zu Rand springen konnten. Dann folgte ein offener Wasserlauf, schwarz und bewegungslos wie der Styx. Aus Papyrusstämmen wurde eine schwankende Brücke zusammengeschichtet, die aber unter der Last der Träger sich tiefer und tiefer senkte, sodass die letzten Karawanenleute, bis an die Schultern einsinkend, sich durch das dunkle Wasser mit den Füßen tasten mussten. Stellenweise hatte sich der Schlamm zu kleinen Inseln mit Busch und Baumwuchs verdickt, aber wir kamen darum nicht leichter vorwärts; das knietiefe Stampfen durch den Morast, das Abhacken der Papyrusstämme, das Durchwaten durch die Wasserrinnen, das Forthelfen Ermüdeter und Gefährdeter dauerte 2½ Stunden. Fast alle Lasten wurden nass. Mitunter erschreckte uns ein in nächster Nähe schnaubendes Flusspferd oder der penetrante Moschusgeruch eines verborgenen Krokodils. Fremdartig wie eine phantastische Szenerie aus vergangenen Erdperioden war unsere Umgebung, vor allem der Papyrus selbst mit seinen durchschnittlich 4 m hohen armdicken Stämmen und ½ m breiten Blattrosetten. Endlich fühlten wir wieder festen Boden unter den Füßen, das Papyrusdickicht ging in hohen Wasserwald über und nach weiteren 100 m konnten wir am jenseitigen Rand des schmalen Uferwaldes unter hohen Mimosen Lager schlagen.

Mit Angelhaken fingen einige Träger im Sumpf mehrere bis 9 kg schwere bärtige Welse, die etwas fett, sonst aber nicht übel schmeckten. Scharen von Meerkatzen kreischten uns aus den Bäumen die Tafelmusik. In der Nacht aber war die Plage der Moskitos, die in Tausenden und Abertausenden aus dem Sumpf erstanden, so quälend, dass kein Mensch im Lager ein Auge schloss. Mit dem hohen Diskant ihres Summens verschmolz das leise Flattern der Fledermäuse und Nachtschwalme, das gelegentlich tiefe Grunzen der Nilpferde im Sumpf, der laute Schrei eines Affen im Wald, das kurze Gebell eines Leoparden in der Steppe zu einer Harmonie echt afrikanischer Wildnis, die niemals vergisst, wer sie einmal gehört.

Nur wenig erquickt zogen wir mit Tagesgrauen von dannen. An den dem Sumpf nächsten Rundhügeln betraten wir wieder vulkanischen Boden und kreuzten bald den Pfad, der nach Taweta führt. Unsere Führer verließen uns, aber die unteren Wadschimbahügel, die so genannte Makessa-Gruppe, am Fuß des Kilimandscharo waren uns eine weit sichtbare Richtungsmarke, auf die wir pfadlos durch das verfilzte Steppengras nach Norden hin marschierten. Auf dem Kilimandscharo wallten die Nebel und zur Rechten, fern über dem dunklen Waldstreif von Taweta, wirbelten die bläulichen Rauchwolken der gastlichen Eingebore-

*Im Papyrusdickicht des Rufuflusses*

nen auf. Die Sonne über uns und der Boden unter uns glühte und der Durst brannte uns gegen Mittag schier die Kehle durch, da es niemand für nötig gehalten hatte, aus dem schlammigen Sumpfwasser einen genügenden Marschvorrat mitzunehmen. In wachsender Geschwindigkeit eilte jeder dem noch zwei Stunden entfernten Habaribach zu, der uns vor zwei Monaten auf dem Weg nach Modschi zuerst getränkt hatte.

Bevor wir aber unseren Modschiweg gefunden hatten, stand plötzlich in der öden Strauchwildnis ein riesiges Rhinozeros kaum 30 Schritt vor uns und stierte uns mit aufgestellten Ohren und hochgehobenem Schwanz wie versteinert an. Mit unseren schlechten Gewehren war an eine Jagd auf das große Wild nicht zu denken; es wäre höchstens eine »Aasjägerei« geworden. Der Koloss kam aber, als wir anhielten, langsam ein paar Schritte näher, gerade auf Purtscheller zu, der ihm ohne Waffe gegenüberstand. Die Träger hatten sofort ihre Last abgeworfen und sich ins Gebüsch geduckt. Da plötzlich rannte das Tier mit geradeaus gestrecktem Kopf auf Muinis rote Jacke zu, verfehlte aber sein Ziel, da Muini einen Riesensatz zur Seite machte, und galoppierte mit einer Eleganz der Bewegungen davon, die ich einer so ungeschlachten Kreatur nie zugetraut hätte. Die Heiterkeit hinterher war natürlich groß und hielt noch lange an, als wir bereits unter den Schattenbäumen des rauschenden Habaribaches uns gelagert, gebadet und getrunken hatten fast bis zum Ertrinken.

Mit Lust und lautem Lachen legten wir in der Frühe des nächsten Tages die drei Stunden nach Marangu hinauf zurück, wo wir jedermann sehr überraschend kamen. Man hatte uns erst in mehreren Tagen erwartet und war in Besorgnis gesetzt worden durch allerlei Gerüchte über harte Kämpfe, die wir mit den Wagueno gehabt haben sollten. Umso stürmischer äußerte sich die Freude des Wiedersehens. Bei der wahnsinnigen Flintenknallerei geschah es aber diesmal, dass ein Tölpel aus Dummheit einen Schrotschuss losschoss und zwei Träger, die eben von Ugueno heimgekehrt waren, so schwer an den Oberschenkeln verwundete, dass sie drei Wochen später bei unserm Aufbruch zur Küste noch nicht marschfähig waren. So fand die Uguenoreise doch noch einen blutigen Abschluss.

Wieder folgten ein paar schöne Tage des Lagerlebens, des Materialordnens, der Korrespondenz, Lektüre und anderer beschaulicher Beschäftigungen. Aus Sansibar und Europa waren mit der Modschipost wieder Briefe und Zeitungen angekommen, die nichts Betrübendes meldeten; und das ist genug. Einige Tage später kam Dr. Abbott zu Besuch auf seiner Rückkehr von Aruscha, südlich von Kahe, wo er in den Steppen Elefanten geschossen und dabei um Haaresbreite zertreten worden wäre. Kaum war er fort, als wir Missionsbesuch bekamen und so brachte jeder Tag etwas Neues. Da unser Gemüsegarten in üppiger Fülle prangte, vermochte ich meinen Gästen Radieschen, Rettiche und Salat vorzusetzen, wofür als sehr willkommene Gegengaben Salz und Kaffee in unsere bedenklich leer gewordenen Vorratskoffer wanderten.

Viel in Anspruch war ich in diesen Tagen durch ärztliche Behandlung von Dschaggakindern genommen, welche mir Mareale meist selber zuführte. Sie leiden an großen, bis 15 cm langen Geschwüren am Unterschenkel, die ohne äußere Ursache entstehen und monatelang die armen Kleinen durch offene Wunden peinigen. Die Krankheit ist sehr häufig, aber die einheimische Behandlung, bestehend im Auflegen von frischem Kuhdünger, ist schwerlich ein geeignetes Heilverfahren.

Erfreulichere Unterbrechungen waren die an mehreren Abenden sich wiederholenden Defiliercouren von jungen Weibern und

*Am Dehufluss in Kahe*

Mädchen, die nur mit einem Läppchen und einer Perlschnur gegürtet, sonst aber mit Fett und rotem Ton festlich gesalbt, eine in gleicher Weise geschmückte Braut zur Hütte des jungen Gatten führten und beim Gehen mit den faustgroßen Glocken, die sie an den Knöcheln trugen, eine liebliche Musik machten wie eine heimkehrende Kuhherde. Schade, dass man eine solche Szene nicht in Europa vorführen kann; man würde Respekt bekommen vor afrikanischer Sitte.

Die täglich aus Südosten heftiger wehenden Winde, die fast in jeder Nacht strömenden Regengüsse und das immer umfänglicher werdende Wolkentreiben am oberen Kilimandscharo mahnten uns zur Eile, wenn wir in den oberen Bergregionen noch etwas ausführen wollten. Schon lange trugen wir uns mit dem Plan eines Besuches des Süd- und Westkibo. Noch einmal, bevor wir uns zur Küste zurückwendeten, folgten wir daher zum Schluss unserer Kilimandscharo-Touren dem Zug nach dem Westen, noch einmal dem Zug nach oben.

# Am westlichen Kilimandscharo

Nachdem im Jahre 1848 der Missionar Rebmann den Kilimandscharo entdeckt hatte und bis zur Landschaft Madschame am Westabfall des Gebirges vorgedrungen war, hat die Expedition des deutschen Reisenden Klaus von der Decken 1861 Madschame wiederum besucht und von dort aus das Gebirge zu erschließen versucht. Seitdem ist mancher Europäer dorthin gelangt, aber durch keinen ist unsere auf den deckenschen Reise-Ergebnissen beruhende Kenntnis von jener großartigsten Seite des äquatorialafrikanischen Schneeriesen wesentlich erweitert worden.

Ich hatte deshalb auch die Westseite des Gebirgsstockes in meinen Forschungsplan mit einbezogen und rüstete mich nun, um Mitte November, zu einem Aufstieg am Süd- und Westkibo. Die westlichen Dschaggastaaten waren aber gerade jetzt der Schauplatz besonders erbitterter Fehden zwischen den Häuptlingen Mandara von Modschi und Sinna von Kiboso, an welchen die kleineren Nachbarn notgedrungen teilnehmen mussten. Ich vermochte deshalb nicht quer durch Dschagga direkt auf mein Ziel loszugehen, sondern musste von Marangu durch den Urwald zu den Grasmatten oberhalb der Waldregion aufsteigen, um von dort, westwärts über den Dschaggaländern entlangwandernd, den südlichen und westlichen Fuß des Kibo zu erreichen.

Am 14. November machten wir uns erst mittags im stechenden Sonnenbrand auf den Weg, da die beiden von Mareale gestellten Führer nicht früher aufzutreiben gewesen waren, und stiegen langsam durch den offenen Busch in die schattigen, bachdurchrieselten Bananenhaine hinein, auf dem nun schon zum fünften Mal in diesem Jahr begangenen Pfad über die Kulturgrenze und die folgende Farnregion hinaus, zum unteren Urwaldrand, wo wir auf der kleinen orchideentragenden Kampine am murmelnden Ruabach wie früher die Zelte aufschlugen. Meine Karawane war diesmal nur 20 Mann stark, also beweglich genug, um alles Mögliche mit ihr auszuführen. Herr Purtscheller war zwar noch recht angegriffen infolge von bösen Verdauungsstörungen, die er sich durch reichlichen Genuss von Dschagga-Bananen zugezogen hatte – welche in reifem Zustand seltsamerweise nicht einmal die Sansibarträger ungestraft genießen konnten –, erhoffte aber, ebenso wie ich für mein aus Ugueno stammendes Fieber, baldige Besserung von der Höhenluft.

Schon die erste Nacht im 1960 m hohen Ruabachlager war bei +5° C Minimumtemperatur köstlich erfrischend. Vom Bach drang summendes Murmeln, aus dem tauigen Riedgras unserer Kampine das Zirpen der Zikaden und aus dem Waldesdickicht bisweilen das ferne Posaunen eines Elefanten an unser Ohr. Und funkelnd klar brach der Morgen an. Im Urwald prangten nun viele Pflanzen, die früher im graugrünen Moosbehang gestanden hatten, in vollem Blütenschmuck. Besonders wirkungsvoll hoben sich die mit rotbraunen Blütentrauben belasteten Sumachbäume und die weißblütigen hohen Drazänaformen, welche den Hauptbestandteil des Waldes bilden, von den tief stehenden indigoblauen Staudenblütlern ab, über welche im Dämmerlicht des Waldes einzelne durch das Blätterdach dringende Sonnenstrahlen spielend hinwegtanzten. Gegen Mittag traten wir auf die offene Grasflur über der Waldregion hinaus und wanderten auf ihrem von roten Immortellen und Amaryllen durchwebten Teppich nun mehr nach Westen. Bald zogen dunkelgraue Wetterwolken aus Südosten heran und ehe wir unsere Strohhütten am *Muëbach* (2890 m) erreichten, brach das Gewitter los in so urgewaltiger Heftigkeit, dass die meisten Träger, vom Hagel gepeitscht, sich halb ohnmächtig vor Kälte und Entsetzen neben ihre Lasten warfen und nur durch Hiebe gezwungen werden konnten, bis zu den schützenden Hütten weiterzugehen. Zwei Stunden tobte der Sturm und noch eine halbe Stunde nachher bei strahlender Sonne lagen Hagelkörner von Kaffeebohnengröße 2 cm hoch auf dem Grasboden. Kein Wunder, dass in solchem Wetter unsere mitgeschleppten Hühner elend umgekommen waren, aber auch sehr erklärlich war es bei unseren Verpflegungsverhältnissen, dass wir ihnen trotzdem noch nachträglich feierlichst den Hals abschnitten, um sie mit nicht allzu schlechtem Gewissen verzehren zu können.

Auf den stürmischen Nachmittag folgte eine klare, kalte Nacht. Kaum graute der Tag, als ich zum Aufbruch antrieb, konnte aber diesmal die Leute selbst nicht durch Androhen von Schlägen aus den Grashütten heraustreiben; die Furcht vor der Kälte, welche vor Sonnenaufgang noch –1½° C betrug, war stärker als der sonst nie versagende Respekt vor dem geschwungenen Bergstock. Da ich die Berechtigung des Verlangens dieser nur notdürftig gekleideten großen Kinder wohl einsah, gab ich nach und wartete bis nach Sonnenaufgang. Von den wärmenden Strahlen hervorgelockt und ermutigt, setzte sich die kleine Karawane in Bewegung, um auf dem neutralen Pfad über der oberen Urwaldgrenze mit uns nach Westen hinüberzuziehen.

Da plötzlich trat ein neues Hindernis ein. Die beiden Führer, welche uns Mareale mitgegeben hatte, um uns nach Madschame zu geleiten, und welche nach Landesbrauch die Hälfte ihrer Bezahlung im Voraus erhalten hatten, mochten sich die Sache in der Nacht anders überlegt haben und erklärten nun, offenbar auf Verabredung, dass sie weder den Weg wüssten noch uns rieten, weiter vorzudringen, da wir unfehlbar den meuternden Mandara- und Sinnakriegern in die Hände fallen würden. Ich schaute mich im Kreis meiner Leute um und ein Blick auf die drei mitgenommenen Somali zeigte mir, dass ich verstanden wurde. Ruhig legte ich dem Verständigeren der beiden Führer die Hand auf die Schulter und sofort war er von hinten gepackt und gebunden. Der andere entwischte. Erst hielt ich unserm Gefangenen eine eindringliche Rede über seine Torheit und unsere Klugheit, drückte ihm dann, als ich sah, dass er sich wirklich nur vor den räuberischen Mandara- und Sinnaleuten fürchtete, als kräftigstes Schutzmittel unsere kleine Fahne in die Hand und hieß ihn auf dem Pfad vorangehen, indem ich ihm zur Einschüchterung mit Niederschießen drohte, wenn er einen Fluchtversuch wagen sollte. Mkumbo gehorchte nun willig und trennte sich von Stund an bis zur Heimkehr nicht mehr von seiner Fahne. Als drolliger Spaßmacher und in dem wunderlichen Kostüm, in das ihn Mareale gesteckt hatte (auf dem Kopf den verwetterten Filzhut eines

Missionars, auf dem Leib einen alten Paletot vom Grafen Teleki, an den Füßen ein Paar zerrissene Schnürschuhe von mir, in einer Hand die Fahne, in der anderen einen Speer), ließ er uns bald seine anfängliche Unart vergessen.

Der Gewittersturm des vorherigen Nachmittags hatte dem Mawensi sowohl wie dem Kibo einen blendenden Neuschneemantel umgelegt, der das Relief der Felspartien herrlich hervorhob. Auf unserm Pfad durch die Grasfluren brannte die Sonne heiß und ließ für den Mittag wieder Gewitter und Regen erwarten, aber nur langsam kamen wir dem Kibo näher in dem Maß, in welchem wir uns vom Mawensi entfernten. Nach Überschreiten einer größeren Zahl kleiner Bäche, die meist in dieser Region kurz oberhalb des Urwaldes und unterhalb der oberen Plateaustufe entspringen und in ihren tiefen Erosionsschluchten häufig von zwei baumartigen Senecio-Arten (Senecio Johnstoni und eine andere mit dünnem glatten Stamm und vielfacher Verästelung) gesäumt sind, kletterten wir über einen hohen grasigen Lavarücken hinweg in eine weite Mulde, von deren Rand aus sich ein umfassender Ausblick auf den aus der blaudunstigen Westebene aufsteigenden Vulkan Meru bot. Deutlich war sein nach Osten geöffneter großer Kraterkessel mit den westlichen zackigen Steilwänden und einem hohen Eruptionskegel in seiner Mitte zu erkennen.

Wir traten nun in das Gebiet von Kiboso ein. In der geschützten, Wasser sammelnden Mulde zieht der Urwald und über ihm die Strauchvegetation merklich weiter zum Sattelplateau hinauf als im Osten des Gebirges. Ihre kleinen Rinnsale passierten wir in ihrem moosgepolsterten seneciengesäumten Oberlauf, wo das Bachbett nur in vereinzelten Steinlachen Sickerwasser enthält. Um die weißen Blüten der Proteaceen schwirrten die kolibriartigen, Honig naschenden Sonnenvögel, mehrfach wurden kleine hellgraue Antilopen (Dr. Abbotts neue Art) flüchtig und einmal sahen wir einen prachtvoll gezeichneten Leoparden in langen Sätzen entspringen. Vor den Wildgruben, welche die Kobosoleute hier unmittelbar neben dem Pfad 4–5 m tief ausheben und mit Gestrüpp verdecken, muss man sehr auf der Hut sein.

In heißem Marsch durch das Gewirr von Erikastauden kamen wir höher und höher zur Basis des Kibo empor. Gegen Mittag wurde aber das Auftürmen der im Südosten sich sammelnden Wolkenmassen so drohend, dass ich an einem Rinnsal Lager schlagen ließ trotz des Widerspruches des Führers Mkumbo, welcher fürchtete, dass der Rauch unserer Lagerfeuer die Wakiboso herbeilocken werde. Sein Bedenken ward aber gegenstandslos durch den Losbruch des Mittagsgewitters, das den gefürchteten Feinden zweifellos nur wenig Lust zu Beutegängen machen konnte. Was elementare Gewalt eines Gewitters heißt, lernt man nur im Hochgebirge kennen und doppelt in einem tropischen Hochgebirge. Vor dem prasselnden Hagel und heulenden Sturm flüchteten sich die Träger unter die nur geringen Schutz gewährenden Lavablöcke und Schichtenbänke, wo sie durch den anhaltenden Regen den ganzen Nachmittag und die ganze folgende Nacht bei qualmenden Feuern in ihren durchnässten Hemden und mit hungernden Mägen festgebannt wurden. Dieser letztere Übelstand kam zu allen übrigen noch hinzu, denn es stellte sich heraus, dass die Leute in der sicheren Erwartung schon in drei Tagen nach Madschame zu kommen, den vermeintlichen Überschuss an Nahrungsmitteln, die sie in Marangu erhalten, auf dem Marsch verschleudert hatten, um nicht zu schwer schleppen zu müssen.

Diese Entdeckung, welche mich zwang am folgenden Tag in bewohnte Gebiete hinabzusteigen, selbst wenn ich trotz der Gewitterregen auszuharren gewillt gewesen wäre, hätte mich drei Monate vorher vielleicht noch in großen Zorn versetzt. Aber man wird gleichmütig im afrikanischen Reiseleben. Ich stellte nur zum Schein jedem der Missetäter eine Tracht Prügel in Aussicht, sobald wir nach Marangu zurückgekehrt sein würden, und ordnete für den nächsten Morgen den Abstieg in die mit Mareale befreundete Dschaggalandschaft Uru an, um von dort westwärts nach Madschame vorzudringen. Der Gedanke, dass bei den nun täglich eintretenden Gewittern, welche die Berge mit Neuschnee bedeckten und sie für die zweite Tageshälfte ganz in Nebel einhüllten, große Besteigungen ohnehin nicht ausführbar gewesen wären, war der einzige tröstliche. Tatsächlich hatten wir zu unseren Besteigungen 14 Tage vorher vom Sattelplateau aus gerade die günstigsten Wochen des ganzen Jahres gewählt. Von nun an trat die Regenzeit in ihr Recht.

Als wir uns am folgenden Morgen zum Rückmarsch wendeten, liefen die hungrigen und frierenden Träger wie Wiesel bergab. In drei Stunden waren wir wieder an unserm alten Muëbachlager und nachdem ich dort einige fotografische Aufnahmen der in der Frühsonne funkelnden, frisch beschneiten Berge und der oberen Urwaldgrenze gemacht, wanderten wir in den wassertriefenden Wald hinein, in dem die Träger vergnügte Wechselgesänge über die bevorstehenden Bananen- und Milchfreuden von Uru anstimmten.

Wald und Terrain dieser Bergseite unterscheiden sich in mancher Hinsicht von jenen oberhalb Marangus. Dort sanfter Anstieg, flache Ausdehnung, keine energische Ausarbeitung des Bodens zu Kämmen und Schluchten, keine schroffen Übergänge von einer Vegetationsform des Urwaldes in die andere. Hier dagegen fällt das Terrain anfänglich unter 20–25° ab und ist von den atmosphärischen Kräften und rinnenden Gewässern in ein gedrängtes Nebeneinander von hohen Rücken und tiefen Klüften modelliert, wie es die Südostseite erst weit unten am Gebirgsfuß aufweisen kann. Den Wald setzen im obersten Teil zwischen 2800 und 2600 m fast ganz unvermischte Erikaceenbestände zusammen, die, bis 5 m hoch, mit Stämmen von Schenkeldicke und überzogen von lang wehenden grauen Bartflechten, ganz den Eindruck eines Waldes von Nadelholz erwecken, das doch auf dem Kilimandscharo gänzlich fehlt. Rasch geht dieser Teil bei 2600 m Höhe in den typischen tropischen Urwald mit seinen Dutzende von Arten repräsentierenden Baumriesen über, zu deren Füßen das herrschende diffuse Licht ein üppiges Wuchern von mannshohen Stauden, von Kräutern, Farnen und Moosen begünstigt, welche die hier täglich fallenden Niederschläge vor Verdunstung schützen und somit recht eigentlich die Quellensammler für diese Gebirgsseite werden. Der Boden ist lehmig und schlammig, der kaum erkennbare Pfad sehr schwer zu gehen. Von 2300 m ab wird der Wald trockener und lichter. An Stelle der staudenförmigen Untervegetation treten dichte Wirrsale von Lianen und Sträucher, und anstatt der grauen Bartflechten überziehen nun braune Moose die Stämme und Äste. In den sich immer tiefer schluchtenden Bachrinnen begleiten breitwedelige Baumfarne den Verlauf der kalten, klaren Gewässer. In dieser Beschaffenheit reicht der Hochwald hinab bis ca. 2000 m. Dann wird er schnell offener und lichter und endet bei 1950 m in einem Buschdickicht, das 50 m tiefer, da, wo wir es durchwanderten, in eine Zone gedrängt stehender Adlerfarne ausläuft. In 1800 m Höhe verschwinden die Farne am Rand einer schroffen Terrainstufe, unterhalb deren bei 1750 m die obersten Bananenpflanzungen von Uru beginnen.

Durch den ganzen Wald von oben bis unten fanden wir an umgerissenen Bäumen, aufgewühlten Wurzeln, knietief eingestampfter Erde ungezählte Spuren von Elefanten, die meisten im mittleren, trockneren Teil; und dort war es, wo ich den größten Elefanten begegnete, die ich in Afrika zu Gesicht bekam. Die Karawane war durch die Beschwernisse des Weges weit in die Länge gezogen. Die Somali überwachten die zurückgebliebenen Träger und ich ging mit Mkumbo und einem mein Gewehr tragenden Asikari ein gutes Stück voraus. Beim Austritt aus einer verwachsenen Bachschlucht hörte ich plötzlich in der Nähe ein dröhnendes Brausen und Krachen und erblickte im selben Augenblick etwa 40 Schritt vor mir unter den Bäumen eine Herde Elefanten. Mit dem Schreckensruf *»tembo«* verschwand Mkumbo im Gebüsch und mein Gewehrträger folgte ihm. Durch unser Geräusch aufmerksam gemacht, wendeten sich die nächsten Tiere nach mir hin und witterten, da ich, nur mit einem Stock

*Elefanten im Urwald*

bewaffnet, hinter einen Baum trat, mit aufgerichteten Ohren und geschwungenem Rüssel misstrauisch nach meinem Versteck hin. Soweit ich die Herde übersehen konnte, zählte ich 14 der kolossalen Dickhäuter; Junge bemerkte ich gar keine. Der Anblick dieses unvergleichlich großartigen Tierbildes dauerte aber nicht lange, denn beim lärmenden Nahen der vordersten Karawanenträger wendeten sich die Ungeheuer zur Flucht, kletterten mit spielender Leichtigkeit an dem steilen Schluchtrand empor und brachen schnaubend durch das Dickicht davon, sodass man das Getöse noch lange vernahm.

Als das Mittagsgewitter in den oberen Bergregionen zu toben begann, waren wir schon weit aus seinem Bereich. Nach 4 Uhr langten wir in den ersten Bananenpflanzungen von Uru-Salika an. Ein wenig unterhalb ließ ich auf einem freien, zwischen zwei tiefen Erosionsschluchten stehenden Hügeln das Lager aufschlagen und nun gab es für die Träger, die seit anderthalb Tagen keinen Bissen über die Lippen gebracht hatten, kein Halten mehr. Da wir seit Rebmanns Zeiten die ersten Weißen waren, welche in diesem Gebiet erschienen und überdies von der Bergeshöhe herab aus einer Gegend kamen, die noch nie eine Karawane betreten hatte, verhielt sich die Bevölkerung anfänglich sehr misstrauisch und zurückhaltend. Aber durch Mkumbos, unseres Führers, Zuspruch verlor sich allmählich die Scheu und als die Träger die Bananen mit Baumwollzeug und roten Glasperlen zu bezahlen begannen und ich die gegen Abend eintreffenden Abgesandten des Häuptlings Salika mit roten Taschentüchern und Messingketten beschenkte, war bald laute Freude im Land über den »Msungu, der aus den Wolken herabgestiegen war«.

Den folgenden Tag gab ich als Rasttag zu, um dem weit unten am Berg wohnenden Landesherrn, dem Häuptling Salika, einen Besuch abzustatten. Auf den lang gedehnten kahlen Hügelrücken und durch drei tiefe Bachtäler hindurch brauchten wir fast zwei Stunden, bis wir vor das umzäunte Gehöft des Häuptlings kamen. Dort hemmte unsern Fuß ein senkrecht in den lehmigen Boden geschnittener tiefer Graben, der vorsichtig auf einem als Brücke übergeworfenen Baumstamm überklettert werden musste. Der allerwärts in Dschagga übliche Ehrensalut von zwei Schüssen aus den Gewehren meiner Somali kündete dem Häuptling unser Nahen an. Neugieriges Gefolge hatten wir bereits eine ganze Menge. Jenseits des Grabens umschließt ein hoher Palisadenzaun ein halbes Dutzend runder Hütten für Weiber, Kinder und Vieh und eine viereckige größere Hütte, die Wohnung Salikas. An dem niedrigen Tor kamen uns zu unserm Erstaunen ein paar zerlumpte Küsten-Suaheli unterwürfig grüßend entgegen, die bei keinem Dschaggafürsten zu fehlen scheinen, weil es für sie in den dauernden kleinen Kriegs- und Raubzügen stets Gelegenheit zum Sklavenkauf gibt.

Salika stand inmitten seines sauber gefegten Hofes, in ein Stück nagelneuen roten Baumwollstoffes gekleidet und von vielen jungen Weibern umgeben. Er ist etwa zwanzigjährig, dick und breit und wusste bei meiner Ansprache nicht, wo er vor Scheu und Verlegenheit hinschauen sollte. Erst als ich ihm die Hand schüttelte und ihm erzählte, dass ich über den Berg von seinem Freund Mareale gekommen sei, um nach Madschame weiterzugehen, und sein Herz durch schöne Geschenke erfreuen wolle, taute er langsam auf und plauderte dann bei einem Kübel Pombe ganz nett in Suahelisprache über Sansibar und Europa, von dem ihm seine suahelischen Hofschmarotzer Wunderdinge erzählt hatten. Seine beiden Liebhabereien: Pombe und Weiber, merkt man ihm und seiner Umgebung sehr deutlich an. Ich habe nirgends besseres Bananenbier getrunken und nirgends hübschere Dschaggaweiber gesehen als bei Salika. Wie dem Häuptling Mandara, so machte auch ihm unter meinen Geschenken den tiefsten Eindruck eine schauerliche grün-weiß-rot bemalte Maske, die er als große »*Daua*« (Zauber) selbst in Verwahrung nahm, während er die Stoffe, Perlen, Spiegel, Ketten, Messer, Fese usw. seinem Haushofmeister übergab.

Während unserer Audienz hatte ich einen Asikari ins Lager zurückgeschickt mit dem Auftrag, Letzteres weiter am Berg herab an einen hübschen Platz zu verlegen, den wir am Morgen passiert hatten. Als wir nachher, von Salikas Leuten begleitet, dort wieder ankamen, waren die Zelte bereits aufgeschlagen und ich sah nun, dass wir nie einen schöneren Lagerplatz gehabt hatten. Wir standen auf einem frischgrasigen, vorspringenden und hochwandigen Hügelrücken unter einem Schattenbaum, um uns künstliche Wassergräben mit kristallklarem kühlem Bergwasser, zu beiden Seiten in der Tiefe rauschende Bäche, an den Hängen ringsum Bananenhaine und Maisfelder, über Wald und Fels und Schnee zum Kilimandscharo hinauf, über Wald und Steppe zum Vulkan Meru hinüber und zur Südebene hinunter überall das herrlichste Panorama; von Marangu bis Modschi kommt kein Fleck an landschaftlicher Schönheit, kein Rundblick an Großartigkeit den mittleren Partien von Uru-Salika nahe. Und auf keiner anderen Seite, auch nicht auf der später geschauten imposanteren Westseite, ist das Bergbild des Kibo so formenschön wie von Uru her gesehen.

Vom Kraterrand bis zur Ebene ist auf dieser Südwestseite des Kilimandscharo die Kurve des Gebirgsstockes geradezu typisch für einen Vulkan. Seine Basisteile laufen hier erstaunlich weit in die Ebene hinaus, denn nach dieser Seite konnte der Kibo seine Eruptionsmassen ungehindert hinabsenden, während im Osten der ältere Mawensi und das Sattelplateau einen hemmenden Damm bildeten. Am himmelstürmenden Kibo reichen die Eiswände der Südseite mit vielfacher Durchbrechung von dunkelbraunen Felsgraten bis zum Fuß des Kegels herab, wo sie nur durch relativ schmale Grasmatten von der oberen Urwaldgrenze getrennt sind, die, wie wir auch einige Tage vorher in der oberen Kibosomulde beobachten konnten, höher am Berg aufsteigt als im Südosten, während der Wald anderseits mit dem Verlauf der Gebirgsbasis sich sehr viel weiter in die Ebene hinaus erstreckt. Die Dschaggalandschaft Kibongoto (»Kibo-ngoto«, d. h. unten am Kibo) liegt scheinbar ganz in der waldigen Ebene, wogegen Kiboso (»Kibo-so«, d. h. oben am Kibo) mit seiner oberen Kulturengrenze fast bis zu 2000 m am Berg hinaufrückt.

Andererseits hängt die große Ausdehnung des Urwaldes im Südwesten ebenso wie die gewaltige Schnee- und Eisfülle des südlichen Kibo mit der bedeutenderen Menge der Niederschläge auf dieser Seite zusammen. Täglich konnten wir beobachten, wie die Mittagsgewitter von der Südebene zum Berg aufzogen, sich an seiner Südseite entluden, ihn dort am dichtesten mit Neuschnee bestreuten und dann nach Südwesten über die größte Walderstreckung und Bächezahl in der Richtung des Meru wegzogen.

Während ich den Nachmittag mit Instrumentbeobachtungen

und Aufnahmen hinbrachte, warteten meine Leute sehnsüchtig und ungeduldig auf das übliche Gegengeschenk des Häuptlings, denn nirgends mehr als in Afrika herrscht der unmoralische Grundsatz »*do ut des*«. Aber erst in dunkler Nacht erschien das Ersehnte in Gestalt zweier Ziegen, die denn auch sofort gemordet wurden und ans Feuer wanderten. Der afrikanischen Höflichkeitsform war aber damit nur schlecht Genüge getan, denn Salika besaß viele Rinder und meine Geschenke waren für ihn mindestens zwei Rinder wert. Ich setzte deshalb, da es mich drängte nach Madschame zu kommen, am Morgen eine tief verstimmte Miene auf und befahl, trotz Einspruchs einer Gesandtschaft, die mich zum Manki (Häuptling) entbot, Abzug aus diesem ungastlichen Land. Die Träger hatten sich satt gegessen und folgten willig; Mkumbo, der Maranguführer, kannte den Weg. Es dauerte lange, bis wir aus den Bananenfeldern herauskamen, die auf dem wenig geneigten unteren Bergauslauf gar kein Ende nehmen wollten. 2½ Stunden zogen wir zwischen den Pflanzungen bergab, die durch ein hier ganz besonders verwickeltes System künstlicher Wassergräben aus dem oft stundenweit entfernten Oberlauf der Waldbäche mühsam bewässert werden und von regelmäßig verteilten Schattenbäumen gegen zu heftigen Sonnenbrand geschützt sind. Wo uns weiter unten auf den schmalen, rotlehmigen Pfaden Eingeborene begegneten, ergriffen sie eiligst die Flucht, denn dort kannte man uns noch nicht.

Nach 2½-stündigem Schnellschritt standen wir gänzlich unerwarteterweise vor einem 15 m tiefen, steilen Trockengraben, der unteren Landesgrenze von Uru. Dass derselbe wirklich ein Schutzmittel gegen unvermutete Feinde ist, erkannten wir aus unserer eigenen Ratlosigkeit. Bald aber wurden seitwärts im Busch zwei Kerle entdeckt, welche sich als Brücken- und Torwache entpuppten und auf meine Aufforderung hin zwei dünne lange Stangen über die Schlucht warfen, auf denen wir nun einzeln bedächtig hinüberbalancierten. Ein Fehltritt hätte mindestens ein Bein oder einen Arm gekostet. Dieses Übersetzen dauerte eine ganze Stunde; sie genügte, um den nicht fernen Salika von unserem Tun in Kenntnis zu setzen, und eben war der letzte Mann über den Graben herübergeritten, als der »Manki« mit Gefolge an der Landesgrenze erschien und verblüfft erkannte, dass er zu spät gekommen. Die Torwächter mussten seinem Zorn standhalten. Ich aber begann ihm von der neutralen Seite aus eine schwungvolle Rede zu halten über Gastfreundschaft gegen Fremde im Allgemeinen und Hochachtung gegen Europäer, die im Besitz wirksamer Zaubermittel seien, im Besondern, wodurch er dermaßen eingeschüchtert wurde, dass er versprach uns einen Ochsen opfern zu wollen, wenn wir von Madschame wieder zu ihm zurückkehren würden, und uns einen seiner Begleiter für den Marsch nach und von Madschame als Führer und lebendiges Unterpfand mitgab.

Schon daraus war zu schließen, dass Uru freundschaftliche Beziehungen zu Madschame unterhält, während es gegen Sinna von Kiboso gemeinsame Sache mit Mandara von Modschi macht. Mit Mkumbo jedoch befreundete sich unser neuer, mit einem langen Steinschlossgewehr bewaffneter Führer nur wenig, vielleicht aus Eifersucht auf Mkumbos ältere Würde, und ließ mich daher hoffen, dass in kritischen Augenblicken sich beide nicht unter eine Decke stecken würden.

Unterhalb der Kulturengrenze von Uru erstreckt sich ein trockener, lianendurchflochtener Buschwald bis zur Steppenebene hinaus, in welchem wir mehr kriechend als schreitend westwärts bergab zogen. Gegen 10 Uhr kletterten wir in das engschluchtige Tal des Rauflusses hinab, dessen Gewässer aus den Waldquellen am Südkibo stammen, und setzten über den 10 m breiten, schnell strömenden Raufluss auf der natürlichen Brücke eines von Ufer zu Ufer gestürzten Baumstammes. Riesenhaft war die Entwicklung der Vegetation in der Nähe des Wassers; 60 und mehr Meter hoch streben die dicken Stämme einer Ficus-Art kerzengerade empor und bilden den denkbar schroffsten Gegensatz zu dem sich jenseits anschließenden trockenen Buschwald mit seinen glanzblätterigen, niedrigen Bäumen, Dornsträuchern und Riesengräsern. Dieser Buschwald gleicht jenem unterhalb Marangus, mit dem er auch auf derselben Höhenzone liegt. Doch sind hier die Elefantenspuren häufiger als dort, weil die Tiere hier selten gejagt werden.

Je mehr wir uns der unteren Ostgrenze von Kiboso näherten, desto scheuer und vorsichtiger wurden unsere Führer, und als wir sie überschritten hatten, wanderten auch meine Träger, die bisher geschwätzt und gelacht hatten, lautlos hinter jenen her. Sooft ein Vogel schrie oder ein Vierfüßler des Waldes aufgescheucht entfloh, blieben sie lauschend stehen, zu sofortiger Flucht bereit. Ich bin überzeugt, dass das Erscheinen von nur einem halben Dutzend Kibosoleuten genügt haben würde, um die ganze Gesellschaft Reißaus nehmen zu sehen. Es gibt im Allgemeinen kaum etwas Feigeres als die Suaheli, besonders einem Feind gegenüber, von dem sie wissen oder gehört haben, dass er nicht nur ein fürchterliches Geschrei erhebt, wie sie selbst es tun, sondern unter Umständen auch einmal Ernst macht, wie die Massai und ein Teil der Wadschagga. Obwohl jeder zu seiner eigenen Beruhigung mit einem Gewehr und Munition bewaffnet war, wusste ich doch aus Erfahrung, dass im Ernstfall nach dem ersten Schuss keiner von ihnen standhalten würde. Hauptsächlich aus diesem Grund hatte ich beim Antritt der Reise acht zuverlässige Somali aus Aden als Leibwache mitgenommen, von denen mich drei auch auf dieser Tour begleiteten; und mit fünf zuverlässigen Schützen brauchten wir eine fünfzigfache feindliche Überzahl nicht zu scheuen.

So weit kam es indessen gar nicht. Am Ngomberefluss fanden wir zwar ein erst vor wenigen Stunden verlassenes Lager, das auf Anwesenheit von Kibosokriegern schließen ließ, aber sie selbst bekamen wir nicht zu sehen. Wären wir nicht von Sinnas Feinden Mandara und Salika hergekommen, so würde ich ohne Bedenken nach Kiboso hinaufgestiegen sein, um den kraftvollen jungen Fürsten zu begrüßen, und bin sicher, von Sinna, der schon früher Europäer bei sich gesehen hat, freundlich aufgenommen worden zu sein. So aber waren meine Leute um keinen Preis der Welt dazu zu bewegen und allein mit Purtscheller konnte ich es nicht ausführen.

Der Ngomberefluss bildet die untere Westgrenze von Kiboso. Jenseits von seinem frischgrünen schmalen Galerienwald querten wir die Buschwälder der kleinen Staaten Kindi und Kombo, passierten die auf geringer Bodenneigung träge fließenden Bäche Maëmbe, Mandschoka und Nseri, bewegten uns aber immer unterhalb der Kulturengrenze auf der mittleren Höhe von 1100 m, bis wir nach 3 Uhr in den Bereich von Naruma kamen und nun aus dem welligen und buschigen, wenig koupierten Terrain in dichteren, hochstämmigen Wald gelangten, in welchem der Pfad nordwestwärts wieder langsam bergan zu steigen begann. Bald erschienen in der Waldesdämmerung die ersten Bananenpflanzungen der Wanaruma. Ein kleines Dorf lag, verdeckt durch Hecken und Verhaue, seitwärts im Dickicht, von seinen Bewohnern aber wurden nur einige Greise sichtbar, die uns scheinbar teilnahmslos vorbeiziehen ließen. Eine Stunde später traten wir aus dem Wald auf offene Rodungen heraus und sahen vor uns das tief eingeschnittene, wenig breite Tal des Weriweriflusses, der Ostgrenze von Madschame. An seinem linken hohen Steilufer, also noch auf Narumagebiet, ließ ich, da die Leute sehr ermüdet waren – gegen die allgemeine Reiseregel, an einem Fluss erst nach seiner Überschreitung zu lagern, diesmal verstoßend – in ca. 1200 m Lager aufschlagen und labte mich bald an einer Schale wilden Honigs, die der Naruma-Häuptling Ndelongo als wertvolles Gastgeschenk übersandt hatte. Abends zog am Lager eine kleine Rotte Massai vorbei, heimwärts in die Ebene hinab, nachdem sie die Feldfrüchte des Landes (Bohnen, Mais, Bananen) und Honig gegen einen Teil ihres Viehes eingetauscht hatten. Von uns nahmen sie wenig Notiz.

Das Hinabklettern in die steile, palmenbestandene, etwa 60 m tiefe Schlucht des Weriweriflusses, der Durchgang durch die schnell strömenden Gewässer, die uns bis an die Brust reichten, und der Aufstieg an der Madschameseite war am folgenden Morgen für die belasteten Träger ein schweres Stück Arbeit. Drüben stießen wir beim ersten Dorf von Madschame sofort auf den Versuch der Bewohner uns festzuhalten, um durch den Verkauf von Lebensmitteln in den ersehnten Besitz von Stoffen und Perlen zu gelangen. Eine angebliche Gesandtschaft des Häuptlings eröffnete uns, der »Manki« wolle hierher kommen, um an der Grenze des Landes mit mir Blutsbrüderschaft zu trinken. Das Manöver war indes so leicht zu durchschauen, dass ich den Sprecher lächelnd beiseite schob und ruhig mit den Meinigen weiter bergan wanderte. Darob großes Geschrei und Drohungen, aber keine Tätlichkeiten.

Leider bekamen wir an diesem Tag vom Kibo, der hinter hochgetürmten Wolkenhaufen schlummerte, gar nichts zu sehen, aber umso klarer lag das westliche Dschagga vor unseren Augen. Hier gibt es keine hohen Lavarücken, keine mannigfaltig gestalteten Hügelzüge wie in Uru, Modschi, Marangu, sondern breit und haldenartig senkt sich der bebaute Landstrich vom Urwald zur Ebene hinab. Die Baumbestände sind viel gründlicher ausgerodet als weiter im Osten, doch hat man in den Pflanzungen und Wiesen auch hier die hohen Schattenbäume stehen gelassen, welche der Landschaft ein im besten Sinn parkartiges Aussehen geben. Geschlossene Dörfer gibt es nur im unteren, den feindlichen Einfällen am meisten ausgesetzten Grenzgebiet, wo sie oft kleinen Forts gleichen, landeinwärts von der Grenze sitzt dagegen jedermann auf seiner eigenen Scholle, umgeben von seinen ausgedehnten Bananenfeldern, die von den Pflanzungen des Nachbars durch eine lebendige Hecke geschieden sind. Je höher wir zum Wohnsitz des Häuptlings anstiegen, desto häufiger wurden aber die Spuren feindlicher Einbrüche und Zerstörung. An vielen Stellen schauten aus dem Grün der Bananenhaine die verkohlten Trümmer der niedergebrannten Hütten trübselig hervor und klagten die Kibosokrieger an, die vor kurzem sengend und brennend ins Land eingefallen waren. Nirgends jedoch habe ich gesehen, dass den Bananenpflanzungen selbst Schade durch Umhauen oder Brechen geschehen sei. Sie waren überall im besten Stand.

*Eine Bananenpflanzung in Madschame*

Nach dreistündigem Bergaufwandern durch Haine, Felder und Bäche langten wir an der ehemaligen Behausung des Häuptlings Ngamine an, wo jetzt innerhalb eines Palisadenzaunes unter riesigen Bananenwedeln ein wirrer Haufen von Balken, Kohlen und Steinen liegt; auch dies das Werk der Kibosokrieger. Davor schlugen wir, da des Manki neue Wohnung nicht fern war, auf einem kleinen schattigen, wie eine Tenne festgestampften Platz das Lager auf und sahen uns auf unsere meldenden Schüsse hin alsbald von einem höchst lebhaften und bunten Treiben neugieriger und feilschender Madschameleute umwogt. Nahrungsmittel wurden in Fülle zu billigen Preisen angeboten und beide Parteien waren vom Handel befriedigt. Man lachte, sang, pries an, lief und tanzte, dass das Getriebe schier für einen »Jahrmarkt« oder ein »Vogelschießen« gelten konnte. Ich ließ die Gelegenheit nicht vorübergehen, ohne eine Reihe fotografischer Momentaufnahmen aus dem vorher auf eine bestimmte Stelle eingestellten Apparat zu machen und eine Anzahl der alten kleinen Speer- und Schildformen zu erwerben, welche im östlichen Dschagga längst durch die bis 1 m lange Speerklinge und den Massaischild verdrängt sind.

Nach dem strömenden mittäglichen Gewitterregen meldete der Niampara die Ankunft von des Häuptlings Bruder nebst einigen Weisen des Landes, die eine Ziege gebracht hätten, um Freundschaft mit mir zu schließen, bevor ich den Manki aufzusuchen ginge. Ich vermutete, dass es sich um die allgemein übliche Form der Freundschaftschließung mit Geschenk und Gegengeschenk handele, und ließ den Überbringern der Ziege Stoffe und Perlen aushändigen, stieß aber zu meiner Verwunderung auf Widerspruch:

»Wir nehmen deine Geschenke nicht, bevor du uns nicht einen Eid leistest.«

»Was für einen Eid und warum?«

»Einen Eid auf den Kopf dieser Ziege, dass du als Freund zu uns kommst.«

»Bin ich nicht ein Europäer? Und ist euch nicht mein Führer von Uru eine Gewähr, dass ich von euren Freunden als euer Freund komme?«

»Allerdings bist du ein Europäer, aber Europäer haben andere Gedanken als wir und den Urumann kannst du ebenfalls getäuscht haben. Du kommst von Osten. Vielleicht bist du vorher bei unserm Feind Sinna gewesen und willst jetzt uns und unser Land durch eine böse »*Daua*« vernichten. Deshalb schwöre, damit wir an deine guten Absichten glauben können.«

»Ihr seid sehr weise Männer. Bringt die Ziege her, damit ich euch überzeuge.«

Die Ziege wurde angeschleppt. Der Bruder des Manki – übrigens der einzige stotternde Neger, der mir je vorgekommen ist – fasste sie an den Hörnern, spuckte ihr salbungsvoll auf die Stirn und sprach:

»Hier ist ein Europäer angekommen, welcher sagt, dass er nur Gutes gegen uns im Sinn habe. Wenn dies gelogen ist, so möge er sterben und seine ganze Karawane untergehen, dass nichts davon übrig bleibt.« Darauf ein zweites bekräftigendes Spucken auf den Ziegenkopf. Nun musste ich die Hörner erfassen und in gleicher Würde spuckend beteuern:

»Falls ich Böses gegen Ngamine, sein Volk, sein Vieh, sein Land im Schilde führe, so möge ich sterben und meine ganze Karawane untergehen, dass nichts davon übrig bleibt.« Zum Schluss nochmals Spucken.

Unmittelbar darauf wurde der Ziege der Kopf abgeschnitten, »damit sich Blut und Speichel mische«, und die bespuckte Stirnhaut abgelöst, aus welcher für jeden Beteiligten ein schmaler Hautstreifen geschnitten wurde, den wir uns gegenseitig als Ring über den Mittelfinger der Rechten stülpten. Damit war der Freundschaftsbund besiegelt und höchst befriedigt zogen die Gesandten ab, nachdem sie mir das Versprechen abgenommen hatten, am nächsten Morgen das Lager in nächster Nähe zu Ngamines Hof zu verlegen.

In der Frühe brachen wir die Zelte ab. Hinter unserem Lagerplatz ging es hinab in das grasige, 80 m tiefe, enge Tal des Kikasuflusses und jenseits steil hinauf zur »Sultanshöhe«, wo ich hart am Oberrand des Flusstales neben einem murmelnden Bächlein unter schattigen Laubbäumen die Zelte wieder aufstellen ließ. In der Tiefe zu unseren Füßen rauschte zwischen abgerundeten Lavablöcken der Kikasu, an dessen Ufern früh und spät Paviane in kleinen Trupps zu lustwandeln pflegten. Der Kibo aber blieb immer noch verschleiert.

Vor Mittag stattete ich mit Herrn Purtscheller, den Somali und Führern dem Häuptling Ngamine einen Besuch ab. Sein Hof liegt im Dunkel eines Bananenwaldes und dort fanden wir den jungen Häuptling mit einem Dutzend alter Berater und Flinten tragender Krieger vor einer der niedrigen, aus Bananenblättern geflochtenen Hütten. Sein ruhiges Auge, seine überlegte Sprechweise, der Respekt, mit dem ihm seine Leute begegnen, lassen ihn als einen intelligenten jungen Mann erscheinen. Gekleidet war er nur in ein Stück alten blauen Baumwollzeuges (Kamiki). Der geheimnisvolle große Geschenkballen, den einer meiner Leute schleppte, veranlasste ihn aber sofort uns zum Eintritt in das durch eine hohe Palisadenreihe abgezäunte Innerste seines Hofes einzuladen, wohin wir ihm durch vier in den konzentrischen Balkenzäunen angebrachte niedrige Türlöcher geduldig nachkrochen. Uns folgten nur einige Günstlinge, der Rest blieb draußen. Unter einem kleinen Verschlag wurde ausgepackt; Messer, Feilen, Tabakspfeifen, Perlschnüre, Fese und anderes mehr kamen zum Vorschein und als Hauptgeschenk machte eine wirklich gehende Waterbury-Uhr an »goldener« Kette den glänzendsten Eindruck. Als die Sachen gebührend angestaunt waren und zum Zeichen der Anerkennung und Zufriedenheit von allen fürchterlich viel gespuckt worden war, begann der Manki aus einem Riesenkübel mit seinem Gefolge um die Wette Pombe zu zechen, während ich seinem hübschen Lieblingsweib behilflich war, sich mit den sämtlichen geschenkten Schmucksachen festlich zu schmücken. Ein großes, als Halsschmuck bestimmtes Messingband versuchte sie sich vergeblich auf den Oberschenkel zu ziehen, bis ich ihr den Irrtum begreiflich machte. Phantasie und guter Geschmack in der Weise sich zu schmücken, war trotzdem dieser Negerin nicht abzusprechen und an Zierlichkeit der Hände und Füße übertraf sie noch die in dieser Hinsicht auffallend bevorzugten Weiber Mandaras.

Zurück ins Lager begleitete uns Ngamine, um dort zunächst alles und jedes mit Sorgfalt in Augenschein zu nehmen, wobei einer unserer Trinkbecher abhanden kam, und dann mit seinem Tross ins Unterland zu wandern, wo eine kleine Suahelikarawane von Pangani, die dort seit Wochen lagerte, einen seiner Leute »aus Versehen« als Sklaven festgenommen hatte.

Als ich mich danach an eine Mittagsobservation machen wollte, gewahrte ich zu meiner größten Bestürzung, dass das eine Taschenchronometer beschädigt war und nicht mehr ging. Nun war ich auf das zweite allein angewiesen, welches indes bis zum Schluss der Expedition trefflich ausgehalten hat. Hatte ich schon vorher dem Theodoliten alle Vorsicht angedeihen lassen, so hütete ich ihn jetzt wie meinen Augapfel. Wenn diesem Instrument etwas zugestoßen wäre, würde der Hauptzweck der ganzen Reise, die möglichst genaue Aufnahme des Kilimandscharo-Gebietes, unerreichbar gewesen sein.

Da der Kibo die beiden letzten Tage gar nicht aus den Wolken gekommen war und nur im schwachen Mondlicht der Nächte als ein geisterhaft schimmerndes Bild am Himmel stand, wuchs meine Besorgnis, dass wir bei der herrschenden Regenzeit vielleicht wochenlang auf sein Erscheinen zu warten haben würden. Und auch der dritte Tag begann mit Wolkentreiben in der Höhe. Mit steigender Sonne hellte sich jedoch langsam der Himmel auf und bald strahlten die Eishäupter in ihrer ganzen überwältigenden Schönheit. Das war ein Schwelgen für Auge und Phantasie und eine Ernte für den fotografischen Apparat und den Peilkompass!

Die Westseite ist ohne Zweifel die großartigste des Kibo, der, von hier gesehen, in einsamer Größe und Majestät thront, während der Mawensi, der sonst einen Teil der Beobachtung auf sich abzieht, nun bis auf ein kleines Spitzchen hinter dem Kibo verschwunden ist. Aber nicht allein diese Einsamkeit macht den Kibo von Westen aus so groß, sondern auch die gewaltigeren Eismassen auf dieser Seite, die energischere geologische Gestaltung, die ausgedehntere Urwalderstreckung, die nach Westen gerichtete Abzweigung des mächtigen zerrissenen Schirakammes, der breitere Auslauf der Basis vereinigen sich zu einem so grandiosen Bergbild, wie es keine andere Seite bietet. Das gleichmäßige Ansteigen der vulkanischen Formen von der Ebene zum Gipfel des Kibo gewährt einen umfassenden Überblick. Gerade wegen dieser erdrückenden Größe entbehrt aber der Kilimandscharo des eigentlich malerischen Moments, welches reiche Gliederung verlangt. Seine Schönheit ist eine architektonische, monumentale, es ist die Schönheit eines außerordentlichen Individuums gegenüber jener der Gattung und der einsame Kibo ist, um ein vom Matterhorn gebrauchtes Wort auf ihn anzuwenden, kein Berg, sondern ein Genie.

Vor allem andern fesselt das Auge der hellgrau blinkende Eispanzer des Kibo. Auf der Südwestseite reicht er vom Gipfel bis zur Fußlinie des eigentlichen Kibokegels, also von 6000 m herab zu etwa 4000 m Bergeshöhe und legt sich in annähernd gleicher Ausdehnung von Westen nach Osten um die Südhälfte des Berges. Durch große vulkanische Längsrippen in seinem unteren Teil durchbrochen, läuft er in vier breite Zungen aus, welche eigentlich als regenerierte Gletscher anzusehen sind, denn der Neigungswinkel des Berges ist oberhalb der genannten Felsrippen so groß, dass die zusammenhängende Eisdecke der oberen Kibohälfte zerreißt und nach einer Zone von Klüften und Trümmern sich erst ca. 300 m über der unteren Eisgrenze wieder zu jenen Zungen zusammenschließt. Die breiteste dieser Zungen ist die westlichste; aber wiederum westlich von ihr tritt aus einer riesigen steilwandigen Schlucht, welche als ein tiefer »Baranco« den Kibo vom Scheitel bis zur Sohle spaltet, ein großer Gletscher hervor, der zu einem Teil aus dem Gipfelkrater des Kibo durch dessen in die Schlucht mündende Westspalte, zum anderen Teil aus

*Der Kilimandscharo von Madschame (1410 m) aus SW gesehen*

den Firn- und Eisansammlungen der Schlucht selbst gespeist wird. Er reicht somit von ca. 5700 m, mit einer etwa 500 m tiefen Eiskaskade und bei starker Drehung nach Südwesten, bis unter die Grenze der anderen Eiszungen (4000 m) hinab und gibt schließlich dem wasserreichsten Abfluss des Kilimandscharo, dem Weriweri, seinen Ursprung.

Jenseits des Westkessels ist der Kegelmantel des Kibo wieder mit einer geschlossenen Eisdecke überzogen, von welcher eine gerade nach Westen gerichtete Zunge sogar die weiteste Erstreckung unter allen am Berg hinab hat. Dort setzt im oberen Drittel des Kilimandscharo, unter der Basis des Kibokegels, der große Westkamm des Gebirges an, welcher weiter aus Osten gesehen, wo sein Ansatz verdeckt ist, als eine selbstständige Gebirgskette, die Schirakette, erscheint.

Aus der dichten Bewaldung seiner unteren Hälfte steigt er in die Region der Grasfluren auf und aus ihr in fast gänzlicher Vegetationslosigkeit zu einem zerrissenen Grat von Schroffen und Zacken, in welchem zahlreiche, von hellerem Gestein ausgefüllte Vertikalspalten auf einen einstigen selbstständigen Eruptionsherd schließen lassen. Die mächtigen Lavafelder, welche die Landschaften Schira und Kibongoto bilden, verdanken wohl zum Teil dem Westkamm ihre Entstehung.

Während zwischen Madschame und dem Westkamm, also südlich von ihm, noch eine größere Menge von Flüsschen und Bächen vom Berg herabkommen, um sich zum Weriweri zu vereinigen, fließt nördlich von ihm kein Gewässer mehr zur Ebene. Der Kibo-Abfall ist dort aschig und grasig wie an der Nordseite, Wald fehlt ganz und die Eislinie zieht nordwärts zum Kraterrand hinauf, wo wir sie ja vier Wochen vorher untersucht hatten.

Unsere Arbeiten unterbrach das Erscheinen des Häuptlings, welcher gehört hatte, dass wir am nächsten Morgen aufbrechen wollten, und eine schmucke Kuh als Abschiedsgeschenk herbeiführen ließ. Einen alten Ziegenbock, den mir am Morgen sein stotternder ehrenwerter Bruder hatte anschmieren wollen, hatte ich zurückgewiesen. Ein Riesenstück Rindfleisch nahm aber Ngamine für sich selbst in Anspruch und schlug sich mit ihm, nachdem es oberflächlich angeröstet war, seitwärts in die Büsche, um nach Dschaggabrauch ungesehen von den niederen Sterblichen den fetten Bissen zu verschmausen, denn der »Manki« ist halbgöttlicher Natur und irdischer Speise abhold.

Da Ngamine eine seltene Sammlung von elf verschiedenen, meist unbrauchbaren Schusswaffen besaß, auf die er sehr stolz war, machte ich ihm die Freude, das Dutzend durch eine neue Spezies in Gestalt einer halb zerbrochenen einläufigen Lancasterflinte zu vervollständigen. Er schien jedoch meine wohlwollende Absicht missverstanden zu haben, denn als wir in der Frühe mit vielen Abschiedsschüssen abmarschierten, fehlte der Revolver des Niampara. Jedermann schwor, die Waffe nicht gesehen zu haben. Da verstieg ich mich zu der fürchterlichen Drohung, den Kibo Feuer speien zu lassen, und plötzlich hing der verlorene Revolver an einem Ast.

Einen zweiten Beweis für die Vorliebe der Madschameleute für fremde Waffen erhielten wir ein paar Stunden später. Nachdem wir in der regnerisch grauen Morgenluft ohne Unterbrechung bergab bis zum Weriwerifluss gewandert waren, wo wir einige Tage vorher gelagert hatten, kam unser Uruführer, der unterwegs zum Bananenkauf zurückgeblieben war, in großer Aufregung nachgelaufen und klagte, dass ihm mit Gewalt seine lange Steinschlossflinte entrissen worden sei. Schon dachte ich an Rückkehr, als sich der Marangumann Mkumbo ins Mittel legte. Es stellte sich heraus, dass der Uruhäuptling Salika vor einiger Zeit zwei Madschameleute, die als geschickte Chirurgen bekannt waren, nach Uru eingeladen hatte, um seinen mündig gewordenen Sohn zu beschneiden. Dies war geschehen, aber die Operateure hatten die ausbedungene Zahlung nicht erhalten. Sie benutzten deshalb jetzt die günstige Gelegenheit und machten sich durch das Gewehr des Urumannes bezahlt, welches das Eigentum Salikas war. Der Beraubte wollte nun zur Entschädigung eines der arglos herumstehenden Rinder fesseln, um es als Geisel nach Uru mitzuschleppen, wurde jedoch an derartiger Selbsthilfe durch eine nicht misszuverstehende Gebärde meiner rechten Hand gehindert, die ihn in schmerzliches Erstaunen versetzte. Jedenfalls ist diese Art der Repressalien bemerkenswert.

Wiewohl die Karawane an der Zulast des Rindfleisches, das uns Ngamine gespendet, schwer zu tragen hatte, eilte sie doch, wie stets auf Rückmärschen, ohne längere Rast durch den offenen Buschwald zum Ngomberefluss hinab, wo wir am Nachmittag im Gewitterregen Lager schlugen. Im krokodilfreien, blockreichen Fluss nahm die ganze Gesellschaft ein erquickendes Bad und später fotografierte ich die steile linke Uferwand, welche sehr charakteristische Durchschnitte durch vulkanische Agglomerate aufschließt. Gegen nächtliche Überrumpelung durch Kibosokrieger standen einige Leute freiwillig und ohne mein Wissen auf Wache, natürlich überflüssigerweise, denn die Wadschagga scheuen die Nacht ebenso sehr wie andere Neger.

Bevor die Sonne aufging, trotteten wir schon wieder durch den glanz- und starrblätterigen Steppenwald ostwärts. Auffallend waren die vielen frischen Elefantenspuren in dem Gebiet des hohen Graswuchses, das wir bald durchquerten. Diese Dickhäuter sind das einzige große Wild, das in solchen hochgrasigen Büschen zu finden ist, während es doch sonst in Ostafrika Regel ist, dass das meiste Wild da steht, wo die Vegetation am dürftigsten ist, also das Wild am besten nach nahender Gefahr umschauen kann. Das Anpassungsvermögen des Elefanten ist erstaunlich. In der offenen Grassteppe fühlt er sich ebenso wohl wie im Busch, im Savannenwald ebenso wie im Urwald, in der trockenen heißen Ebene ebenso wie auf feuchten, kühlen Bergeshöhen, in 700 m Höhe ebenso wie in 3000 m; es dürften ihm nur wenige andere Tiere in dieser Eigenschaft gleichkommen. Seine höchsten Spuren habe ich in vereinzelten Fällen bei 4000 m beobachtet. Noch höher hinauf geht er wohl kaum, da er dort weder etwas zu fressen findet noch auf dem scholligen Lavagestein ohne Beschwerde zu gehen vermag.

Als wir gegen Mittag an den nach Uru abzweigenden Pfad kamen, eröffnete ich dem verblüfften Uruführer, dass ich aus Zeitersparnis nicht über Uru, sondern über Modschi nach Marangu zurückkehren wolle, und schickte ihn beschenkt an seinen Herrn, Salika, mit der Versicherung meines vollsten Wohlwollens, obgleich mir nun der in Aussicht gestellte Festochse entgehen würde. Wir überschritten bald darauf den in seinem prachtvollen Galeriewald dahinrauschenden Raufluss und zweigten eine Stunde später von dem bisherigen zirkummontanen Pfad ab, bergan gen Modschi, wo wir am Nachmittag, von Dr. Abbott freundlichst begrüßt, in dem behaglichen deutschen Stationshaus anlangten.

An Mandara schickte ich einige Geschenke, die leider unerwidert blieben, besuchte die englischen Missionare und schwelgte mit Purtscheller wieder einmal in lang entbehrten Genüssen, als da sind Plaudern mit liebenswürdigen Europäern, Douchebad, Kaffee mit Milch, aus europäischem Mehl gebackenes Brot, Zigarren, illustrierte Zeitungen und dergleichen mehr. Ja, man wird materiell bei solchem Reiseleben, oder richtiger gesagt, man lernt erst hier nach seinem wahren Wert schätzen, was einem in Europa ein selbstverständliches Lebensbedürfnis ist oder zu sein scheint.

Des Nachmittags wanderten wir eine ¾ Stunde bergan durch die grünenden Fluren in die tiefe Talschlucht des Sarankabaches, an deren Ende die Gewässer über phantastisch mit Schlingpflanzen, wilden Bananen, Moosen, Zwergpalmen überwucherte Lavafelsen zerstäubend 60 m hoch in ein klares, schattiges Lavabecken von 20 m Weite hinabfallen, das zum Baden geradezu herausfordert. Es ist eines der wenigen idyllischen Plätzchen, wie sie der Vorstellung von Nordländern beim Begriff »Tropen« vorzuschweben pflegen, wie sie aber doch so äußerst selten sind.

Am Abend vor der Rückkehr nach Marangu ließen wir beim Schein der Petroleumlampe und Qualm der Pfeifen alle die Europäer, die Reisenden, Missionare, Jäger, Kolonisten und Abenteurer Revue passieren, die je den Boden von Dschagga betreten haben. Wir brachten im Ganzen 49 zusammen; in der Einleitung habe ich darüber Näheres vorausgenommen. In aller Frühe waren wir nach Mareales Land unterwegs und sahen schon kurz nach Mittag, da der Pfad besser gangbar war als vor zwei Monden, von den Lassobergen aus die schwarz-weiß-rote Flagge über unserm Marangulager wehen. »*Camp all well*«, meldete Ali mit militärischem Gruß und unmilitärischem Grinsen eine Stunde später.

Die wenigen Tage, die uns noch bis zur festgesetzten Abreise nach der Küste blieben, wurden noch gründlich ausgenutzt, um Versäumtes nachzuholen, Gegenwärtiges zu benutzen, Künftiges vorzubereiten. Das vorhandene Sammlungsmaterial wurde gesichtet, neu blühende Pflanzen und neu zum Vorschein kommende Insekten wurden dazugefügt, fotografische Aufnahmen in und außer dem Lager gemacht und alles transportsicher verpackt. Zu dem Zweck wurden die Pflanzenbündel und Insektenbüchsen in luftdicht schließende Blechkoffer gut verstaut, die exponierten fotografischen Platten in Zinkkasten eingelötet und die Gesteine sowie die ethnografischen Objekte in frische Kuhhäute eingenäht, die beim Trockenwerden eine elastische, stoßsichere und wasserdichte Hülle abgeben, gewiss die beste Verpackungsweise für unsere Bedürfnisse. Den größeren Teil der uns noch übrig gebliebenen Handelsstoffe tauschte ich als Marschproviant für die Träger in Bohnen um, von denen 24 Lasten in Matten und Bastsäcke verpackt wurden. Die Maranguleute, die nun sahen, dass wir uns ernstlich zur Abreise rüsteten, wollten auch ihrerseits die kurze Gelegenheit noch benutzen, um von den viel begehrten Stoffen und Perlen möglichst viel zu gewinnen, und boten ihre Bodenerzeugnisse und sonstigen Besitzstücke zu weit billigeren Preisen an als früher. Mareale selbst kam täglich mit Gefolge ins Lager und war tief gerührt, als ich ihm endlich nicht nur seinen sehnlichsten Wunsch erfüllte und ihm einen meiner Berliner Blechkoffer abtrat, sondern auch noch einen europäischen wollenen Anzug mit Schnürstiefeln, eine Blendlaterne, eine große emaillierte Waschschüssel, Tisch- und Taschenmesser, Stoffe, Pulver und anderes mehr dazufügte. Vor versammeltem Volk zog er den Anzug an und sah, als er schmunzelnd herumstolzierte, wirklich gar nicht übel aus, was für einen Neger in europäischen Kleidern gewiss viel sagen will.

Als Gegengabe überbrachte mir Mareale einen sorgfältig mit Massaimustern bemalten Dschaggaschild und einen nicht minder schönen Speer, an dem ich ihn mehrmals selbst hatte schmieden sehen. Dass Mareale eigenhändig schmiedete, ist aber keine wunderbare Übereinstimmung eines Dschaggabrauches mit altgermanischer Sitte, wo das Schmieden für eine des Fürsten würdige Beschäftigung galt, sondern nur ein Zeichen persönlicher Freundschaft, denn das Schmieden ist in Dschagga wie in anderen Negerländern Sache geübter »*fundi*« (Handwerker), denen niemand ins Handwerk pfuscht. Eine bei allen Naturvölkern wiederkehrende Einrichtung ist aber die Absonderung der feuergefährlichen Schmiedewerkstätten von den Wohnungen der

Bevölkerung, wodurch den Schmieden naturgemäß eine gewisse Heimlichkeit erwächst, die sich auch auf das Handwerk selbst erstreckt. In ganz Dschagga machte mir nur Mareale kein Hehl aus seinem Schmiedebetrieb.

Die Arbeiten werden in einer offenen Hütte von mehreren Männern ausgeführt. Das Gebläse ist genau dasselbe, wie es oben von Ugueno beschrieben ist, und in dem auf solche Weise angefachten Kohlenfeuer werden die in der erforderlichen Länge zusammengebogenen Drahtbündel geglüht, um dann auf steinernen Ambossen mit Steinhämmern zu wahren Damaszener Klingen ausgeschmiedet zu werden. Ein zweitägiges Abschleifen mit Quarzbrocken gibt der Waffe die letzte Politur. Die Form ist diejenige der Massaispeere in höchster Vollkommenheit, von welcher die einstigen kleinen Dschaggaformen, wie wir sie in Madschame gesammelt, kläglich abstechen. Dasselbe gilt von den alten Dschaggaschilden; und beide Aneignungen fremder Formen sind wieder ein Beispiel für die besonders in Afrika häufig zu findende Erscheinung, dass bedrückte Stämme von ihren Bedrückern das Äußere annehmen, um ihnen gleich zu werden und um Dritten gegenüber in gleichem Grad furchtbar zu erscheinen wie jene.

Die nicht den Massai nachgeahmten Waffen und Schmuck der Wadschagga zeichnen sich durch äußerste Armut an ornamentaler Verzierung aus. Hier und da einige blaue und rote Perlen oder ein den Schnittverzierungen unserer neolithischen Keramik ähnliches Ornament, das ist alles. Irgendwelche stilistische Leitmotive, wie sie durch die Kunsterzeugnisse vieler anderer Naturvölker gehen, haben die Wadschagga nicht. Ihr Kunstsinn ist viel weniger ornamental als formal entwickelt; das zeigt die Gestalt ihrer Gefäße, Geräte, Hütten und Höfe.

Unsere letzten Tage in Dschagga waren so mild, klar und schön, als wollten sie uns den Abschied doppelt schwer machen. Jeder Baum und Strauch hatte jetzt ein frisches, volles Sommergewand an und in Busch und Wald zwitscherte und trillerte es von früh bis Abend. Am frühsten ließ beim ersten Morgengrauen ein kleiner Buschsänger sein grasmückenartiges, melodienreiches Lied ertönen und bis spät in die Abenddämmerung hinein rief noch der helmköpfige Turaco sein eintöniges tiefes »Wau-wau«

von den nahen Bäumen. Wenn dann nach dem Dunkelwerden die befiederten Sänger schwiegen und das Mondlicht mit dem roten Schein der Lagerfeuer zu spielen begann, dann hoben die menschlichen Sänger und Tänzer ihre Reigen an, dass es stundenweit durch die schweigende Nacht schallte. Unsere Suaheli nahmen nie teil an den abendlichen Tänzen der Wadschagga; sie hielten sich wahrscheinlich für zu gut dazu. Aber später auf der Rückreise sangen und tanzten sie ihnen doch manche Weisen nach. Am beliebtesten scheint in Marangu der Ula-Tanz zu sein, in dem ein Vortänzer sich in halben Wendungen auf den Fußspitzen nach rechts und links dreht, sodass sein vorn aufgewickeltes und hinten herabhängendes Gewand wie ein langer Schwanz um ihn herumschwingt, während die Mittänzer ihn im Kreis umstehen, im Chorus eine kurze, bis zu neun Noten umfassende Melodie immer wiederholen, dazu im Takt abwechselnd mit dem rechten und mit dem linken Bein aufstampfen und in die Hände klatschen. Laszive Bewegungen fehlen hierbei so wenig wie bei jedem anderen Negertanz. Nach einer Viertelstunde löst den ermüdeten Vortänzer, der in den Ring tritt, ein anderer ab, es beginnt eine neue Melodie nach denselben Bewegungen und so geht es stundenlang fort bis tief in die Nacht hinein. Mareale selbst liebt es sehr, im Kreis seiner Asikari den Ula-Tanz vorzutragen, und ist stolz darauf, ihn länger fortsetzen zu können als irgendeiner seiner Getreuen.

Am 29. November waren wir fertig zum Aufbruch. Die Lasten waren gepackt und verteilt, die Zelte wurden abgebrochen, jeder Träger machte sich an seiner Bürde zu schaffen. Rufen, Lachen und Schreien von den Unsrigen und den Eingeborenen erfüllte die Luft. Fast jeder Träger und Asikari hat zu einer der Dschaggadamen in naher Beziehung gestanden, aber diese Naturkinder sind nicht sentimental, es wird keine einzige Abschiedsträne geweint, denn was wir Kulturmenschen unter Liebe verstehen, ist der handgreiflichen Praxis der Wadschagga ebenso fremd wie allen anderen Negern Afrikas. Unter Salutschüssen wurde die Lagerflagge eingeholt und unter weiteren Salutschüssen zogen wir talabwärts an Mareales Hof vorüber, wo ich dem braven, lieben Kerl noch einmal herzlich die Hand drückte. »Leb wohl, sehr wohl«, sagte er betrübt lächelnd, »und komm im nächsten Jahr wieder, wenn du kannst.« Ich antwortete mit dem tröstlichen »*Inschallah, bwana, inschallah*« und schied so zum zweiten Mal von einem guten Freund, den ich wahrscheinlich niemals wieder sehen werde. Meine und meiner Leute beste Wünsche sind bei ihm. Er ist der einzige unter den Dschaggahäuptlingen, dem alle, die ihn kennen gelernt haben, geraden Sinn, offenen Mut, Bescheidenheit und Liebenswürdigkeit in hohem Maße nachrühmen können; das Muster eines jungen Fürsten trotz seiner schwarzen Haut.

# Die Heimreise

»Die Heimreise!« Wie verschieden doch diese Vorstellung auf die verschiedenen Elemente der Karawane einwirkt. Uns Europäern ist's wehmütig ums Herz, von unserm Forschungsgebiet scheiden zu müssen, wo wir so manches errungen haben, wo aber noch so viel zu tun übrig bleibt; wir trennen uns schwer von dem schönen Land, dem schönsten in ganz Ostafrika, und von seinen freundlichen, gastlichen Bewohnern. Und auf der anderen Seite die Träger? Sie träumen bereits von den Freuden der Küste und Sansibars, von den vielen Rupien, die ihnen dort ausgezahlt werden, vom süßen Nichtstun und von ihren Mädchen. Käme es auf sie an, so wanderten sie jetzt Tag und Nacht fort, um bald ans Ziel ihrer Sehnsucht zu gelangen.

Wir steigen aber nicht direkt nach Taweta hinab, sondern ziehen vorerst nach Osten in die Marangu benachbarten und befreundeten Dschaggastädtchen Mamba, Msai und Mwika, um noch ein Stück des südöstlichen Dschagga kennen zu lernen und auf diesem Umweg Taweta zu erreichen. Nahe bei Mareales neu gerodeten Felderstrecken überschreiten wir den vom Mawensi kommenden wasserreichen Unabach, der in seinem Umlauf sich mit dem westlicheren Ngona vereinigt und in der Ebene als Himo zum Rufu fließt, später die tiefe Dschorroschlucht, deren Gewässer vermutlich oben in die Felder abgeleitet werden, und betreten damit die ersten Bananenpflanzungen des Häuptlings Mlavi von Mamba, von dessen Kriegern eine ziemlich große Schar hart am Weg um einen Pombekübel kauert und unsere Karawane scherzend zum Mitzechen einlädt. Wir aber sind eilig und wandern in den einförmigen Buschwald hinein, der uns bis nach Mwika hin nicht wieder freigibt. Wiederum sind trockene Schluchten zu überschreiten, denen das Wasser im Oberlauf durch die Felder von Msai entzogen wird und unter welchen die Muamboschlucht dadurch interessant ist, dass ihr weiter unten aus Quellen wieder Wasser zugeht, welches als der Habafluss, der uns oft erquickt hat, zur Ebene läuft. Das nächste kleine Mwikabächlein ist das einzige Rinnsal, welches der schmalen Landschaft Mwika das labende Nass spendet. An seinem Ufer schlugen wir nach Mittag unsere Zelte auf und befreundeten uns mit dem Landeshäuptling Sombararia (Präfix *»So«* wie in Somiriali die Hoheitsform), einem trinkfrohen jungen Mann, der meine Erzählungen von Eisenbahnen, Dampfschiffen, Telegraf, Repetiergewehr und anderen Kulturschätzen mit hellem Jubel begleitete, aber offenbar vergeblich versuchte, dafür einen gleichen Enthusiasmus in seinem blöde dreinschauenden Gefolge zu erwecken.

Im Regen bei +8° Minimumtemperatur schliefen die Träger unter freiem Himmel, da sie zum Bauen von Grasdächern zu faul

*Löwe mit Kudu-Antilope*

gewesen waren, im Regen verließen wir Mwika und damit Dschagga und im Regen eilten wir bergab durch die überall jung sprießenden Grasflächen der Steppe, vorbei an den kegelförmigen Wadschimba- oder Fumvuhügeln, hinter welchen der Rombohäuptling Wadschimba haust, und an den Makessahügeln am Fuß des Kilimandscharo, wo vulkanisches Konglomerat sichtbar mit Gneis gemischt ist. Nach siebenstündigem Eilmarsch langten wir im Tawetawald am angeschwollenen, jetzt rotbraunen Lumifluss an, nach dessen mehrfachem Durchschwimmen mittels des Gletscherseils wir endlich die müden Glieder im Lager des Amerikaners Mr Chanler ans trocknende Feuer strecken konnten.

Der folgende 1. Dezember war ein Sonntag und wurde sonntäglich angewandt zur Erholung vor dem Gewaltmarsch zur Küste. Unter den Tawetanern herrschte große Freude, denn man hatte wieder einmal die Massai, die in den letzten Wochen des Öfteren einen Einbruch nach Taweta versucht hatten, erfolgreich zurückgetrieben. Da die Massai jetzt im Frühsommer überall für ihr Vieh frisches Futter fanden, waren sie in ihren Bewegungen nicht beschränkt und deshalb war es auch sehr wahrscheinlich, dass wir in den nächsten Tagen sie selbst oder ihre Spuren in der Steppe finden würden. Die Tawetakrieger aber begingen ihren Sieg festlich mit Gesängen und Tänzen. Wenn die Sonne zur Küste ging, führten sie auf dem offenen Platz vor unserm Lager mit Kriegsgeschrei allerlei Evolutionen aus, bis sich ihrer eine genügende Zahl versammelt hatte. Dann marschieren sie in einer langen Reihe auf, die Mädchen, die bisher zugeschaut, stellen sich ihnen in einer zweiten Reihe gegenüber und nun treten unter dem kurzstrophigen Chorgesang der Menge abwechselnd drei Mann vor die Kriegerfront, springen mit Kniebeuge hoch in die Luft, schlagen dabei mit ihren rotfettigen langen Mähnen wie der Löwe mit dem Schweif einen furchtbaren Reif, schwingen Schild und Speer und werden von den Mädchen durch ein leichtes Hüpfen auf der Stelle bewillkommt und ermuntert. Das eigenartige Schauspiel dauert beim Mondlicht bis in die späte Nacht hinein.

Der Sonntag bescherte uns aber am Abend noch eine besondere Sonntagsfreude; denn als ich gerade meinen Tagebuchbericht abgeschlossen hatte, meldete Ali die Ankunft der Postläufer von der Küste mit Postsäcken für die Mission in Modschi und einem dicken Briefpaket für uns. Da saßen wir nun noch lang, umschnarcht von den Trägern, umsummt von Moskitos und umklungen vom fernen Geheul nächtlicher Hyänen, und lasen die eng beschriebenen Seiten, die in der winterlichen Heimat manche liebe Hand entworfen. Und aus Sansibar kam mir die hocherfreuliche Nachricht, dass von den 100 längst verloren gegebenen Warenlasten, die ich im Jahr 1888 mit der Karawane des Missionsagenten Mr Sockes zum Südufer des Victoria Nyanza gesandt hatte, um daselbst neue Vorräte zu finden, wenn ich mit meiner großen (später leider verunglückten) Karawane von Osten her dorthin gekommen sein würde, ein großer Teil durch die dortigen Missionare angekauft worden sei. Aber was steht hier? Lese ich recht? Stanley ist mit Emin und Casati in Usagara und wird in 14 Tagen in Sansibar erwartet! Und wir werden etwa gleichzeitig in Sansibar ankommen. Welch verlockende Aussichten für die nächste Zukunft!

Die Postläufer erzählten aber auch, dass sie Massai bei den Wasserlöchern von Landjoro gesehen hätten, und führten uns dadurch unsanft zur Gegenwart zurück. Als wir in der Frühe aufbrachen, drehte sich alle und jede Unterhaltung der Leute um die Massai und mit lautem Prahlen, aber der stillen Absicht, sich selbst Mut einzuflößen, lud jedermann eine besonders große Pulverladung und eine besonders schwere Kugel in sein Gewehr. Dabei wusste ich nur zu gut, dass im Fall wirklicher Gefahr aus purer Angst kaum zwei oder drei von der ganzen Gesellschaft ihr Pulverrohr losknallen würden.

Vorderhand war es jedoch nicht leicht, aus dem Schutz Tawetas in die vogelfreie Oststeppe hinauszukommen. Das Schlupfloch im Landestor war durch schwere Baumstämme verrammelt, die erst beiseite geschafft werden mussten, und im Wasserwald folgte ein den Pfad versperrender Verhau auf den anderen, alles gegen die Massai. In 2½ Stunden waren wir endlich aus dem ½ km breiten Waldband heraus und schritten im offenen Gelände weit aus, um die verlorene Zeit wieder einzubringen. Perlhühner und Frankoline huschten zu Hunderten über unseren Weg, aber kein Gewehr rührte sich, um nicht die Massai auf unsere Spur zu bringen. Kein Lachen, kein lautes Sprechen, kein Gesang erklang in der Karawane, nur die immer wiederkehrenden kurzen Warnungsrufe der Vorderen: *»shimo«* (Loch) oder *»mawe«* (Stein) oder *»miba«* (Dornen) an die Hintermänner unterbrachen von Zeit zu Zeit das Schlürfen der Schritte. Im Nordwesten traten noch einmal die höchsten Kuppen und Zacken des Kilimandscharo aus den Wolken und winkten uns ein stilles Lebewohl. Auch Ugueno sandte über den bleichen Dschipe-See herüber seinen letzten Gruß.

Vier Stunden waren wir unaufhaltsam ostwärts gewandert, als Muini Amani an der Spitze stutzte und zauderte. Unseren Weg kreuzte ein ganz frischer Pfad, der nur von Massai getreten sein konnte und vor nur wenigen Stunden begangen worden war. Die Spuren der Menschen, Rinder und Esel wiesen auf den Dschipe-See hin, und, der Richtung mit dem Blick folgend, gewahrten wir in ziemlicher Entfernung über den Bäumen kreisende Scharen von Geiern und Störchen, die untrüglichen Anzeichen der Anwesenheit von Massai, von deren Viehabfällen die gierigen Vögel sich nähren. Mit Ungestüm drängten meine Leute vorwärts. Obgleich in den Felslöchern von Landjoro mdogo reichlich Regenwasser stand, wollte doch niemand von einer längeren Rast hören und so zogen wir, nachdem jeder seine Kürbisflasche gefüllt, weiter in die Taitawildnis hinein.

Freilich wie eine öde Wildnis sah die Landschaft jetzt nicht mehr aus. Die Baumsteppe hatte ihr Sommerkleid angezogen und prangte in allen Reizen blühenden Lebens. Als wir vor $2^1/_2$ Monaten diese Ebenen durchzogen, war die Natur im ersten Sprossen und Treiben, jetzt ist alles Leben und Gedeihen, Anmut und Fülle. Die Eintönigkeit in Farbe und Gestalt ist verschwunden, das Grün und Gelb der Blätter, das Grau und Braun der Stämme und vorjährigen Gräser, das Brandrot des Bodens, das Blau des Himmels, das Purpur, Violett und Weiß der Blüten führen einen Farbenreigen, dessen lebendiger Eindruck durch die mannigfaltigen Erscheinungen der Tierwelt noch erhöht wird. Es schwirrt von Insekten in der Luft und an den Blüten, die Vögel, die sich gepaart, flattern und jubilieren und die kleinen und großen Säugetiere treiben ihr Wesen übermütiger denn je. Sie sind jetzt nicht mehr an bestimmte Weideflächen gebunden, sondern überall verbreiten sie sich über die Ebenen hin.

Vor unserem Blei waren sie diesmal sicher. Auch wenn die

Massai nicht gewesen wären, würde bei der großen Belastung der Träger das Schießen und Fleischaufladen unzweckmäßig gewesen sein. So zogen wir ohne Harm an ihren Rudeln, Herden und Scharen vorüber, bis mit einbrechendem Dunkel der Pfad unerkennbar wurde. An einem einsamen Baobab wurde gelagert und unter bald näherem, bald weiterem Brüllen zweier Löwen die kühle Nacht an lodernden Feuern verschlafen. Dieser große Steppenräuber hat jetzt gute Zeit. Seinem Zahn fallen die großen Säuger zum Opfer, wohin immer er sich wendet, und großmütig überlässt er dem kleineren Raubgesindel die niedere Jagd, die er sonst auch nicht verschmäht: dem Leoparden die kleineren Antilopen, den Schakalen und Schleichkatzen die Hasen, kleinen Nager, Bodenvögel und dergleichen.

Wie vor 2½ Monaten lag wieder Nebel in den Senkungen der Bodenwellen, als wir mit dem ersten Dämmerschein unseren Marsch fortsetzten. Beim Hellwerden schien es mir plötzlich, als tauchten fern aus dem Grün weiße Turbane und rote Fese auf, und sofort rief auch Muini *»msafara, wangwana!«* (»Eine Karawane, Küstenleute!«) Wir kamen ihnen schnell nahe. Einige 50 Halbblutaraber und Suaheli zogen mit vielen Wataita-Trägern, belasteten Eseln und Schlachtochsen und, ein jammervolles Bild, mit 20–25 in schweren Ketten gehenden Sklaven, welche große Eisendrahtbündel, den wichtigsten Artikel im Massaigebiet, schleppten, gen Taweta, um von dort ins Massailand zu reisen. Die Angeketteten hatten den Versuch gemacht, sich dem Karawanendienst zu entziehen, und waren deshalb in der üblichen Weise in Verwahrsam genommen worden, was bei einem Marsch durch die Taitasteppen für eine der härtesten Strafen gilt. Gerade unter ihnen hatten meine Träger viele Bekannte, aber mit Scherzen begrüßte man sich und das Austauschen von Neuigkeiten und Erlebnissen verursachte einen längeren Aufenthalt. Dabei ward uns die erfreuliche Mitteilung, dass drei Stunden weiter, wo die Karawane genächtigt hatte, ein kleiner Sumpf etwas Regenwasser enthalte. Diese Aussicht beflügelte unsere Schritte. Nach einer heißen Wanderung in der Vormittagssonne sahen wir vor uns die Rauchwölkchen der verlassenen Lagerfeuer der Suahelikarawane aufwirbeln, näherten uns dem verheißenen Wasserplatz und scheuchten einige Trupps Strauße auf, die an den schlammigen Pfützen ihren Morgentrunk genommen hatten. Es war eine abscheuliche graue, dickflüssige und warme Substanz, in welcher Menschen, Vieh und Wild herumgewatet waren, aber da sie nass war, wurde sie doch in die leeren Kürbisflaschen gefüllt, ehe wir weiterzogen. Dass sie erfrischend sei, behauptete keiner; nicht einmal die brave Ziege Adelheid, die freilich von ihren heimatlichen Uguenobergen einen besseren Trunk gewöhnt war, vermochte dem Schlamm Geschmack abzugewinnen.

Eine Stunde später gingen wir an der Stelle vorbei, wo wir auf dem Hermarsch gelagert hatten. Noch zeugten einige Kohlenflecken von unserer damaligen Rast und an einem Baumstamm, wo er in jener Nacht geschlafen, fand der Somali Mohammed sogar ein Messer wieder, das er dort vergessen hatte. Das Herumwühlen in der Erde wäre ihm aber fast schlimm bekommen, denn unter seinem Fuß schnellte plötzlich eine dicke Puffotter auf, der er nur durch einen Seitensprung entging. Diese furchtbare Viper wird den Menschen nicht durch Beweglichkeit, Gereiztheit und Angriffslust gefährlich, wie etwa die Aspisschlange und mehrere kleine Nattern, sondern im Gegenteil durch ihre Trägheit, mit der sie als echtes Nachttier tagsüber im Gras und Geröll liegt, und durch die wunderbare Anpassung ihrer Hautzeichnung an die Farbe und Art des Bodens, auf dem sie sich aufhält. Beim Geräusch nahender Schritte flieht sie nur langsam; nicht selten habe ich sie an und auf unseren Pfaden ihrer Schutzfarbe wegen erst entdeckt, wenn sie hart vor meinem Fuß davonkroch. Kein Wunder, dass ich es schließlich wie die Eingeborenen und meine Leute machte und mit meinem Wanderstab zuschlug, wo nur im Gras oder Gesträuch etwas raschelte und sich bewegte, mochte es nun eine gefährliche Natter oder ein harmloses Reptil oder gar eine langschwänzige Eidechse sein. Und das geschah täglich mehrmals, denn der Reichtum dieser Steppen an Schlangen nach Art und Zahl ist groß.

Am luftflimmernden Horizont wurden um Mittag die blaudunstigen Taitaberge klarer. Bald sahen wir sie zu unserer Linken, bald zur Rechten, bald vor uns, wie es die weiten Bogenläufe des Pfades mit sich bringen, der auch hier, wo ihn doch keine Terrainhindernisse zu Umwegen zwingen, nach Negerart nie geradeaus gehen kann. Die ungeheuren Wildscharen, die bisher ringsum die Ebenen belebt hatten, begannen sich zu lichten, je näher wir den bewohnten Taitabergen kamen. Nur die Giraffen standen in größeren Familien zusammen, wo sie an den hohen Schirmmimosen ihnen zusagendere Äsung finden als in den westlichen strauchigen Gebieten. Da unser Lagerplatz am Burabach nicht mehr weit war und den Trägern nach den Mühen des Marsches ein tüchtiges Fleischgericht zu gönnen war, brachte ich einen der langhalsigen Wiederkäuer vom Pfad aus mit vier Schüssen des Mauser-Repetiergewehrs zur Strecke und sah nach einer Viertelstunde jedermann fleischbeladen und fröhlichen Mutes von dannen ziehen. Weithin waren die im langsamen Galopp schaukelnden Hälse der fliehenden Tiere hoch über den Büschen zu sehen. Auch die erst nach Sonnenuntergang im Lager eintreffenden letzten Träger hatten den inzwischen um die tote Giraffe sich streitenden Geiern noch so viel Fleisch abjagen können, dass im Lager Überfluss herrschte. Derselbe wäre aber beinahe gegen unsere Absicht noch sehr vermehrt worden, denn als wir uns im Dickicht der Baumeuphorbien dem Burabach näherten und ich meine Aufmerksamkeit den wunderlichen Pflanzenformen zuwendete, stierte uns plötzlich aus unmittelbarer Nähe ein scheußlicher Rhinozeroskopf entgegen. Sofort knallten vier oder

*Im Euphorbienwald der Taitawildnis*

fünf Gewehre, aber im Feuer fuhr der Dickhäuter herum und brach fort ins stachelige Gebüsch, wohin ihm niemand folgen konnte.

Im Lager fanden wir später bei unserer zweiten und letzten Flasche Rotwein, die bis hierher aufgespart worden, den zähen Giraffenbraten sehr genießbar, aber die Fleischmengen zogen in der Nacht noch andere Liebhaber herbei, deren unwillkommene Gegenwart uns die sauer verdiente Ruhe raubte. Diesmal waren es nicht Löwen oder Hyänen, sondern jene kleinen nächtlichen Plagegeister, vor denen sich der Mensch nur durch die Flucht retten kann: Ameisen.

Kaum hatten wir die müden Glieder im Zelt auf das Feldbett gestreckt, als draußen ein Laufen und Fluchen entstand, aus dem ich nur das Wort »*siafu*« (Treiberameise) hörte, um sofort aufzuspringen. In wenigen Minuten waren sie auch im Zelt, verbreiteten sich rasch überallhin, krochen uns in die Kleider und kniffen uns mit ihren scharfen Zangen, dass wir wie unsere Leute fluchend das Weite suchten. Sie waren in Mengen erschienen, wie ich sie vorher nie gesehen, sodass an eine Rückkehr ins Zelt in dieser Nacht nicht zu denken war. Die Leute wüteten mit Feuerbränden und Pulver, gaben aber schließlich den vergeblichen Kampf auf und räumten das Feld. Wir waren froh, an anderer Stelle in unsere Decken gewickelt unbehelligt den Rest der Nacht zu verbringen.

Auf früheren Reisen, namentlich am Rufufluss, bin ich mehrmals in der Nacht durch die Treiberameisen *(Anomma arcens)* aus dem Zelt gejagt worden. In der Nacht oder an ganz trüben Tagen führen sie ihre Raubzüge offen aus; an sonnigen Tagen wandern sie nur im dunklen Schatten des Grases oder Laubes und bauen sich auf schattenlosen Stellen handbreite Gewölbe aus Erdkrumen, unter denen sie Schutz vor den Sonnenstrahlen finden. Am frühen Morgen vor Sonnenaufgang und an kühlen, schattigen Tagen habe ich oft diese Ameisennomaden beobachtet, wenn sie in einem handbreiten ununterbrochenen Zug unseren Pfad kreuzten und unsere marschierenden Leute veranlassten, mit dem Warnruf »*siafu*« eiligst über sie hinwegzuspringen. Deutlich sind drei verschiedene Kasten in ihren Kolonnen zu unterscheiden. Zu beiden Seiten des Zuges stehen in gewissen

Abständen die Glieder der größten Kaste und strecken ihre stark gekrümmten, spitzen Kieferzangen, die ihrer Körperlänge gleichkommen, geöffnet nach der Außenfront des Zuges, um jeden nahenden Feind sofort gebührend zu empfangen. Unter ihrem Schutz ziehen die beiden anderen Kasten in hellen Haufen eilig dahin. Die größere von ihnen, die mit geraden, scharfen Kieferscheren von halber Körpergröße bewehrt ist, hat augenscheinlich den Beruf, die gefundene Beute zu zerschneiden und zu zerbeißen, wogegen es Sache der dritten, kleinsten und mit nur kleinen Kiefern ausgerüsteten Kaste ist, die zerlegten Stückchen fortzuschleppen. Stört man mit einem Stock die Harmonie des Zuges, so stürzen sich die beiden ersten Kasten mit wütenden Bissen auf den Eindringling, während die dritte Kaste mit ihren Lasten eiligst entflieht. Unbehände Kriechtiere und sogar kleine Säugetiere, die nicht rechtzeitig entfliehen, fallen den angriffslustigen Feinden rettungslos zum Opfer. Die Entwicklung und Vermehrung der Insekten beschränken sie wohltätig im ganzen Land.

Am anderen Morgen waren unsere kleinen Sieger abgezogen, aber von jedem Stück Fleisch hatten sie etwas mitgenommen und zwar seltsamerweise weniger von den saftigen Muskelfasern als von den harten Sehnenteilen und vom Fett.

Der für uns folgende vierstündige Marsch an den Wänden des Dschaviaberges entlang nach dem üppigen Tal des Matatebaches war nach den vorhergehenden Märschen mehr ein Erholungsspaziergang. Viele Träger waren fußkrank und humpelten klagend über das scharfe Geröll des Taitagesteins. Oben unter dem hochragenden Dschaviafels wendete ich den Blick noch einmal zurück auf die überstandene unabsehbare Taitawildnis und empfing als Gegengruß für meinen stummen Abschied ein ebenso unerwartetes wie zauberhaft schönes Naturbild. Hoch über den ziehenden Haufenwolken der Steppen hob im fernen dunstigen Westen wie eine Fata Morgana der Kibo sein schneeweißes Haupt zum Himmel, so einsam, so gewaltig und doch so schemenhaft, dass uns sein Suaheli-Name »Geisterberg« wie von selbst auf die Lippen trat. Nur im Himalaja, von Darjeeling aus zur Kantschindschinga-Kette schauend, habe ich ein Bergbild von ähnlicher Größe und Schönheit gesehen.

Im Fernglas traten die Felsen der Kaiser-Wilhelm-Spitze dunkel aus dem weißen Eisdom hervor, alle anderen Teile überragend. Aber von Norden her verhüllte langsam ein Wolkenschleier das hehre Haupt und entrückte es unserer Anschauung, bis »unser« Berg nach Monaten wieder in der nordischen Heimat auf den fotografischen Platten auferstehen sollte.

Auf unserm alten Zeltplatz im immergrünen Matatetal herrschte bald wieder das geschäftige Treiben der mit Mais, Hirse und Zuckerrohr schachernden Wataita, erklang das Singen und Lachen der Träger, das Keifen und Kreischen der Weiber. Wie viel weniger liebenswürdig, zutunlich und umgänglich sind doch diese Wataita als die Wakuasi von Taweta und die Wadschagga von Marangu, Modschi und Madschame; wie viel geringer ist ihre körperliche Anmut, wie viel größer ihr Misstrauen und ihre Verschlagenheit. Der unangenehme Eindruck war für uns alle jetzt besonders stark. Und doch sind sie noch offen und ehrlich zu nennen im Vergleich zu den von der Natur und den Menschen immer befehdeten und oft überwältigten Bantubewohnern der Steppen, den Wanika, Waduruma, Wakamba und anderen.

Hier war es gewesen, wo vor drei Monaten ein exemplarisches Auspeitschen einige Träger über ihre Pflichten und Stellung belehrt hatte. Jetzt bedurfte es schon seit Wochen der Peitsche nicht mehr. Jedermann gehorchte aufs Wort, war voll Vertrauen zu mir und hatte sich in das Ganze eingelebt wie in eine große Familie. Willig, mitunter sogar zuvorkommend und leistungsfähig, wie die Träger jetzt waren, hätte noch vieles mit ihnen ausgeführt werden können, sodass mir bei ihrem Anblick der Gedanke täglich schmerzlicher wurde, die Expedition sich nun bald auflösen zu sehen.

Da wir dem fieberigen Küstengebiet näher rückten, begannen wir wieder regelmäßig mit den Mahlzeiten Arsenikpillen zu nehmen und zwar ich für meine Person bei gewissenhafter Beobachtung mit dem besten Erfolg. Noch waren die Nächte erquickend kühl, aber die Schwüle der Tage, die Menge der Niederschläge nahm täglich zu.

Im Regen wanden wir uns durch den offenen blattgrünen Steppenwald von Matate nach Ndara hin. Während das ebene Land sonst nur einzelne kurze Schauer kennt, die in der Regenzeit rasch aufeinander folgen, war es diesmal ein ununterbrochenes Rieseln, wohl weil sich das Gewölk zwischen Ndara und Taita aufgestaut hatte. Im Regen und vom roten Lateritlehm barbarisch zugerichtet kamen wir nach sechs Stunden an den Felswänden von Ndara unter der Missionsstation Sagala an und wurden zu unserer Überraschung vom Rauschen eines munteren Bergbaches begrüßt, der von der Höhe herabsprudelte und zum Lagern an seinem sykomorenbeschatteten Ufer einlud. Bald lachte der blaue Himmel über uns, aber der Missionar ließ sich diesmal nicht zu einem Abstieg bewegen trotz unserer vielen ermunternden Schüsse. Dagegen stellte sich unerwünschter Besuch von der Ebenenseite ein, eine kleine Suahelikarawane von der Küste, und machte sich es an unserer alten Lagerstätte neben dem Unkenpfuhl bequem. Sie kamen von Mombasa und waren vom Inder Sewa Hadje, meinem Geschäftsfreund, ausgesandt, um bei der herrschenden Unsicherheit der Unyamwesi-Route über Sogonoi zum Victoria Nyanza vorzudringen. 34 Träger waren ihr bereits entlaufen und das Nachschaffen der liegen gebliebenen Lasten hatte die übrigen von der Küste bis hierher einen ganzen Monat aufgehalten.

Die zum Lebensmittelverkauf herabsteigenden Wandara forderten ungeheuere Preise für ihre Feldfrüchte, da in ihren Pflanzungen die Heuschrecken große Verwüstungen angerichtet hatten, und schienen sehr enttäuscht, dass wir, im glücklichen Besitz unserer Dschaggabohnen, auf ihre Hilfe verzichten konnten. Die Somali legten mir sehr ans Herz, dass Adelheid, die Uguenoziege, ihre Bestimmung erfüllen müsse, aber ich gab ihr noch ein paar Tage Frist und ward von ihr dadurch bedankt, dass sie, neben dem Zelt festgebunden, mich in der Nacht durch ängstliches Meckern zum Lichtanzünden veranlasste, wobei ich sofort eine große graugüne Schlange entdeckte, die soeben ins Zelt hereinzukriechen begann. Ein Hieb mit dem Eispickel tötete sie; doch ist mir dieser Vorfall darum interessant, weil ich nie vorher Schlangenbesuch im Zelt gehabt oder, richtiger gesagt, einen solchen nie vorher bemerkt hatte. Dass die Tiere, die ja meist Nachttiere sind, dem Licht und dem Feuer entgegenkriechen, wie Nachtschmetterlinge und Nachtvögel ebenfalls vom Lichtschein angezogen werden, habe ich oft erfahren, aber in diesem Fall scheint das Wärmebedürfnis das Tier bewogen zu haben, aus der regenkalten Steppe nach einem trockenen, warmen Plätzchen zu suchen.

Um die Heuschreckenverwüstung und den säumigen Missionar zu sehen und um meinen Leuten einen Rasttag zu geben, kletterte ich am Morgen mit Purtscheller den steilen Berghang hinauf zur Missionsstation. Dort kamen wir leider dem Mr Wray sehr wenig gelegen, denn er packte seine Siebensachen in Kisten und Koffer, um nach Europa zurückzukehren. Dass ihm das Scheiden von der Stätte, wo er acht Jahre ohne Unterbrechung gelebt und gewirkt hatte, herzlich schwer wurde, ist sehr erklärlich, obschon Ndara nichts weniger als ein afrikanisches Paradies ist. Und gerade jetzt hatte es ein sehr wenig paradiesisches Aussehen, denn die Heuschrecken hatten wirklich schlimm gewirtschaftet. Überall lagen noch Rückzügler der gelben, fingerlangen Verwüster über Berg und Tal verstreut. Vor acht Tagen waren sie in ungeheueren Wolken von den Parehbergen herübergekommen und so massenhaft in die Felder eingefallen, dass die Ndaraleute bis über die Knöchel in dem tierischen Gewimmel hatten waten müssen. Der größte Zug hatte 1½ Tage gedauert und stundenlang buchstäblich die Sonne verdunkelt. In einem Tag waren sämtliche jungen Pflanzen bis auf den Stumpf abgefressen und als es nichts mehr zu fressen gab, zogen die Schwärme über die Berge nach Nordosten weiter, also in der Richtung schräg zu dem herrschenden Wind, das Land in der sicheren Aussicht einer Hungersnot hinter sich lassend.

Mit Briefen und Aufträgen des Missionars an seine Zentralstation Frèretown bei Mombasa verließen wir in der Morgendämmerung das Ndaralager und eilten auf unserm alten Pfad weiter. Am Fuß des südlichen Ndarafelsens, der, in Gestalt und Charakter ein kleines afrikanisches Matterhorn, sich stolz zum lichten Äther aufbäumt, waren die uralten Baobab-Riesen mit weißen Blüten bedeckt, die an langen Stielen von den sperrigen Ästen herabhingen wie Sterne von einem Christbaum. Perlhühner schlüpften in Scharen durch das junge Gras und scharrten nach Nahrung. Sie sind in dieser Gegend so häufig, dass ein alter Lagerplatz am Pfad *»marago ya kanga«* (Perlhuhnlager) nach ihnen heißt, wo es tatsächlich *»toujours perdrix«* gibt. Wie das

Fleisch der Kudu-Antilope das schmackhafteste Säugetierfleisch Ostafrikas ist, so ist das ihrige das beste Vogelfleisch, wie wir wieder einmal mit Vergnügen erproben konnten.

Viele Vögel, die während der Trockenzeit unscheinbar und einfarbig sind, haben nun, da alles grünt und wächst, ihr prächtiges Hochzeitskleid angezogen, das ihnen in der Trockenzeit, wenn die blattlose Vegetation nur ungenügende Deckung vor Verfolgern gewährt, leicht verderblich werden könnte. Überall zwitschert und flötet es. Dass Ostafrika keine nennenswerten Singvögel habe, kann nur behaupten, wer das Land nicht in der Regenzeit kennt, denn wie im nordischen Frühling schallt jetzt Hain und Flur in den kühleren Morgenstunden wider von den Liedern der kleinen Sänger. Je höher die Sonne steigt, desto stiller wird die Natur. Nur der Nashornvogel ruft sein weithin tönendes »Äh, äh, äh« und entflieht mit kurzem, rauschendem Flügelschlag, wozu die in seinem Hohlschnabel sich fangende Luft einen tiefen Grundton summt; oder der Schreiadler lässt aus luftiger Höhe seine dem Schreien eines Lammes ähnliche Stimme so kläglich ertönen, dass ich mich immer wieder nach dem vermeintlichen fliegenden Hammel umsehen muss; oder der Schnarrvogel wird zu unseren Häupten hörbar, wo er flatternd steht, gleich einem stoßbereiten Eisvogel, und durch das Aneinanderschlagen der Flügel schnarrt wie eine Bekassine. Kleinere Raubvögel werden hier und da von dichten Flügen kleiner Singvögel verfolgt, die ohne Unterlass von oben mit Geschrei auf den fliehenden Räuber stoßen und ihm arg zusetzen, bis er in einem Dickicht entwischt ist. Abgesehen von diesen vereinzelten Lebensäußerungen ruht die Natur während der heißen Tagesstunden.

Senkt sich die Sonne dem westlichen Horizont zu, dann bekommt die Natur wieder mehr Stimme. In den Büschen und Bäumen girrt das mannigfaltige Geschlecht der Tauben und die Sänger des Morgens wiederholen zum Teil ihr Liebeslied. Nur aus wenigen Kehlen dringt es so strophenreich wie aus unserer Nachtigall, der Grasmücke und dem Rotkehlchen, aber zahlreich sind die kurzen, wohllautenden Melodien, wie sie unser Fink und Zeisig zum Besten geben, und unter ihnen klingen die kleinen Mollkonzerte am traulichsten, die von Männchen und Weibchen derselben Art gemeinsam gesungen werden. Das Männchen lockt mit drei Tönen, auf die das Weibchen mit drei Tönen in der Terz antwortet, und so genau setzen beide Stimmen zusammen ein, dass das Liedchen wie von einem Vogel allein gesungen klingt. Sobald die Nacht die Erde bedeckt, umgaukelt der Ziegenmelker, vom Schein der Lagerfeuer angezogen wie Schlangen und Insekten, geräuschlos die Zelte gleich einer Fledermaus, um den Schmetterlingen und Netzflüglern nachzujagen, und schnurrt von Zeit zu Zeit eintönig wie eine Katze. Wir aber machen ihm im Insektenfang Konkurrenz, da wir an den Außenwänden des innerlich erleuchteten Zeltes die anfliegenden Falter nur mit dem Netz abzustreifen brauchen.

Wer das Land nur in der Regenzeit gesehen hat, wenn der Steppenwald vorübergehend in einen frischgrünen, duftenden und liederreichen Hain verwandelt ist, der wird sich über die Fruchtbarkeit dieser Gebiete leicht täuschen lassen, solange er den Vegetationsformen und der Vegetationsformation keine Beachtung schenkt. Diese jedoch lassen keine Täuschung zu, wie wir auf der Reise von der Küste nach Taweta gesehen haben.

Am Maunguberg, wo wir auf dem Hermarsch das schlechte Ngurungawasser hatten weit herholen müssen, rieselte jetzt ein klares Bächlein von den Felsen herab. Die Wassernot hatte offenbar auf der ganzen Strecke aufgehört. Darüber gerieten meine Leute in eine ausgelassene Heimkehrstimmung, deren Äußerung mich nötigte, mehr denn je meinen Karawanen-Namen »*bwana kelēle*« (Herr Ruhe) zu bewahrheiten. Da die Neger nie den richtigen Namen des Europäers merken oder verstehen, so taufen sie den Europäer, mit dem sie es zu tun haben, nach eigenem Ermessen. Irgendeine hervortretende Eigenschaft des zu Taufenden gibt dafür den Ausschlag und immer liegt Humor und gute Beobachtung in der Namengebung. So ward mir, weil ich regelmäßig beim Schlafengehen die allzu lauten Schwätzer mit dem Ruf »*kelēle!*« (Ruhe) zur Ruhe wies, schon auf der ersten Reise der Name »*bwana kelēle!*« (Herr Ruhe) zuteil, unter dem ich nun allein bei den ostafrikanischen Karawanenleuten bekannt bin. Die Somali dagegen nannten mich kurzweg »*dakta*« (Doktor). Purtscheller, der die Angewohnheit hatte seine Suaheliworte zur besseren Verständigung mehrmals hintereinander zu wiederholen, wurde von den Trägern *»bwana lolo«* (Herr Stotterer) genannt, während ihm die Somali seines gesunden Appetits halber den Somalinamen *»angadir«* (Geier) beigelegt hatten. Ein anderer Europäer meiner Bekanntschaft heißt *»bwana fimbo«* (Herr Stange), seiner Körperlänge wegen; ein dritter »bwana mamba« (Herr Krokodil), seiner spitzen Zähne wegen; ein vierter *»bwana tumbo«* (Herr Bauch), seiner Wohlbeleibtheit wegen und dergleichen mehr. Im direkten Verkehr, von den Leuten selbst, bekommt man seinen Karawanennamen niemals zu hören; da ist man als Führer der Expedition immer *»bwana mkubwa«* (großer Herr), als Zweiter: *»bwana mdogo«* (kleiner Herr); nur unter sich nannten mich die Leute *»bwana kelēle!«* und Herrn Purtscheller *»bwana lolo«*.

Mit Wasser hatte die vor uns liegende Maunguwildnis keine Schrecken mehr. Beim fahlen Licht des letzten Mondviertels traten wir die Wanderung in die Weißdornendickichte an. Zwei Stunden waren wir bis Sonnenaufgang schweigend unseres Weges gezogen, als ein Trupp Wataita uns entgegenkam, der zur Abwehr ihrer heimischen Heuschreckennot in Samburu Mais eingehandelt hatte. Sie erzählten uns von reichlichen Wasservorräten, die wir überall antreffen würden und schon nach drei Stunden lagen die ersten kleinen Tümpel vor uns, wo vor drei Monaten nicht die geringste Spur früherer Wasseransammlungen zu bemerken gewesen war. Und doch ist die Stelle in jeder Regenzeit *(masika)* versumpft, wie die im Schlamm wimmelnde Fischbrut und die kleinen grauen Frösche bewiesen, welche die Trockenmonate in der feuchten Tiefe der Erde überdauert hatten und durch die Regen zum Leben erweckt worden waren. Mit frisch gefüllten Wasserflaschen ging es im Dornenwald weiter und der Duft der Blüten, der die Luft wie Jasmin und Heliotrop erfüllte, ließ uns vergessen, wo wir waren. Am Mittag passierten wir unser früheres Biwak und gewannen von der höher gelegenen Buschwaldregion einen Blick auf die Pyramide des Kisigao im Süden. Von Osten aber zog es schwarz am Himmel heran wie der Jüngste Tag, ein regelrechtes Masikagewitter, wie es uns diese Reise noch nicht beschert hatte. Noch ist es so weit, dass der Donner nicht vernehmbar ist, wie grell auch die Blitze zucken, aber bald grollt und dröhnt es in der Ferne und kurz darauf geht von dem dort aufschlagenden Regen ein lautes Rauschen und Prasseln durch die Luft, obwohl ringsum sich noch kaum ein Blatt regt. Da trifft uns der erste Windstoß mit Heftigkeit, andere folgen, das Prasseln kommt näher und plötzlich ergießt sich des Himmels Flut über uns, schwer niederschlagend wie Hagel. Ringsum flammt und kracht es und der Sturm heult in allen Tonarten. In fünf Minuten ist der Pfad in einen rauschenden Bach verwandelt, in dem wir bis über die Knöchel mühsam vorwärts waten. Wir haben die Empfindung, als habe der Guss sogar unsere Haut durchdrungen, und während uns das Frostgefühl vorübergehend bleich macht, sehen die zitternden Träger wirklich grau aus vor Kälte. Aber zehn Minuten später steht nicht die kleinste Pfütze mehr auf dem Boden; der poröse, tief gespaltene Laterit hat jeden Tropfen aufgesogen.

Dem ersten Regenguss folgt nach einer Viertelstunde ein zweiter, diesem ein dritter und vierter mit immer schwächer werdenden elektrischen Entladungen, und gegen Sonnenuntergang klärt sich der Himmel wieder auf. Das ist die Regenzeit, die Masika. Wenn den Trägern das Lastenschleppen, besonders das Halten der eisernen Koffer, in solchem Wetter zur Qual wurde, so war für mich die nie ruhende Routenaufnahme, die Handhabung des Kompasses und Aneroides, der Uhr und Bleifeder auch kein Vergnügen. Todmüde machten wir mit Einbruch der Nacht im Dornenwald Halt und warfen uns auf unsere durchnässten Decken, während die Neger mit viel Geschick und großer Geduld aus dem Innern von Baumästen trockene Splitter schnitten, die, mit Zündhütchen vom Gewehr in Brand gesteckt, endlich zu trocknenden und wärmenden Feuern verhalfen. Niemand achtete nach dem 14-stündigen Marsch des grollenden Löwen, der in der Nähe seinem nächtlichen Weidwerk nachging.

Am Morgen lagen feuchte Nebel auf der Landschaft. In ihnen schien sich die niedere Tierwelt besonders wohl zu fühlen. Die schleimige Achatina-Schnecke, deren hellgraue, leere Gehäuse in der Trockenzeit eine der häufigsten Erscheinungen auf dem Boden dieser Buschwälder sind, schlich träge durch das nasse Gras, unbeholfene Landkrabben und schwerfällige Landschildkröten krochen tastend im Lateritsand umher, große Tausendfüßler, kleine Skorpione und flinke Schlangen wanden sich da und dort am Pfad und im Wurzelgeflecht der Sträucher. Schon nach zwei Stunden langten wir an den ersten wassergefüllten Ngurungas unterhalb des lang gestreckten Tarohügels an, die jetzt üppig von langen, kriechenden Schlingpflanzen umrankt waren, und trafen daselbst auf Nachzügler der Suahelikarawane, deren Gros mit uns am Ndarapfuhl gelagert hatte. Auch bei den Taro-Felslöchern selbst saßen noch einige 20 Nachzügler, deren Führer mir lachend erzählte, dass sie bei Andauer der bisherigen Marschgeschwindigkeit hoffen dürften, in 2½ Jahren ihr Ziel am Victoria Nyanza zu erreichen. Einige 50 Wataita sollten ihnen anstatt der Ausreißer beim Lastentragen helfen, sträubten sich aber gegen die schweren Ballen, da sie gewohnt sind alle Lasten an einem um die Stirn laufenden Band auf dem Rücken zu schleppen, sodass sie nur kleinere Gewichtsmengen zu bewältigen vermögen.

An den Wasserlöchern von Taro hatte für die treue Expeditionsziege »Adelheid« das letzte Stündlein geschlagen. Obwohl durch die mühevollen Märsche zum Skelett abgemagert, wurde sie doch unserm Fleischhunger geopfert und fiel unter dem Messer ihres besten Freundes, des Somalikoches. Über die Teilung der den Somali zugewiesenen Vorderkeulen gerieten aber die hungrigen Wüstensöhne in Streit und bevor ich Einhalt tun konnte, hatte der leidenschaftliche Bulhan dem Koch sein Messer in den Arm gestoßen, dass das Blut spritzte. Der Übeltäter ward gefesselt, der Verwundete aber sagte, als ich ihn verband: »Sieh, Herr, mein Messer hat die Ziege getroffen, die mir nachlief wie ein Kind; nun hat Bulhans Messer mich getroffen.« Adelheid war gerächt.

Dass wir die ungastliche Maungu-Wildnis hinter uns hatten, war am nächsten Morgen sogleich am Marschtempo der Karawane zu merken, denn wie gewöhnlich kamen 106 Schritt auf die Minute, während wir vorher durchschnittlich 114 gegangen waren.

In den Baumbeständen hatten die letzten Stürme große Verwüstungen angerichtet. Die gestürzten abgestorbenen Stämme versperrten uns häufig den Pfad, aber die Termiten, die bewunderungswerten Erdarbeiter der afrikanischen Tropen, sind allgegenwärtig und sorgen dafür, dass »was von der Erde gekommen, wieder zu Erde werde«. Kein Strauch oder Baum, den die ameisenartigen Kerbtiere nicht auf abgestorbene Äste oder Stammteile hin gewissenhaft untersuchen. Da sie Licht und Luft scheuen, führen sie von ihren meterhohen, wabenartig durchlöcherten, roten Lehmhügeln (ihren Vorratsräumen und Brutstätten) aus zuerst an dem in Angriff genommenen Baum einen gewölbten Gang aus dicker Erdkruste entlang bis zu den abgestorbenen Ästen oder Zweigen, überziehen die Letzteren völlig mit rötlichem Erdwerk und fressen sich unter der Lehmkruste mit ihren scharfen Zähnen ins Mark des Holzes hinein. Streckenweise schimmert der ganze Wald rötlich von den Erdgängen, mit welchen die Termiten sämtliche Bäume beklebt haben. Oft ist es mir anfänglich geschehen, dass ich mich an einen erdbeklebten, scheinbar soliden Baum anlehnen wollte, ihn aber umbrach wie ein Rohr und erstaunt sah, dass nur die äußeren Erd- und Rindenschichten unversehrt als hohle Röhre zusammenhielten, das innere Holz aber weggefressen und teilweise durch die Erde der Ameisengänge ersetzt war. Der nächste Windstoß würde ihn umgestürzt haben und was einmal durch Bruch zu Boden gesunken ist, das wird, falls noch etwas daran zu zerfressen ist, von unten aus in kürzester Frist zerstückelt.

Durch die Termiten sind verschiedene unserer Holzkisten und die in Ballen geschnürten Pelzschlafsäcke, die aus Versehen durch keine Unterlage vom Erdboden getrennt gewesen waren, den Weg alles Irdischen gegangen. Selbst an den Kolben einiger Trägergewehre hatten die Tiere in einer Nacht die Schärfe ihrer Zähne erprobt.

Trotzdem wird niemand leugnen wollen, dass die Termite gerade durch ihre Zerstörungslust in diesem an totem Holz überreichen Land ein sehr segensreiches Mittel im Haushalt der Natur ist. Nicht minder nützlich ist sie durch ihr unaufhörliches Emporschaffen der Erde aus tieferen Bodenlagen an die Oberfläche, denn dadurch sorgt sie, wie der Regenwurm in den gemäßigten Klimaten, im heißen, trockenen Afrika für einen sich immer wiederholenden Wechsel der oberen Bodenschichten, der für das Gedeihen der Pflanzen unerlässlich ist. Der übergroßen Ausbreitung der Termiten steuert das wunderliche Erdferkel entgegen, indem es mit seinen starken Grabkrallen Löcher in die harten Termitenhügel wühlt und mit seiner langen Klebzunge die Tierchen herauszieht wie mit einer Angel. Überall, wo Ameisen und Termiten zahlreich sind, findet sich auch das fuchsbauartige Schlupfloch des Erdferkels; das Tier selbst aber habe ich nie zu sehen bekommen, da es ein scheues Nachttier ist.

In drückender Schwüle, die uns schon jetzt wehmütig an die erfrischende Steppenluft des Innern zurückdenken ließ, kamen wir vor Mittag an den ersten Bohnenfeldern der Waduruma von Samburu an. Eine größere Zahl der Waduruma kreuzte unseren Pfad, die gerade von einer langen Reise aus Ukamba heimkehrte, wohin sie den Malteser Martin, den ehemaligen Begleiter Thomsons und jetzigen Beamten der British East Africa Co., behufs Anlegung einer Station begleitet hatten. Am großen Felsbecken von Samburu stellten wir unsere Zelte wieder da auf, wo wir vor drei Monaten eine ungemütliche Nacht in Sorge um das Davonlaufen der Träger durchwacht hatten, und hörten wieder von den Eingeborenen, die mit Hühnern und Ziegen zum Verkauf kamen, das lange nicht vernommene Wort *»fetha«* (»Geld«). Wir waren also wieder im Bereich des gemünzten Geldes, im ostafrikanischen Küstengebiet angelangt, so wenig auch noch das Land danach aussah.

Im heftigsten Gewitter flüchteten sich am Abend die Postläufer der Mission ins Lager, die wir auf ihrem Weg nach Dschagga in Taweta angetroffen hatten, und mit ihnen setzten wir in dämmernder Frühe unseren Marsch nach Osten fort, kreuzten am Vormittag einen stark begangenen Pfad der Massai, die vor zwei Monaten bis in diese Gebiete vorgedrungen waren und die Waduruma-Dörfer geplündert hatten, später die einstige Boma des Arabers Mbaruk, der als Wegelagerer vor drei Jahren die ganze Gegend gebrandschatzt hatte, und hielten so ausdauernd mit den Postläufern Schritt, dass wir am Abend noch Rabai erreicht haben würden, wenn nicht ein strömender Gewitterregen den Durchgang durch den angeschwollenen Moadjebach für die ermüdeten Träger zu Zeit raubend gemacht hätte.

So ließen wir die Postläufer mit Nachrichten nach Rabai und Mombasa allein weiterziehen und lagerten unter den Mangobäumen am Moadjebach, deren halb reife Früchte als erster Küstengenuss von den Leuten jubelnd begrüßt wurden. Auch wir im

Zelt schwelgten in ungewöhnlichen Tafelfreuden, denn nun brauchte nichts mehr für schmale Tage aufgespart zu werden; was noch in den Proviantkisten vorhanden war und was uns Dr. Abbott und die Missionare aus ihren reichen Vorräten gespendet hatten, das kam jetzt auf den Tisch. Da gab es Gerstengrütze, Zucker, Büchsenmilch, Fruchtgelee (Jam), Mixedpickles, Worcestershire Sauce und dergleichen, lauter schöne Sachen, die wohl in wenigen Expeditionen noch zum Schluss der Reise zum Vorschein gekommen sind. Und dass am nächsten Tag wahrscheinlich sogar noch Brot dazukommen würde, war die allerverlockendste Aussicht. Weniger erfreulich war eine Entdeckung, die ich am Abend auf meinem gewohnten Rundgang durch das Lager machte. Vor dem Zelt des Hauptmanns Abed saß ein mir unbekannter junger Bursche, dessen Typus den Dschaggamann verriet. Auf meine Frage erhielt ich die Antwort, er sei ein Eingeborener von Modschi, der an der Küste seinen entlaufenen Vater suchen wolle, und schloss natürlich daraus, dass er ein Sklave sei, den sich Abed von Mandara gekauft und bisher geschickt vor mir zu verbergen gewusst hatte. Ich tat aber vorläufig, als glaubte ich an das rührende Märchen und beschloss, in Rabai einzuschreiten.

Der Weg vom Moadjebach nach Rabai ist kurz. Schon in der zweiten Morgenstunde kamen die wie Signalstangen hochragenden kronenlosen Stämme von abgestorbenen Borassuspalmen in Sicht, die mir als charakteristische Landesmarken im Gedächtnis geblieben waren, und hinter ihnen am Horizont tauchte der Koswald von Rabai, der untrügliche Herold der Küstennähe, auf. »*Mnasi, bwana, mnasi*« (»Kokosplamen, Herr, Kokospalmen«) riefen mir immer wieder die Träger grinsend zu und wie ihrer, so bemächtigte sich auch unser eine freudige Erregung und übermütige Stimmung, die mit jedem Schritt vorwärts wuchs. Werden die Missionare in der Station sein? Was für Nachrichten wird man von der Küste und von Sansibar haben? Wird sich Gelegenheit zu baldiger Überfahrt nach Sansibar bieten?

Beim Erblicken der ersten Hütten von Rabai fingen die Unserigen ein fürchterliches Flintenknallen an, das aus allen Türen Neugierige hervorlockte. Ich wehrte ihnen nicht nur nicht, sondern schoss selber mit, und als uns der erste »Missionsboy« entgegenkam und mich gesittet mit *»morning, Sir«* begrüßte, reichte ich ihm sogar die Hand, was mir mit Missionsjungen noch nie passiert ist. Doch da lugt schon das weiße Missionshäuschen, in dem dereinst Krapf und Rebmann gelebt haben, aus dem Grün. Wir gehen über den reinlich geharkten Kiesplatz an dem neuen Kirchlein vorbei, von dessen Turm die Glocke gerade 10 Uhr schlägt, aus dem Schulhaus nebenan erklingt von hellen Kinderstimmen ein Morgenlied und in der Tür ihrer Wohnung heißen uns Mr und Mrs Burness herzlich willkommen. Und als uns gar die freundliche Hausfrau an einem appetitlichen Frühstückstisch einen guten Imbiss vorsetzte, da ward mein hartes Afrikaherz seit Monaten wieder einmal recht weich und warm, bis mich die erschütternde Nachricht von dem Unglück, das Emin Pascha betroffen, in die richtige Afrikanerstimmung zurückversetzte. In derselben nahm ich dem verdutzten Abed seinen verdächtigen Dschaggabegleiter weg, sagte ihm mit freundlichem Lächeln, ich wollte selbst dafür sorgen, dass der Ärmste seinen Vater finde, und übergab ihn der Mission, damit er mit den nächsten Postläufern nach Modschi zurückgesandt werde.

Um der Mission willen wollte ich aber mit meinen abenteuerlustigen Leuten nicht in Rabai bleiben, sondern machte mich nach kurzer Rast mit ihnen auf, um unten am Wasser in Bandarin zu lagern, wo wir im September unser erstes Lager auf afrikanischer Festlandserde gehabt hatten. Am Rand der Plateaustufe öffnete sich mit einmal die weiteste Aussicht auf das grau schimmernde Meer, und wie das *»thalatta«* der xenophontischen Rückzügler, so klang ein vielstimmiges *»bahari, bahari«* (Meer, Meer) durch die ganze Kolonne.

In Bandarin fand sich ein Ruderboot der Mission, mit dem wir, nur von den Somali begleitet, am Morgen nach Frèretown, der Hauptstation der Church Mission, hinabruderten, während die Karawane den Landweg dorthin einschlug. Mit freundlicher Erlaubnis des Missionsinspektors ließ ich unter dem schattigen Blätterdach der herrlichen riesengroßen Mangobäume in der Station das Lager aufschlagen, wo wir die Tage bis zur Abfahrt nach Sansibar mit ruhigen Arbeiten, ich namentlich mit dem Routenabschluss und mit Ortsbestimmungen, hinbrachten.

*Der Lagerplatz bei Mombasa*

Die große Schleife unserer Reiseroute war damit geschlossen, die Gewähr sicherer Resultate für meine Aufnahmen geleistet. Im nahen Mombasa traf ich Mr Buchanan von der British East Africa Company zu meiner Freude in bester Gesundheit an und machte in seinem Haus die anregende Bekanntschaft des Mr Pigott, der vor kurzem vom oberen Tana zurückgekehrt war, wo er *»in sight of Kenia«* die Station Korokoro errichtet hatte. Nach mancherlei Unterhandlungen kam ich auch mit einem arabischen Dhau-Kapitän über die Miete seines Fahrzeugs überein, sodass ich froh war, meine unbändigen Träger, die im stillen Frèretown vor den Augen der entsetzten Missionsladys bereits eine wüste Prügelei ausgefochten hatten, sicher an Bord bringen zu können.

Mit der ausgehenden Flut schwammen wir am 15. Dezember vom afrikanischen Festland ab ins offene Meer hinaus. Draußen aber trieben wir in einer trostlosen Windstille eine ganze Nacht und einen ganzen Tag rudernd umher, während wir über dem fernen Festland am Zug der Wolken genau das Wehen des Nordost erkennen konnten, den wir so sehnlich erwarteten. Soviel auch die Bootsleute pfiffen und trompeteten, um den Wind herbeizulocken, der *»upepo«* (Wind) wollte nicht kommen. Der Kapitän eiferte gegen das Kartenspielen der Somali, das den Wind beleidige, aber auch nach dem Weglegen der Karten blieb der »*upepo*« aus. Wer je auf einer arabischen Dhau gefahren ist, ohne seekrank zu werden, der wird es nie. Ich gehöre zu den Glücklichen. Das aber ist gewiss, dass die notgedrungene Bewegungslosigkeit auf dem mit Menschen voll gepfropften kleinen Segelboot, der penetrante Schweißgeruch von einigen 70 herumliegenden Negern, der pestilenzialische Gestank des faulenden Kielwassers und Schmutzes schlimmster Art, der Mangel jeglichen Schutzes gegen die glühende Sonne und den prasselnden Regen – dass alles dies und noch anderes mehr eine drei- bis viertägige Dhaufahrt zum schlimmsten Teil der ganzen Expedition machen.

Endlich am dritten Tag kam Kokotoni, die Nordwestspitze der Insel Sansibar, in Sicht. In der Nähe des Landes gerieten wir in den Bereich des am Tag zum Land wehenden Steigungswindes und segelten nun lustig an der palmengrünen Küste entlang nach Süden. Sansibar, die Stadt mit ihren weißen Mauern und Türmen, wuchs langsam in dunstiger Ferne aus dem blinkenden Meer hervor. Die Träger und Soldaten jauchzten und versetzten einander freudige Rippenstöße. Mein Empfinden dagegen war seltsam gemischt von Wehmut und von Lust. Das Bewusstsein, heil und erfolgreich zum Ausgangspunkt der Expedition zurückgekehrt zu sein, die Erwartung, in wenigen Stunden gute Freunde wieder zu sehen, waren gewiss erfreulich und erhebend, aber der Gedanke, dass die Zeit Frucht bringender Forscherarbeit, rastloser, täglich Neues bringender Tätigkeit, freier Bewegung in der freien, großen Natur vorbei sei, dass das Recht unbeschränkter Selbstbestimmung und die diktatorische Gewalt nun ein Ende habe, war wehmütig und drückend und fast ebenso stark wie die freudigen Empfindungen. Die lachenden Schwarzen um mich herum wussten freilich von solchen Gefühlen nichts; für diese Positivisten war die Vergangenheit tot.

Zwischen Dampfern und Seglern warfen wir auf der Reede von Sansibar Anker. Manch neugieriges Auge richtete sich auf unser lärmendes Fahrzeug und manch lächelnder Blick auf unsere abgerissene Erscheinung, als wir das Land betraten. Im Konsulatsgebäude drückte ich kurz nachher Freund Steifensands

Hand und in seiner behaglichen Wohnstatt genoss ich bis zur Abreise nach Europa wieder einmal alle Reize eines gemütlichen deutschen Heims unter dem afrikanischen Äquator.

Das erste Geschäft nach der Rückkehr war die Entlohnung der Karawanenleute und die Auflösung der Expedition; nur die Somali blieben noch bei mir. Von Muini Amani und manchem anderen braven Kerl, der sein Bestes zum guten Verlauf der Expedition beigetragen hatte, wurde mir die Trennung schwer. Sie alle erhielten zu ihrer Löhnung eine erkleckliche Zulage und, wer es verlangte, ein schriftliches Zeugnis über seine Führung. »Leb wohl, Herr, und wenn du wieder ins Innere reisest, dann ruf uns, wir sind bereit«, waren ihre ehrlich gemeinten Abschiedsworte. Viele habe ich in den nächsten Tagen in den Straßen gesehen, wo sie, im blütenweißen Sansibarhemd und mit dem nie fehlenden Spazierstöckchen fuchtelnd, als Großstädter spazieren gingen und mir jedes Mal ein vergnügtes *»sabalkheir, bwane mkubwa«* (»Sei gegrüßt, großer Herr«) zuriefen, andere standen aber schon wieder vor dem Werbebüro der englischen Mission, bereit, in zwei Tagen eine große Reise zum Tanganika und Victoria Nyanza anzutreten. Das ist ostafrikanisches Trägerleben, dessen abenteuerlichen und abwechslungsreichen Reizen der freie Sansibarträger ebenso gern nachhängt wie der Sklave des Arabers.

Wenn ich mich früher mit der Absicht getragen hatte, auf die Kilimandscharo-Reise eine Kenia-Expedition folgen zu lassen, so wurden jetzt diese Pläne hinfällig durch das Fehlen meiner Waffenkisten, denn während die Zeltballen inzwischen von Ceylon zurückgekommen waren, waren die Gewehr- und Munitionskisten noch immer nicht eingetroffen. Die Kenia-Expedition musste also unterbleiben.

Im gesellschaftlichen Leben von Sansibar, dem ich mich weder entziehen wollte noch konnte, verlor ich, wie in den beiden früheren Aufenthalten nach den Festlandsreisen, rasch die körperliche und geistige Frische, deren sich jeder Reisende im Innern erfreut. Vom Fieber blieb ich diesmal auffallenderweise verschont, wogegen Purtscheller dem Klimawechsel einen hohen Tribut zu zahlen hatte. Wie ich nach der ersten und zweiten Reise, so wurde auch er die Malaria monatelang, selbst im winterlichen Europa nicht los. Emin, von den afrikanischen Dämonen, denen er glücklich entronnen zu sein schien, doch noch an der Schwelle ereilt, war natürlich das $\alpha$ und $\omega$ der Sansibarunterhaltung, und mit Begierde wurde jede von Bagamoyo herüberdringende Nachricht von seiner langsamen Genesung aufgenommen. Da der Kranke gegen allen persönlichen Verkehr abgeschlossen wurde, konnte ich ihm nur schriftlich meine Bewunderung und Teilnahme ausdrücken. Stanley hingegen traf ich beim englischen Generalkonsul und erfuhr dort aus seinem beredten Mund vieles mich höchlichst Interessierende über das Schneegebirge Ruwensori, das ja im Jahr 1888 auch mein Reiseziel gewesen war. Mit dem Herrn Reichskommissar und auf den deutschen Kriegsschiffen verlebte ich genussreiche Abende, in denen namentlich die kriegerischen Vorgänge an der Küste erörtert wurden. Dass Buschiri, dem zu grollen ich vielleicht unter allen am meisten Anlass gehabt hätte, gefangen und mit dem Strang zum Tode befördert worden war, tat mir persönlich aufrichtig Leid, da er mich mit meinem Gefährten in Anbetracht der Verhältnisse gewiss sehr glimpflich behandelt hatte; ich gestehe jedoch zu, dass seine Hinrichtung eine Forderung des Kriegsrechts und der politischen Klugheit gewesen ist. Es ist mir aber nicht bekannt, ob die englischen Missionare, die 1887 ebenfalls in Buschiris Gewalt gewesen sind und auf mein Lösegeld hin freigelassen wurden – übrigens, ohne davon je Notiz zu nehmen, – dieselbe erträgliche Erinnerung an Buschiri haben wie ich.

Im schnellen Wechsel der Tage war der 24. Dezember mit Sonnenglut, Gewitter und Regengüssen herbeigekommen. Die anfangs sehr flaue Weihnachtsstimmung wurde aber erfolgreich durch das »Anputzen« einer Araukarie, des einzigen tannenähnlichen Gewächses, das auf der Insel aufzutreiben ist, durch Lichterglanz und Geschenke aus Freundeshand gehoben und im fröhlichen Kreis mit Puterbraten, Ananasbowle und Trinksprüchen auf die fernen Lieben so hoch gesteigert, dass wir Sansibar schier vergaßen. Am zweiten Feiertag empfing mich der Sultan Seyid Khalifa in Privataudienz, er Stuhl an Stuhl neben mir im einfachen losen Hauskleid, ich in des vorgeschriebenen Frackes fürchterlicher Hitze, und erkundigte sich scheinbar mit Anteil nach der Buschiri-Angelegenheit, nach seinem »Sklaven« Mandara in Dschagga und nach dem himmelhohen Eisberg Kibo. Seit ich

Seine Arabische Hoheit zuletzt gesehen hatte, war er ernster und klarer geworden, aber einen bedeutenden Eindruck hat der bald nachher plötzlich Verstorbene wohl auf niemand gemacht.

Mit der Jahreswende schloss auch unser Aufenthalt in Sansibar ab. Die Silvesterstunde auf dem flachen Dach des Konsulatsgebäudes, im Vollmondschein, der sich im Spiegel des schlafenden Meeres ausbreitete, während in den stillen Straßen unter uns ein paar Öllämpchen glühten, von der See herüber die Musik der Kriegsschiffe, vom Usagara-Haus die »Wacht am Rhein« und vom fernen Goanesenviertel die Sultanshymne erklang, sah mich dankbar Abschied nehmen vom Jahr 1889, das mir gehalten hatte, was die Jahre 1887 und 1888 versprachen. Mit Herrn Purtscheller und meinen Somali ging ich am 3. Januar 1890 an Bord des großen Dampfers »Amazone« der Messageries Maritimes, der nach Anlaufen von Aden und Obok direkt nach Marseille fährt. Langsam tauchte Sansibar, die Stadt und die Insel, in den Ozean hinab und stumm winkten wir Ostafrika unsern Abschiedsgruß zu. Da der Indische Ozean in der Ruhezeit zwischen den beiden Monsunen lag, vergingen die Tage mit Lesen, Korrespondenz, Unterhaltung, Deckspaziergängen und guten Mahlzeiten auf dem schönen, vortrefflich gehaltenen Schiff und in der Gesellschaft einer liebenswürdigen deutschen Familie aufs Angenehmste. Aden wurde in der Nacht angelaufen, sodass sich mein Abschied von den alles Gute auf mein Haupt wünschenden Somali wesentlich verkürzte. Ali wäre gern nach Europa mitgegangen, aber schlimme Erfahrungen, die ich früher einmal mit einem schwarzen Diener gemacht, ließen mich taub gegen seine Bitten sein, und gewiss nur zu seinem Besten, denn ich kenne keinen Schwarzen, der in Deutschland bei der kindischen Verhätschelung, die ihm von allen Seiten zuteil wird, seine guten Eigenschaften nicht verloren hätte.

Im berüchtigten Roten Meer quälte uns die gefürchtete Hitze weniger, als sie es im Juli getan, und im Mittelmeer empfingen uns kalte Nordwinde, vor denen schnell das letzte Stück der Tropenkleidung verschwand. Schon am 18. Tag nach der Abfahrt von Sansibar lief die »Amazone« im winterlich kalten Marseille ein und in derselben Nacht entführte mich, während Purtscheller zur Erholung nach Italien abgebogen war, der Schnellzug

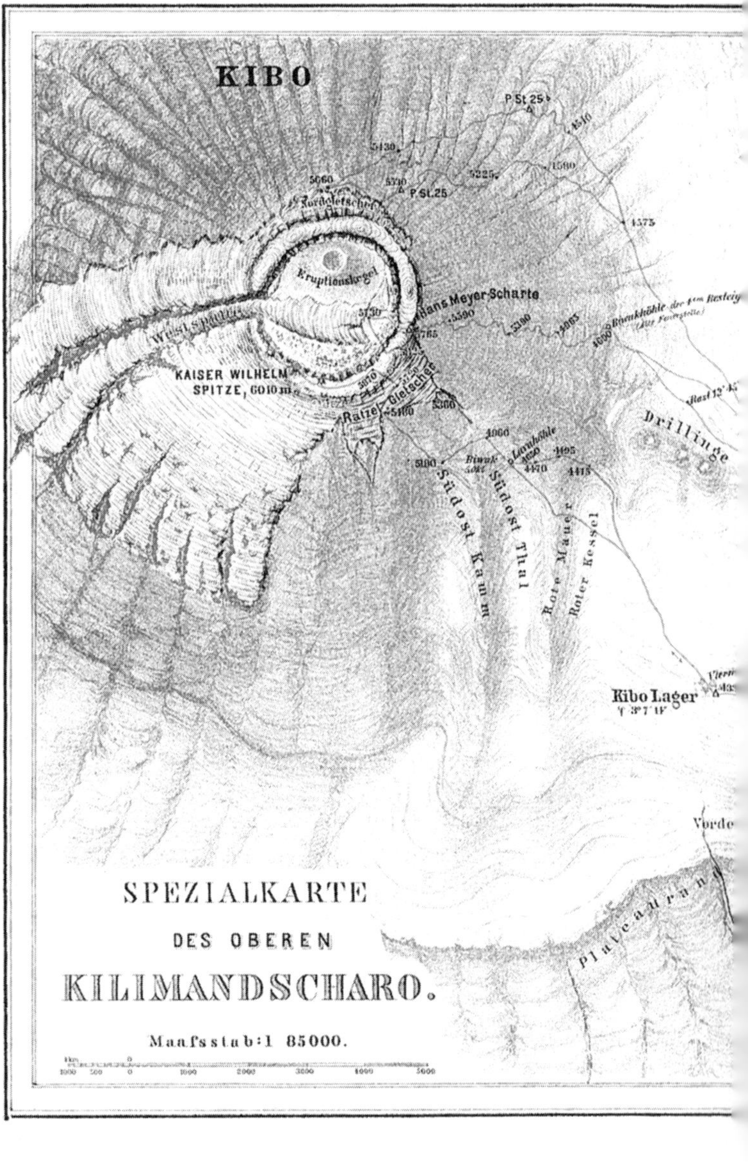

KIBO
P.St.25
5130
5060
5225
4573
Nordgletscher
Eruptionskegel
Hans Meyer-Scharte
5590
5390
4865
KAISER WILHELM
SPITZE, 6010 m
Ratzel-Gletscher
5180
5360
4066
5100
4415
Südost Kamm
Südost Thal
Rote Mauer
Roter Kessel
Drillinge
Kibo Lager
Plateaurand
SPEZIALKARTE
DES OBEREN
KILIMANDSCHARO.
Maafsstab:1 85000.
1000 500 0 1000 2000 3000 4000 5000

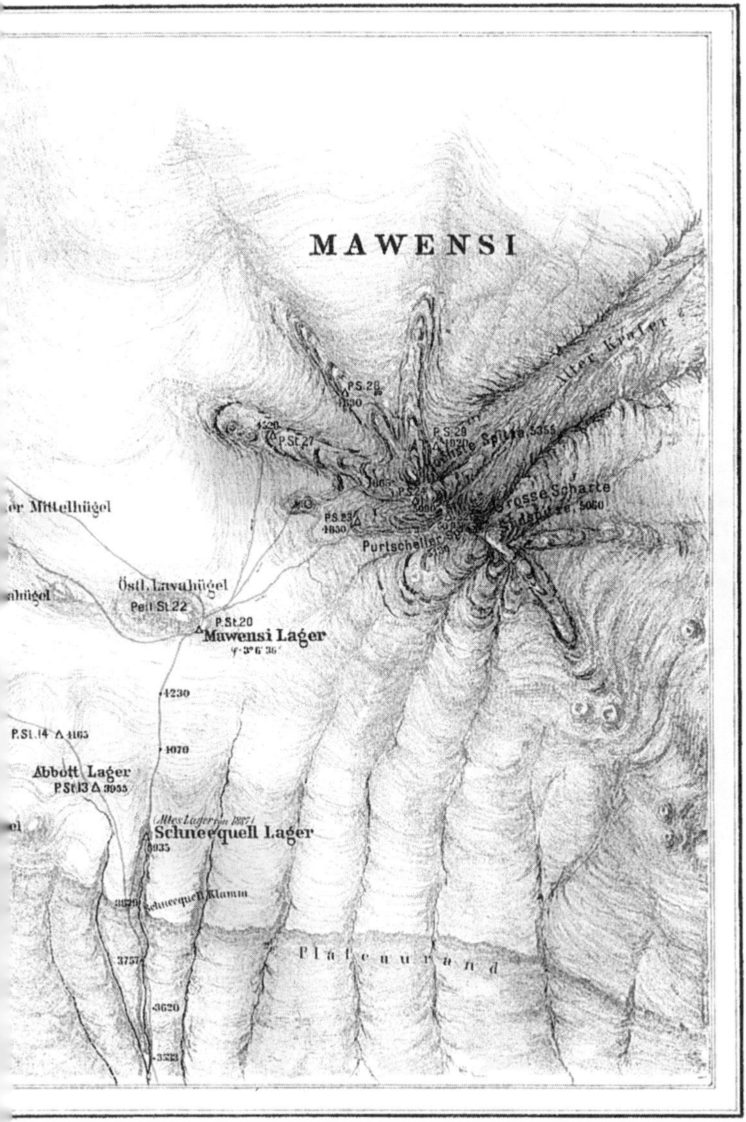

MAWENSI
Alter Krater
P.S.28
P.St.27
P.S.29
Spitze, 5355
P.S.24
Grosse Scharte
P.S.23
4850
Purtscheller Sp.
Mittelhügel
Östl. Lavahügel
Pell St.22
P.St.20
Mawensi Lager
4230
P.St.14
4165
4070
Abbott Lager
P.St.13
3955
(Altes Lager von 1887)
Schneequell Lager
3935
Schneequell Klamm
Plateaurand
3757
3620

nach Paris und von dort einige Tage später nach Leipzig, wo ich zur Geburtstagsfeier Kaiser Wilhelms II. im Kreis der Meinigen nach siebenmonatiger Abwesenheit wieder eintraf.

Einige Tage später durfte ich dem Reichsoberhaupt über meine Expedition Bericht erstatten. Seine Majestät nahm die Widmung der Kaiser-Wilhelm-Spitze, die ich *in natura* mitgebracht hatte, gnädigst an. Die höchste deutsche Bergesspitze ruht nun auf dem Schreibtisch dessen, der selbst an Deutschlands höchster Spitze steht. Möge dies ein sinnliches Zeichen und frohe Gewähr sein für die nun auf Afrika angewandte einstige Willensäußerung des großen Cäsar: *»te teneo, Africa!«* Wie auf dem höchsten Gipfel afrikanischer Erde die deutsche Flagge triumphierend weht, so wehe von ihrem kaiserlichen Schutzherrn aus deutsche Gesinnung und deutsche Gesittung Licht bringend über den dunklen Erdteil, der Kolonie zum Segen, den Kolonisatoren zum Nutzen, dem Vaterland zur Ehre.

*Abfahrt vom afrikanischen Festland*

# Zur Geografie des Kilimandscharo

Wenn man die orografische Karte von Afrika anschaut, erkennt man auf den ersten Blick, dass das Rückgrat des Kontinents im Osten, dem Indischen Ozean zu gelegen ist, der vom Adersystem der großen Flüsse durchzogene Körper jedoch sich westwärts weit und massig in das Atlantische Meer hinaus erstreckt.

Vom Golf von Suez an verläuft das östliche Hochland am Westrand des Roten Meeres entlang über Nubien nach Abessinien, Enarea, Kaffa, dem Kenia- und Kilimandscharo-Gebiet zur Tanganika-Nyassa-Wasserscheide und weiterhin, westwärts einbiegend, zur Wasserscheide zwischen Kongo und Sambesi und macht so in seiner östlichen Randlage den dunklen Erdteil gleichsam zum Spiegelbild des von einem westlichen Rücken, den Anden, getragenen Südamerika. Orografisch und hydrografisch ist dieses von 25 Grad nördlicher Breite zu 15 Grad südlicher Breite reichende Grundgerüst der afrikanischen Erde der großartigste Teil des dunklen Kontinents, wenn auch im Gegensatz zu den südamerikanischen Anden die Gebirgsbildung weit hinter der Hochlandsbildung zurücktritt.

Wo breitere und höhere Gebirgsformen dem ostafrikanischen Hochland aufsitzen, wie in Abessinien und unter dem Äquator, da verdanken sie vulkanischen Kräften ihre Entstehung. Vulkanische Kräfte haben Afrika aber auch nur hier plastischer modelliert. Abgesehen von den kleinen, weit verstreuten vulkanischen Gebilden in der Sahara, den Canaren, dem Guineagolf, der Benguelaküste, den Komoren sind jüngere, vom Zeitenlauf noch nicht abgetragene Eruptivgesteine nur hier in größerer Ausdehnung vorhanden. Im Ganzen ist Afrika ein sehr vulkanarmer Erdteil.

Überall in der Welt weisen Vulkane auf das Vorhandensein tief gehender Verwerfungen der Erdrinde hin, aus welchen sie hervorgewachsen sind, überall zeigt die lineare Anordnung benachbarter Feuerberge den Verlauf einer Erdspalte an. So auch in Afrika. Die große ostafrikanische Eruptionsspalte beginnt im Südteil des Roten Meeres und endet im Gebiet des Kilimandscharo. Ihre größte Breite hat sie in Abessinien, von wo sie über Kaffa nach Süden immer schmäler verläuft und in der vom Grafen Teleki und Leutnant von Höhnel neuerdings erforschten Samburu-Region eine zwischen parallelen Bergketten eingesenkte Mulde, einen »Graben« darstellt, welcher eine lange Reihe abflussloser Salzseen und Sümpfe einschließt. Im Kilimandscharo-Meru-Gebiet wird die Mulde wieder breiter. Südlich vom Kilimandscharo scheint die Erdspalte andeutungsweise bis zum Nyassa und Sambesi zu reichen, während sie sich nordwärts über das Rote Meer hinweg offenbar durch Nordwestarabien bis in das südliche Syrien fortsetzt, also im großen »erythräischen Graben« und im »Graben des Toten Meeres« verläuft.

Der Ruwensori, Gambaragara, Gordon Bennett und andere westlich vom Victoria Nyanza gelegene alte Vulkane scheinen auf einer Parallelspalte zu stehen, während eine dritte große Verwerfung sich offenbar von den Guinea-Inseln über Kamerun nach Adamaua und dem Tschadsee, vielleicht darüber hinaus erstreckt. Alle drei Spalten haben einen im Großen nordsüdlichen Verlauf.

Die Entstehung der meisten ostafrikanischen Vulkane reicht in die Tertiärzeit zurück. Nur einige wenige zeigten noch in der Neuzeit eruptive Tätigkeit; so je einer in Ostabessinien, am Samburusee, am Gelei-Natronsee. Solfataren kommen häufiger vor. Wie in anderen Weltteilen, so findet sich auch in Afrika die energischste Äußerung der vulkanischen Kräfte im Äquatorialgebiet. Dort erheben sich der Kenia zu 5600 m (nach von Höhnel), der Ruwensori zu 5650 m (nach Stanley) und der Kibo des Kilimandscharo zu 6010 m; lauter Höhen, die dem durchschnittlichen Maximum vulkanischer Erhebungen nahe kommen, denn über 7000 m hoch ist kein Vulkan der Erde. Der Kilimandscharo ist also nach den obigen Zahlen der höchste Vulkan auf afrikanischem Boden.

»Kilimandscharo« ist eine Suaheli-Bezeichnung und bedeutet

»Berg des Geistes Ndscharo«. Der Geist Ndscharo ist eine männliche Oreade, eine Art afrikanischer Rübezahl, der auch einen Berg in Bondei bewohnt und diesem gleichfalls den Namen »Kilimandscharo« gibt. Die Bewohner des Kilimandscharo, die Wadschagga, haben keinen zusammenfassenden Namen für den Gebirgsstock, sondern nennen den eisbedeckten Westgipfel »Kibo«, d. h. »der Helle«, den felsigen, eislosen Ostgipfel »Mawensi«, d. h. »der Dunkle«. Die Bezeichnung Kibo haben die Suaheli adoptiert, den Namen Mawensi aber haben sie analog zu Ki-limandscharo und Ki-bo fälschlich in Ki-mawensi umgewandelt.

Wie der Kenia, so steht auch der Kilimandscharo am Ostrand des großen ostafrikanischen »Grabens«, und zwar westlich von ihm erhebt sich im »Graben« selbst der 4900 m hohe Meru; dem tieferen Westrand des »Grabens« aber sind alle die abflusslosen Seen: Mandjara, Gelei, Naiwascha, Elmeteita und andere, eingebettet. Der Kibogipfel des Kilimandscharo liegt auf 3° 4' südlicher Breite, 37° 15' östlicher Länge.

Der Kilimandscharo ist ein Doppelvulkan, zusammengewachsen aus dem älteren Mawensi im Osten und dem jüngeren Kibo im Westen, sodass seine ostwestliche Erstreckung erheblich länger ist als seine Nordsüdachse. Aus der im Mittel 800 m hohen, im Süden niedrigeren, im Norden höheren Steppenebene erhebt sich das Gebirge in schön geschwungenen Kurven wie der Ätna erst sehr langsam, dann etwas rascher und schließlich sehr steil. Der Böschungswinkel vom 800 m hohen Fuß bis zum 1400 m hohen Dschagga beträgt auf 8–10 km Horizontalabstand 5–6°, von Dschagga bis zu der in 4300 m Höhe gelegenen Basis des Kibokegels auf rund 20 km Horizontalabstand 8°, vom Kibofuß bis zum 6010 m hohen Gipfel 21°. Die Basis des Gebirgsstockes misst von Osten nach Westen, vom Lumifluss zum Ende des Schiragrates, rund 90 km, von Süden nach Norden, von den Fußhügeln in der Kahesteppe zur Sumpfregion an der Njiri-Ebene rund 70 km. Diese Grenzen sind im Südosten und Süden zugleich die Grenzen des breiteren Vulkanismus überhaupt, denn über die Landschaft Taweta und über den nördlich vom Gneisgebirge Ugueno fließenden Rufu hinaus erstrecken sich nur vereinzelte und ganz geringe Spuren jungeruptiver Tätigkeit, während im

Nordosten, Norden und Westen der Vulkanismus ein reiches Feld gehabt hat.

Aus der Ebene steigt der Kilimandscharo als ein Berg bis zu 4400 m Seehöhe an. Dort liegt ein kleines Hochplateau, auf dem sich, 8 km voneinander abstehend, die beiden Gipfel schroff auftürmen, der östliche, zerrissene Mawensi zu 5355 m, der abgestumpfte Kegel des Kibo zu 6010 m. Der Kibokegel hat an seiner Basis in 4300 m einen Durchmesser von 7800 m, oben in 6000 m einen solchen von 2000 m; der Mawensi misst in 4300 m Höhe 3000 m im Durchmesser, oben ist er nur noch ein zerklüfteter, nordsüdlich verlaufender Steilkamm von 2000 m Länge.

Vom Südende des Mawensi zur Ostseite des Kibo, also auf dem Hochplateau, reihen sich fünf vulkanische Hügel von 30–100 m Höhe aneinander, von denen die beiden dem Mawensi nächsten, älteren und zerfalleneren aus Lava bestehen und nach Süden je einen langen Lavastrom hinabsenden, während die drei anderen, dem Kibo näheren, jüngeren und besser erhaltenen vorwiegend aus losen Lapilli aufgeschüttet sind und keine Lavaströme hervorgebracht haben. Alle Hügel sind vom Scheitel zur Sohle durch einen Bruch gespalten, der in der Richtung der Hügelreihe selbst verläuft und die Lavaschichten stark verworfen hat. In der Verlängerung dieses Bruches, also in der Verlängerung der Hügel, trägt die Ostseite des Kibo einen riesigen Lavakamm, während die korrespondierende Westseite des Kibo durch eine ungeheure Kluft gespalten ist, an welche sich weiter westlich der über 3500 m hohe Schirakamm anschließt, der in seiner Mächtigkeit fast ein selbstständiges Gebirge bildet. Der Mawensi aber öffnet sein Innerstes nach Osten in einen tiefen Kessel. Es verläuft also allem Anschein nach eine Spalte vom Mawensi über die Plateauhügel zum Westabhang des Kibo und es ist nicht unwahrscheinlich, dass sie westwärts in leicht gekrümmter Bogenlinie weiter bis zum Meru reicht, dessen Ringwall nach Osten weit geöffnet ist, und ostwärts vom Mawensi zu den vulkanischen Djulubergen am Tsavofluss.

Wenn wir von dem Schirakamm absehen, ist die westliche Hälfte des Kilimandscharo, die der Tätigkeit des Kibo ihr Dasein und ihre Gestalt verdankt, an den Flanken glatter und gleichmäßiger als die Osthälfte. Letztere, die der Mawensi aufgebaut hat, ist vom Fuß des Mawensi in 4300 m bis hinab zur 800 m hohen Ebene von mehreren langen und schmalen, hochragenden Hügelzügen besetzt, die wie Strebepfeiler den Berg zu stützen scheinen und zum kleineren Teil als mächtige Lavaströme, zum größeren Teil als Reihen parasitischer, auf vertikalen Spalten stehender Kegel anzusehen sind. Die Form der Kegel ist meist noch intakt, das Gebilde also ein relativ junges. Die größte dieser Bergstreben erstreckt sich vom Südmawensi aus 4300 m Höhe nach Südosten mit zahlreichen Kegeln durch die Dschaggalandschaften Mai und Mwika, bildet weiter unten die charakteristische Wadschimba-Kette und die Makessa-Gruppe und endet in den Fußhügeln nördlich vom Papyrussumpf des Rufu; eine andere sind die Lassohügel zwischen Kilema und Kirua, eine dritte der Hügelzug zwischen Uru und Modschi usw.

Wo an den Mantelflächen der Westhälfte sich außer der Schirakette stärkere Reliefbildung findet, da stammt sie nicht von vulkanischen Kräften, sondern von erodierendem Wasser, insbesondere den Schmelzwässern des Eises, das ja dem Mawensi fehlt.

Von parasitischen Kegeln in meist wohl erhaltener Gestalt und von 20–150 m Höhe ist der ganze Südfuß des Kilimandscharo umsäumt, aber auch da wieder mehr die Mawensi- als die Kibohälfte des Gebirges. Über Westen und Osten reichen die Schmarotzerkegel, die ihrer Lage wegen »Fußhügel« genannt sein mögen, nach der Nordseite herum, dort aber verschwinden sie plötzlich, ohne den Kreis zu schließen; die ganze 35 km lange Strecke zwischen Nord-Kibo und Nord-Mawensi in der Ebene, welche von den Sümpfen der Njiri-Zone erfüllt wird, ist frei von parasitischen Fußhügeln.

Die Abhänge des Gebirges bauen sich aus dem ausgeworfenen Material und aus den übereinander liegenden Lavadecken in zahllosen Stufen auf. In den oberen Gebirgsteilen, wo die Böschung steil ist und die zähflüssigen letzten Lava-Ergüsse zu schrofferen Formen erstarrt sind, ist der Stufenbau natürlich ausgeprägter als in den unteren Teilen, wo die leichtflüssigen ersten Basaltlaven sich zu ungeheuer weiten und flachen Decken ausgebreitet haben.

Der Nordabhang des Gebirges fällt sehr viel steiler ab als die

Südseite und hat deshalb auch eine geringere Längenerstreckung als die Letztere. Ein Grund für seine größere Steilheit ist wohl darin zu sehen, dass der Sockel des Gebirges nach Norden stetig ansteigt und dadurch die Lavaströme in gewissem Maße gestaut hat, während Letztere auf der nach Süden sich leicht senkenden Flächenbasis ungehindert in die Länge strömen konnten. Die Hauptursache für die weite Ausdehnung der südlichen Basis in die Ebene hinaus liegt aber in den zahlreicheren Schlammströmen, die auf dieser Seite, wo erst der Mawensi und dann der Kibo gewiss von jeher ihre mächtigste Schnee- und Eisbedeckung gehabt haben, von den bei den Eruptionen plötzlich tauenden Schneemassen mit großer Gewalt zur Ebene hinabgesandt worden sind, ferner in den schon erwähnten parasitischen Ausbrüchen, an denen die Südflanken des Gebirges reich, die Nordflanken arm sind, und vielleicht auch in der während der Hauptausbrüche herrschenden Nordostrichtung des Antipassates, der die vom Krater ausgeworfene feinere Asche und Magma nach Süden entführt und dort abgelagert hat.

Von den beiden Gipfeln lässt der Kibo seine vulkanische Entstehung mit Sicherheit schon aus seiner abgestutzten Kegelform erkennen; nicht so der Mawensi, der heute nur noch aus einem nordsüdlich gerichteten Mittelgrat mit radial auslaufenden Seitengraten und dazwischen liegenden Schutthalden besteht. Die mächtigste Trümmerhalde reicht am Mawensi inmitten der Westseite zu einer großen Scharte des Hauptgrates hinan, die eine der charakteristischen Punkte im Profil des Berges ist. Die Steilheit und Zerrissenheit der Felswände von Hauptgrat und Nebengraten haben wohl nirgends ihresgleichen. Der steilste Absturz liegt an der Mitte der Ostseite, wo der Hauptgrat unter 65° zu einem 2000 m tiefen Kessel abfällt, der wohl für den alten Krater anzusehen ist, obschon der Verlauf der Lavaschichten darauf hinzudeuten scheint, dass sich die Kratermitte mehr südwestlich von der jetzigen höchsten Spitze des Berges befunden hat. Die höchste Spitze (5355 m) krönt eine imposante, 600 m hohe Steilwand an der Nordseite des Hauptgrates, der sich in noch fünf niedrigeren Gipfeln nach Süden abstuft.

Im Gegensatz zum Mawensi ist der Kibo, wie erwähnt, ein typischer Vulkankegel mit abgestumpfter Spitze. Seine Abhänge sind durch die Denudation und durch Seitenausbrüche tief gefurcht und tragen bis zu 100 und mehr Meter eingeschnittene Täler, deren Wände großartige Lavabildungen aufschließen, aber im Ganzen bilden sie doch einen vollkommenen Kegelmantel, der nur an der Südwestseite durch eine tiefe und breite Spalte geöffnet ist. Auf seinem Gipfel trägt der Kibo einen riesigen Kraterkessel von 2000 m Durchmesser, dessen steile Innenwände ca. 200 m tief zum Boden des Kessels abfallen. Die erwähnte große Spalte des Kibomantels öffnet den Kraterkessel *(caldera)* auf seiner Westseite und dient als Abflusskanal *(baranco)* für seine Eismassen und Gewässer. Im Norden des Kessels erhebt sich ein flacher jüngerer Kegel zu ca. 150 m Höhe, dessen Basis im Norden, Osten und Westen bis an die Kesselwände reicht, im Süden von ihnen durch eine ebene Schlammfläche getrennt ist. Während der größte Teil des Kesselbodens sowie die Kesselränder ringsum mit Eismassen bedeckt sind, ist der im Kessel stehende Eruptionskegel auf seinen oberen Partien eisfrei und die Vermutung liegt nahe, dass der Grund dieser auffallenden Erscheinung ein gewisser Wärmegrad sei, der dieser einstigen Ausbruchstelle immer noch eigen ist. Nicht wenige vulkanische Schneeberge anderer Länder, namentlich des äquatorialen Südamerika und der Südpolarregion, zeichnen sich gleichfalls und wohl aus demselben Grund durch Eisfreiheit ihrer höchsten Spitzen aus.

Der Kilimandscharo ist aus sehr verschiedenem vulkanischen Material aufgebaut; Urgestein findet sich nirgends. Der Hauptunterschied der Gesteine ist selbstverständlich durch die Zweiheit Kibo und Mawensi bedingt. An Letzterem ist Feldspaltbasalt das Grundgestein, am Kibo dagegen Nephelinbasanit.

Der Mawensi verblüfft geradezu durch den an seinen furchtbar zerklüfteten Steilwänden offenbarten Reichtum an Schichten und Farben, unter denen eine der interessantesten Erscheinungen die zahllosen, die Wände nach allen Richtungen hin durchsetzenden, 3–10 m breiten Vertikalspalten sind, deren festes Gestein den ganzen morschen Bau noch wie mit Klammern und Strebepfeilern zu halten scheint. Sie haben in den ganz analogen Gebilden des Ätna ein schönes Seitenstück, von denen Sartorius von Waltershausen das treffende anatomische Gleichnis der »Gefäßinjektion« gebraucht. Der noch geschlossene Kibo ist dagegen in seinem Massiv von unten bis oben allem Anschein nach von einheitlicher solider Lava; Auswürflinge hat die Denudation von seinen Flanken entfernt. Auf seinem Oberrand hat die wiederholte Feuerwirkung das Massivgestein in glasige Obsidiane von verschiedenfarbiger Bänderung verwandelt, teilweise, wie z. B. auf der Kaiser-Wilhelm-Spitze, sind es auch blasige Laven von ganz ähnlicher Beschaffenheit wie das Gestein des Eruptionskegels (Leucitbasanit).

Zwischen Kibo und Mawensi auf dem Sattelplateau sind graugelber Schlamm und Asche das verbreitetste Material. Insbesondere das große Feld nördlich von den Plateauhügeln stellt einen großen Schlammstrom dar, der sich vom nordöstlichen Kibofuß bis weit unter den nördlichen Mawensi absenkt und mit großen vereinzelten Lavablöcken überstreut ist, als hätten Zyklopen mit ihnen gespielt. Wo sich südlich der Hügelreihe Lavafelder erstrecken, wie namentlich auf der Mawensiseite, da zersprengen die atmosphärischen Kräfte die Blocklava in immer kleinere Trümmer, bis sie der vulkanische Sand und Schlamm vollständig einhüllt.

Die Basalte der Plateauregion zeichnen sich durch große, schöne Olivinkristalle aus; je weiter bergab, desto dichter und kristalliner werden die Basalte. Am Fuß des Gebirges sind an mehreren sekundären Ausbruchstellen ausgedehnte Felder von Reibungsbreccien vorhanden, noch häufiger sind in und über der Region der Fußhügel sehr mächtige Schlammströme mit zahllosen Einschlüssen verschiedener Größe, die aber alle, soweit sie in den Einschnitten der Bäche (z. B. Himo, Ngombere, Weriweri) zutage treten, abgerollt und gerundet sind und darauf hinweisen, dass sie der Schlammstrom zu einer Zeit zusammengeschwemmt und eingebettet hat, als sie schon lange der atmosphärischen Verwitterung ausgesetzt gewesen waren.

Aus der Gestalt und dem Bau des Gebirges, aus der Art und Verteilung der vulkanischen Gesteine lässt sich mit ziemlicher Sicherheit die Entstehung des Kilimandscharo, seine geologische Geschichte rekonstruieren. Joseph Thomson hat den ersten glücklichen Versuch dazu gemacht; im Nachstehenden sei seine Grundzeichnung weiter ausgeführt. Ohne Zweifel ist der Mawensi älter als der Kibo. Wenn der seit Jahrtausenden nicht mehr tätige Kibo mit seinem Schneehaupt im Greisenalter steht, so ist der Mawensi, dessen Leib unter dem Wirken tellurischer und atmosphärischer Kräfte bis auf das innere Gerüst zerfallen ist, nur noch ein moderndes Skelett. Zuerst ist auf einer westöstlichen Querspalte der großen nordsüdlichen Grabenspalte der Mawensi entstanden, vielleicht gleichzeitig mit dem Meru, dessen Gipfelrinne gewiss ein höheres Alter verrät als der Kibo. Ausbruch nach Ausbruch baute den Berg höher und höher, bis er eine Größe erreichte, der die unterirdischen Kräfte nicht mehr gewachsen waren.

Schon lange hatten sie die Flanken des Berges zersprengt und sich in vielen kleinen Eruptionen Luft gemacht, jetzt konzentrierten sie sich alle auf der nach Westen reichenden Spalte und schütteten auf dem Westabfall des Mawensi einen neuen Vulkan, den Kibo, auf, der im Lauf der Jahrhunderte seinem älteren Nachbar an Größe nahe kam und allmählich ein furchtbares Zerstörungswerk an diesem ausführte. Mit Hageln kolossaler Felsblöcke zertrümmerte er ihm das Haupt, mit Schlammgüssen und Wolkenbrüchen unterwühlte er seine Lavadecken und wenn er ihm in längerer Ruhepause Zeit gelassen hatte, seine wunden Schultern in einen Mantel von Schnee und Eis zu hüllen, dann verwandelte eine neue Eruption die schützende Decke in verheerende Wasserströme, denen das gelockerte Gestein nicht mehr standzuhalten vermochte. Dabei scheinen aber die Ausbrüche des Kibo ebenso wie die einstigen des Mawensi nicht durch außergewöhnlich große Heftigkeit ausgezeichnet gewesen zu sein, denn nirgends findet sich eine schwere Störung im vulkanischen Aufbau des Gebirges, nirgends erstrecken sich Lavaströme oder Aschenfelder auf die weitere Umgebung in der Ebene. Mehr oder minder gleichmäßig quollen offenbar die Lavaströme über den Kraterrand und legten, abwechselnd mit Trümmergesteinen, Schicht nach Schicht auf die Bergflanken, die anfänglichen leichtflüssig und sich weit ausdehnend, die späteren zähflüssig und von kürzerem Verlauf, sodass durch sie das Gebirge seinen stufenförmigen Anstieg erhielt.

Der Kraterkegel des Kibo wuchs mit den Lava-Ergüssen wahrscheinlich zu einem Spitzkegel an, der den jetzigen Kibogipfel noch um 500 m überragt haben mag. Und nur dann müssen wir einen größeren Paroxismus des Vulkans voraussetzen, wenn wir gleichzeitig annehmen, dass der heutige abgestumpfte Kegel durch eine gewaltige Explosion, welche die ganze Spitze in die Luft geblasen habe, entstanden sei. Nach den auf dem Plateau und den weiteren Bergflanken umhergestreuten großen Trümmern von Kibogestein ist eine solche Explosion nicht unmöglich, aber wahrscheinlicher ist der jetzige Stutzkegel durch Einbruch zu erklären, zugleich oder nachdem sich auf der großen Querspalte die Westspalte des Kessels und die Lavakämme der nach Westen hinablaufenden hohen Schirakette gebildet haben mögen, die vor allem zur Erhöhung und Ausdehnung des Gebirges im Westen beigetragen hat. Die Spannung der Dämpfe im Inneren des Berges hatte die ungeheure Höhe des Kibo nicht mehr überwinden können und sich seitlich Luft gemacht. Damit haben aber wohl die großen Lava-Ergüsse des Kibo ein Ende gehabt.

Im Inneren des Einbruchskessels schütteten folgende kleinere Eruptionen den dortigen Flachkegel auf und auf der Spalte zwischen Kibo und Mawensi, wo an der Mawensiseite sich vor längerem zwei Lavahügel gebildet hatten, wurden nun an der Kiboseite drei Aschenhügel aufgeworfen, die wohl als die letzte vulkanische Bildung auf dem oberen Kilimandscharo anzusehen sind. In tieferen Regionen äußerte sich die innere Glut noch längere Zeit, erbaute an den Flanken des Berges Gruppen von kleinen Domen und umringte den Fuß des Gebirges mit Hügelreihen, die großenteils ihrerseits wieder durch Gipfelspalten kleine Lavaströme entsendet haben und in Höhen von 20–150 m schwanken.

Oben im Kraterkessel aber haben dann die regelmäßigen Schneeschmelzen und gelegentlichen Schlammergüsse die Spalte im Westen allmählich zu einem breiten »Baranco« erodiert, während Frost und Hitze, Wind und Regen an den Felswänden des Kibo ebenso unwiderstehlich zu nagen, lockern und bröckeln begannen, wie sie die des Mawensi längst zum Einsturz gebracht haben.

Die vulkanische Tätigkeit des Kilimandscharo ist erloschen; auch von Fumarolen ist keine Spur mehr vorhanden. Doch ist es nicht ausgeschlossen, dass im Inneren des Berges noch genügende Wärme gebunden ist, um den Kegel im Kraterkessel eisfrei zu erhalten und einigen Quellen einen höheren Wärmegrad zu verleihen, als er in ihrer Region normal ist. Wenigstens erzählt H. H. Johnston vom Auffinden einer 33° warmen Quelle in ca. 4000 m Höhe. Ich aber habe weder selbst eine derartige Entdeckung gemacht, sosehr ich mich auch darum bemühte, noch von den Eingeborenen Nachrichten über warme Quellen auf dem Berg erhalten können.

Der Kilimandscharo liegt im Gebiet des beständigen Passates. Auf der Südhälfte des Gebirges weht im Sommer der Südostpassat, der, je nach den örtlichen Einflüssen, mehr nach Süden oder nach Südwesten abgelenkt wird, während die Nordhälfte unter dem Wind bleibt. Im Winter wird die Nordhälfte vom Nordostpassat bestrichen, während die Südhälfte unter dem Wind bleibt. Der obere Teil des Gebirges ragt dagegen weit in den Antipassat hinein, also im Sommer in nördliche, im Winter in südliche Winde.

Es versteht sich von selbst, dass eine so große und isolierte Bergmasse wie der Kilimandscharo die allgemeine Windrichtung vielseitig verändern muss. Steigungs- oder Bergwind am Tag und Fall- oder Talwind in der Nacht sind die beiden Modifikationen, die, nach dem allgemeinen Gang der Erwärmung und Erkaltung der Luftschichten innerhalb von 24 Stunden, rings um den Bergstock in gleicher Weise bestehen. Auf der Südseite, wo die weit auslaufenden Berghänge und die vielen Plateaustufen der beeinflussten Luftsäule einen sehr beträchtlichen Umfang geben, sind die Berg- und Talwinde mitunter außerordentlich heftig; bis zu Windstärke 8 schätzte ich auf der Station Modschi den Sturm, der im Oktober allabendlich zwischen 8 und 10 Uhr aus Osten brauste. Auf der Nordseite des Gebirges hingegen ist der steigende Tageswind und der fallende Nachtwind vermutlich weniger stark, weil dort die sich ausdehnende resp. zusammenziehende Luftsäule wegen des steileren Bergabfalles eine geringere Breitenausdehnung haben muss.

Auf dem Sattelplateau in 4300 und 4400 m Höhe haben wir im Juli 1887 wie im Oktober 1889 frühmorgens Südostwind mit Windstärke 2–3 und gegen Mittag bei der gleichmäßigen Erwärmung des ganzen Hochlandes südliche Winde mit Windstärke 3–4 beobachtet. Nach Sonnenuntergang trat eine etwa einstündige Windstille ein, auf welche dann im Kibolager, also unter dem Einfluss des nahen Kibo, Nordwestwind vom Kibo her mit wachsender Stärke (5–6) bis nach Mitternacht, im Mawensilager, also unter Einwirkung des nahen Mawensi, Nordostwind vom Mawensi her ebenfalls mit steigender Kraft (4–5) bis um Mitternacht regelmäßig zu folgen pflegte. Einige Male wehte auch im Kibolager abends ein frischer Nordost mit Windstärke 4–5, vielleicht der Antipassat, der gerade durch keine lokale Gegenströmung paralysiert wurde.

Dass und wie sich nach den Winden die Niederschläge richten, ist am Kilimandscharo täglich im nämlichen Verlauf und doch auch täglich in neuen Einzelerscheinungen zu beobachten.

Wenn sich nach Sonnenuntergang die Abhänge des Gebirges erwärmen und die erwärmten Luftschichten sich auszudehnen beginnen, zieht mit dem entstehenden Bergwind der vom Passat aus dem Indischen Ozean herbeigeführte, in den Luftschichten enthaltene Wasserdampf aus den Ebenen dem Gebirge zu, verdichtet sich in den kühleren Höhenzonen und bildet in der Region zwischen 1800 und 2000 m, also im unteren Urwaldgürtel, Kumuluswolken, die sich mehren und wachsen. Mit den bei zunehmender Tageswärme höher aufsteigenden Luftsäulen wächst auch die Höhe der Haufenwolken, sodass sie gegen Mittag den oberen Berg bis zum vorderen Plateaurand bei 4000 m dicht einhüllen und die beiden Gipfel dem Blick des unter der Wolkenregion stehenden Beobachters gänzlich entziehen. Dort oben auf und an den Gipfeln weht aber im Sommer der Antipassat aus Norden und Nordosten und hält die Gipfel den Vormittag über frei von Gewölk, bis sich die höchsten Höhen selbst so weit erwärmt haben, dass größere Temperaturdifferenzen zwischen der Fels oder Eis umhüllenden Luftschicht und dem Antipassat entstehen. Nun bilden sich auf den Gipfeln leichte Nebelfahnen, die mit dem Antipassat flüchtig nach Südwesten abflattern und aufgelöst werden, sich aber auf den Eisfeldern des Kibo und den Felszacken des Mawensi immer wieder neu bilden und schon vor Mittag die Gipfel umschleiern.

Wenn nach Mittag die Bergwinde mit ihren Wolkenmassen bis zum Sattel vorgedrungen sind und an den Gipfeln hinaufzuwehen beginnen, die Antipassat-Strömung schwächend und bisweilen ganz verdrängend, dann wölben sich über Kibo und Mawensi ungeheuere Dome weißer Haufenwolken, die unverrückbar fest zu stehen scheinen, obwohl ihre obersten Teile vom sommerlichen Antipassat nach Südwesten geführt und aufgelöst werden, während sie sich von unten her ununterbrochen erneuern. Auf dem Sattelplateau zwischen Kibo und Mawensi treffen von Mittag an die Steigungswinde von der Süd- und von der Nordseite mit ihren Wolkenmassen zusammen, heben dieselben in breiter Kolonne kerzengerade zum Himmel auf und überliefern sie oben dem Antipassat, der sie nach Süden treibt und zerteilt.

Nach eventueller Abgabe von Niederschlägen lösen sich am Spätnachmittag mit abnehmender Lufttemperatur und Luftbewegung die Wolkenbildungen und Wolkenzüge langsam auf. Allmählich kommen die beiden Gipfel wieder zum Vorschein. Da aber die Abkühlung in den oberen Bergregionen viel schneller vor sich geht als in den unteren, so kommt es, dass etwa mit Sonnenuntergang der nun von oben herabwehende kühle Talwind in halber Bergeshöhe, also oberhalb des Urwaldes, auf die wärmeren unteren Luftströmungen trifft und in dieser Treffzone die Bildung einer dichten, schmalen Stratuswolke verursacht, die ringförmig den ganzen Berg umschließt. In dem Maße, in dem sich weiterhin in der Nacht der untere Berg abkühlt, senkt sich der Fallwind und mit ihm die Wolkenbildung in tiefere Regionen. So erhält Dschagga seine fast regelmäßigen Nachtregenfälle. Endlich gegen Morgen tritt allgemeine Klarheit ein und hält an bis in die erste Stunde nach Sonnenaufgang, da dann der tägliche Kreislauf von neuem beginnt.

Zur Zeit der tropischen Regen, am Kilimandscharo namentlich im November und Mai, sind die Wolkenbildungen von elektrischen Erscheinungen begleitet, die aber auch dem allgemeinen Zug der Winde am Gebirge zu folgen scheinen. Die schweren Gewitter, die im November täglich um Mittag aufzogen, entstanden alle über der Urwaldzone, entluden sich dort mit starken Hagelschauern (2900 m) und zogen mit heftigen Entladungen und Schneefällen auf der Südseite des Kibo hinan, dieselbe mit einem neuen weißen Mantel beschenkend. Am Mawensi hingegen habe ich nur zweimal und zwar nächtliche Gewitter beobachtet, die aus Osten kamen und gleichfalls Schneefall bis auf das Sattelplateau herabbrachten.

Bedenken wir nach dem Bisherigen, dass es die Passate sind, welche dem Kilimandscharo die Feuchtigkeit bringen, dass der Südostpassat feuchter sein muss als der Nordostpassat, der schon weite Strecken durch den Kontinent zurückgelegt hat, bevor er den Kilimandscharo trifft, dass die Südseite des Gebirges breiter und weiter ausläuft als die Nordseite und deshalb den Niederschlägen und dem Waldwuchs ein weiteres und günstigeres Feld bietet als die steilere Nordseite, dass wegen der reichen Be- und Entwässerung auf der Südseite auch die Verdunstung dort wieder stärker ist als im Norden, so verstehen wir, warum die Südseite des Kilimandscharo die feuchteste ist und dass die Feuchtigkeit abnehmen muss, je weiter wir von Süden über Osten nach Norden und Westen um den Berg herumgehen. Die immer geringer werdende Menge der Abflüsse in dieser Richtung und das immer schmäler werdende Band des Urwaldes sind parallele Erscheinungen in jenem Sinn. Am trockensten und sterilsten muss die Nordwestseite des Gebirges sein, denn dorthin reicht weder der Nordostpassat noch der Südostpassat und gegen den zeitweilig nach Südwesten abgelenkten südlichen Passat bildet die hohe Schirakette der Westseite eine Mauer, hinter der die Nordwestseite des Kilimandscharo im »Regenschatten« liegt. Die Nordwestseite hat keinen einzigen Bach.

Auf den von der Feuchtigkeit begünstigten Seiten bringen die Winde und Wolken der Urwald- und der oberen Graszone, wenn sie sich niederschlagen, schweren oder feinen Regen, dem Sattelplateau Regen oder Schnee, je nach der Jahreszeit oder lokaler Temperatur, und den beiden Gipfeln Schnee. Am häufigsten sind aber die wehenden nässenden Nebel, die in der Wolkenregion während der warmen Hälfte des Tages der Landschaft ein zum Verzweifeln trübes graues Aussehen geben. Wenn es auf und an dem Sattelplateau (4000–4500 m) schneit, dann ist der Schnee ebenso oft flockig wie graupelig; auf dem Kibo und Mawensi (4500–6000 m) dagegen habe ich nur körnigen Firn beobachtet.

Obwohl der Kilimandscharo dem Äquator nahe liegt, macht sich doch an seiner Eis- und Schneebedeckung der Gegensatz zwischen Winter und Sommer, zwischen niederschlagsreicher und niederschlagsarmer Jahreszeit, sehr geltend. Der Winter unserer Nordhemisphäre, also der Sommer der Südhalbkugel oder kurz der Südsommer (am Kilimandscharo Dezember bis Mai), ist, wie oben gezeigt, die nasse Jahreszeit des Kilimandscharo-Gebietes, also die Zeit der größten Schneebedeckung der oberen Gebirgsregionen. Im Südwinter (am Kilimandscharo Juni bis November) ist die Feuchtigkeit relativ gering, die Intensität der Abschmelzung von Schnee und Eis groß und am Ende der Jahreszeit die Firndecke auf ihre kleinste Erstreckung zurückgeführt.

Überschauen wir zuerst die Firnverhältnisse nach Schluss der nassen Jahreszeit. 1887 traf ich im Juli die ersten vereinzelten Schneeflecken bei der »Schneequelle« in 3950 m unter Felsblöcken und in Lavalöchern. In größerer Zahl und Ausdehnung lagen sie bei 4300 m am Südostfuß des Kibo, am Südwestfuß des Mawensi und auf der Südseite der Plateauhügel. Über 2 m ging aber ihre Mächtigkeit nur an wenigen gut geschützten Stellen hinaus. Der Zusammenhang, der zwischen ihnen wohl im April und Mai bestanden hatte, war bereits unterbrochen und die Natur des Schnees war so wenig firnartig, dass man seine Überdauerung des nächsten trockenen Monats nicht annehmen konnte, was auch unser Oktoberbesuch 1889 bestätigte. Am steil aufsteigenden Kibokegel war den untersten Ausläufern und Rändern der Schneefelder die Häufigkeit von Steintrümmern eigentümlich, die sich dort moränenartig angesammelt hatten, nachdem sie von den Felsen der Höhe auf die Schneefläche herabgestürzt und über sie hinabgeglitten waren. Dieselbe Wahrnehmung machten wir später auf den Schuttkaren des Mawensi.

Alle diese Schneefelder sind keine beständigen, aber auch keine zufälligen Gebilde, sondern jahreszeitlich unterbrochene Erscheinungen, die im Bau des Gebirges begründet sind. Weil sie aber die trockenen Monate nicht überdauern, kommen sie für die Bestimmung der Schneegrenze des Kilimandscharo nur insofern in Betracht, als sie die untere Grenze des »Schneefalles« an der Südseite des Gebirges auf annähernd 3700 m Höhe verlegen. Als ich im Oktober, also gegen Ende der Trockenzeit, 1889 den Kibo bestieg, waren die Schneefelder, auf denen wir im Juli

1887 bis an die Eisgrenze vorgedrungen waren, sämtlich abgeschmolzen. Der Kibo trug nur seinen zusammenhängenden Firn- und Eismantel, von dem aus Zungen und Fetzen je nach Gunst der Bodenunterlage in verschiedene Höhen herabreichten. An einzelnen Stellen fanden sich zwar größere Schneeflecken unterhalb der Firngrenze, sie waren jedoch nur vorübergehend von Neuschnee gebildet und überdauerten nicht drei Tage. Der Mawensi aber birgt im Oktober nur in wenigen tiefen Klüften und Runsen vereiste Schneeansammlungen von so geringer Ausdehnung (1 m tief, 5 m lang), dass sie unberücksichtigt bleiben müssen. So hat also der Kilimandscharo zur Zeit seiner größten Abschmelzung gar keine Firnflecken und keine Firnfleckengrenze.

Umso deutlicher tritt die Firngrenze hervor, die fast überall als eine hellblaue Eiswand von 5–80 m Höhe die Firn- und Eisdecke des Kibo umrahmt. Ihr Höhenniveau ist auf den verschiedenen Seiten des Berges ein außerordentlich verschiedenes. Am höchsten liegt sie durchschnittlich auf der Nordseite des Berges bei 5700 m, nach Nordosten und Osten zieht sie sich in Zackenlinien auf und ab (Hans-Meyer-Scharte sogar 5750 m), gabelt dann nach Südosten in zwei breiten, halbinselartigen Zungen (die östlichere der Ratzelgletscher) aus, die sich in Talmulden bis zu 5350 m hinabsenken, und macht auf der Südseite plötzlich einen riesigen Sprung in die Tiefe. Hier aber hört wegen der ungeheueren Zerklüftung und Schroffheit des Berges der Zusammenhang der großen Eisdecke in 5000 m an der Südseite und in 4800 m an der Südwestseite auf und die unteren Teile sind durch nackte Felsrippen in lange Zungen und Fetzen zerrissen, die im Süden bei 4000 m, im Südwesten bei 3800 m endigen. Durch Eisbrücken stehen sie mit dem großen Kibo-Eismantel in Verbindung und kommen deshalb und weil sie nicht durch orografische Begünstigung erhalten sind für die Bestimmung der klimatischen Firngrenze mit in Betracht. Im Westen des Berges endlich reicht jenseits der großen Kluft die Eisdecke in einer breiten, mehrzüngigen Halbinsel bis zu etwa 4200 m Höhe herab, wie auch aus Höhnels vortrefflicher Bergprofilsammlung der Teleki-Expedition ersichtlich ist.

Rund um den Kibo verläuft also die Eis- und Firngrenze, denn beide sind identisch, in folgender auf 50 m abgerundeter Höhenkurve: Süden 4000 m, Südwesten 3800 m, Westen 4200 m, Nordwesten 5650 m, Norden 5700 m, Nordosten 5750 m, Osten 5700 m, Südosten 5350 m.

Woher kommen diese sehr bedeutenden Höhenunterschiede der Firn- und Eisgrenze am Kibo? Warum sind die West- und Südseite am meisten, die Ost- und Nordseite am wenigsten beeist? Die erste Ursache liegt natürlich in den oben dargelegten Feuchtigkeitsverhältnissen, in der Feuchtigkeitsverteilung, welche die Südseite des Berges vor der Nordseite in hohem Maße bevorzugt. Daneben aber sind es hier wie überall nicht nur die Schnee erzeugenden Kräfte und Einflüsse, welche die Ausdehnung und Beschaffenheit einer Schneebedeckung bestimmen, als vielmehr die Schnee erhaltenden. Und diese Letzteren sind auf der Nordwest-, Nord- und Ostseite des Berges ungünstig, auf der Süd-, Südwest- und Westseite günstig.

Nachdem am Schluss der feuchten Jahreszeit der Kibo das jährliche Schneemaximum erreicht hat, wird seine Nordseite monatelang nur von dem trockenen Nordost- oder Nordwest-Antipassat und von warmen, trockenen Steigungswinden aus der dürren Nordebene getroffen, die immer nur an der Schneebedeckung dieser Seite zehren. Was sie aber an der Nordseite abschmelzen, das schlagen sie großenteils an der Südseite in Form von Neuschnee wieder nieder, sodass diese gewinnt, was jene verliert. Außerdem wirkt auf die Nordhälfte eine stärkere Wärmestrahlung als auf die Südseite, weil die Ebene im Norden höher liegt als die im Süden, weil ihre intensivere Strahlung durch keinen Wasserdampfschleier gehemmt wird, wie er über der feuchteren Südebene liegt, und weil die Sonne während der trockenen Monate des Jahres im Norden des Kilimandscharo steht, also vorwiegend die Nordseite erwärmt.

Auf die geringe Schneebedeckung der Ostseite ist zunächst wiederum die Trockenheit des in der niederschlagsarmen Jahreszeit wehenden Nordost-Passates von Einfluss, dann aber, und dies wohl in erhöhtem Grad, die Wärmestrahlung des nahe unter ihr liegenden Sattelplateaus, dessen dunkles Gestein sich am Tag bisweilen so stark erhitzt, dass man die Strahlung direkt fühlen und an der Luftoszillation sehen kann.

Wenn aber da, wo die Böschungen des Berges zu steil für den Zusammenhalt der Eisdecke werden, Eisbrüche entstehen und Eislawinen bis zur sanfter geneigten Kibobasis bei 4000 m hinabstürzen, dann werden sie an der Nordseite durch Trockenwind und Wärmestrahlung sehr bald weggeschmolzen, wogegen sie an der feuchteren und kühleren Südseite in schneller Kongelation widerstandsfähiger werden und den Zusammenhang mit den herabreichenden Eiszungen wiederherstellen können.

Wie es also sowohl klimatische wie orografische Faktoren sind, welche die sehr unregelmäßige Begrenzung des Kibofirns verursachen, so haben wir auch in der Beschaffenheit des Firns und Eises die gemeinsame Einwirkung und Äußerung jener beiden Momente zu erblicken. Der Schnee der großen Schneefelder, die im Juli den Kibo teilweise von der Eisgrenze bis herab zum Sattelplateau bedeckt hatten, war in den unteren Teilen schwammig und flockig, weiter oben am Berg körnig und trocken gewesen. Im Oktober, da alle diese Schneefelder verschwunden waren, war auch oberhalb der Eisgrenze verhältnismäßig wenig Schnee anzutreffen. Er hatte sich zum großen Teil in körniges Firneis verwandelt, welches auf den weniger steilen Partien über weite Flächen hin die Oberfläche des Kibo-Eismantels bildete und am Tag in ziemlich poröser Erweichung dem Fuß einen guten Halt bot. Nur in Senkungen lag junger Firn angesammelt. An den steilen Stellen hingegen lag anstatt des weichen Firneises ein sprödes, blasiges Eis an der Oberfläche, das unter dem Hieb des Pickels absprang wie Glassplitter. An den Durchschnitten der Eisdecke, wie sie die Klüfte im Eispanzer, die Steilwände der äußeren Eisgrenze und die hohen Eisstufen im Kraterkessel herrlich veranschaulichten, war die Schichtenfolge vom Firn bis zum dichten, klaren Eis eingehend zu beobachten. An einer 15 m hohen Eiswand der Nordseite zählte ich 28 durch Farbennuancen und Struktur scharf unterschiedene Schichten vom silbergrauen Firn zum blaugrauen Firneis, vom hellblauen Blaseneis zum sattblauen Grundeis.

Dass die große Firn- und Eisbedeckung des Kibo nur geringe Ähnlichkeit mit dem alpinen Typus hat und haben kann, versteht sich von selbst. Am nächsten kommen ihr die Eisgebilde der großen äquatorial-amerikanischen Vulkane, wie sie Reiß und Stübel, Whymper, Güßfeldt und andere Reisende beschreiben. Dem Eispanzer des Kibo fehlt ein eigentliches Firnreservoir, denn dass der kolossale Kraterkessel im Südsommer von Schnee und Eis angefüllt sei, dessen Überschuss dann den Eismantel des Kibo bilde oder wieder verstärke, ist doch kaum annehmbar. Eher könnte schon der breite Oberrand des alten Vulkans als Firnreservoir angesehen werden. Im Großen und Ganzen aber bildet sich wohl das Eis ohne Sammelbecken auf den Flanken des Berges selbst aus den allseitigen Niederschlägen und senkt sich durch seine eigene Schwere langsam bis zur Schmelzgrenze bergab, sodass vor Beginn der Schneezeit die oberen Partien nicht allein durch Schmelzung, sondern auch durch Abrutschung ihre geringste Stärke erreichen.

Der gleichmäßige Bau der Bodenunterlage verhindert, außer an der Südseite, das Entstehen von Spalten und Klüften in größerem Maßstab. Nur wo im Boden tiefere Mulden eingesenkt sind und Erosionstäler ablaufen, da bekommen die Eisfelder ganz den Charakter und das Aussehen unserer Gletscher zweiter Ordnung, sind durch Längs- und Querspalten zerrissen, haben aber eine nur kurze Zunge, von deren Stirn das Schmelzwasser aus Toren in Bächen abfließt resp. absickert, da es im lockeren Lavagestein schnell verschwindet. Solcher Art sind der von uns entdeckte Gletscher an der Nordseite, der »Ratzelgletscher« an der Ostseite und ebenfalls die Eiszungen an der Südost- und Westseite. Ihre Enden liegen wohl nirgends unter 4200 m. Ein echter Gletscher erster Ordnung mit langem Strom auf geringer Neigung scheint jedoch im Südwesten des Kibo aus der großen Spalte hervorzukommen. Wahrscheinlich ist er der einzige des Kilimandscharo und auch er reicht nicht unter 3800 m hinab, also noch lange nicht bis zu der bei 3200 m liegenden Grenze des Baumwuchses. Endlich ist neben der steilen Neigung des Kibokegels die große Durchlässigkeit seines vulkanischen Gesteins von hinderndem Einfluss auf die Gletscherbildung, da die durchlässige Unterlage das eiserhaltende Schmelzwasser wirkungslos abfließen lässt. Porosität des Gesteins und Steilheit der Formen haben auch dem Mawensi den stolzen Schmuck eines Eispanzers versagt.

Oberflächenmoränen kommen auf dem Eis nicht vor, weil

über dem Eis keine Felspartien stehen, von denen der Schutt auf den äußeren Mantel herabfallen könnte. Wohl aber in den sich vom Grundeis gebildeten Endmoränen und mehrfach Spuren von Gletscherschliff an den Felswänden, insbesondere in dem großen südöstlichen Erosionstal, und dort weit unter der jetzigen Grenze des Ratzelgletschers, wo die wild durcheinander gewundenen Gekröselaven 10 m über der Talsohle durch lange oberflächliche Einschnitte, welche dem Talgrund parallel laufen, gleichmäßig geritzt sind.

Von der Beschaffenheit des Eismantels weicht jene der im Kraterkessel liegenden Eismassen in mehrfacher Hinsicht ab. Sind schon Firn und Firneis auf dem oberen Rand des Kessels von Wind und Sonne tief zernagt und zerfurcht, so sind es die an den Innenwänden des Ringwalles und auf dem Boden des Kessels ausgebreiteten Firn- und Eisfelder in viel größerem Maße. Namentlich auf der Ost- und Südseite sieht das Eis über weite Flächen hin wie gepflügt aus. Die einander parallelen Furchen sind bis zu 2 m Tiefe eingeschnitten und die stehen gebliebenen Kämme, Tafeln und Spitzen sind so fest und scharf, dass sie einem Karrenfeld unserer Kalkalpen vergleichbar werden. Im Allgemeinen ist ihr Verlauf der Bodensenkung entsprechend, sodass es nahe liegt, ihre primäre Ursache in der Windwirkung zu sehen, welche durch den Ablauf des Schmelzwassers weiter ausgebildet worden ist. Im wenig geneigten, windgeschützten Grund des Kessels ist eine solche bestimmte Furchenbildung nicht mehr zu erkennen. Dort hat die Firn- und Eisoberfläche bei Windstille und gleichmäßiger Erwärmung jenes schalige und wellige Aussehen bekommen, wie es viel weniger ausgeprägt auf dem tauenden Schnee unserer Breiten eine gewöhnliche Erscheinung ist. Der von Dr. Paul Güßfeldt aus den Anden beschriebene *»nieve penitente«* scheint ganz ähnliche Formen zu haben. Wo aber die Eismassen im Kraterkessel dicker sind, da setzen sie sich bastionenartig ringsum in steilen Wänden ab wie die Eisgrenze des äußeren Kibomantels und lassen an diesen Vertikaldurchschnitten der aufeinander liegenden Eisdecken auch wieder die Schichtenfolge in großer Deutlichkeit erkennen.

Das meiste Eis lagert im nördlichen Teil des Kessels, wo durch den höher liegenden Kraterboden ein stufenförmiger

Übergang zum nördlichen Kraterrand hergestellt ist und sich zwischen dem Ringwall und dem dorthin vorgeschobenen Eruptionskegel der Firn leichter anhäufen und erhalten kann als im offeneren Südteil. Im Letzteren, der dem Wehen des trockenen nördlichen Antipassates und der in der Trockenzeit intensiveren Sonnenstrahlung aus Norden mehr ausgesetzt ist, ist das Eis größtenteils weggeschmolzen, aber in der feuchten Zeit werden wohl auch diese im Oktober nackten Felswände von Firn bedeckt sein und dann wird der ganze Kessel als Firnmulde wirken und seinen eisigen Inhalt stärker nach der tief eingeschnittenen Westspalte drängen als im Oktober. Jedoch auch nun, da die Eismassen »ausgeapert« waren, sah man ihren Zusammenfluss im Westen des Kessels, ihren Austritt aus dem westlichen »Baranco« und den Abfluss ihrer Schmelzwasser nach derselben Seite.

Allem Anschein nach stürzt das Eis der großen »Caldera« in kolossalen Kaskaden in den Grund der weiten Westschlucht hinab, die ich von Madschame aus beobachten konnte, vereint sich mit den dortigen Firn- und Eisansammlungen und strömt endlich mit einer Wendung nach Süden als der erwähnte Gletscher erster Ordnung an der südwestlichen Kibobasis hervor, wo der Eisstrom bei 3800 m mit einer breiten Stirn endet und in tief gefurchten Bachläufen dem wasserreichen Weriweri-Flusse seinen Ursprung gibt. Künftigen Forschern ist vor allem an dieser Seite des Gebirges die Lösung vieler interessanter Fragen vorbehalten. Mein Versuch dorthin zu dringen, scheiterte im November am Eintritt der Regenzeit.

Der Verteilung der Niederschläge und des Eises am Kilimandscharo entspricht naturgemäß die Verteilung seiner Quellen, Bäche und Flüsse. Vom oberen Kibo und Mawensi versickern die Schmelz- und Regenwässer schnell in den porösen vulkanischen Gesteinen und treten erst weiter unten wieder zutage. Nur am Nord-Mawensi habe ich in 4700 m einen kleinen Weiher und am West-Mawensi in 4650 m einige kleine Quellen gefunden, aber südlich von den Plateauhügeln, unterhalb 4300 m, mehren sich die Quellen rasch und rieseln in tief erodierten Schluchten dem Urwald zu, der als der eigentliche Wolken- und Regensammler des Gebirges ihre Zahl außerordentlich vergrößert und sie zu stärkeren Bächen vereint, welche in immer tiefer und weiter werdenden Tälern der Ebene zurauschen, mehr und mehr zu Flüssen zusammenwachsen, da und dort auch noch am Fuß des Gebirges aus einem Quellsumpf (z. B. nördlich von Kahe, südlich von Pokomo usw.) Gewässer aufnehmen und sich schließlich alle im Rufu oder Panganifluss sammeln.

So auf der Südseite des Gebirges. Die trockene Nordseite dagegen ist sehr arm an Quellen und Bächen. Schon die Westseite hat nur einen einzigen Bach, den Ngare n' Erobi, welcher in Schira entspringt und bald in der Steppe verdunstet; aber die Nordwestseite ist vollständig wasserlos und was vom Eis des Nord-Kibo abschmilzt, das sammelt sich mit den geringen Niederschlägen des schmalen Waldgürtels und von den nordwestlichen Mawensifelsen in der großen Bodensenkung am Fuß des Gebirges in vier großen und mehreren kleinen abflusslosen Sümpfen (Njiri), deren Verdunstung dem Zufluss das Gleichgewicht hält. Die beiden westlichen der größeren Sümpfe scheinen vom Kibo gespeist zu werden, die beiden östlichen vom Mawensi, dessen breiterer Waldzone und stärkeren Niederschlägen der östlichste Sumpf, der eigentliche Njiri, seine größere Wassermenge verdankt. Die Abflüsse vom Berg zu den Sümpfen sind fast alle unterirdisch, da das Wasser in dem porösen Gestein bis auf den festen Fels einsickert. Nur einige wenige Bachrinnen furchen den im Ganzen schluchtenlosen Nordhang des Gebirges.

Der Norden des Mawensi ist die Wasserscheide zum Indischen Ozean. Von dort fließen die Quellbäche des Tsavo-Sabaki nordost- und ostwärts; an der Ostseite entspringt der Rombobach, der erst eine südliche Richtung einschlägt, aber nach Bildung des sumpfigen Rombo- (Tsavo-) Sees plötzlich ostwärts abbiegt, und der Lumi, der sich dem Romboflüsschen auf so kurze Entfernung nähert, dass fast eine Bifurkation entsteht, aber seine südliche Richtung beibehält und so den Oberlauf des Panganiflusses oder Rufu darstellt. Zwischen dem Rombo- und Lumiflüsschen liegt also die Wasserscheide des Sabaki und des Panganiflusses. In den Letzteren entwässert sich die Ostsüdostseite des Kilimandscharo sowie der Kratersee Dschala, während der Dschipe-See nur ein Hinterwasser des Lumi ist, dem der Letzere als Rufu auf der Seite seines Einflusses wieder entströmt, um nach Aufnahme aller Abflüsse des Südkilimandscharo, die von Osten nach Westen hin an Zahl und Größe zunehmen, sich dem Indischen Ozean zuzuwenden.

Wenn in den folgenden Blättern die organische Natur des Kilimandscharo sehr viel weniger eingehend betrachtet wird als die anorganische Natur des Gebirges in den vorausgehenden, so geschieht es, weil der Flora, Fauna und menschlichen Bewohnerschaft des Kilimandscharo von meinen Vorgängern eine viel innigere Aufmerksamkeit geschenkt worden ist als seinen Felsen, seiner Schnee- und Eisbedeckung. Das ist begreiflich, denn der Fels- und Eisregion sind die meisten Kilimandscharo-Besucher ferngeblieben. Die Flora hingegen haben uns namentlich von der Decken, Johnston und von Höhnel, die Fauna Graf Teleki, Willoughby und Harvey und ganz besonders Dr. Abbott näher kennen gelehrt und über die Anthropologie und Ethnografie sind unserer Kenntnis fast von jedem Reisenden mehr oder minder brauchbare Bruchstücke zugetragen worden, die zusammen ein wenn auch noch mangelhaftes Ganzes bilden.

Doch sei der Versuch gemacht, in geografischer Betrachtungsweise noch der Vegetation des Kilimandscharo einige neue Gesichtspunkte abzugewinnen, indem ich im Übrigen auf die Vegetationsschilderungen im erzählenden Teil und auf den Anhang dieses Buches verweise.

Da die Vegetation eines Gebietes abhängig ist von der Beschaffenheit des Bodens, auf dem sie steht, und des Klimas, in dem sie lebt, so muss dort, wo Boden und Klima in so verschiedenen Gruppierungen zusammenwirken wie auf einem Schneegebirge der Äquatorialzone, die Vegetation in horizontaler und vertikaler Ausbreitung aufs Mannigfaltigste variieren. Vergegenwärtigen wir uns, dass das Substrat der Vegetation am Kilimandscharo vulkanisch ist, dass das Gebirge im Süden weiter und flacher ausläuft als im Norden, dass die Südhälfte feucht, die Nordhälfte trocken ist, dass an der Südseite das Eis des Kibo von 6000 m bis unter 1000 m herabreicht, die Grenze des Schneefalles etwa bei 3700 m liegt und dass der Mawensi in der Trockenzeit gar kein Eis hat, so werden wir die Formationen und Regionen der

Vegetation auf der Süd- und Nordhälfte des Gebirges unschwer verstehen.

Aus den weiten, unter der Herrschaft der Zenitregen vegetierenden Steppenebenen rings um den Kilimandscharo reicht die Baumsteppe am Fuß des Gebirges mit zunehmender Dichtigkeit des Baumwuchses empor von 750 m bis 900 m auf der feuchten Südseite, bis 1500 m auf der trockenen Nordseite (nach Chanler). An den Wasserläufen der breiten Bergbasis, wie in Aruscha, Kahe, Taweta, wuchern natürlich auch in der Steppe schmale Wasserwaldstreifen und da die Südseite sehr reich an solchen vom Berg ableitenden Wasserläufen ist, so schließen sich hier auf weiten Flächen die schmalen Uferwaldstreifen zu größeren Waldpartien zusammen, die täuschend das Aussehen von klimatisch verursachten Regenwäldern haben und jene des oberen Kilimandscharo sogar an Üppigkeit des Wachstums, dem die Wärme der tiefen Region besonders günstig ist, stellenweise noch übertreffen.

Zwischen 900 und 1100 m geht auf der Südseite die Baumsteppe allmählich in dichten Buschwald über, der bei 1100 m in der Höhe der unteren Nebelgrenze dem Kulturland des Kilimandscharo, dem Hügelgebiet von Dschagga, freien Raum gibt. Das Letztere reicht durchschnittlich bis zu 1900 m hinauf, während auf dem Nordabfall des Gebirges in gleicher Höhe ein grasiges Plateau sich ausdehnt, welches den Vieh züchtenden Massai eine ständige Heimat bietet.

Bei der unteren Grenze der täglichen Cumulusbänke beginnt in ca. 1900 m Höhe auf der Südhälfte der Urwald und erstreckt sich auf der immer steiler werdenden, solid felsigen Unterlage, bei ebenso guter Bewässerung wie Entwässerung, bis zur thermischen Grenze in ca. 3000 m Höhe. Im Norden ist der Regenwald zwischen 2200 m und 2800 m gelegen und verschwindet im Nordwesten gänzlich, ausgedehnten Strauch- und Grasformationen Platz machend. Über die geschlossene Waldgrenze hinaus verlaufen in geschützten Wasserrinnen und Mulden der Südseite zungenförmige niedere Baumbestände bis zu 3200 m, wo die obere Grenze des Baumwuchses zu ziehen ist.

In breiter Ausdehnung aber erstrecken sich dichte, anfänglich von Sträuchern durchsetzte Grasfluren zu ca. 3900 m Höhe hinauf, über denen büschel- und polsterförmig geordnete Gräser und Stauden die oberste Region der Blütenpflanzen bilden. Bis 4300 m sind die Letzteren auf der Süd- und Nordseite noch zu einer offenen Formation vereint, dann aber finden sie sich nur in lokal begünstigten Flecken und Streifen. In kleinen abgesonderten, bodenkriechenden Stauden sendet die Blütenflora des Kilimandscharo ihre höchsten Vorposten auf der Ostseite des Kibo bis 4700 m, auf der Westhalde des Mawensi ebenfalls bis 4700 m. Die periodische Anhäufung großer Schneemassen, die niedrigen Nachttemperaturen und der von dort ab nur noch aus sterilen Lavaschollen und nacktem vulkanischem Fels bestehende Boden setzen der Phanerogamenflora in jener Höhe ihre Grenze. Über ihr liegt das Reich der Steinflechten, die in größerer Artenzahl bis zur Eislinie des Kibo hinaufgehen und in zwei Arten sogar noch auf den höchsten Felsspitzen über dem Eis vertreten sind.

Wenn wir das kultivierte Dschagga aus der Reihe der natürlichen Vegetationsregionen ausschließen und es mit größerer Berechtigung der Zone des Buschwaldes zurechnen, so zählen wir vom Südfuß des Gebirges bis zum Gipfel folgende Regionen: Baumsteppe (100–900 m), Buschwald (900–1900 m), Urwald (1900–3000 m), Grasfluren (4700–6000 m). Von diesen Regionen gehen die beiden unteren allmählich ineinander über, die mittleren aber und die oberen sind scharf gegeneinander abgegrenzt, und zwar sind die untere und obere Urwaldgrenze nicht nur durch die Temperatur- und Feuchtigkeitsextreme gezogen, sondern auch durch menschlichen Einfluss, durch Rodung und Brand, dagegen die Baumgrenze (3200 m), Grasgrenze (3900 m) und Staudengrenze (4700 m) lediglich durch natürliche, vor allem klimatische Wirkung.

Die klimatischen Elemente der Höhengrenze sind besser ausgedrückt in der leicht beweglichen, sich immer erneuernden Firngrenze, die wir oben besprochen haben, als in den schwer beweglichen, sich langsam erneuernden Vegetationsgrenzen. Um für die Letzteren einige bestimmtere Werte zu bekommen, seien wenigstens die in den einzelnen Vegetationsregionen beobachteten Minimumtemperaturen und die Tagestemperaturen einiger sie durchfließenden Bäche mit in Betracht gezogen.

| Ort | | Luftminimum | Wassertemperatur | |
|---|---|---|---|---|
| Dehu (750 m) | | + 19,5 | + 22,0 | |
| | | + 19,0 | + 21,5 | |
| Habaribach (965 m) | | + 17,5 | + 18,5 | vom Mawensi |
| Himo (920 m) | | + 18,0 | + 18,5 | |
| | | + 19,0 | + 20,0 | |
| Modschibach (860 m) | Baumsteppe am Fuß | + 18,0 | + 18,5 | |
| | | + 17,0 | + 18,5 | |
| Ngombere (900 m) | | + 10,5 | + 18,0 | vom Kibo |
| | | + 11,0 | + 18,0 | |
| | Buschwald | + 10,0 | + 17,5 | |
| Weriweri (1197 m) | | + 13,0 | + 17,5 | |
| | | + 12,5 | + 17,5 | |
| Kikafu (1353 m) | | + 12,5 | + 16,0 | |
| | | + 6,0 | + 11,5 | vom Mawensi |
| | | + 8,0 | + 12,0 | |
| Ruabach (1960 m) untere Urwaldgrenze | | + 8,5 | + 12,0 | |
| | | + 8,0 | + 11,5 | |
| Muëbach (2890 m) | | ± 0,0 | + 7,5 | |
| | | + 0,5 | + 8,0 | |
| | obere Urwaldgrenze | – 3,0 | + 7,0 | |
| | | – 2,5 | + 7,0 | |
| | | – 3,0 | + 7,0 | |
| Kibosobach (3030 m) | | – 2,0 | + 7,0 | vom Kibo |
| | | – 1,5 | + 7,5 | |
| Schneequellbach (3035 m) obere Grasgrenze | | – 8,0 | + 6,0 | vom Mawensi |
| | | – 7,0 | + 5,0 | |
| | | – 5,5 | + 5,0 | |
| | | – 7,0 | + 5,5 | |

So stellt sich der Kilimandscharo als ein Gebirge dar, auf welchem alle klimatischen Regionen der Erde vereinigt sind. Trotzdem hat er nur eine einzige begünstigte Besiedelungszone: das *Dschaggaland* auf der Südhälfte des Gebirges zwischen 1100 m und 1900 m Höhe und mit einem Flächeninhalt von rund 800 qkm (exklusive Farnzone). Unter dem Dschaggagürtel schränkt die Unfruchtbarkeit der Steppe das bewohnbare Gebiet auf die an Flussläufen liegenden Waldlandschaften Taweta, Kahe, Aruscha ein, über dem Dschaggagürtel herrschen die ewigen Nebel und Regen, die den Urwald erzeugen und erhalten, und über diesem die Niederschläge und Kälte der alpinen Region. Die ganze Nordhälfte des Gebirges aber ist wegen ihrer Wasserarmut nicht von Ackerbauern bewohnbar, sondern bietet nur den Vieh züchtenden Massai-Nomaden ausgiebige Weidegründe. In dieser Beschränkung ist indes die Dschaggazone ein herrliches Land. Es könnte ein einziger großer Garten sein, wenn die Streitigkeiten der Eingeborenen, die gegenseitigen Befehdungen der vielen kleinen Städtchen nicht wären. Schon aus diesem Grunde wäre dem beginnenden Prozess der Aufsaugung aller kleinen Städtchen durch eine oder zwei der größeren, kräftig regierten ein schneller Fortgang und Bestand zu wünschen. Bisher hat der Kilimandscharo allerdings noch nichts hervorgebracht, was im Sinn der europäischen Kultivation wertvoll wäre; die Hölzer des Urwaldes sind schwammig, Kautschuk führende Gewächse sind selten, Orseilleflechten nicht sehr häufig, mineralische Schätze führt das basaltische Gestein gar keine. Aber die Grundlagen zu wertvollen Produktionen sind auf der Südseite die besten. Der vulkanische zersetzte Boden ist außerordentlich fruchtbar, der Wasserreichtum enorm, das Klima in jeder der verschiedenen Zonen gleichmäßig. Kaffee, Kakao, Tee, Cinchono, Zimt, Vanille müssen da so gut gedeihen wie in jeder bevorzugten Tropenkolonie. Und zudem ist das Dschaggaland bewohnt von einer freundlichen Bevölkerung, in welcher nicht nur die Weiber, wie bei den meisten anderen Negerstämmen, sondern auch die Männer daran gewöhnt sind, in regelmäßiger Arbeit das Feld zu bestellen und den Befehlen ihrer Häuptlinge gehorsam zu sein.

Verglichen mit den anderen Gebirgsländern Ostafrikas, deren nach allgemeiner Ansicht wertvollstes, Usambara, mir ganz besonders gut bekannt ist, ist der mittlere Kilimandscharo das einzige ostafrikanische Gebiet, das an Fruchtbarkeit und Schönheit den tropischen Höhen von Südindien, Ceylon, Java und der Philippinen, wo ich Monate zugebracht habe, nahe kommt und an Üppigkeit den freilich schmalen und des Bergklimas entbehrenden Küstenstrich der deutschen Interessensphäre übertrifft. Vor Usambara, Pareh, Ugueno hat Dschagga namentlich den vulkanischen Boden, die von den großen Höhe kondensierten, nie versiegenden Niederschläge, die örtlich gleichmäßige Bewässerung und die relativ dichte Bevölkerung voraus und doch sind schon die genannten Bergländer wahrhaft paradiesische Inseln in dem schier unendlichen Meer der unfruchtbaren und menschenarmen Steppen, Savannen und Buschwälder, die etwa 80 Prozent unseres ostafrikanischen Schutzgebietes ausmachen.

Um diesen Gegensatz, den der Kilimandscharo mit den kleineren Gebirgsinseln zu den übrigen ostafrikanischen Landstrichen bildet, besser zu verstehen und um den Wert jener beschränkten Gebiete recht würdigen zu können, ist ein allgemeiner *Überblick* über die physische Eigenart von Deutsch-Ostafrika notwendig.

Unsere Interessensphäre ist ein Tropengebiet mit ausgesprochenem Wechsel von Regenzeit und Trockenzeit, und zwar fällt, da das Land fast ganz auf der südlichen Hemisphäre liegt und, geozentrisch gesprochen, die Regen stets dem Zenitstand der zwischen den Wendekreisen hin- und herwandernden Sonne folgen, die Regenzeit im mittleren Ostafrika auf Oktober bis Januar und dann wieder auf Mitte April bis Ende Mai. Da sich diese Regen, wie erwähnt, nach dem Zenitstand der Sonne richten, hat man sie Zentitalregen benannt. Der Wechsel von Regenzeit und Trockenzeit, der Gegensatz zwischen Wasserfülle und dann wieder andauernder Sonnenglut ist es vor allem, der auf den weiten Ebenen Ostafrikas, die außer den Zenitalregen im Lauf des Jahres keine anderen regelmäßigen Niederschläge haben, die Beschaffenheit des Bodens und der Vegetation, also auch die Kulturfähigkeit nachteilig beeinflusst.

Dort folgen in der Trockenzeit auf heiße Tage kühle Nächte, auf die ungemein hohe Sonnenerwärmung des Bodens eine rasche starke Abkühlung, wodurch das Gestein zersprengt und der Boden monatelang bis zu einer beträchtlichen Tiefe aufgelockert wird. Tritt nun plötzlich die Regenzeit ein, so ergießen sich die Wassermassen mit Heftigkeit und schwemmen die oberflächliche Erdkruste nach tiefer gelegenen Bodensenkungen. Das säurereiche Regenwasser dringt rasch in den gelockerten Boden ein, laugt die durchtränkten Schichten aus und setzt an den tiefer liegenden Gesteinen sein chemisches Zerstörungswerk fort. Der durchnässte, lockere Boden trocknet aber bei Wind und Sonnenschein in kürzester Frist wieder aus, wird zellig und lehmig und nimmt durch Eisenanreicherung jene ziegelrote Farbe an, der die afrikanische Erde den Namen »Laterit« verdankt.

Bei diesen von Pechuel-Loesche auch für das tropische Westafrika lehrreich geschilderten Vorgängen kann sich natürlich kein langsam modernder Humus bilden und es liegt auf der Hand, dass eine solche Bodenbeschaffenheit der Vegetation nur ungünstig sein kann. Die Periode des Wachsens, Grünens und Blühens ist nur von der kurzen Dauer der Regenzeit; wie eine grüne Woge zieht sie dem Zenitstand der Sonne nach über das Land, gefolgt von der grauen Woge der Trockenzeit. In rascher Folge lockt der Regen Blätter, Blüten und Früchte hervor und lässt die Gräser stellenweise weit über Manneshöhe aufschießen, aber ebenso rasch verwandeln sich diese periodischen Gebilde mit der beginnenden Trockenzeit in ein unabsehbares Dickicht grauen und braunen Zunders, das allmählich den von den Eingeborenen regelmäßig angelegten Bränden zum Opfer fällt.

Aus diesem Wechsel in der äußeren Erscheinung der Landschaft erklären sich die oft vollständig entgegengesetzten Urteile über einen Landstrich seitens zweier Reisender, von welchen der eine das Land in der grünen Regenzeit, der andere in der grauen Trockenzeit gesehen hat. Einzig maßgebend für die Beurteilung dieser Gebiete sind aber nur die Formen und die Formationen der Vegetation, da diese das Ergebnis aller zusammenwirkenden geologischen und klimatischen Ursachen sind.

Das allgemeine Vegetationsbild des mittleren Ostafrika ist das des Buschwaldes und der Baumsteppe mit vorwiegendem, offenem Graswuchs und einer ärmlichen Baum- und Strauchflora von so zähem Charakter, dass ihr die mehrmonatige regenlose Periode des Sonnenbrandes auf dem zelligen Lateritboden nicht verderblich wird. Hochstämmiger, geschlossener Wald kommt nur da in schmalen Bänder vor, wo an Flussufern, an Seen, Sümpfen oder unterirdischen Wasserläufen beständige Wurzelbewässerung gegeben ist. Zusammenhängenden und ausgedehnten Urwald, wie in den tropischen Gebieten Südamerikas oder Insel-Indiens, gibt es auf den weiten Hochebenen des mittleren Ostafrika nirgends. Und nirgends, auch nicht in den nachher zu besprechenden Vorzugsgebieten, entspricht das Pflanzenbild der landläufigen Vorstellung von Tropenvegetation, wie sie uns durch künstliche Zusammenstellung und sorgfältige Auswahl wohl gepflegter Gewächse in unseren Warenhäusern vorgezaubert wird; nirgends sieht selbstverständlich die menschliche und Kulturstaffage der Natur so aus, wie sie uns in kolonialen und ethnografischen Ausstellungen und Sammlungen durch hübsche Bilder und geschmackvolle Gruppierungen ausgewählt schöner Geräte, Waffen, Schmuckstücke, Produkte und dergleichen vor Augen geführt wird.

Der erläuterte allgemeine Klimacharakter des äquatorialen Ostafrika erfährt aber eine Veränderung da, wo außer den Zenitalregen der Regenzeit noch solche Niederschläge fallen, welche einer schroffen Erhebung des Terrains oder der Nähe des Ozeans ihre Entstehung verdanken. Wenn an den Abhängen eines Berges oder Plateaus die erhitzte Luft emporsteigt, entsteht bekanntlich durch die nachströmende Luft ein bergauf wehender Wind. Ist die Terrainerhebung bedeutend genug, um in ihren oberen Teilen den Wind erheblich abkühlen zu können, oder ist der Wind schon an sich feucht genug, um seinen Dampfgehalt beim Auftreffen auf Terrainwiderstände zu verdichten, so entstehen Wolkenbildungen und Niederschläge. Solche stetigen lokalen Regen tragen im Gegensatz zu den allgemeinen periodischen Zenitalregen gemäß ihrer Entstehung den Namen Steigungsregen. Sie kommen nur den örtlich beschränkten bedeutenderen Bodenerhebungen zugute, ohne Erstreckung auf den dahinter liegenden Landstrich, in welchen dann der Wind nach Abgabe seiner Feuchtigkeit nur als Trockenwind eindringt.

Ein ähnliches Verhältnis besteht in der Nähe des Meeres und einiger großer Seen. Dort weht am Tage von der kühleren Wasserfläche nach dem stärker erhitzten Festland ein Luftstrom (nachts umgekehrt), der, von Feuchtigkeit gesättigt, dem Küstengebiet auf einem je nach der Terrainbeschaffenheit schmäleren oder breiteren Strich fast täglich Regen, Seeregen, bringt. Auch diese Seewinde wehen jenseits ihrer Regenzone als schädliche Trockenwinde weiter.

Die Gebiete mit »Steigungsregen« und mit »Seeregen« sind es also, wo auch in der Trockenzeit die Feuchtigkeit nie ganz ausgeht, wo anstelle des Laterits eine Humusschicht den Boden bedeckt, und wo deshalb die reichere Vegetation der begünstigten Tropenländer die Baumsteppe und den Busch verdrängt. Ein echt afrikanischer Gegensatz: unfruchtbar alle die weiten Hochebenen und mehr oder minder fruchtbar die kleinen Bergländer, die Plateauränder und die Seeküste. In diesen Vorzugsgebieten sind jederzeit tropische Kulturen möglich und es versteht sich von selbst, dass sie deshalb, wie an vielen Stellen die immer bewässerten schmalen Ufersäume der Flüsse, die von sesshaften Bevölkerungen bewohnten Gebiete Ostafrikas sind, während auf den Steppenebenen nur Nomaden leben können, die ihre Viehherden mit der örtlichen Verschiebung der Regenzeit und des Pflanzenwuchses heute da, morgen dort weiden müssen.

Der größere Teil nicht nur der deutschen Interessensphäre, sondern des ganzen äquatorialen Ostafrika ist demnach ein unfruchtbares, sehr dünn bevölkertes Land, in dem wohl der genügsame Neger ein ausreichendes Fortkommen findet, in dem aber für den Europäer weder Gewinn bringende Werte vorhanden sind, noch solche hervorgebracht werden können. »Zwei Zehntel unseres Ostafrika sind gutes Land, acht Zehntel sind trockene Savanne«, lautet Wissmanns sachgemäßes Urteil, zu dem der sehr optimistische Ausspruch des Dr. Peters einen seltsamen Gegensatz bildet, dass das deutsch-ostafrikanische Schutzgebiet, »was Üppigkeit und Großartigkeit der Bildung betrifft, kaum den Vergleich mit irgendeiner anderen tropischen Kolonie der Erde zu scheuen braucht«. Ich kenne die wichtigsten Tropenkolonien der Erde, wie Indien, Ceylon, Java, die Philippinen, Kuba, aus eigener Anschauung und kann darum die Meinung des Dr. Peters durchaus nicht teilen. Aber der größte Teil des tropischen Ostafrika ist nicht allein unfruchtbar, sondern auch ungesund. Das Klimafieber gebietet im ganzen Land. An der Meeresküste und den Flussläufen sind Fieberanfälle häufiger und schwerer als auf den trockenen Hochebenen, aber auch dort und in Bergeshöhen, soweit sie bewohnbar sind (am Kilimandscharo in 2000 m), leiden, wie ich sehr oft an mir und meinen Begleitern erfahren habe, die Europäer nicht nur, sondern auch die Neger am Fieber; ja, sogar den am Ort Geborenen, wie Mareale und Mandara, habe ich mehrmals Chinin verabreichen müssen. Im gleichen

Sinn spricht sich auch Dr. Kohlstock, der Chefarzt der deutschen Schutztruppe, über die Fiebrigkeit Äquatorial-Ostafrikas aus. Am wenigsten werden die Reisenden und Expeditionen vom Fieber befallen, die viel in Bewegung sind und häufig den Ort wechseln, aber unverschont bleibt keiner und wenn das Fieber gelinde mit ihm verfährt, so spielt ihm gewöhnlich die Dysenterie um so schlimmer mit. Die außerordentlich schroffen Temperaturwechsel zwischen Tageshitze und Nachtkühle, welche als eine Folge der nächtlichen Wolkenlosigkeit der Atmosphäre durch ganz Mittelafrika die Regel sind, werden zwar von jedem Europäer zunächst als erfrischende Abwechslung empfunden, sie hemmen aber den stetigen Gang der Haut- und Körperfunktionen, verursachen Rheumatismen und lähmen die Widerstandskraft gegen die Krankheitseinflüsse.

In Äquatorial-Ostafrika kann daher der Europäer weder dauernd leben und arbeiten, wie er es in den viel besseren Klimaten Nord- und Südafrikas vermag, noch durch bloß temporäre Arbeit sich solche Gewinne schaffen, wie sie ihm in den fruchtbaren Landstrichen des tropischen Südamerika, Westindiens, des Sunda-Archipels sicher sind, wo der Europäer ebenfalls nur vorübergehend zu leben vermag. Scheinbar glückliche Akklimatisationsversuche einer Generation haben sich jedes Mal an der folgenden Generation schwer gerächt. Diese Wahrheit wäre längst unbestritten, wenn man sich das Bild von Äquatorial-Ostafrika weniger nach den Schilderungen von Enthusiasten und Interessenten machen würde und scharf zwischen Nord-, Äquatorial- und Südafrika unterscheiden wollte. Nun aber steht es um die Kenntnis von Afrika wirklich so schlimm, dass sich mit dem Wort Afrika nicht bloß im Geist der großen Menge, sondern auch vieler aufgeklärter Minoritäten nur mehr oder minder unklare Vorstellungen von »Schwarzen«, Elefanten, Palmen, »Wilden«, Sonnenglut, Löwen und Plantagen verbinden, und wenn jemand überlegt, dass der Kollektivbegriff Afrika einen ganzen Weltteil umfasst, der durch mehr als 70 Breitengrade sich erstreckt und ebenso wohl die Klimate der gemäßigten wie der heißen Zone besitzt und dass Erfahrungen und Beobachtungen, die in unseren südwestafrikanischen Schutzgebieten gemacht werden, durchaus keine Anwendung auf die ostafrikanische Kolonie finden können, so gehört ein solcher Überlegender schon zu den löblichen Ausnahmen. Das ist hart, aber leider wahr.

Deutschland hat Äquatorial-Afrika als Kolonialgebiet gewählt, weil kein besseres mehr »frei« war, als wir uns endlich nach Kolonien umsahen. Und es ist Dr. Peters' großes Verdienst, dort in der letzten Stunde noch zugegriffen zu haben. Andere Nationen haben an dem Erwerb der noch von keinem europäischen Staat mit »Schutzherrschaft« bedachten Länderstrecken teilgenommen, erstens weil naturgemäß keine ausdehnungsbedürftige Nation der anderen eine Gebietserweiterung in »freien« Ländern gönnt, zweitens weil unsere Mitbewerber andere, schon bestehende Interessen bedroht sahen, die sich mit den von uns okkupierten Gebieten berührten oder ihnen doch nahe lagen. Während man aber in Europa nach den optimistischen Schilderungen der ersten Erwerber in sehr weiten Kreisen glaubte, in Ostafrika ein durchaus fruchtbares und zukunftsreiches Tropenland erworben zu haben, als seien diese Gebiete ganz neu entdeckt und noch nie bereist und beschrieben, war man in Afrika selbst von Anbeginn über den Wert unserer Akquisition anderer Meinung. Davon konnte ich mich an Ort und Stelle überzeugen, denn als nach dem Vorgang des Dr. Peters das Flaggenhissen in Äquatorial-Ostafrika immer größere Ausdehnung annahm, befand ich mich auf den Transvaal-Goldfeldern und sah zu meinem großen Erstaunen, dass man in Südafrika den von Europa mit so viel Interesse verfolgten Ereignissen so gut wie keine Beachtung schenkte, während doch andere koloniale Vorgänge in Afrika sofort mit lebhaftem Anteil besprochen wurden. Die ethische und nationale Bedeutung, welche die Eröffnung einer Kolonialpolitik für uns hatte, konnte dort selbstverständlich niemand würdigen; man hatte nur die praktische Seite unseres Unternehmens im Auge und diese wollte niemand für »praktisch« gelten lassen. Nicht größeren Wert legte man später wie früher den von ganz Europa gefeierten Taten und Berichten Stanleys bei, der dem europäischen Unternehmungsgeist in Zentralafrika ein Land der Zukunft geöffnet haben wollte. Der Grund für solche scheinbare Geringschätzung liegt darin, dass man in Transvaal, im Oranjestaat und Natal, wo unter den kühnen, im Inneren weit umherziehenden

Händlern und Jägern es Dutzende gibt, die gleiche und größere Schwierigkeiten überwunden haben als Stanley und andere von uns als Heroen angestaunte Reisende und Konquistatoren, einen anderen Maßstab an die Taten der Letzteren zu legen pflegt als den in Europa üblichen, viel mehr idealen als realen, und den höchst prekären Wert von Landerwerb im inneren Äquatorial-Afrika, an dem sich nun auch Deutschland neben England und dem Kongostaat beteiligt hatte, sehr wohl zu beurteilen vermag. Und ebenso gut weiß man, dass nur Uganda und die Länder der vormaligen Äquatorialprovinz eine glückliche Ausnahme von der innerafrikanischen Regel bilden.

In Ostafrika selbst habe ich erkannt, dass die Südafrikaner nicht Unrecht hatten, soweit das ostafrikanische ebene Binnenland in Betracht kommt. Wir hätten uns von vornherein auf die küstennahen Gebiete beschränken sollen, oder wenn das aus politischen Gründen anfangs nicht möglich war, sollten wir es doch in unseren künftigen Unternehmungen innerhalb der Interessensphäre tun, denn die Küste und die Hafenplätze sind hier wie im äquatorialen Westafrika die wertvollsten Bestandteile des Landes. Dies lehrt nicht nur für Ostafrika die genauere Kenntnis der Natur des Landes, sondern auch für ganz Äquatorial-Afrika (immer den oberen Nil ausgenommen) die Jahrhunderte alte Geschichte der Kolonisation durch die Portugiesen, Spanier, Holländer, Franzosen, Engländer. Seit der zweiten Hälfte des 15. Jahrhunderts haben diese kolonisierenden Nationen, oft einander ablösend, mit sehr großen Mitteln und erstaunlicher Geduld an der wirtschaftlichen Erschließung von Äquatorial-Afrika gearbeitet, aber wie oft sie auch in das weitere Hinterland ihrer küstennahen Gebiete vorgedrungen sind, niemals haben sie dasselbe festgehalten, weil der Europäer selbst entweder aus dem Inneren mit Gewinn nichts herausbringen kann, oder wenn er es ausnahmsweise könnte, er auch nur ausnahmsweise unbeschadet seiner Gesundheit im Inneren leben kann. Dafür sind nicht allein die vergangenen Kolonisatoren ein stummes Zeugnis, sondern auch die gegenwärtigen Handels- und Missionsstationen ein sehr beredtes. Es ist Kirchhofsluft, die nach dem Zeugnis aller ernsten Berichterstatter auf den meisten innerafrikanischen Stationen weht; mag man die Handelsstationen am oberen Kongo oder die

Missionsstationen am Nyassa- und Victoria-See besuchen, sie alle zeigen ein hippokratisches Gesicht.

Wie ist es aber mit dem Handel nach und aus dem Inneren bestellt? Man hat für die Handelsaussichten in Äquatorial-Ostafrika manchen unrichtigen Vergleich herangezogen, aber keinen falscheren als den mit der Englischen Ostindischen Kompanie. Weder zwischen den englisch-indischen Handelskolonisten und den modernen ostafrikanischen Gesellschaften besteht eine bemerkenswerte Ähnlichkeit noch zwischen dem indischen Kolonialgebiet und dem äquatorialen Ostafrika. Indien hatte, als die englische Kompanie dort zu arbeiten begann, leichte Zugänge von der Küste ins Innere, ein erträgliches Klima, große natürliche Reichtümer, eine außerordentlich dichte Bevölkerung, eine hoch entwickelte Kultur; kurzum lauter Voraussetzungen, die in Äquatorialafrika fehlen. Nie oder doch nur in ganz seltenen Fällen bringt der ostafrikanische Neger seine Produkte oder Jagderträge aus dem Inneren selbst zum Verkauf an die Küste, weil er faul ist und sehr berechtigte Furcht vor Beraubung hat. Und da die karge Natur des Landes die Produkte an keiner Stelle in großen Mengen hervorbringt, sondern über die riesigen Gebiete hin dünn verstreut, so müssen die Erzeugnisse fast durchweg im Inneren von weit umherziehenden arabischen und Suahelihändlern gesammelt und aufgekauft werden, welche aber unter Bedingungen arbeiten, die auf Europäer keine Anwendung finden können. Ihre Karawanen bestehen entweder nur aus Sklaven oder sie sind aus lauter selbstständigen kleinen Unternehmern zusammengesetzt, von denen jeder auf eigene Rechnung arbeitet. Ihnen ist es gleichgültig, ob die Expedition zum Sammeln der Produkte ein halbes oder ein ganzes Jahr mehr braucht als veranschlagt war, denn den Zeitwert kennen sie nicht und der an der Küste oder in Sansibar sitzende Inder, der sie durch ein raffiniertes Vorschusssystem in der Hand hat, bekommt die Waren immer noch früh genug, um sie mit einigem Gewinn an die europäischen Handelshäuser loszuschlagen.

Aber trotz dieser für Europäer unerreichbar billigen Handelsmethode haben schon jetzt die Produkte geringerer Art, wie Ölfrüchte, Orseilleflechte, Baumwolle, Kopal und dergleichen, ihre geografischen Gewinngrenzen in ziemlicher Nähe der Küste, die nicht überschritten werden können, ohne dass die Transportkosten den Wert der Ware übersteigen; und nur für seltene und wertvolle Landeserzeugnisse wie Kautschuk und Elfenbein liegen die Gewinngrenzen weiter im Inneren. Ohne großes Risiko kann die Letzteren bloß der arabische Großhändler überschreiten, der im fernen Innenland, mit seinen Leuten ungeheuer weite Gebiete absuchend, nicht allein den größten Teil des Elfenbeins mit Gewalt raubt, sondern auch die Menschen dazu, die das Gut zur Küste zu schleppen haben. Nur so macht sich dieser Handel bezahlt und wollte man mit anderen Verkehrsmitteln, etwa durch Bahnbau oder Straßenanlage, den Handel im fernen Inneren zu entwickeln und zu vereinfachen suchen, so würde man die ganze mögliche Elfenbeinausbeute eines Jahres in einem einzigen Güterzug zur Küste befördern können, während die minderwertigen Produkte den Eisenbahntransport nicht zahlen können. Etwaige Fahrstraßen nach den entlegenen Binnenländern dagegen würden, da sie nur selten Flussläufen folgen können, in der trockenen Hälfte des Jahres vor allem wegen Futtermangels für Rindvieh, das doch in Südafrika, wo seine Weidegründe nicht wie die der Massairinder fast gänzlich von dem Wandel der Regenzeit abhängen, trotz Tsetsefliege als Zug- und Reittier gut zu verwenden ist, unbenutzbar bleiben müssen; Pferde und Kamele aber gehen in dem äquatorialafrikanischen Klima schnell zugrunde, Elefanten sind zu teuer, falls die afrikanischen überhaupt gezähmt werden können, und Esel bieten keine wesentlichen Vorteile vor menschlichen Trägern.

Freilich, wenn es uns weniger um den Handelsgewinn als vielmehr um die Christianisierung und Zivilisation, also um ideale Ziele, zu tun ist, dann mögen wir unsere Kolonialpläne ins Innere tragen. Der Ausfall wäre aber selbst unter solchen Umständen ein sehr problematischer, denn wo hat in Zentralafrika je eine christliche Mission bemerkenswerte Erfolge gehabt, wie lange und wie nachdrücklich auch immer von begeisterten Männern draußen und daheim auf dieses Ziel hingearbeitet worden ist? Woher kommt es, dass in Äquatorialafrika das gepredigte Christentum niemals in die bei den Missionen wohnende unabhängige Negerbevölkerung eindringt, sondern immer nur von solchen »bekannt« wird, die ihres materiellen Vorteils halber sich als Diener der Missionare verdingt haben oder als Sklaven von den Letzteren losgekauft und auf den Missionen angesiedelt worden sind? Warum hat ein so milder Glaubensbote wie der verstorbene Macken, der vormalige Bischof in Uganda, wo doch eine so genannte Christenpartei dem englischen Einfluss sehr willfährig ist, seine zwölfjährige Missionserfahrung in dem harten Urteil zusammengefasst, dass alle Mühe umsonst sei, »bevor man nicht das Rückgrat eingeborener Halsstarrigkeit gebrochen habe?« Das spiritualistische Evangelium ist dem nüchternen Bantuneger unverständlich, die sehr praktischen Lehren und Formen des Islam begreift er dagegen umso besser, ohne doch darum ein rechter Mohammedaner zu werden.

Das ist gerade das Grandiose an dem afrikanischen Koloss, dass er sich auf keine Weise beikommen lassen will und dass die Natur hier einen Schauplatz eigenster Selbstständigkeit bewahren zu wollen scheint. Aber, wie Edward Dicey mit Bezug auf das geistige »Afrikafieber« sehr treffend bemerkt hat, der Versuch des anscheinlich Unmöglichen hat von jeher auf hervorragende Geister einen dämonischen Zauber ausgeübt, Unternehmungen von phantastischer Großartigkeit haben immer eine übermächtige Anziehungskraft für die große Menge gehabt, wenn sie nur in die nötige Perspektive geschoben wurden. Unternehmungen wie die Nordpolentdeckung und der Panamadurchstich, Projekte wie das Saharameer und der Lavigeriekreuzzug sind sprechende Beispiele für jene Wahrheit. Der hochsinnige König der Belgier hat seine Millionen einer derartigen großen Idee geopfert, um am Ende zu sehen, dass sie eine Illusion war, wie es, trotz Stanleys Utopien, die Landesbeschaffenheit und die Kolonialgeschichte ihn von Anbeginn hätte lehren können.

Deutschland hat seine ostafrikanische Interessensphäre gegen die englische abgegrenzt. England aber ist bei der Teilung in Ostafrika viel besser gefahren als wir, während wir andererseits durch den Eintausch von Helgoland gegen Witu und die Somaliküste sicherlich ein besseres Geschäft in der Heimat gemacht haben. In Ostafrika hat sich England das *»backbone«*, das Rückgrat, durch den Kontinent zwischen dem britischen Süd- und Nordafrika durch freies Wegerecht an der deutschen Westgrenze gesichert, wenn auch der Wert des Letzteren ein mehr ideeller als praktischer ist; es hat den besten Seehafen der ganzen Küste, Mombasa; den einzigen günstig gelegenen Karawanenplatz des ganzen Kilimandscharo-Gebietes, Taweta; es hat den größten Flusslauf, den Tana; das relativ ertragreiche Somaliland; den freien Zugang zum oberen Nilgebiet; es hat das kultivierteste und dichtest bevölkerte Land von ganz Zentralafrika, Uganda, und somit den möglichen Anschluss an die Sudanländer und an das bereits halb englische Ägypten, der nicht immer durch die mahdistische Bewegung versperrt bleiben wird. Im Süden aber besitzt es durch die freie Fahrt auf dem Sambesi die gesicherte Verbindung vom Nyassa bis nach den englischen Einfluss unterworfenen Mantabeleländern einerseits und dem Indischen Ozean andererseits. Die wichtigste Errungenschaft endlich ist das Protektorat über Sansibar und Pemba, denn in ihnen besitzt England nicht nur zwei große und ziemlich fruchtbare Gewürzinseln, nicht nur den Haupthandelsplatz der ostafrikanischen Küste, der dies wegen seiner Lage und Verkehrsanlagen vermutlich solange bleiben wird, wie England die kapitalkräftigste Macht der Welt ist, sondern auch die Gewalt über den Sultan und die überwiegende Mehrzahl der Araber, die England nun mithilfe der Vorschuss gebenden englischen Inder, den mittelbaren Beherrschern Ostafrikas, überall, an der Küste und im fernen Inneren, beeinflussen kann, wo und wie es will.

Wenn trotz dieser verhältnismäßig günstigen Lage Englands in Ostafrika sich in der englischen Presse und auf der Tribüne täglich die Stimmen erfahrener und einsichtiger Männer mehren, welche dringend eine völlige Enthaltung der aussichtslosen innerafrikanischen Unternehmungen fordern, ja sogar für einen Austausch des ganzen englischen Ostafrika gegen das deutsche Neuguinea eintreten, so sollten wir uns diese Äußerungen zur Lehre dienen lassen. Die schöne patriotische Freude an den kolonialen Dingen und Gebietserwerbungen schafft in Deutschland nach vielen Seiten hin Großes und Gutes, aber sie trübt vorläufig noch die Fähigkeit, zwischen dem, was in den Kolonien selbst gut und was schlecht ist, zu unterscheiden. Erst wenn der Wein der Begeisterung mit dem Wasser der Objektivität gemischt ist, gibt es die rechte Mischung und im Hinblick auf Ostafrika ist es ein dringendes Erfordernis, dass leidenschaftslose, besonnene

Beurteiler, wie der Chor in der antiken Tragödie, die bewegten Vorgänge auf der Bühne des Lebens mit einem ruhigen Kommentar begleiten, so undankbar eine solche Rolle auch zu sein pflegt.

Das Einzige, wobei für Deutschland etwas wirklich Ersprießliches herauskommen kann, ist die Beschränkung aller Kultivations- und Handelsunternehmungen auf die Küstenregion und die an Letztere sich direkt anschließenden Berglandschaften, vor allem Usambara bis Kilimandscharo. Sie bieten die besten Garantien in dieser Hinsicht. Wenn Emin Pascha oder Wissmann im Inneren eine oder einige Stationen zur Kontrolle der Araber und unserer Nachbarn einrichten, so hat das als eine politische Maßregel zur Erhöhung des deutschen Ansehens wohl Berechtigung, aber wenn auf den großen Seen Dampfer nicht nur mit der humanen Bestimmung, etwaigem Sklavenhandel gegenzusteuern, sondern auch zu Handelszwecken fahren sollen, da es doch außer Sklaven dort keinen Handelsartikel gibt noch geben kann, der die Kosten der Dampfer und des Transports zur Küste decken könnte, so ist das entschieden ein Missgriff.

Die Engländer haben bereits auf jedem der drei großen Seen, auf dem Nyassa, Tanganika, Victoria Nyanza, ein Dampf- oder Segelschiff. Dieselben gehören aber und dienen der englischen Mission, die nicht nach Handelsrentabilität zu fragen braucht. Würden diese Schiffe durch einen Dampfer der Englisch-Ostafrikanischen Gesellschaft auf dem Victoria Nyanza vermehrt werden, so hätte das noch ein absehbares praktisches Ziel, da England durch sein Gebiet Anschluss an den Nil und Ägypten haben wird und gegebenenfalls durch den Dampfer eine Verbindung der Küsten seines Schutzstaates Uganda mit dem geplanten Endpunkt seiner Bahnlinie Mombasa–Kawirondo herstellen kann. Es ist aber fraglich, ob diese Bahn weit über die ersten Spatenstiche, die wohl vor allem neue Aktionäre heranziehen und festhalten sollten, hinauskommt, denn bezahlt machen könnte sich aus den oft wiederholten Gründen im günstigsten Fall nur die Anfangsstrecke bis nach Taweta zum Kilimandscharo, der durch dieselbe allerdings wirtschaftlich völlig von England abhängig werden würde. Eine zur Abwehr oder Überflügelung der englischen Konkurrenz nach dem Kilimandscharo geführte deutsche Bahnlinie würde aber diesen Zweck nicht erfüllen, da das kleine

Kilimandscharo-Gebiet gewiss nicht zwei Bahnstrecken unterhalten könnte, eine Linie auf deutschem Gebiet aber sowohl an der Westseite der Usambara-Pareh-Kette entlang, in dem koupierten und stellenweise sehr sumpfigen Terrain, als auch an der ebenen Ostseite entlang, mit schließlicher Überbrückung des Rufu, sehr viel größere Schwierigkeiten haben und Kosten verursachen würde als die englische und doch nicht in dem geografisch einzig und allein günstig gelegenen Taweta endigen könnte, weil dasselbe englisch ist. Aruscha wäre als Endstation unmöglich, weil es sumpfig ist und zu weit vom Kilimandscharo abliegt.

Aus den angestellten Betrachtungen ergeben sich unsere wichtigsten Aufgaben in der ostafrikanischen Kolonisation von selbst. Tragen wir unsere ohnehin nicht bedeutenden Mittel nicht in das Innere hinein, sondern lassen wir uns daran genügen, dass das Innere wie bisher auf seine Weise, die für Mittelafrika und seine Produkte die zweckmäßigste ist, zur Küste kommen; verbessern wir unsere Hafenplätze, namentlich Tanga, Pangani, Bagamoyo, Daressalam, unter denen die Bucht von Daressalam große natürliche Vorzüge vor den anderen besitzt; verhindern wir nach Kräften den Sklavenexport, aber gehen wir noch nicht gegen die Sklaverei im Lande selbst vor, da auf ihr die ganze Bewirtschaftung beruht; erheben wir eine mäßige Hüttensteuer und niedrige, namentlich die Inder treffende Zölle auf Ein- und Ausfuhr; bekämpfen wir aufs Äußerste das gewissenlose Wuchersystem der englischen Inder, das ihnen Gewalt über Araber und Neger verleiht, und beginnen wir die europäische Kultivation der küstennahen Vorzugsgebiete in Usambara, um später auf der Linie Pareh–Ugueno vorzugehen. Bei solch langsamem Eindringen würde sich dann wohl auch die allmählich von Station zu Station fortschreitende Anlage eines schmalspurigen Tramway rentieren, da er sich dann, aber nicht früher, aus dem mittlerweile kultivierten Zwischengebiet bezahlt machen kann.

Die Kultivation wird nur teilweise, und zwar für die wertvolleren Produkte, wie Tabak, Vanille, Tee, Kakao, kostspielige Plantagenwirtschaft mit einheimischen freien Arbeitern und europäischen leitenden Beamten sein können, die bereits an einigen Örtlichkeiten im Vorland von Usambara recht gute Erfolge zu verzeichnen hat. Für den Anbau massenhafter geringwertiger

Exportgewächse, wie Grundnüsse, Kokos und andere Ölfrüchte, deren Kultur keine gewissenhafte europäische Beaufsichtigung erfordert, wird dagegen zunächst das holländisch-indische und spanisch-philippinische System des Kulturzwanges das vorzugsweise anwendbare sein, welches, ähnlich dem südafrikanischen Bosssystem, gestützt auf die eingeborenen Häuptlinge, den Neger zum Anbau der betreffenden Kulturpflanzen zwingt, ihm aber seine Erträge nach bestimmten Sätzen abkauft.

In dieser Kultivationsweise liegt gleichzeitig ein erziehliches Moment von größter Tragweite: Der Neger lernt arbeiten, ohne geknechtet zu werden, und lernt durch geregelte Arbeit den ersten Schritt vorwärts tun zu höherer Gesittung. Was wir in tausendjähriger harter Kulturarbeit errungen haben, bis es ganz unser geistiges und ethisches Eigentum geworden ist, das können wir dem Neger nicht von heute auf morgen anziehen wie ein neues Kleid, das sofort passen soll. Dieser Satz ist so selbstverständlich, dass er beinahe trivial klingt, aber doch ist seine Betonung notwendig, wenn man immer und immer wieder die Phrase zu hören bekommt, dass der Neger doch nur ein unerzogenes Kind sei, welches erzogen werden müsse. Gewiss ist der Neger ein Kind, und zwar ein Kind von sanguinischem Temperament und ganz unfertigem Charakter. Aber erstens werden Kinder nicht allein durch gutes Beispiel und schöne Reden erzogen, wie es die englischen Missionen an den Negerkindern immer wieder versuchen, sondern sie müssen arbeiten lernen und zur Arbeit angehalten werden; und zweitens handelt es sich in unserem Fall nicht um die Erziehung einzelner Individuen, unter welchen sich wohl besonders begabte Naturen in einem kurzen Menschenleben europäische Gesittung und Gesinnung aneignen können, sondern um die Erziehung ganzer Stämme und Völker, die nur in generationsweiser geistiger und moralischer Veredelung einem höheren Ziele zugeführt werden können. Wir müssen arbeiten, soll es der Neger nicht auch? Nicht in etwa verborgenen Mineralschätzen des Erdbodens, nicht in den freien Erzeugnissen des Pflanzen- und Tierreiches, sondern in der latenten Arbeitskraft des Negers liegen die Reichtümer der Vorzugsgebiete von Äquatorial-Afrika.

Aber unsere Parole muss lauten: »Langsam vorgehen!« Denn

eine Kolonie ist ein staatliches Gebilde, das langer Zeit zu seiner inneren Festigung bedarf und, wenn diese Kolonie von der Natur so stiefmütterlich ausgestattet ist wie der größte Teil des äquatorialen Ostafrika, im Gang seiner Entwicklung nicht nach Jahren, sondern nach Jahrzehnten zu rechnen hat. In dieser Zukunft wird auch für den Kilimandscharo ein neues Leben beginnen. Auf ihm wird sich die Kultivation auf den Dschaggagürtel und die darüber bis zum Urwald reichende Farnzone beschränken, weil sowohl unten in den dürren Steppen wie oben in der Region der ewigen Nebel und Regen europäische Kulturen unmöglich sind; aber in Dschagga ist Raum genug für viele Plantagengesellschaften und wenn wir das Gebirge in langsamem Vorgehen erreicht und hoffentlich auch den an England verlorenen Schlüssel Taweta wiedererhalten haben werden, dann werden die fruchtbarsten Gefilde von ganz Ostafrika dem deutschen Kapital und der deutschen Arbeit erschlossen sein.

Mag diese Zeit früh kommen oder spät oder auch gar nicht, mag jenes inmitten der Einöden liegende Eden dem Europäer leichter zugänglich werden oder nicht, für den Forschungsreisenden wird der Kilimandscharo doch immer bleiben, was er gewesen ist: so oft ein Ziel sehnlichster Wünsche und so selten der Zeuge glücklicher Erfüllung. Wie Speke nach der Entdeckung des Victoria Nyanza meldete: »*Nile is settled*«, so können wir zwar auch vom ostafrikanischen Schneeberg sagen: »*Kilimandsharo is settled*«, denn der afrikanische Riese ist bezwungen, sein geheimnisvolles Haupt entschleiert; aber noch auf unabsehbare Zeiten wird das Gebirge ein überaus ergiebiges Feld für die Spezialforschung bleiben. Jedem Zweig der Naturwissenschaften sind auf ihm noch reiche Ausbeuten vorbehalten, vor allem dem Meteorologen und dem Botaniker, denen namentlich die höheren Bergregionen eine kaum geahnte Fülle von Neuem und Interessantem versprechen. Aber ob Forschungsreisender oder Jäger, ob Missionar oder Kolonist, ein jeder Besucher des ostafrikanischen »Olympos« wird wie in der Vergangenheit so in der Zukunft dem ehrwürdigen Schneehaupt unter dem afrikanischen Äquator die gebührende Bewunderung zollen und solange nicht das große Weltgesetz der Vernichtung auch an seinem Felsenbau sich bewahrheitet hat, wird der Kilimandscharo in seiner majestätischen Größe, Schönheit und Einsamkeit mit nie versagender Gewalt das Gefühl und die Phantasie eines jeden entflammen, der in der Sprache der Natur den Ausdruck der ewigen Gottheit erkennt.

# Editorische Notiz

Die vorliegende Ausgabe basiert auf dem Reisewerk »Ostafrikanische Gletscherfahrten. Forschungsreisen im Kilimandscharo-Gebiet« von Dr. Hans Meyer, das 1890 im Verlag Duncker & Humblot in Leipzig erschienen ist (2. Auflage 1892).

Weggelassen wurde das Vorwort, in dem der Autor einen Überblick über seine bisherigen Forschungsreisen gibt. Einige wichtige Angaben daraus sind in das Vorwort des Herausgebers eingegangen. Die eigentliche Reise mit dem einführenden Kapitel über die Geschichte der Kilimandscharo-Forschung und dem Schlusskapitel über die Geografie des Berges wurden ungekürzt übernommen. Der Text ist nur in der Rechtschreibung modernisiert. Verzichtet wurde auf den Anhang mit seinen heute nur noch einen engen Kreis von Fachleuten ansprechenden Angaben über Gesteine, Flechten, Moose, Schmetterlinge, Käfer, Höhenberechnungen sowie über das kartografische Material und die Literatur. Lediglich der »Vertrag über Anwerbung einer Karawane« wurde beibehalten, da er ein bezeichnendes Licht auf die praktischen Probleme des Forschungsreisenden wirft.

Bei den Illustrationen musste auf die Wiedergabe der alten Fototafeln verzichtet werden, die Textbilder wurden weitgehend übernommen.

# Weiterführende Literatur

*Empfehlungen für Leser,*
*die mehr über Hans Meyer wissen wollen*

Baumann, Oskar: In Deutsch-Ostafrika während des Aufstandes, Wien 1889.

Hassert, Kurt: Die Erforschung Afrikas, Leipzig o. J. (1941).

*Ein immer noch vorzüglicher Überblick mit einem Kapitel »Die äquatorialen Schneeberge« und guter Literaturübersicht.*

Hellmeier, H.: Der Kilimandscharo, in: Geographische Rundschau 1965.

*Mit der wichtigsten geografischen Literatur.*

Henze, Dietmar: Enzyklopädie der Entdecker und Erforscher der Erde, Graz 1975 ff.

*Band 3 des Werkes bringt einen umfassenden biografischen Beitrag über Hans Meyer mit einem Überblick über seine Veröffentlichungen und die zu seiner Person erschienenen Aufsätze meist älteren Datums.*

Meyer, Hans: Ostafrikanische Gletscherfahrten. Forschungsreisen im Kilimandscharo-Gebiet, Leipzig 1890.

*Das Werk bringt in Abschnitt 11 des Anhangs eine umfassende Übersicht über die ältere Kilimandscharo- und Ostafrika-Literatur.*

Mittelholzer, Walter: Kilimandscharo-Flug, Zürich o. J. (1930).

*Mit heute noch unübertroffenen Aufnahmen.*

Die Deutsche Bibliothek – CIP-Einheitsaufnahme
Ein Titeldatensatz für diese Publikation ist bei
Der Deutschen Bibliothek erhältlich.

Hans Meyer
Die Erstbesteigung des Kilimandscharo
ISBN 3-86503-146-3

Umschlaggestaltung und Vorsatzkarte: Roman Lang, Stuttgart
Umschlagtypographie: Michael Kimmerle, Stuttgart
Reproduktion: Die Repro, Tamm
Satz: KCS GmbH, Buchholz/Hamburg
Schrift: Sabon
Druck und Bindung: Friedrich Pustet, Regensburg


5 4 3 2 05 06 07 08 09

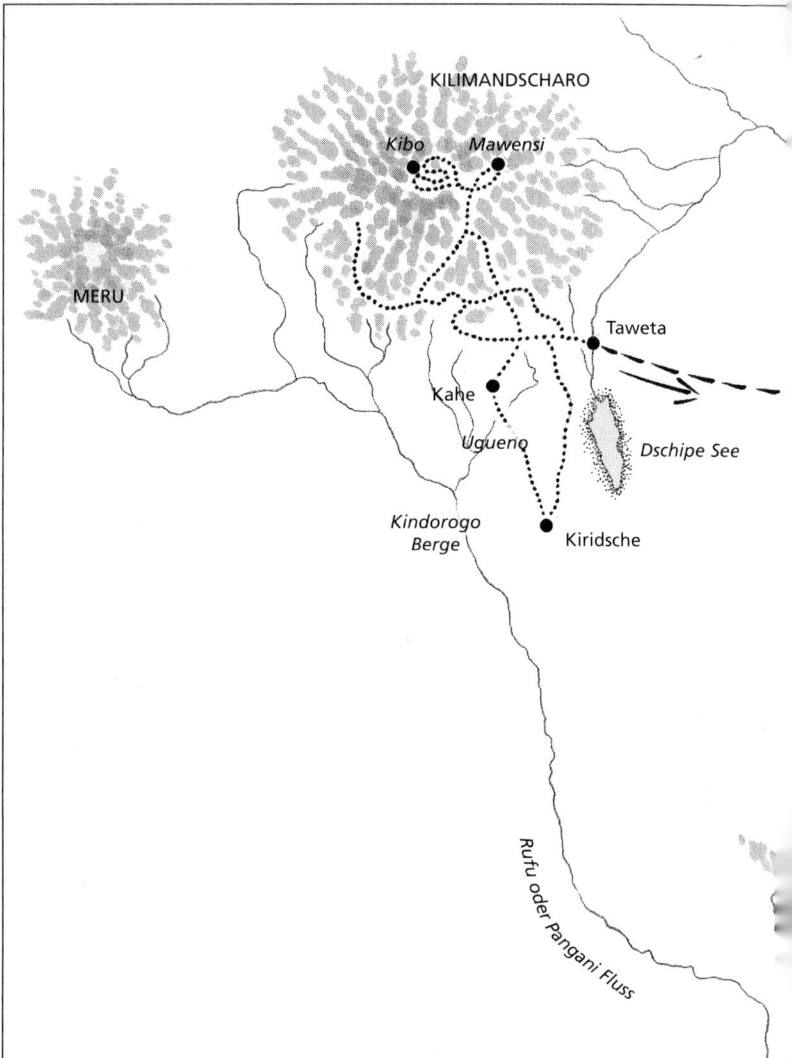


# Hans Meyers Kilimandscharo-Reise 1889